高职高专"十二五"规划教材

政治经济学

第二版

张淑云　王燕珺　主编

化学工业出版社
·北京·

本教材除导言外共有12章，前6章为资本主义部分，后6章为社会主义部分。在资本主义部分主要考察论证：商品经济与市场经济基本理论与规律、资本主义生产与流通过程与规律、资本主义分配与消费关系和实质、资本主义的国际关系产生与发展。通过对资本主义经济运行规律的分析，论证了资本主义制度被社会主义取代的历史必然性。在社会主义部分主要考察论证：社会主义初级阶段和所有制结构、社会主义市场经济、社会主义经济增长与发展、社会主义国民收入分配与再分配、社会主义国家的对外经济关系和社会主义宏观经济管理与调控。并将党的十八大报告和党的十八届三中全会中涉及的政治经济学的相关理论写进相关的章节。

本教材集文字教材、学习指导、自测思考于一书，力求结构清晰、文字简练、深入浅出、通俗易懂、便于自学。

本教材主要为高职高专经济类专业学生使用，也适用经济学科各专业的基础理论课程的学习需求。

图书在版编目（CIP）数据

政治经济学/张淑云，王燕珺主编.—2版.—北京：化学工业出版社，2014.3
高职高专"十二五"规划教材
ISBN 978-7-122-19686-6

Ⅰ.①政… Ⅱ.①张…②王… Ⅲ.①政治经济学-高等职业教育-教材 Ⅳ.①F0

中国版本图书馆CIP数据核字（2014）第020281号

责任编辑：高　钰　　　　　　　　　　　　文字编辑：李　曦
责任校对：宋　夏　　　　　　　　　　　　装帧设计：刘丽华

出版发行：化学工业出版社（北京市东城区青年湖南街13号　邮政编码100011）
印　　装：三河市延风印装厂
787mm×1092mm　1/16　印张19¾　字数456千字　2014年5月北京第2版第1次印刷

购书咨询：010-64518888（传真：010-64519686）　售后服务：010-64518899
网　　址：http://www.cip.com.cn

凡购买本书，如有缺损质量问题，本社销售中心负责调换。

定　　价：36.00元　　　　　　　　　　　　　　　　　　　　版权所有　违者必究

再版前言

政治经济学课程是经济学科各专业的基础理论课程和核心课程。这门课程的性质及其在经济学科中的地位，决定了建设它的重要性。回顾历史，每一次党的全国代表大会都会提出一些新的思路和设想，统一全党全国人民认识，为下一个5年甚至10年更好更快发展奠定基础。本次教材的修订是在仔细研读了党的十八大报告和党的十八届三中全会后对教材的社会主义部分进行梳理，力求将党的十八大报告和党的十八届三中全会中涉及的政治经济学的相关理论写进教材，体现教材的与时俱进，同时注意吸收国内外教学和科研的最新研究成果，充分体现科学性、思想性、先进性和稳定性，并努力在教材内容和体系上有所创新，力求在同类教材的基础上有较大的提高。

为了适应学习者的需求，努力实现以学生为中心的设计思想，力争在适应学生自主学习为主的教学方式上取得突破。因此，我们对教材的内容、结构、版式都作了一些改革的尝试。为了帮助学生学习，我们对这本教材进行了如下设计。

1. 每章第一页独立设计

学习导航：把章节内容用结构图形式进行设计，使学生一目了然地掌握本章的知识体系。

学习要求：在每一章的开头，列明通过本章学习，要求学生重点掌握、一般掌握和一般了解三个层次，把教学要求具体化，使学生能按照学习目的和要求进行学习。

本章导语：起承上启下的作用。首先说明本章与上一章在知识体系的衔接和在全书中的地位，并阐述本章的主要内容。

2. 留有旁白

在教材中使用旁白的版式，对所阐述的基本知识进行概括、总结、补充；或说明如何将所学的理论联系实际等，使学生与教材形成交互，其目的就是让学生的学习，由被动接受型向主动参与型转变，学生可随时记下学习体会、疑点和难点。在旁白处还加入必要的学习提示和学习导航。

3. 小结和综合练习

小结把各章的基本知识、基本原理和主要经济规律进行高度概括和提炼，总结成知识点。力求使学生在学习中把握教材的核心内容；综合练习是按照知识的能力层次和考试的要求，给出部分名词解释、单项选择、多项选择、判断正误、问答与思考题。学生通过练习，掌握课程的基本概念、重难点和知识点，并用经济学的基本理论联系实际，提高学生思考问题、分析问题和解决问题的能力。

本教材主要供高职高专学生使用。根据高职高专学生的特点，本书集文字教材、学习指导、综合练习于一书，力求结构清晰、文字简练、深入浅出、通俗易懂、便于自学。由于本教材具有这些特点和较完备的知识体系，因此也适用于其他相同专业和公共课用书。

参加本书编写的是多年从事政治经济学教学和研究人员，由张淑云、王燕珺主编，张淑云教授，王燕珺副教授共同研究、设计和起草编写大纲。参加本书编写的撰稿人具体承担的任务是：张淑云负责导言、第一章、第二章的编写；高雅洁负责第三章、第四章、第五章编写；崔学会负责第六章、第十章编写；王燕珺负责第七章、第八章、第九章、第十一章、第十二章编写；最后由张淑云统稿。

本教材在编写过程中适当参考了国内相关教材和资料，在此说明并以致敬意和感谢！

由于我们理论水平的限制和时间仓促，书中难免有不当之处，敬请老师、同学和广大读者提出宝贵意见，以便进一步修改，使它在使用中不断提高和日臻完善。

为方便读者学习，我们在各章后提供了综合练习题，如需要练习答案，请与我们联系（zhangsy@tjrtvu.edu.cn，wangyj@tjrtvu.edu.cn）。

编　者

2013 年 12 月

第一版前言

政治经济学课程是经济学科各专业的基础理论课程和核心课程。这门课程的性质及其在经济学科中的地位，决定了建设它的重要性。

我们为高职高专编写的《政治经济学》教材的基本指导思想是：坚持马克思主义政治经济学的基本理论、基本观点和基本方法，坚持理论联系实际，体现与时俱进、不断创新。本教材注意吸收国内外教学和科研的最新研究成果，充分体现科学性、思想性、先进性和稳定性，并努力在教材内容和体系上有所创新，力求在原有同类教材的基础上有较大提高。

为了适应学习者的需求，努力实现以学生为中心的设计思想，力争在适应学生自主学习为主的教学方式上取得突破。因此，我们对教材的内容、结构、版式都作了一些改革的尝试。为了帮助学生学习，对这本教材进行了如下设计。

1. 每章第一页独立设计

学习导航：把章节内容用结构图形式进行设计，使学生一目了然地掌握本章的知识体系。

学习要求：在每一章的开头，列明通过本章学习，要求学生重点掌握、一般掌握和一般了解三个层次，把教学要求具体化，使学生按照学习目的和要求进行学习。

本章导语：起承上启下的作用。首先说明本章与上一章在知识体系的衔接和在全书中的地位，并阐述本章的主要内容。

2. 留有旁白

在教材中使用旁白的版式，对所阐述的基本知识进行概括、总结、补充；或说明如何将所学的理论联系实际等，使学生与教材形成交互，其目的就是让学生的学习，由被动接受型向主动参与型转变，学生可随时记下学习体会、疑点和难点。在旁白处还加入必要的学习提示和学习导航。

3. 小结和综合练习

小结把各章的基本知识、基本原理和主要经济规律进行高度概括和提炼，总结成知识点，力求使学生在学习中把握教材的核心内容；综合练习是按照知识的能力层次和考试的要求，给出部分名词解释、单项选择、多项选择、判断正误、问答与思考题。学生通过练习，掌握课程的基本概念、重点难点和知识点，并用经济学的基本理论联系实际，提高学生思考问题、分析问题和解决问题的能力。

本教材主要供高职高专学生使用。根据高职高专学生的特点，本书集文字教材、学习指导、综合练习于一书，力求结构清晰、文字简练、深入浅出、通俗易懂、便于自学。由于本教材具有这些特点和较完备的知识体系，因此本教材也适用于其他相同专业方面的学习需求。

参加本书编写的是多年从事政治经济学教学和研究人员,张淑云教授、蔡国栋副教授共同研究、设计和起草编写大纲。参加本书编写的撰稿人具体承担的任务是:张淑云负责导言、第一章、第二章的编写;徐毅负责第三章、第四章、第五章的编写;王燕珺负责第六章、第十章的编写;蔡国栋负责第七章、第八章、第九章、第十一章、第十二章的编写;最后由张淑云、蔡国栋分别承担政治经济学资本主义部分和社会主义部分的统稿;徐毅、王燕珺对全书进行校对。

本教材在编写过程中适当参考了国内相关教材和资料,在此说明并致以敬意和感谢!

由于我们理论水平的限制和时间仓促,书中难免有不当之处,敬请老师、同学和广大读者提出宝贵意见。

本书另配有综合练习答案,有需要的学校和教师请与如下信箱联系:zhangsy@tjrt-vu.edu.cn;gdcai@gdrtvu.edu.cn。

编 者

2005 年 3 月 24 日

目 录

导言 1
  学习要求 1
  第一节 政治经济学的由来与发展 2
    一、政治经济学的由来 2
    二、政治经济学的阶级性 2
    三、政治经济学的发展 3
  第二节 政治经济学研究的对象 3
    一、物质资料的生产是政治经济学研究的基础 3
    二、物质资料的生产过程中的社会生产力和生产关系 4
    三、政治经济学研究的对象是社会生产关系 5
  第三节 政治经济学研究的任务与意义 6
    一、马克思主义政治经济学研究的任务 6
    二、学习政治经济学的意义 7
  本章小结 8
  综合练习 8

第一章 商品经济与市场经济 11
  学习要求 11
  第一节 商品经济、市场经济的产生及其发展 12
    一、商品经济的产生及其发展 12
    二、市场经济的产生及其发展 13
    三、商品经济与市场经济的联系与区别 16
  第二节 商品及其属性 17
    一、商品的二因素 17
    二、体现在商品中的劳动二重性 18
    三、简单商品经济的基本矛盾 19
    四、商品的价值量的决定和变化 19
  第三节 货币及其属性 21
    一、货币的起源及其本质 21
    二、货币的职能 23
    三、货币流通规律 26

第四节　价值规律与市场机制 …………………………………………… 27
　　　一、价值规律 ……………………………………………………………… 27
　　　二、市场机制 ……………………………………………………………… 27
　　　三、市场机制与价值规律的作用 ………………………………………… 28
　　本章小结 …………………………………………………………………………… 29
　　综合练习 …………………………………………………………………………… 30

第二章　资本主义生产 …………………………………………………………… 35
　　学习要求 …………………………………………………………………………… 35
　　第一节　资本主义制度概述 ……………………………………………… 36
　　　一、资本主义基本经济制度 ……………………………………………… 36
　　　二、资本主义所有制及其演变 …………………………………………… 37
　　　三、货币转化为资本 ……………………………………………………… 38
　　第二节　资本主义生产 …………………………………………………… 40
　　　一、资本主义生产过程 …………………………………………………… 40
　　　二、剩余价值生产的方法 ………………………………………………… 44
　　第三节　资本积累 ………………………………………………………… 46
　　　一、资本主义再生产和资本积累 ………………………………………… 46
　　　二、剩余价值是资本主义基本规律 ……………………………………… 48
　　本章小结 …………………………………………………………………………… 49
　　综合练习 …………………………………………………………………………… 50

第三章　资本主义流通 …………………………………………………………… 57
　　学习要求 …………………………………………………………………………… 57
　　第一节　产业资本的循环 ………………………………………………… 58
　　　一、产业资本循环的三个阶段和三个职能形式 ………………………… 58
　　　二、产业资本循环是三种循环形式的统一 ……………………………… 59
　　第二节　资本的周转 ……………………………………………………… 60
　　　一、资本周转和周转速度 ………………………………………………… 60
　　　二、固定资本和流动资本 ………………………………………………… 61
　　　三、预付资本的总周转 …………………………………………………… 62
　　　四、资本周转速度对剩余价值生产的影响 ……………………………… 63
　　第三节　社会资本的再生产和流通 ……………………………………… 64
　　　一、社会总资本和社会总产品 …………………………………………… 64
　　　二、社会资本简单再生产的实现 ………………………………………… 65
　　　三、社会资本扩大再生产的实现 ………………………………………… 67
　　　四、生产资料生产的优先增长 …………………………………………… 69
　　本章小结 …………………………………………………………………………… 70
　　综合练习 …………………………………………………………………………… 71

第四章 资本主义分配与消费 ... 77

学习要求 ... 77

第一节 资本主义的工资及形式 ... 78
一、资本主义的工资 ... 78
二、工资的基本形式 ... 79
三、工资的变动趋势和国民差异 ... 80

第二节 资本和剩余价值分配的各种形式 ... 81
一、产业资本和产业利润 ... 81
二、商业资本和商业利润 ... 87
三、借贷资本和利息 ... 90
四、银行资本和银行利润 ... 92
五、资本主义地租本质及形式 ... 95

第三节 资本主义消费关系 ... 101
一、资本主义的消费关系 ... 101
二、工人阶级的消费 ... 102
三、资本家的消费 ... 102

本章小结 ... 103
综合练习 ... 105

第五章 资本主义的国际经济关系 ... 111

学习要求 ... 111

第一节 世界市场与国际价值 ... 112
一、世界市场形成与发展的原因 ... 112
二、价值规律在世界市场中的作用 ... 112

第二节 资本的国际化及其发展 ... 113
一、商品资本的国际化 ... 113
二、货币资本的国际化 ... 114
三、生产资本的国际化 ... 116

第三节 资本主义世界经济关系的发展 ... 118
一、区域经济一体化与经济全球化 ... 118
二、当代各国之间的关系 ... 119
三、经济发展不平衡与国际经济新秩序的建立 ... 121

本章小结 ... 122
综合练习 ... 123

第六章 资本主义危机与国家的宏观调整 ... 127

学习要求 ... 127

第一节 资本主义经济危机 ... 128
一、资本主义的基本矛盾及其表现 ... 128

二、资本主义经济危机的实质与根源 ··· 129
　　三、资本主义社会再生产的周期性及物质基础 ······························· 131
　　四、经济危机加深了资本主义矛盾 ·· 132
　第二节　资本主义生产方式的调整和变化 ·· 134
　　一、从自由竞争资本主义到垄断的资本主义 ······························· 134
　　二、国家垄断资本主义被社会主义所代替 ······································· 136
　第三节　垄断资本主义国家的宏观调控 ·· 138
　　一、垄断资本主义国家的宏观经济调控的必要性 ·························· 138
　　二、垄断资本主义国家宏观调控的目标和手段 ····························· 139
　　三、现代资本主义市场经济体制运作的后果 ······························· 140
　本章小结 ··· 141
　综合练习 ··· 142

第七章　社会主义初级阶段和所有制结构 ·· 147
　学习要求 ··· 147
　第一节　社会主义经济制度的建立 ·· 148
　　一、中国走社会主义道路是历史发展的必然 ······························· 148
　　二、我国社会主义经济制度的建立 ·· 150
　第二节　我国社会主义初级阶段理论 ·· 151
　　一、我国社会主义初级阶段理论的依据和形成 ····························· 151
　　二、我国社会主义初级阶段的特征 ·· 152
　　三、社会主义初级阶段的主要矛盾和主要任务 ····························· 153
　　四、社会主义初级阶段的基本路线 ·· 153
　第三节　生产资料所有制结构 ·· 156
　　一、我国社会主义初级阶段的基本经济制度 ······························· 156
　　二、公有制为主体、多种所有制经济共同发展 ····························· 157
　　三、国家所有制 ·· 159
　　四、集体所有制 ·· 162
　　五、合作经济与股份合作制 ·· 165
　　六、个体经济和私营经济 ·· 166
　　七、积极发展混合所有制经济 ·· 167
　本章小结 ··· 168
　综合练习 ··· 169

第八章　社会主义市场经济体系 ··· 173
　学习要求 ··· 173
　第一节　我国社会主义市场经济理论 ·· 174
　　一、我国社会主义市场经济理论的提出与形成 ····························· 174
　　二、市场经济能有效地推动社会生产力的发展 ····························· 176

三、市场经济的特征与中国社会主义市场经济的特点 …………… 177
　第二节　现代企业制度 ………………………………………………………… 179
　　一、现代企业制度的含义和特征 ………………………………………… 179
　　二、现代企业制度的构成内容 …………………………………………… 181
　　三、公司的组织机构 ……………………………………………………… 182
　　四、国有企业实行现代企业制度的意义 ………………………………… 183
　第三节　市场体系 ……………………………………………………………… 184
　　一、建立和完善市场体系 ………………………………………………… 184
　　二、建立以市场为基础的价格体系 ……………………………………… 188
　本章小结 ………………………………………………………………………… 189
　综合练习 ………………………………………………………………………… 190

第九章　社会主义经济增长与发展 ……………………………………… 193
　学习要求 ………………………………………………………………………… 193
　第一节　经济增长 ……………………………………………………………… 194
　　一、经济增长的必要性与决定因素 ……………………………………… 194
　　二、技术进步推动经济增长 ……………………………………………… 195
　　三、经济增长要以提高经济效益为前提 ………………………………… 198
　　四、经济增长方式 ………………………………………………………… 199
　第二节　产业结构 ……………………………………………………………… 201
　　一、产业结构合理化的标志 ……………………………………………… 201
　　二、三次产业划分与发展趋势 …………………………………………… 202
　　三、农业、工业及其主要产业 …………………………………………… 203
　第三节　经济发展战略 ………………………………………………………… 204
　　一、经济发展战略的内容 ………………………………………………… 204
　　二、我国经济发展的战略重点 …………………………………………… 205
　　三、科学发展观与可持续发展战略 ……………………………………… 207
　　四、全面建设小康社会的战略目标 ……………………………………… 209
　本章小结 ………………………………………………………………………… 211
　综合练习 ………………………………………………………………………… 212

第十章　社会主义国民收入分配 ………………………………………… 215
　学习要求 ………………………………………………………………………… 215
　第一节　国民生产总值和国民收入分配 ……………………………………… 216
　　一、国民生产总值与国内生产总值的含义与区别 ……………………… 216
　　二、社会主义国民收入分配过程 ………………………………………… 218
　　三、社会主义国民收入分配关系 ………………………………………… 221
　　四、中国居民消费发展趋势 ……………………………………………… 223
　第二节　个人收入的分配 ……………………………………………………… 225

一、按劳分配的客观必然性与实现形式 225
　　二、多种分配形式与实现 227
　　三、个人收入分配的调节 228
　　四、增加居民收入 230
　第三节　社会保障制度 233
　　一、我国社会保障制度沿革 233
　　二、完善社会保障制度的意义 234
　　三、社会保障制度的内容 235
　　四、社会保障制度改革的基本方针和具体举措 236
　　五、我国社会保障取得的成效 237
　本章小结 239
　综合练习 240

第十一章　社会主义国家的对外经济关系 245
　学习要求 245
　第一节　我国发展对外经济关系的必要性 246
　　一、发展对外经济关系是抓住经济全球化发展机遇的需要 246
　　二、发展对外经济关系，实行对外开放是我国一项基本国策 247
　　三、发展对外经济关系是我国社会主义现代化建设的需要 247
　　四、发展对外经济关系必须坚持独立自主、自力更生 248
　第二节　发展对外经济关系的目标和战略 250
　　一、发展对外经济关系的目标 250
　　二、进口替代和出口导向战略 251
　　三、我国对外开放的格局 256
　第三节　我国发展对外经济关系的内容和形式 258
　　一、发展对外贸易 258
　　二、对外技术交流 261
　　三、国际资金往来 262
　　四、国际劳务合作和国际旅游业 264
　第四节　实施"走出去"战略 265
　　一、实施"走出去"的战略意义和基本思路 265
　　二、实施"走出去"战略的形式 268
　　三、完善互利共赢、多元平衡、安全高效的开放型经济体系 270
　　四、加快转变对外经济发展方式，全面提高开放型经济水平 271
　本章小结 274
　综合练习 275

第十二章　社会主义宏观经济管理与调控 279
　学习要求 279

- 第一节　宏观经济管理 ………………………………………………… 280
  - 一、宏观经济管理的必要性 ………………………………………… 280
  - 二、宏观经济管理的性质和内容 …………………………………… 282
  - 三、实现宏观经济管理的科学化 …………………………………… 283
- 第二节　宏观经济调控的目标和任务 ………………………………… 284
  - 一、宏观经济调控的主要目标 ……………………………………… 284
  - 二、宏观经济调控的任务 …………………………………………… 287
- 第三节　宏观经济调控政策 …………………………………………… 288
  - 一、财政政策 ………………………………………………………… 289
  - 二、货币政策 ………………………………………………………… 290
  - 三、收入政策 ………………………………………………………… 290
  - 四、产业政策 ………………………………………………………… 291
- 第四节　宏观经济调控手段 …………………………………………… 292
  - 一、计划手段 ………………………………………………………… 292
  - 二、经济手段 ………………………………………………………… 292
  - 三、法律手段 ………………………………………………………… 295
  - 四、行政手段 ………………………………………………………… 295
- 本章小结 ………………………………………………………………… 296
- 综合练习 ………………………………………………………………… 297

参考文献 ……………………………………………………………… 300

导　言

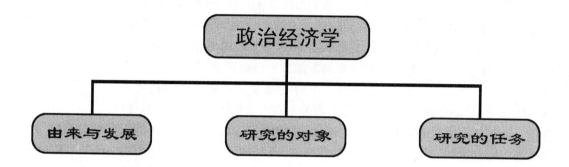

重点掌握
- 政治经济学研究的基础
- 社会生产力的含义及要素
- 社会生产关系的含义及内容
- 政治经济学研究的对象
- 经济规律的体系及基本经济规律
- 政治经济学研究的任务

一般掌握
- 政治经济学的由来与发展

一般了解
- 学习政治经济学的意义

本章导语

政治经济学是马克思主义的重要组成部分，它与马克思主义哲学和科学社会主义共同成为指导我们思想的理论基础。政治经济学是以研究社会生产关系和现代社会的运动规律为己任的一门社会科学。在我们中国全面建设小康社会的今天，学习马克思主义政治经济学具有非常重要的意义。通过这一章开始学习，首先要弄清楚的问题是政治经济学是一门什么样的科学？政治经济学的研究对象是什么？研究的任务是什么？以及我们为什么要学习政治经济学？

第一节 政治经济学的由来与发展

一、政治经济学的由来

一般人认为,政治经济学是研究一个社会政治、经济的学问。这种认识是错误的。政治经济学,不是政治学加经济学,也不是政治加经济,而是一门经济学科。"经济学"一词,原由希腊文"家庭"和"管理"两词组成。由于该词出现时,古希腊的社会生产是以奴隶主家庭为单位进行的。这种家庭管理所涉及的是奴隶制下的各种经济问题。

> 政治经济学是一门经济学科。

"政治经济学"一词,开始是由法国的重商主义者蒙克莱田提出来得。他在1615年出版了一部名为《献给国王和王太后的政治经济学》的著作。他在经济学之前,加上"政治"的修饰语,称为"政治经济学",只是表明他论述的经济学已经超出原有"家庭管理"的范围,而是研究社会或国家的财富增值问题。此后,法国、英国的许多资产阶级经济学家都把自己的著作称作政治经济学。马克思和恩格斯后来也延用这一名称,创立了无产阶级政治经济学。所以,政治经济学是一门经济学科。

二、政治经济学的阶级性

政治经济学和其他社会科学一样,具有鲜明的阶级性。政治经济学研究的内容直接涉及各阶级、阶层的经济利益,不同的阶级有不同的政治经济学,故政治经济学有其鲜明的阶级性。政治经济学作为一门独立学科形成以后,则分别有资产阶级的、小资产阶级的和无产阶级的政治经济学。不可否认资产阶级政治经济学和小资产阶级政治经济学中包含着程度不同的科学成分。他们提出了许多有价值的思想、概念、思维方式和研究方法,对政治经济学的发展作出了贡献。但从阶级性看,资产阶级政治经济学代表资产阶级利益,竭力为资本主义辩护;小资产阶级政治经济学代表小生产者利益和愿望,虽抨击资本主义,但却把小商品生产理想化。它们都不可避免地带有根本的局限性。

> 要正确评价资产阶级和小资产阶级的经济学。

19世纪中叶,马克思和恩格斯创立了无产阶级政治经济学。这一学说是由马克思、恩格斯在批判地继承资产阶级、小资产阶级政治经济学科学因素的基础上,在同资产阶级庸俗政治经济学做斗争中创立的。马克思主义的政治经济学,阐明了人类社会各个发展阶段支配物质资料生产、交换以及相应的产品分配规律,它彻底揭露了资本主义剥削实质,揭示出资本主义制度为社会主义、共产主义所代替的必然性。马克思主义政治经济学理论的阶级性、科学性和实用性,已被人类社会发展的历史实践所证明,并且还在继续证明着。

三、政治经济学的发展

马克思主义政治经济学创立 100 多年来,始终随着时代的发展而不断发展和完善。随着科学技术的不断进步,社会生产力的不断发展,社会经济关系的不断变化,马克思主义的个别原理或结论,也会并且应当随着历史条件的发展变化而发展变化。马克思主义政治经济学来源于无产阶级改造世界、改造社会的实践,并在实践中不断得到证实和发展。19 世纪末 20 世纪初,资本主义过渡到了垄断阶段。革命导师列宁在领导俄国无产阶级的革命斗争中,全面系统地分析了帝国主义的经济特征和政治特征,引导俄国无产阶级取得了十月革命的伟大胜利,开创了人类历史的新纪元。列宁对苏维埃条件下的经济和政治问题,也做了大量研究,丰富和发展了马克思主义的政治经济学。在中国,以毛泽东同志为核心的中国共产党把马克思主义的普遍真理同中国实际相结合,创立了新民主主义革命、社会主义改造和社会主义建设的理论,作为第二代领导核心的邓小平同志根据当今时代的特点,总结我国社会主义革命和建设的经验,以及苏联解体和东欧剧变的教训,创立了建设有中国特色的社会主义理论,并提出社会主义市场经济理论,指导我国的现代化建设事业和体制改革,取得了举世公认的巨大胜利。中国共产党第三代领导集体和新的领导集体发扬了马克思主义与时俱进的理论品质,提出了"三个代表"的重要思想、科学的发展观和构建和谐社会。科学发展观是马克思主义同当代中国实际和时代特征相结合的产物,是马克思主义关于发展的世界观和方法论的集中体现,对新形势下实现什么样的发展、怎样发展等重大问题作出了新的科学回答,把我们对有中国特色社会主义规律的认识提高到新的水平,开辟了当代中国马克思主义发展新境界。正如党的十八大报告指出:"科学发展观同马克思列宁主义、毛泽东思想、邓小平理论、'三个代表'重要思想一道,是党必须长期坚持的指导思想。"这些理论是对马克思主义政治经济学的理论创新,极大地丰富和发展了马克思主义的政治经济学。

> 马克思主义的政治经济学属于理论经济学。

第二节 政治经济学研究的对象

要了解一门学科,首先要弄清它是研究什么的,也就是它的研究对象问题。政治经济学既然是经济学,它研究的领域是人类社会的经济活动。人类社会最基本的经济活动,也是人类最基本的社会实践,即物质资料的生产。因而,物质资料的生产是政治经济学研究的基础。

一、物质资料的生产是政治经济学研究的基础

生产是人们创造社会物质财富的实践活动。 人类最初的生产,主要是物质资料的生产,后来随着人们创造财富的实践活动范围不断扩大,

也包括创造非物质资料财富的实践活动。物质资料的生产是人类社会存在和发展的基础。人类社会要想生存，就必须具备一定食物、衣服、住房等生活资料，而这些生活资料的获得，必须经过物质资料的生产。马克思指出："任何一个民族，如果停止劳动，不用说一年，就是几个星期，也要灭亡，这是每一个小孩都知道的。"❶人类的物质资料生产活动，为人类生存提供了物质条件，而且也为人类从事政治、文化、科学、艺术等活动提供了物质基础。只有物质资料生产的富足和发展，人类才会进行有关社会发展方面的研究。因此，物质资料生产是人类社会生存和发展的基础。

物质资料的生产，是指劳动者用自己自身的劳动力，运用劳动资料，作用于劳动对象，生产出能符合人们需要的物质产品的过程。任何物质生产过程，都是人的劳动、劳动资料、劳动对象这三个基本要素有机结合起来，生产物质产品的过程。从这样一个过程的结果看，劳动资料和劳动对象表现为生产资料，人的劳动表现为生产劳动。

二、物质资料的生产过程中的社会生产力和生产关系

生产过程中人和自然的关系表现为生产力。**生产力是指人们征服自然、改造自然，创造社会财富的能力。**它的基本构成因素是生产资料和劳动力。生产资料包括劳动资料和劳动对象。在构成生产力的人的要素（生产劳动者）和物的要素（生产资料）中，人的要素起决定作用，是进行物质资料生产的主观条件。具有一定的科学知识、劳动技能和生产经验的劳动者，是生产力中最根本的力量。要发展生产力就必须不断提高劳动者的素质，充分发挥他们的生产积极性和创造性；劳动者生产力发挥的能动作用，是借助于一定的物质条件实现的，在这些物质条件中，劳动资料特别是劳动工具起着重要作用，它是衡量社会生产力发展水平的标尺。**劳动资料是生产用来影响和改造劳动对象的一切物质资料和物质条件，其中起重要作用的是生产工具，此外还有土地、建筑物、道路、河流、仓库等。劳动对象，是人们把自己的劳动加于其上的一切东西。**在劳动对象中，即包括没有被人们加工过的自然生成物，也包括人们加工过的劳动产品，即原材料。劳动资料和劳动对象统称为生产资料，是进行物质资料生产的客观条件。

> 注意：生产资料不等于劳动资料

> 生产力的基本构成要素，也是物质资料生产过程的三个简单要素。

在生产力的构成要素中，科学技术对生产的影响是巨大的。马克思指出："生产力中也包括科学。"❷邓小平强调指出："科学技术是第一生产力。"❸科学技术是第一生产力，是因为科学技术渗透到生产力的各个要素之中，引起它们的优化和质变，从而推动生产力的巨大发展。此外，

---

❶ 马克思恩格斯选集．第4卷．北京：人民出版社，1972：368.
❷ 马克思恩格斯全集．第46卷下．北京：人民出版社，1980：211.
❸ 邓小平文选．第2版．第3卷．北京：人民出版社，1993：377.

生产力还包括科学技术、管理、信息等在内，不过它们都不是独立的实体，而是通过劳动力、劳动资料、劳动对象这些生产力基本要素而起作用的。科学技术越是广泛地运用于生产，越是深刻地渗透到生产力的各个要素中，也就能极大地提高生产力的发展水平。

对生产力影响最大的是科学技术。

生产关系又叫经济关系，是指人们在社会生产中所结成的相互关系，它是各种社会关系中最基本的关系。生产关系有狭义和广义之分。人们在直接的生产过程中所发生的相互关系是狭义的生产关系。如，企业的雇主与雇员、股东与董事、经理等之间的关系。政治经济学主要研究的是广义的生产关系，它包括生产（直接生产过程）、分配、交换、消费四个环节中人与人之间的关系。

注意：生产、分配、交换、消费之间的关系。

在生产过程的四个环节中，它们之间存在着相互制约、相互联系的辩证关系。其中生产是再生产的起点，起主导和决定作用；分配、交换、消费则反作用于生产；消费是终点，它反映了生产的最终目的；分配和交换是介于生产和消费的中间环节。在这四个环节中所发生的人与人的关系都属于生产关系。

从生产资料所有制角度看，生产关系的主要内容可归纳为三个方面，即：生产资料所有制；人们在生产中的地位和相互关系；产品的分配形式。生产资料所有制是生产关系的基础，它反映了人们在社会生活中，对生产资料的所有、占有、支配和使用关系，决定着生产关系的性质和特点，决定着人们在社会生产中的相互关系，也决定着产品的分配方式。因此，研究生产关系时，生产资料所有制是最主要的内容。

注意：生产资料所有制是生产关系的基础。

三、政治经济学研究的对象是社会生产关系

生产力是生产关系的物质内容，生产关系是生产的社会形式。**生产力和生产关系统一构成了一定社会的社会生产方式。**在生产方式这一统一体内，生产力决定生产关系，生产关系一定要适应生产力的性质、水平和发展的要求，这是人类社会各个发展阶段上共有的规律。生产力决定生产关系表现在：第一，生产力的状况决定生产关系状况，有什么样的生产力就有什么样的生产关系；第二，生产力的发展变化决定生产关系的发展变化。生产关系对生产力的反作用表现在：第一，当生产关系适合生产力状况和发展要求时，它推动生产力发展；第二，当生产关系不适合生产力的状况和发展要求时，它阻碍生产力发展。因此，生产关系一定要适合生产力发展的要求是人类社会存在的客观规律，也是衡量一种生产关系优劣与否的标准。

生产关系一定要适应生产力性质的规律，是人类社会的基本经济规律。

生产力和生产关系作为社会生产的两个方面，构成了不同科学的研究对象。生产力由于反映生产的技术方面，因而是自然科学研究的对象；而生产关系由于反映生产的社会形式，反映人们在社会生产中的经济关系，构成了政治经济学研究的对象。正如恩格斯指出：经济学所研究的

不是物，而是人和人之间的关系。

政治经济学研究生产关系，必须紧密地联系生产力。这是因为，生产关系不能离开生产力孤立地存在和发展。只有紧密地联系生产力去研究生产关系，才能了解生产关系发展变化的原因，才能防止脱离生产力的发展水平的生产关系的盲目变革。研究生产关系，也必须联系上层建筑。一定社会中生产关系的总和构成了一定社会的经济基础，建立在经济基础上的政治法律制度和思想意识形态是一定社会的上层建筑。经济基础和上层建筑是对立统一的，经济基础决定上层建筑，上层建筑反作用于经济基础。只有充分认识上层建筑的反作用，才能正确把握经济基础从而把握生产关系的变化的条件，才能在适应生产力发展中借助新的上层建筑摧毁旧的经济基础，促进新的经济基础即新的生产关系的巩固和发展。

> 生产力决定生产关系，两者统一为生产方式；经济基础决定上层建筑，两者统一为社会形态。

第三节 政治经济学研究的任务与意义

一、马克思主义政治经济学研究的任务

马克思主义政治经济学研究的任务就是揭示生产关系不断发展变化的经济规律。**经济规律是经济现象间和经济过程中内在变化的、本质的必然的联系。**经济规律和自然规律一样，是客观的。这是因为任何经济规律，其作用是不以人的意志为转移的客观必然过程，人们只能认识、发现、利用经济规律为人类服务，不能改变、创造、消灭经济规律，否则就要遭到规律的惩罚。

经济规律与自然规律都具有客观性，但经济规律却有自己的特点。主要是：第一，大多数经济规律并不是长久不变的，它们只是在一定的历史条件下起作用。这是因为，经济规律是依据一定的经济条件而产生的，当这些经济条件变化时，旧的经济规律就会让位于新的经济规律。第二，经济规律是有阶级背景的，在阶级利益对抗的社会中，经济规律作用的后果会触动不同阶级的根本利益。因此，认识和利用经济规律总会受到阶级利益的制约。只有代表社会发展方向的先进阶级，才能正确地、自觉地利用经济规律。

在一定社会中存在并发挥作用的有多种经济规律，它们形成一定社会中的经济规律体系。但在诸多经济规律中，总有一个是起主导作用的经济规律，它决定着社会生产的一切主要方面和主要过程，决定着社会的本质和发展方向。这个起主导作用的经济规律，叫做基本经济规律。

政治经济学研究的经济规律可分为 3 类：一是共有经济规律，即各个社会形态都有的经济规律，如生产关系一定要适合生产力性质和水平的经济规律；二是特有经济规律，它只存在于某一特定的经济条件下，

如资本主义的剩余价值规律、社会主义的按劳分配规律；三是几个社会形态都有的经济规律，如商品经济的基本经济规律——价值规律。共有经济规律表明了人类社会经济发展的共同特征和联系，特有经济规律表明了各种社会形态经济运动的本质和区别。揭示人类社会经济规律的发展变化是政治经济学的根本任务。

二、学习政治经济学的意义

政治经济学是马克思主义的重要组成部分，政治经济学研究的内容，涉及社会经济运动的过程和本质、矛盾和规律，涉及当代社会经济生活的基本问题。因此，学习政治经济学具有十分重要的意义。

首先，学习政治经济学，有助于我们正确认识人类社会发展的规律，有利于完整、准确地掌握马克思列宁主义、毛泽东思想、邓小平理论、"三个代表"和科学发展观等重要思想，提高我们认识世界和改造世界的能力；认识资本主义生产方式的本质、特点和运动规律，认识经过长期的发展过程，社会主义必然代替资本主义这一历史发展总趋势。为我们树立科学的世界观和正确的人生观、价值观，走社会主义的道路和为实现共产主义而奋斗，提供坚实的理论基础。

其次，学习政治经济学，有助于我们正确认识资本主义的本质。资本主义几百年的发展，创造了高度的物质文明，在近当代资本主义政府的干预下，在不触动资本主义私有制的前提下，对资本主义生产关系做了某些必要的调整，使资本主义经济得以发展，但这并不能改变资本主义灭亡的总趋势。只有学习好政治经济学，才能使我们了解资本主义经济发展中反映社会化大生产和商品经济一般规律的经验方式、管理方式，懂得市场经济的基本知识，从而能够深刻地理解建设有中国特色的社会主义市场经济理论；只有学习好政治经济学，才能认识当代资本主义的本质和社会主义代替资本主义的历史趋势。

再次，学习政治经济学，有助于认识商品经济的一般规律和运行机制，为分析社会主义市场经济出现的问题提供理论依据，从而深刻地理解邓小平理论、"三个代表"以及科学发展观的精神实质，自觉地坚持党在社会主义初级阶段的基本路线，在改革开放和社会主义现代化建设的伟大事业中做出自己应有的贡献。

最后，学习政治经济学，也为学习和研究其他各门社会科学提供基本的和必要的条件。研究人类社会活动和社会关系的社会科学，除了经济学外，还有政治、法律、军事、教育、道德、宗教、家庭等各门学科。在所有的社会关系中，最基本和有决定意义的是经济关系，而经济关系正是政治经济学研究对象的组成部分。因此，学好政治经济学，为学习其他各门社会科学打下了基础，并能提高对社会经济事物和经济现象的认识水平，提高分析和解决问题的能力。

> 学好政治经济学，是学习和研究其他各门社会科学基本的必要的条件。

本章小结

◎ 生产是人们创造社会物质财富的实践活动。物质资料的生产，是指劳动者用自己自身的劳动力，运用劳动资料，作用于劳动对象，生产出能适合人们需要的物质产品的过程。政治经济学研究的基础是物质资料的生产。物质资料生产是人类社会生存和发展的基础。

◎ 生产力是指人们征服自然、改造自然，创造社会财富的能力。生产关系又叫经济关系，是指人们在社会生产中所结成的相互关系，它是各种社会关系中最基本的关系。它的基本构成因素是生产资料和劳动力。生产资料包括劳动资料和劳动对象。在生产力的构成要素中，劳动力是生产力的能动的首要要素，生产资料是生产力的物质要素。科学技术对生产的影响是巨大的。

◎ 政治经济学研究的对象是生产关系。生产关系简单地说就是人和人的经济关系，内容包括生产、分配、交换和消费。生产关系的基础是生产资料所有制。

◎ 生产力和生产关系统一构成了一定社会的生产方式。生产力决定生产关系，生产关系反作用于生产力，生产关系一定要适合生产力性质的规律，是人类社会的基本经济规律。

◎ 党的十八大报告指出："科学发展观同马克思列宁主义、毛泽东思想、邓小平理论、'三个代表'重要思想一道，是党必须长期坚持的指导思想。"这些理论是对马克思主义政治经济学的理论创新，极大地丰富和发展了马克思主义的政治经济学。

◎ 马克思主义政治经济学研究的任务就是揭示生产关系不断发展变化的经济规律。经济规律是经济现象间和经济过程中内在变化的、本质的必然的联系。经济规律具有客观性，人们只能发现、认识和利用规律为人类服务，而不能改变、创造和消灭经济规律。

综合练习

一、基本概念

1. 生产力　2. 生产关系　3. 物质资料生产　4. 劳动资料　5. 劳动对象　6. 生产方式　7. 经济规律　8. 科学发展观

二、单项选择题

1. 人类社会存在和发展的基础是（　　）。

A. 生产力　　　　　　　　　　B. 生产关系

C. 生产方式　　　　　　　　　D. 物质资料的生产

2. 政治经济学研究的对象是（ ）。
A. 生产力　　　　　　　　　　　B. 生产关系
C. 生产方式及其发展规律　　　　D. 国家的政治和经济
3. 在生产过程中人和自然的关系表现为（ ）。
A. 生产力　　　　　　　　　　　B. 生产关系
C. 科学技术　　　　　　　　　　D. 生产方式
4. 社会生产力最主要的标志是（ ）。
A. 劳动者的劳动　　　　　　　　B. 生产工具
C. 劳动资料　　　　　　　　　　D. 劳动对象
5. 在一切社会形态中都发生作用的经济规律是（ ）。
A. 生产关系一定要适应生产力性质的规律
B. 价值规律　　　　　　　　　　C. 按劳分配规律
D. 剩余价值规律
6. 从劳动过程看，在修配厂正在检修的汽车是（ ）。
A. 劳动工具　　　　　　　　　　B. 劳动资料
C. 劳动产品　　　　　　　　　　D. 劳动对象
7. 生产资料是指（ ）。
A. 劳动资料和劳动对象之和　　　B. 劳动资料和劳动工具之和
C. 劳动对象和生产工具之和　　　D. 劳动资料和劳动手段之和
8. 生产关系的基础是（ ）。
A. 社会生产方式　　　　　　　　B. 生产资料所有制
C. 物质资料生产　　　　　　　　D. 经济基础
9. 科学发展观（ ）。
A. 是党必须长期坚持的指导思想　B. 是党初级阶段必须坚持的指导思想
C. 是党在初级阶段坚持的基本纲领　D. 是社会主义必须要坚持的基本路线

三、多项选择题

1. 在生产力和生产关系的相互关系中（ ）。
A. 生产关系决定生产力　　　　　B. 生产力的状况决定生产关系的状况
C. 生产力对生产关系起反作用　　D. 生产关系一定要适应生产力的发展
E. 生产关系不适应生产力的状况会阻碍生产力的发展
2. 人类社会要进行生产必须具备的简单的生产要素是（ ）。
A. 货币　　　　　　　　　　　　B. 商品
C. 人的劳动　　　　　　　　　　D. 劳动资料
E. 劳动对象
3. 生产关系包括的内容是（ ）。
A. 生产　　　　　　　　　　　　B. 分配
C. 占有　　　　　　　　　　　　D. 交换
E. 消费
4. 下列属于劳动资料的有（ ）。

A. 原料　　　　　　　　　　B. 加工的对象
C. 厂房　　　　　　　　　　D. 机器设备
E. 汽车

5. 经济规律（　　）。
A. 是不以人的意志为转移的客观规律　　B. 随着经济条件的改变而改变
C. 发生作用不能离开人的经济活动　　　D. 在阶级社会中它是有阶级性的
E. 随着经济条件的消失而消失

四、判断正误题

1. 政治经济学研究的对象是一个国家的政治和经济问题。（　　）
2. 生产力就是人的劳动能力。（　　）
3. 生产关系的性质是由生产资料所有制的性质决定的。（　　）
4. 经济基础和上层建筑构成一定社会的生产方式。（　　）
5. 生产资料就是劳动资料。（　　）

五、问答与思考题

1. 如何理解科学技术是第一生产力？
2. 生产力和生产关系的关系是什么？
3. 如何理解生产关系的体系？
4. 如何理解经济规律的客观性和人与经济规律的关系？
5. 如何理解"科学发展观"是对马克思主义政治经济学的理论创新，极大地丰富和发展了马克思主义的政治经济学？

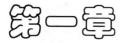

商品经济与市场经济

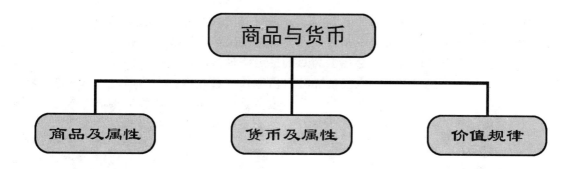

重点掌握
- 商品的二因素
- 体现在商品生产中的劳动二重性
- 商品经济的基本矛盾
- 商品价值量与劳动生产率的关系
- 货币流通规律
- 价值规律内容、形式和作用

一般掌握
- 商品经济与市场经济的产生与发展
- 货币的本质与职能

一般了解
- 商品经济与市场经济的关系
- 价值形式的发展

本章导语

资本主义制度的产生和发展离不开商品经济和市场经济。这一章作为资本主义部分的开篇,先了解商品经济与市场经济的产生发展,在此基础上考察市场经济的这两个基本范畴——商品和货币的基本理论和规律。其中心是阐明马克思的劳动价值论。马克思正是以他的劳动价值论为基础建立起关于资本主义的理论体系的。通过本章的学习为以后全面分析资本主义经济制度特征及其运行铺垫基础;也为社会主义市场经济体制的建立提供历史借鉴和理论依据。

第一节 商品经济、市场经济的产生及其发展

一、商品经济的产生及其发展

从经济活动的方式来考察人类社会的经济发展,可以划分为自然经济、商品经济和产品经济三种经济形式。**自然经济是指生产目的是为了直接满足生产者个人或经济单位的需要,而不是为了交换的经济形式,即自给自足的经济。商品经济是指直接以交换为目的的经济形式,包括商品生产和商品流通。产品经济是指在生产力高度发展和生产资料全社会公有的前提下,直接以满足社会需要为目的的经济形式。**产品经济的建立是以社会生产力高度发展,人类能充分自由地驾驭自然和社会为前提的。在奴隶社会和封建社会,商品经济的发展只是量的增加,占统治地位的经济形式是自然经济。到资本主义社会,商品经济终于排挤自然经济成为占统治地位的普遍的经济形式。

原始社会的经济形式完全是自然经济,原始社会末期,由于生产力的发展,畜牧业从原始农业中分离出来,这就是历史上的第一次社会大分工,在此基础上产生了交换,这时的交换是偶然的,仅限于从事畜牧业的部落和从事农业的部落之间的剩余产品的交换。交换是在原始共同体之间进行的。正如马克思所说:"商品交换是在共同体的尽头,在它们与别的共同体或其成员接触的地方开始的。"❶尔后,交换逐渐由偶然变为经常。交换的发展促进了生产力的发展,使手工业脱离农业而独立。这是历史上的第二次社会分工。这时在原始共同体内部也发生了交换,并出现了直接以交换为目的的商品生产。随着商品交换与商品生产的发展,在私有制产生的基础上产生了阶级,原始公社制度逐步解体并向奴隶制度过渡。与此同时货币产生了,产生了一个不从事生产而专门从事商品交换的商人阶层——第三次社会大分工。这标志着商业的产生。从此商品经济开始在社会经济生活中发挥重要作用。到封建社会末期,商品货币经济已相当发达,但基本经济形式仍属于自然经济,商品经济处于从属地位。

从上述商品经济产生的历史过程可以看出,商品经济产生和存在要具备两个条件:一是社会分工。在社会分工存在的条件下,各个生产者专门从事某种产品的生产,使得生产者或经济单位之间在生产和生活上相互联系,相互依存,彼此都需要对方的产品作为生产资料或生活资料,从而产生了相互间交换产品的必要。社会分工越发展,需要交换的产品数量和品种就越多。马克思明确指出:"分工是商品生产存在的条件。"❷

---

❶ 马克思恩格斯全集.第23卷.北京:人民出版社,1972:106.
❷ 马克思恩格斯全集.第23卷.北京:人民出版社,1972,55.

但仅仅分工的存在并不能决定相互交换的产品必须采取商品的形式，也不能决定商品经济的存在。商品经济产生存在的决定性条件，是生产资料和产品属于不同的所有者。它决定了从事不同产品生产的各个所有者的权利是平等的，需要通过对等的原则相互交换产品，即根据产品的价值实行等价交换。这样，产品便必然表现为商品。这个决定性条件是伴随私有制的产生而产生的。在私有制下，生产产品的劳动是私人劳动，生产的产品归私人所有；在社会分工条件下，私人劳动的产品便转化为商品。

商品经济自产生以来，经历了漫长的历史时期。经历了从简单商品经济到发达商品经济的过程。简单商品经济是建立在个体所有制和以手工劳动为基础的商品经济。它的特点是生产规模小，劳动生产率低，生产商品的品种和数量比较少，生产目的是为了换取所需要的使用价值。因而市场容量小，也很不发达。简单商品经济在各种社会中都存在，但从不是主导经济。以社会化大生产为基础的商品经济是发达商品经济。发达商品经济出现后，它成为在社会中占统治地位的经济形式而取代了自然经济。发达的商品经济按所有制划分有资本主义的商品经济和社会主义的商品经济。资本主义商品经济是建立在社会化大生产基础上，以资本主义私有制和雇佣劳动为基础的商品经济。资本家企业进行商品生产和商品交换的目的是为了满足资本家无止境的对剩余价值的榨取。社会主义商品经济都是以生产资料公有制和劳动者联合劳动为基础的商品经济，是一种新型的商品经济。资本主义商品经济和社会主义商品经济却是以社会化大生产为基础的商品生产和交换，通常称为发达商品经济，即现代商品经济。

> 从商品经济的产生、发展和消亡的全过程看，商品经济是一个历史的范畴。

商品经济是社会生产力发展的产物，它必将随着科学技术的发展而不断进步。当社会生产力达到高度发展，社会产品极大丰富时，以商品价值关系来调节社会生产和分配不再必要时，社会生产也就不必采取商品经济形式了。可以预见，这种建立在科学技术和生产力巨大发展基础上的商品经济被更高级经济形式所代替的过程，必定是社会主义制度最终代替资本主义制度，进而向产品极大丰富、实行按需分配的更高级的社会形态发展的过程。可见，商品经济的存在是同生产发展的一定历史阶段相联系的。它在生产力发展的一定历史阶段上产生和发展，也必将随着生产力水平达到相当的高度而走向消亡，并为新的经济形式即产品经济形式所代替。

二、市场经济的产生及其发展

市场经济源于商品经济。市场与商品经济是共生物，市场同商品经济一样也产生于原始社会的末期。但这时的市场是为使用价值而交换的市场，是市场的原始形态。人类社会第三次大分工，即商人作为一个独立的阶层出现了，商业资本随之产生，交换范围不断扩大，市场也在不

政治经济学

断发展。但在这一阶段，无论是奴隶社会还是封建社会，占主导地位的仍然是自然经济，市场仍然是为使用价值而交换的市场，仍未形成市场经济。

资本主义的发展最早经历了资本原始积累阶段。新兴资产阶级采用暴力手段强迫劳动者与生产资料相分离，获得了大量有人身自由但失去生产资料的劳动者，同时把大量货币财富集中在少数人手中。暴力作为新经济制度的催化剂，起了加速资本主义产生和发展的作用。但劳动人民却为此付出了巨大的代价，蒙受了沉重的苦难。马克思指出："这种剥夺的历史是用血和火的文字载入人类编年史的。"❶ "资本来到世间，从头到脚，每个毛孔都滴着血和肮脏的东西。"❷ 但也必须看到，资本原始积累在推动资本主义发生、发展和确立上起了重要作用。在资本原始积累长达300年的漫长过程中，商品经济的范围进一步扩大。由于封建国家政权干预经济和实行重商主义政策，限制了市场在资源配置中的作用，所以也未形成真正意义的市场经济，只是为市场经济的产生做好了充分的准备。

在资本原始积累的基础上，西欧各国的资本主义得到迅速发展，英国、法国先后爆发资产阶级革命。与此同时，从18世纪60年代到19世纪中期，西欧各国先后完成了产业革命，实现了由手工业生产到机器大生产的过渡。产业革命是生产技术上的革命，是资本主义发展的里程碑，同时又是市场经济形成的重要标志。

这一时期，商品经济取代自然经济成为占主导地位的社会经济形式；商品生产由简单商品生产发展为社会化商品生产；市场由为取得使用价值而交换的市场变成了价值和剩余价值而交换的市场。市场对生产要素或资源配置起着主导作用，从而形成市场经济。**所谓市场经济就是市场对资源配置起决定性作用的商品经济。**

市场经济自它产生以后，经历了两个发展阶段，即近代市场经济阶段（或称自由市场经济）和现代市场经济阶段（或称国家调控的市场经济）。近代市场经济阶段大致从第一次产业革命开始至20世纪30年代的世界性经济危机为止。

注意：划分市场经济的两个不同阶段。

经过资本原始积累和资产阶级革命确立的资本主义生产方式，首先进入自由竞争资本主义阶段，这是资本主义发展的一个重要阶段。随着资本主义生产方式的确立，使剩余价值规律获得了发挥作用的广阔天地。为了获取更多的利润，资本家不断扩大积累，改进技术，改善经营管理，力求提高劳动生产率和降低成本，从而推动了社会生产力的巨大发展。正如马克思、恩格斯所指出的："资产阶级在它的不到一百年的阶级统治

---

❶ 马克思恩格斯全集. 第23卷. 北京：人民出版社，1972：783.
❷ 马克思恩格斯全集. 第23卷. 北京：人民出版社，1972：829.

中所创造的生产力，比过去一切世代创造的生产力还要多，还要大。"❶
在自由资本主义阶段，以社会化大生产为基础的商品经济囊括了社会各角落，社会财富表现为庞大的商品堆积，不仅发展起来消费资料市场、生产资料市场，而且发展起来资金、技术、劳务、土地等生产要素市场，形成一个完整的市场体系。市场调节在全社会范围内对资源配置起基础性作用。在这个阶段，对社会经济生活的调节，一直按照亚当·斯密"看不见的手"操作，经过市场竞争、价格波动和爆发周期性经济危机，达到需求和供给的大体平衡。市场机制这只"看不见的手"充当全能的调节者，政府只需做"守夜人"，不干预经济活动。随着自由资本主义向垄断资本主义的过渡，生产社会化和资本主义私有制的矛盾日益尖锐，终于爆发了1929～1933年的资本主义世界性经济危机，使整个社会经济遭到了严重破坏，资产阶级开始从痛苦的教训中醒悟过来，意识到仅用"看不见的手"来调节社会经济的运行是不够的，必须动用国家的力量对经济活动进行宏观调控和干预。

现代市场经济阶段，起始于20世纪30年代。1929～1933年爆发的世界性经济危机是资本主义各种社会矛盾和自由放任市场经济弊端的总暴露，同时也是国家干预的市场经济理论和现代市场经济产生的转折点。

注意：国家干预的市场经济理论和现代市场经济产生的转折点。

在经济理论上，1936年英国资产阶级经济学家凯恩斯出版《就业、利息与货币通论》一书，否定了自动调节和自由放任的理论，提出了有效需求理论和宏观分析方法，主张国家干预经济生活，以实现充分就业和经济增长，消除经济危机。凯恩斯的基本观点是经济危机和就业不足的根源在于有效需求不足（包括消费需求和投资需求不足），只能借助于国家运用财政政策和货币政策对经济进行干预与调节。因而主张扩大政府开支，实行赤字财政，降低利息率来刺激消费与投资，提高有效需求。凯恩斯理论成为国家垄断资本主义发展的重要理论基础。

在经济实践上，时任美国总统的罗斯福提出了一系列由政府来干预经济的政策主张，即罗斯福新政。这一尝试帮助美国资产阶级渡过了危机难关，并使美国在后来的世界大战中大发其财，爬上了世界霸主的地位。第二次世界大战期间，世界上几乎所有的国家都实行了战时管制经济，由政府实行高度集中的管理。战后，主要资本主义国家在恢复市场经济作用的同时，实行了社会的调节和干预，一些国家还编制实施了五年计划或更长时期的国民经济发展计划。

将近一个世纪以来，资本主义国家曾陷进了两次世界大战和无数次局部战争的危机，出现了20世纪30年代波及全球的大危机；社会主义国家的出现，又使资本主义面临着制度危机。所有这些战争危

---

❶ 马克思恩格斯选集．第1卷．北京：人民出版社，1995：277．

机、经济危机、制度危机都是资本主义矛盾的集中体现和爆发。国家参与调控的现代市场经济虽然不能完全消除资本主义所固有的矛盾，但国家干预在相当程度上缓解了资本主义的各种矛盾，加之战后发生的科学技术革命，使它们的经济发展仍能保持相当的活力。这种吸收计划成分，**由政府进行宏观调控管理的市场经济，被称为现代市场经济**。

总之，近代市场经济是自由放任的市场经济，自由竞争是近代市场经济的特点；现代市场经济是国家调控的市场经济，国家宏观调控和市场机制相结合是现代市场经济的主要特点。

三、商品经济与市场经济的联系与区别

有商品经济就有市场，但有商品经济和市场，不等于就是市场经济。只有当市场机制对价格和生产者的经营活动能直接起调节作用，从而使市场在社会资源配置中起决定性作用时，商品经济才发展为市场经济。由此看来，市场经济源于商品经济，但市场经济并不等于商品经济，商品经济、市场经济是既有联系又有区别的两个不同的范畴。把商品经济和市场经济完全等同或绝对割裂都是不正确的。

> 市场经济源于商品经济，但商品经济不等于市场经济。

商品经济与市场经济的联系主要表现在两个方面：首先，商品经济是市场经济存在和发展的基础，市场经济是商品经济高度发展的客观产物，没有商品经济就没有市场，也就没有市场经济；其次，市场经济和商品经济所反映的一般经济内容都是商品生产和商品交换，它们所遵循的运动规律都是价值规律，两者的覆盖面和影响范围是一致的。因此从广义上讲，市场经济就是商品经济，可以说市场经济、商品经济是一致的，不可分割的。但这种联系并不否定两者的区别。

商品经济与市场经济的区别主要表现在两个方面。首先，两者的内涵不同。商品经济是指在社会分工条件下，具有不同经济利益生产者之间交换劳动、进行劳动联系的特定方式，即通过商品货币关系实行等价交换的经济形式。它以社会分工和不同经济利益主体的存在为前提，是一种客观存在和发展的经济形式。市场经济则是社会资源的配置方式，表明在商品经济条件下，经济运行的核心是市场机制，要求通过市场机制的有效运作实现资源的优化配置。其次，两者存在的阶段不同。商品经济自原始社会末期产生至今一直存在着，历史较长。市场经济是在资本主义社会形成的，在资本主义社会高度发展的社会生产力把商品经济推到了一个前所未有的高度，市场范围不断扩大，市场体系日趋成熟和完善，市场的作用日益强化，市场在更为广阔的经济领域中配置资源，调节经济，并成为经济资源的主要配置者，市场经济最终形成了。市场经济的形成是社会经济发展的自然历史过程，是商品经济高度发展的产物。因此从狭义上来讲，市场经济不等于商品经济。

> 对资本主义的分析，必须从商品开始，因为它是资本主义社会的最小细胞。

第二节 商品及其属性

一、商品的二因素

商品是用来交换的劳动产品。也就是说,是为了出卖而不是供自己消费的劳动产品。它必须具有使用价值和价值。

商品既然是用来交换的劳动产品,它首先必须是一个有用的物品,能用来满足人的某种需要。**物的有用性就是物的使用价值。**使用价值是商品的第一个因素,对他人没有使用价值的东西,不管你在生产中耗费了多少劳动,都不会有人同你交换,不能成为商品。

使用价值是商品的自然属性,也是一切劳动产品所共有的属性。它体现的是人与物的关系,本身并不反映社会关系。正如马克思所说:"我们从小麦的滋味中尝不出种植小麦的人是俄国的农奴,法国的小农,还是英国的资本家。"❶ 一种物体可以有多种使用价值。例如煤,既可以用作燃料,又能提取多种化学元素,用来制造染料、药品、化肥、合成纤维等。发现物品的多种使用价值,是人类科学技术进步和生产力发展的结果。物品的使用价值是在消费中实现的,人类正是通过消费各种各样的使用价值,才能维持自己的生存和发展。所以无论什么社会形态,使用价值总是构成社会财富的物质内容。

商品不仅有使用价值,而且具有交换价值。使用价值是交换价值和价值的物质承担者。**交换价值是表示为一种使用价值同另一种使用价值相交换的量的比例。**例如,一只绵羊换了二把斧头,二把斧头就是一只绵羊的交换价值。商品的交换价值会随着时间和地点的不同而不断地改变,因而它好像是一种偶然的、纯粹相对的东西。其实不然,各种不同的商品之所以能按一定比例相交换,说明在不同的商品中有一种同质的东西,只有同质的东西,才能从量上计算它们的比例关系,而交换价值就是这种同质东西的表现形式。

如果我们把各种商品的自然属性即使用价值撇开,则一切商品就只有一个共同性,那就是它们都是劳动产品,在生产它们时都耗费了一定数量的人类劳动。**这种凝结在商品中的无差别的人类劳动就是商品的价值。价值是交换价值的基础,交换价值是价值的表现形式。**

价值是商品一个重要的因素,因为商品是用来交换的劳动产品,交换是以商品价值为基础,交换就是为了实现其价值。商品的价值在本质上体现了一种社会关系。两种不同使用价值之所以能交换,这体现了生产两种不同的使用价值的劳动相等。因此,交换的背后,体现了商品生产者之间互相交换劳动的关系。这种关系就是生产关系。价值是商品特

商品的本质属性是价值,价值的本质属性是生产关系。

---

❶ 马克思恩格斯全集. 第 23 卷. 北京:人民出版社,1972:16.

有的属性，是只有在商品经济中才存在的历史范畴。所以说，**价值是商品最本质的属性。**

综上所述，一切商品都具有两个因素：使用价值和价值。商品的使用价值和价值之间有着对立统一的关系。二者的统一性在于：一切商品都是使用价值和价值的统一体。一种东西如果没有使用价值，它就不可能是商品。有些东西有使用价值，但没有价值，也不是商品。这有两种情况：第一，有些东西有使用价值，但不是劳动产品，因而没有价值。如空气、阳光、天然水等。第二，有些东西有使用价值，也是劳动产品但没有用于交换也没有价值。如农民自己种的粮食自己吃和送给亲戚、朋友吃。

> 价值以使用价值为前提，但有使用价值不见得就有价值。

商品的使用价值和实现商品的价值在交换中是统一的，但二者又是矛盾的。使用价值和价值互相排斥，一切商品对买者只具有使用价值，对卖者只具有价值，任何人都不能同时既占有使用价值又占有价值，必须通过交换放弃一方才能获得另一方。使用价值和价值的矛盾，是商品的内在矛盾，商品就是使用价值和价值的矛盾统一体。在商品经济活动中，无论是取得微观经济效益，还是取得宏观经济效益，都必须同时重视商品的使用价值和价值。

上述讲商品二因素属性时，我们是以物质商品为例展开的。其实，商品既有有形的物质产品还包括无形的非物质产品的服务。服务即劳务，它虽然不是物质产品，但也有使用价值与价值。其使用价值是为了满足人们某种需要提供服务和效用；其价值是提供服务劳务所耗费的人类劳动。为方便分析我们是以有形的物质产品为对象，其原理对服务也是适用的。

二、体现在商品中的劳动二重性

商品的二因素是由生产商品中的劳动二重性，即具体劳动和抽象劳动决定的。

> 劳动二重性学说是马克思的首创。是理解政治经济学的枢纽。

具体劳动，就是在一定具体形式下进行的劳动。 劳动的具体形式表现在劳动的目的、使用的工具、加工的对象、操作的方法和劳动的结果等不同上。不同的具体劳动创造不同的使用价值。如木匠的劳动，它的目的是制造家具，劳动的对象是木料，使用的工具是锯、刨、斧、凿等，制造出来的使用价值是家具。具体劳动是人们改造自然，使之适合人们某种需要的生产活动。它体现了人与自然界的关系，是人类生存的永恒条件。

具体劳动的种类，随着生产力水平的提高和社会需求的增长而繁衍发展。各种各样的具体劳动，分门别类，构成社会分工，具体劳动种类越多，意味着社会分工越细，越发达。

> 房子就是抽象的，张家的房子、李家的房子，见到的房子都是具体的。

抽象劳动，是撇开劳动的具体形式的无差别的一般人类劳动。 生产商品的劳动，在具体形式上各不相同，但都是人类劳动力的消耗，是人的脑力和体力在生产上的支出。如工人劳动、农民的劳动，虽然他们的具体形式不同，但都是无差别的一般人类劳动的支出。**抽象劳动形成商品的价值，构成商品价值的实体。**

在任何社会条件下，要进行生产都要有劳动，都要有脑力和体力的支出。从这个意义上说，一般人类劳动的支出，是一个永恒的必然性。但是，形成商品价值的抽象劳动，则是一个历史范畴。因为只有在商品经济条件下，一般人类劳动才表现为价值，并以它为基础进行交换。因此，形成商品价值的抽象劳动，不单纯是体力和脑力的支出，而是一种经济关系的体现，它体现着商品生产者之间的交换关系和生产关系。

生产商品的劳动是具体劳动和抽象劳动的统一，具体劳动和抽象劳动不是两种劳动或两次劳动，而是生产商品的同一劳动的两个方面。商品具有使用价值和价值二因素，是由生产商品的劳动二重性决定的。

三、简单商品经济的基本矛盾

私人劳动和社会劳动的矛盾，是以私有制为基础的简单商品经济的基本矛盾，它来源于简单商品生产的两个基本条件：社会分工和生产资料私有制。一方面由于存在社会分工，每个生产者生产的商品都是为了满足别人的需要，每个商品生产者的劳动都是社会总劳动的一部分，具有社会劳动的性质。另一方面，由于私有制的存在，每个商品生产者生产什么，怎样生产又是各自的私事。他们的劳动直接表现为私人劳动。这就产生劳动的私人性和社会性往往不能统一起来，商品卖不出去，商品的价值不能实现的矛盾，即私人劳动和社会劳动的矛盾。

> 商品生产者的劳动，直接的是私人劳动，间接的是社会劳动。

私人劳动和社会劳动之间的矛盾，只有通过商品交换才能得到解决，才表明他的私人的具体劳动所生产的商品或使用价值，符合社会的需要，他的抽象劳动所形成的商品价值才能实现，他的私人劳动才为社会所承认，才能还原为社会劳动。反之，则相反。可见，在私有制简单商品经济条件下，私人劳动和社会劳动的矛盾，是使用价值和价值的矛盾、具体劳动和抽象劳动的矛盾的根源。它决定着简单商品生产者的命运。

私人劳动和社会劳动的矛盾不仅存在简单商品生产中，也存在于资本主义商品生产中，发展为资本主义的基本矛盾，即生产社会化和生产资料资本主义私人占有形式之间的矛盾，成为资本主义社会一切矛盾的总根源。在我国社会主义市场经济中企业生产的物品还是属于私人劳动产品，不直接表现为社会产品，因此简单商品的这一基本矛盾仍然存在。

四、商品的价值量的决定和变化

商品的价值是劳动创造的，所以商品价值量是由体现在商品中的劳动量决定的。劳动量用劳动时间计算，生产一种商品所耗费的劳动量越多，这种商品的价值量也越大。或许有人会说，既然商品的价值是由生产商品所耗费的劳动量来决定，那么，一个人越懒，技术越不熟练，他生产的商品将越有价值了。事情当然不会这样。因为这里还有一个个别劳动时间和社会必要劳动时间的区别。

生产同样一种商品,由于商品生产者的技术水平,使用的工具等不同,因此,在同样一种商品上所耗费的劳动时间也就各不相同。**每个商品生产者耗费在同一种商品上的各种的劳动时间,叫做个别劳动时间**。商品的价值量不是由个别劳动时间决定,而是由社会必要劳动时间决定。"**社会必要劳动时间是在现有的社会正常的生产条件下,在社会平均的劳动熟练程度和劳动强度下制造某种使用价值所需要的劳动时间。**"❶ 这里所说的"社会正常的生产条件",是指现时某一生产部门内绝大多数生产者所具备的生产条件,其中主要是劳动工具的状况。如在纺织行业里,绝大多数生产者用织布机,只有少数用手工织布,那么织布机就是正常生产条件。另外,在现有的社会正常条件下,人们的劳动熟练程度和强度各不相同,决定商品价值量的只能是生产同一种商品的社会平均劳动熟练程度和强度。例如,同时用织布机生产一匹布,有的生产者需要 8 小时,有的需要 9 小时,有的需要 10 小时。如果绝大多数生产者需要 9 小时,那么 9 小时就代表当时社会平均劳动熟练程度和强度下生产一匹布的社会必要劳动时间。总之,不论个别生产者劳动有多大区别,社会只承认由社会必要劳动时间决定的单位商品的价值量。商品交换是以社会必要劳动时间决定的价值量为依据而进行的。

如果各种商品的社会必要劳动时间是既定的,那么各种复杂程度不同的劳动又怎样比较呢?为了解决这个问题,还必须考察简单劳动和复杂劳动的区别。**简单劳动是指不经过专门训练,只要有劳动能力的人就能从事的劳动。复杂劳动是指需要经过专门训练,具有一定知识和技能的人从事的劳动。**简单劳动与复杂劳动的区别是相对的。随着科学技术及其在生产中的应用,过去复杂劳动可以变为简单劳动。马克思指出:"比较复杂的劳动只是自乘的或不如说多倍的简单劳动,因此,少量的复杂劳动等于多倍的简单劳动"。❷ 决定商品价值量的社会必要劳动时间,是以简单劳动为尺度的。复杂劳动创造的价值,是通过把一定的复杂劳动折合为多倍的简单劳动来确定的,也就是说,少量复杂劳动创造的价值可以等于倍加的简单劳动创造的价值。这种折合,是通过市场上无数次的商品交换过程自发地形成的。

商品的价值量不是固定的,它是随着社会劳动生产率的变化而变化。**劳动生产率是指劳动者生产某种产品的效率。**它通常用单位时间内生产的产品数量来表示;也可以用单位产品中耗费的劳动时间来衡量。譬如说,从前在 8 小时内生产一双鞋,现在由于生产工具的改进和劳动技能

> 商品价值量的决定是以简单劳动决定。

> 劳动的复杂程度是涉及部门与部门之间的关系;劳动生产率问题是涉及部门内部的关系。

---

❶ 马克思恩格斯全集. 第 23 卷. 北京:人民出版社,1972:52.
❷ 马克思恩格斯全集. 第 23 卷. 北京:人民出版社,1972:58.

的提高 8 小时内可以生产两双鞋；也可以说，从前生产了一双鞋用 8 小时，现在只用 4 小时。鞋匠的劳动生产率已提高了一倍。在人类社会历史发展过程中，劳动生产率呈现不断提高的趋势。决定劳动生产率的主要因素是：①生产资料，特别是生产工具的效能和使用的范围、规模；②科学技术的发展及其应用程度；③劳动者劳动的平均熟练程度；④生产过程的劳动组织状况（企业管理）；⑤自然条件的优劣。劳动生产率的高低是以上因素综合作用的结果。

劳动生产率与商品价值量的关系，可以从如下两个方面来看。

第一，以一定时间内生产的全部产品的价值总量来看，不管现在与过去相比劳动生产率发生了什么变化，相同的时间内生产的全部产品，其价值量总量是相等的。

第二，从单位商品的价值量看，劳动生产率越高，单位时间内生产的产品数量越多，每件产品中所耗费的劳动量就越少，它的价值量就越小。相反劳动生产率越低，单位时间内生产的产品就越少，每一件商品中包含的劳动量就越多，它的价值量也就越大。可见商品的价值量与体现在商品中的劳动量成正比，与生产商品的劳动生产率成反比。

第三节　货币及其属性

一、货币的起源及其本质

货币是商品交换发展的结果，是在商品交换漫长的历史发展过程中，从商品世界中游离出来稳定地充当一般等价物的一种特殊商品。为了弄明白货币的产生和本质，需要结合商品交换发展的历史进程，分析一下。商品的价值形式即交换价值经历了四个发展阶段，表现为四种形式。

> 价值形式的发展就是货币的起源。

（一）简单或偶然的价值形式

它的等式为

一只绵羊＝两把斧头

这一价值形式反映了原始公社之间偶然的交换关系。这种交换是不经常的，因为原始公社都是自给自足的自然经济，很少有多余产品，不可能有经常的交换。

在以上的价值形式中，等式两端的商品处于不同的地位，起着不同的作用。左端的商品绵羊处于主动地位，通过交换，它的价值在两把斧头的商品上相对地表现出来，是价值被表现的商品，处在相对价值形式的地位上。等式右端的两把斧头，用自己的商品体现了绵羊的价值。它好像一面镜子，从它的身上，反映出另一种商品的价值，是处于等价形式的地位上，起着等价物的作用。在商品交换的这一阶段，一种商品只是偶然地成为另一种商品的等价物。

（二）总和的或扩大的价值形式

它的等式为

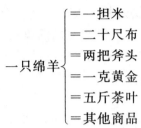

这一价值形式反映了生产力和社会分工有了发展的条件下日益扩大的商品交换关系。在出现了农业和畜牧业的社会分工以后，尽管畜牧部落和农业部落基本上仍然是自给自足的自然经济，但是自给自足以外可以用来交换的产品已经增多了，交换的范围扩大了，交换已经不是偶然的行为而是比较经常的行为了。一种产品不会只是偶然地同另一种产品相交换，而是可以同多种产品相交换了。

在以上的价值形式中，绵羊在同其他商品交换的关系中构成一系列的等式。绵羊始终处于等式的左端，也就是说，它始终处于相对价值形式的地位上，已经是扩大的相对价值形式，不是在某一种偶然与它交换的商品上，而是扩大了范围，反映在一系列商品上。在这一价值形式中等式右边的一系列商品都处于等价形式的地位上，都是绵羊的特殊等价物，还没有统一的价值表现形式。这种扩大的价值形式还没有摆脱物物交换的限制，必须是双方彼此都需要的商品进行交换。随着社会分工和商品交换的发展，扩大的价值形式日益显示出它的局限性，必须过渡到另一种更加完美的价值形式。

（三）一般的价值形式

它的等式为

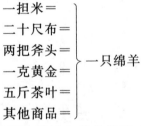

扩大的价值形式到一般的价值形式是质的飞跃，它与货币形态没有本质区别。

粗粗一看，一般价值形式同扩大的价值形式似乎差别不大，只是扩大价值形式等式两边的商品交换了一下位置。其实，这一互换位置非同小可，反映了商品交换关系的巨大发展，是一个质的飞跃，即由物物交换变为以一般等价物为媒介的商品交换。在扩大的价值形式中，每一种商品都有自己的价值表现系列，没有统一的价值表现。但是，价值是一切商品共有的同质的东西。于是，一切商品作为价值可以互相发生关系，在量上可以相互比较了。充当一般等价物的商品（绵羊）的使用价值，就成了一切其他商品价值的一般存在形式，它可以直接和一切其他商品相交换。总之，任何一种商品只要换得一般等价物，生产这种商品的劳动也就取得了一般的人类劳动和社会劳动的性质。

一般价值形式的出现，克服物物直接交换的困难，促进了商品交换的发展。但是，作为一般等价物的商品开始并不固定，它因时因地而有所不同。历史上有许多商品如粮食、牲畜、食盐、铜铁等都曾经充当过等价物。一般等价物的不固定，阻碍了地区之间的商品交换。随着商品交换的进一步发展，它必然会向更完备的价值形式过渡。

（四）货币形式

它的等式为

$$
\left.\begin{array}{l}
一担米 \\
二十尺布 \\
两把斧头 \\
五斤茶叶 \\
其他商品
\end{array}\right\} = 一克黄金
$$

货币形式和一般价值形式没有本质区别，不同的只是在货币形式中，金银代替了其他商品取得了一般等价形式。从这个时候起，一般价值形式才能转化为货币形式。

一般等价物之所以能够逐渐固定在金银这类贵金属上，并不是金银本身有什么神秘性，而是因为这种贵金属的自然属性最适合当作货币材料，具有同质性、易于分割、体积小、价值大、不易损坏、携带方便，最适合作为货币的材料。所以，马克思指出："金银天然不是货币，但货币天然是金银。"❶

> 马克思关于货币这句话值得深思。

从货币的起源可以看到，**货币的本质就在于它是固定地充当一般等价物的特殊商品**。作为商品，金银和一般商品一样，具有使用价值和价值；金银的使用价值就是它可以作装饰品，是重要的工业原料；金银又是劳动产品具有价值。作为特殊商品，在上述使用价值之外，还取得了一种形式上的使用价值，就是固定地充当一般等价物，成为一切商品价值的代表。

> 从货币的起源理解货币的本质。

自从出现了货币，一切商品都首先与货币交换，用货币来反映它的价值。一个人手里有了货币，可以购买到一切商品。它成为社会财富的一般代表，成为商品世界中至高无上的权威。许多人拜倒在货币的脚下，以为货币有什么神秘的力量。这种现象叫做货币的拜物教。其实，我们从价值形式的发展和货币产生的过程中知道，充当货币的黄金或白银，本来也只是一种普通商品，是从商品世界中游离出来稳定地充当一般等价物的一种特殊的商品，就是一般等价物。

二、货币的职能

货币的职能是由货币作为一般等价物的本质决定的，是随着商品生

---

❶ 马克思恩格斯全集．第 23 卷．北京：人民出版社，1972：107．

产和商品交换的发展而发展，在发达的商品经济中，货币执行着价值尺度、流通手段、贮藏手段、支付手段、世界货币5种职能。

1. 价值尺度

货币成为衡量其他一切商品价值大小的尺度，就好像用尺来衡量布匹的长短一样。

> 商店标价，卡片上写数字就已经执行了货币的价值尺度的职能。

货币之所以能执行价值尺度的职能，能用来衡量其他一切商品的价值，是因为货币（或金银）同其他商品一样，都是社会劳动的产物，它本身包含着一定的价值。但是，执行价值尺度的职能时，可以是观念上的货币，而不必是现实的货币。

货币执行价值尺度的职能，不仅要表现各种商品的价值，而且还要表现它们的价值量。因此，货币本身也要有量的规定，即有必要规定一个固定的计量单位，并给它一个名称。"布雷顿森林体系"❶规定美元与黄金挂钩。各国确认1944年1月美国规定的35美元一盎司的黄金官价，每一美元的含金量为0.888671克黄金。各国政府或中央银行可按官价用美元向美国兑换黄金。为使黄金官价不受自由市场金价冲击，各国政府需协同美国政府在国际金融市场上维持这一黄金官价。我国清朝使用银币以来，货币单位叫做银元，每个银元的含银量是0.648两。为了便于计划，各种货币单位还可以按一定的进行制分割为若干等分，比如美国的1美元分为100美分，我国的1元为10角，1角又分为10分等。这种货币单位及其等分，就叫做价格标准。用价格标准（元、角、分）表示的商品价格，才是现实生活中的价格形式。

商品价值的货币表现就是商品的价格。 当商品和货币二者的价值量发生同方向等比例的变化时，商品价格不会受到影响。如果货币的价值不变，商品的价值增加或减少，商品的价格就要上涨或下跌。如果商品的价格不变，货币的价值增加或减少了，商品的价格也要下跌或上涨。商品的价格同商品的价值成正比，同货币的价值成反比。

2. 流通手段

货币的第二个职能是流通手段，即充当商品交换的媒介。货币产生前，是物物直接交换，用公式表示为 W-W。货币出现后，商品流通就是以货币为媒介的商品交换，公式是 W-G-W。在这里，货币在两种商品的交换关系中起着媒介作用，即执行着流通手段的职能。

> 纸币产生的依据。

执行流通手段职能的货币，不是观念上的货币，必须是现实的货币，它与商品流通在一起，但与商品流通又有区别。在商品流通中，商品出卖以后，就退出流通领域而进入消费领域，而货币在充当商品交换以后，

---

❶ 布雷顿森林体系是指第二次世界大战战后以美元为中心的国际货币体系。1944年7月，西方主要国家的代表在联合国国际货币金融会议上确立了该体系，因为此次会议是在美国新罕布什尔州布雷顿森林举行的，所以称之为"布雷顿森林体系。"布雷顿森林体系是以美元和黄金为基础的金汇兑本位制。其实质是建立一种以美元为中心的国际货币体系，基本内容包括美元与黄金挂钩、其他国家的货币与美元挂钩以及实行固定汇率制度。布雷顿森林货币体系的运转与美元的信誉和地位密切相关。

接着又去充当另一次交换的媒介，自身始终停留在流通领域。商品流通是货币流通的基础，货币流通是商品流通的表现，是为商品流通服务的。

充当流通手段的货币必须是现实的货币，但不一定非要是足值的货币不可。这是因为货币执行流通手段职能，每次都是转瞬即逝的事情，人们并不关心它的足值价值是多少，只要社会公认它代表一定数目的货币，从而代表一定量的价值就行了。这就为纸币的产生打下了基础。

货币作为流通手段，使商品交换分离为买和卖两个过程，买和卖在时间上和空间上的分离，形成商品经济危机在形式上的可能性。

3. 贮藏手段

货币的第三个职能是贮藏手段，即货币退出流通领域，被人们当作社会财富的一般代表贮藏起来。货币之所以能够充当贮藏手段，这是由其自身的性质所决定的：它是一般等价物，用它可以随时换取任何商品，因而成为社会财富的一般代表。随着商品经济的进一步发展，贮藏一定数量的货币成了各个生产者进行再生产的必要条件。因为生产和出售商品需要一定的时间，而生产资料和生活资料却要经常购买，这就必须贮藏一定量的货币。

执行贮藏手段的货币，从本质上说必须是现实的，而且是足值的金属货币。

储蓄的纸币不具备这种功能。

4. 支付手段

这一职能最初是随着赊账买卖而产生的。在经济生活中，有些生产是常年的，但销售带季节性，如节日用品；有些生产带季节性，而销售是常年的，如粮食等。此外，还有其他方面的生产条件和销售条件的差异。这些会使一些商品生产者有时没有足够的现金购买生产资料，于是产生了赊账。赊购者到期偿还欠账，货币就是执行支付手段职能。以后，随着商品交换的发展，货币作为支付手段的职能逐渐超出商品流通领域之外，用于纳税、交租、付息等。

货币作为支付手段，一方面，可以减少流通中的所需要的货币量，促进商品流通的发展；另一方面，又进一步扩大了商品经济的矛盾。由于商品生产者相互赊购商品，延期支付货币，形成彼此债权、债务连锁关系。一旦其中有人到期不能支付，就会引起连锁反应，使一系列的信用关系遭到破坏，造成许多人生产上经营上的困难，甚至破产。

随着货币的发展，一些国家的纸币也具有某种世界货币的职能，如美元、日元、欧元等。

5. 世界货币

商品流通超出一国范围，货币也就超越了国界，在世界市场上发挥作用，具有世界货币的职能。在世界范围内，货币必须恢复贵重金属原来的形状，而不能以本国的铸币或纸币出现。可见，在世界市场上，只有金和银才能作为一般等价物的商品来发挥作用。

世界货币作用主要有三方面：第一，作为支付手段，平衡国际收支的差额；第二，作为一般的购买手段，直接从国外购买商品；第三，作为一般的社会财富的代表，从一国转移到另一国。

货币的5种职能是逐渐发展起来的。其中,价值尺度和流通手段,是货币的两个基本职能,从一定意义上说,货币就是这两种职能的统一。这两个基本职能的发展,产生了贮藏手段、支付手段和世界货币的职能。因此,5种职能的排列顺序体现了历史发展过程,不能任意颠倒。

三、货币流通规律

商品流通引起货币流通,货币流通又反过来促进商品流通。商品通过交换退出流通领域,进入消费领域;而货币作为流通手段,却经常停留在流通领域,并不断地运动。那么,流通在一定的时期内究竟需要多少货币呢?

在一定时期里,流通中所需要的货币量取决于3个因素:第一,待实现的商品数量;第二,商品的价格水平;第三,货币流通速度,即一定时间内同一货币单位的平均流通速度,一定时期内同一货币单位的平均流通次数。前两个因素的乘积就是商品价格总额,在一定时期内,商品价格总额除以同一货币单位的流通次数,等于流通中所需要的货币量。这就是货币流通规律,这个规律在商品经济中是普遍运用的。用公式表示为

$$一定时期中所需要的货币量 = \frac{商品价格总额}{同一货币单位的流通次数}$$

例如,在同一时期,市场上等待出售的商品的价格总额是10万元,如果同一时期每元货币平均转手的次数,即同一单位货币的平均流通次数是5次,那么,完成10万元商品流通所需要的货币量就是10万元/5=2万元。从上面的公式中我们可以看出,流通中所需的货币量,同商品的价格总额成正比例,而同货币流通速度成反比例。

以上阐明的是金属货币流通规律,当纸币代替金属货币执行流通手段职能时,纸币的流通规律仍须以金属货币的流通规律为基础。

纸币的产生是商品经济发展的结果,是由国家发展并强制流通的货币符号。随信用发展又出现信用货币,包括现代普通银行券、商业期票、银行支票等,这些都可以在市场交易中起流通货币的作用。它们的广泛使用,大大减少了流通中所需的现金,即纸币量。

金属货币是本来意义的货币。纸币是在流通中代替金属货币充当交换媒介的价值符号,信用货币则是代替纸币作为流通手段的凭证。

纸币的发行量,必须符合流通中所需要的金属货币量。否则纸币发行量过多,单位纸币所代表的价值就会减少,其结果就是物价普遍上涨。**这种由于纸币发行超过流通中所需要的货币量,引起纸币贬值、物价普遍上涨的现象,就叫作通货膨胀。**

造成货币供应量过多的直接原因:一是纸币发行过多;二是信用膨胀。发生通货膨胀更深刻的原因是出现了使政府有意或被迫增加货币供应量的经济因素,例如政府财政赤字增大、投资和需求过剩等。

由于货币供应量少于流通中所需要的货币量，引起纸币升值、物价普遍下跌的现象叫通货紧缩。通货紧缩产生的原因是复杂的，它往往与政府采取的紧缩银根、消费者和生产者对未来经济预期不乐观宁愿保有货币而不去消费和投资相联系。

总之，无论是通货膨胀还是通货紧缩对经济发展都是有害的，应该积极的预防。

第四节　价值规律与市场机制

价值规律是商品经济的基本规律，凡是有商品生产和商品交换的地方，这个规律必然会发生作用。

一、价值规律

价值规律是价值决定和价值实现的规律。这个规律的基本内容是：**生产商品的社会必要劳动时间决定商品的价值量；商品交换要以价值量为基础，按照等价交换的原则进行。**

价值规律的客观要求是商品的价值与价格一致。但是在现实的商品交换中，商品的价格和价值经常是不一致的。这是因为价格虽然以价值为基础，但它要受市场供求关系的影响。当商品的供给大于需求时，由于商品售卖者之间的竞争。商品的价格跌到价值以下；当商品供给小于需求时，由于商品购买者之间竞争，价格可以涨到商品价格以上。价格围绕价值上下波动表明，社会必要劳动时间决定价值量始终作为一种趋势、一个规律在贯彻着。所以说，价格围绕价值上下波动不仅不会违背价值规律，反而正是价值规律的表现形式。

> 现象和本质的不一致。价格是现象，价值是本质。

实际上，在经济活动的各个环节中，起决定作用的是生产。同时，分配、交换、消费对生产又有反作用，真正反映供求变化与价格变动之间关系如图 1-1 所示。

　　价格上涨→获利增加→生产扩大→供过于求
　　供不应求←生产缩小←获利减少←价格下降
　　　　图 1-1　供求变化与价格变动的关系

二、市场机制

"机制"一词，本意是指机器的构造和机器工作的规则及工作过程。**市场机制，是指商品经济内部的价格、供求、竞争等要素变动对经济活动的制约功能，指的是支配市场活动规律以及在它作用下市场活动过程。**支配市场活动规律，总的来说是价值规律。价值规律作用的实现形式，以利益为动因，由供求机制、价格机制、竞争机制共同支配市场活动。

供求机制，表明市场供给和需求是怎样决定的。决定商品供求总量的因素很多：影响供给的因素有自然资源、已有的生产能力、技术和管理的水平及潜力、劳动力素质、投资能力、进入或退出生产经营的障碍、价格及其变动等；影响需求的因素有投资规模、居民收入水平、居民消费倾向和消费习惯、消费结构的变化、商品流通的发达程度、信用的发展程度、价格及其变动等。在其他因素为一定的条件下，市场供求的变化取决于价格的变化。价格上升，能使供给者增加收益，但对需求者不利，将刺激供给增加而需求减少；价格下降，会使供给者减少收益，却对需求者有利，将引起供给减少而需求增加。

价格机制表明商品的市场价格是怎样决定的。价格是以价值为基础，但受其他很多因素的影响。影响价格的因素有成本、劳动生产率、货币供应量、生产经营的垄断程度或竞争程度、政府对价格的干预、商品的供求关系等。在其他因素为一定的条件下，价格的变化决定于商品供求关系的变化：商品供大于求，会出现买方市场，买方处于有利地位，卖者求买者，将促使价格下降；商品供不应求，会出现卖方市场，卖方处于有利地位，买者求卖者，将推动价格上升。

竞争机制表示，优胜劣汰是怎样发生的。竞争有卖者之间的竞争，买者之间的竞争，买卖双方之间的竞争。对商品生产经营者来说，卖者之间的竞争起着主要的作用。竞争的成败主要取决于能否投资于有销售市场、有发展前途、有较高收益的领域，是否有适应技术进步和市场需求变化而作出调整的能力，取决于企业能否提供物美价廉的商品。总之，企业之间的竞争主要是能否占领市场、扩大市场。

三、市场机制与价值规律的作用

市场机制和价值规律之间有着密切的关系，价值规律是市场机制发挥其功能的基础，市场机制是价值规律得以贯彻的形式。在现实经济机制中，价值规律正是通过市场机制来发挥作用的。

第一，价值规律通过价格机制自发地调节着社会劳动在各个生产部门的分配。这种作用，就是商品的供求影响价格、价格反过来调节供求的过程。某种商品供大于求，价格下降，意味社会总劳动（生产资料和劳动力）在该生产部门的分配过多，其价格就会降到价值以下，这就会促使生产者把一部分生产资料和劳动力转到别的部门。反之，某种商品供不应求，价格上涨，意味着社会总劳动在该部门的分配过少，其价格会升到价值以上，这就会吸引其他部门把一部分生产资料和劳动力转移过来。价值规律就是这样通过价格机制自发地调节着商品生产，使劳动力和生产资料在各部门之间的比例不断得到调整。当然，在以私有制为基础的商品经济中，价值规律的自发调节作用，在客观上虽然起到了调节生产的作用，使社会生产能够保持一定秩序，但这并不是由于生产者自觉行动的结果，而恰恰是无政府状态下社会生产的一种相对平衡。这种相对平衡是以生产的巨大破坏和社会劳动的浪费为代价的。

第二，价值规律通过竞争机制刺激商品生产者不断改进技术，提高劳动

生产资料是过去劳动的产物，又叫死劳动。活劳动是指当时生产过程中投入的劳动，又叫现在劳动。

生产率，从而促进整个社会生产力的发展。价值规律要求商品的价值量由社会必要劳动时间决定，并要求按照这种价值量进行等价交换。如果某些商品生产者生产条件比较好，劳动生产率比较高，其商品的个别价值低于社会价值，而在市场上仍按社会价值出售，这样就可以得到较多的收入；反之，一些生产条件差、劳动生产率低的生产者，其商品的个别价值高于社会价值，而仍按社会价值出售，结果就会有一部分劳动消耗得不到补偿而亏本。商品生产者为了在竞争中处于有利地位，必然要千方百计地改进技术，提高劳动生产率。这样，就在客观上推动了社会生产力的发展。

第三，价值规律通过市场经济的作用导致分配上的不公平，促进了商品生产者两极分化。在私有制商品经济中，各个商品生产者的生产条件实际上是各不相同的。少数生产条件好的商品生产者，劳动生产率较高，竞争能力强，往往获得较多的收入，越来越富裕；而多数生产条件差的商品生产者，无力提高劳动生产率，竞争能力差，往往得不到应有的收入，甚至亏损，以致破产。这种分化，一方面使生产者优胜劣汰，有利于社会生产率的提高；另一方面使社会成员之间形成贫富差距。

本章小结

◎ 从经济活动的方式看，可以划分为自然经济、商品经济和产品经济。商品生产必须具备两个条件：社会分工和生产资料与劳动产品属于不同的所有者。以商品生产和商品交换为内容的经济形式叫商品经济。它经历了简单商品经济、资本主义商品经济和社会主义商品经济等几个历史阶段。

◎ 市场经济就是在商品经济基础上产生的，是高度发达的商品经济；是市场对资源配置起决定性作用的商品经济。市场经济也经历了近代市场经济和现代市场经济。近代市场经济是自由放任的市场经济；现代市场经济是国家调控的市场经济，国家宏观调控和市场机制相结合是现代市场经济的主要特点。

◎ 商品是用来交换的劳动产品，它具有两个因素：使用价值和价值。商品是使用价值和价值的矛盾统一体。商品二因素是由生产商品的劳动二重性，即具体劳动和抽象劳动决定的，具体劳动生产商品的使用价值，抽象劳动形成商品的价值。

◎ 商品的价值量是由生产商品的社会必要劳动时间决定的。在计量商品价值量时，还必须把复杂劳动折合成为倍加的简单劳动。商品价值量的变化与生产商品所耗费的社会必要劳动时间成正比，而与生产商品的社会劳动生产率成反比。私人劳动和社会劳动的矛盾是以私有制为基础的简单商品经济的基本矛盾。

◎ 货币是商品交换的内在矛盾推动商品的价值形式发展（简单的或偶然的价值形式、扩大的价值形式、一般价值形式和货币形式）的必然结果。货币就是固定地充当一般等价物的特殊商品，它体现着商品生产者之间的生产关系，它是个历史范畴。货币具有5种职能：价值尺度、流通手段、贮藏手段、支付手段和世界货币。其中，价值尺度和流通手段是货币的基本职能。

◎ 价值规律是商品经济的基本规律。价值规律的内容或基本要求是：商品的价值量是由生产商品的社会必要劳动时间决定的，商品交换必须按商品价值量进行，即必须等价交换。在私有制商品经济条件下，价值规律作用表现为价格自发地围绕价值上下波动。

◎ 价值规律是市场机制发挥其功能的基础，市场机制是价值规律得以贯彻的形式。其作用有三：第一，价值规律通过价格机制自发地调节着社会劳动在各个生产部门的分配；第二，价值规律通过竞争机制刺激商品生产者不断改进技术，提高劳动生产率，从而促进整个社会生产力的发展；第三，价值规律通过市场经济的作用导致分配上的不公平，促进了商品生产者两极分化。

综 合 练 习

一、基本概念

1. 商品　2. 使用价值　3. 交换价值　4. 价值　5. 具体劳动　6. 抽象劳动　7. 商品价值量　8. 社会必要劳动时间　9. 简单劳动　10. 复杂劳动　11. 劳动生产率　12. 货币　13. 价值形式　14. 货币流通规律　15. 通货膨胀　16. 价值规律

二、单项选择题

1. 商品的使用价值所体现的是（　　）。
   A. 人与物的关系　　　　　　　B. 物与物的关系
   C. 人与人的关系　　　　　　　D. 社会经济关系

2. 社会财富的物质内容是（　　）。
   A. 使用价值　　　　　　　　　B. 交换价值
   C. 价值　　　　　　　　　　　D. 剩余产品

3. 商品的两重属性是（　　）。
   A. 简单劳动和复杂劳动　　　　B. 个别劳动和社会劳动
   C. 使用价值和价值　　　　　　D. 交换价值和价值

4. 商品的价值是（　　）。
   A. 商品的自然属性　　　　　　B. 交换价值的内容和基础
   C. 商品的有用属性　　　　　　D. 商品的价格表现形式

5. 价值体现着（　　）。

A. 人与物的关系 B. 物与物的关系
C. 人与人之间的关系 D. 不同商品生产者之间的关系

6. 有用性的劳动是（　　）。
A. 具体劳动 B. 抽象劳动
C. 简单劳动 D. 复杂劳动

7. 价值的实体是（　　）。
A. 私人劳动 B. 社会劳动
C. 具体劳动 D. 抽象劳动

8. 价值的源泉是（　　）。
A. 具体劳动 B. 私人劳动
C. 社会劳动 D. 抽象劳动

9. 具体劳动和抽象劳动是（　　）。
A. 生产商品的过程中先后进行的两次劳动
B. 生产商品的同一劳动的两个方面
C. 生产商品过程中的两种劳动 D. 体力劳动和脑力劳动

10. 简单商品经济的基本矛盾是（　　）。
A. 简单劳动和复杂劳动的矛盾 B. 使用价值和价值的矛盾
C. 具体劳动和抽象劳动的矛盾 D. 私人劳动和社会劳动的矛盾

11. 商品的价值是由（　　）。
A. 私人劳动时间决定的 B. 社会劳动时间决定的
C. 个别劳动时间决定的 D. 社会必要劳动时间决定的

12. 商品价值的外在表现形式是（　　）。
A. 商品的价格 B. 交换价值
C. 使用价值 D. 社会价值

13. 商品价值的货币表现形式是（　　）。
A. 商品价格 B. 交换价值
C. 使用价值 D. 生产价格

14. 劳动生产率越高（　　）。
A. 使用价值越多 B. 产品质量越高
C. 价值量越多 D. 交换价值量越多

15. 生产商品的劳动的二重性，即具体劳动和抽象劳动是（　　）。
A. 生产商品时的两次劳动 B. 生产商品时二次劳动的两重属性
C. 简单劳动和复杂劳动 D. 个别劳动和社会劳动

16. 私有制商品经济的基本矛盾是（　　）。
A. 使用价值与价值的矛盾 B. 个别劳动与社会必要劳动的矛盾
C. 单位劳动与复杂劳动的矛盾 D. 私人劳动与社会劳动的矛盾

17. 货币的本质是（　　）。
A. 黄金或白银 B. 一般商品
C. 特殊商品 D. 固定充当一般等价物的商品

18. 用货币来表现商品的价值是货币执行（　　）。
A. 价值尺度的职能　　　　　　　　B. 流通手段的职能
C. 支付手段的职能　　　　　　　　D. 世界货币的职能

19. 能充当世界货币职能的是（　　）。
A. 国家发行的货币　　　　　　　　B. 发达国家的货币
C. 纸币　　　　　　　　　　　　　D. 黄金

20. 通货膨胀是发生在货币执行（　　）。
A. 价值尺度职能时　　　　　　　　B. 流通手段职能时
C. 支付手段职能时　　　　　　　　D. 世界货币职能时

21. 商品经济的基本规律是（　　）。
A. 供求规律　　　　　　　　　　　B. 竞争规律
C. 货币流通规律　　　　　　　　　D. 价值规律

22. 价值规律的表现形式是（　　）。
A. 价格等于价值　　　　　　　　　B. 价格围绕价值上下波动
C. 价格高于价值　　　　　　　　　D. 价格低于价值

三、多项选择题

1. 商品的二因素是（　　）。
A. 使用价值　　　　　　　　　　　B. 价值
C. 具体劳动　　　　　　　　　　　D. 抽象劳动
E. 交换价值

2. 商品具有两重属性（　　）。
A. 使用价值　　　　　　　　　　　B. 价值
C. 自然属性　　　　　　　　　　　D. 社会属性
E. 交换价值

3. 商品的使用价值是（　　）。
A. 用来满足商品生产者自己的需要　B. 用来满足别人和社会的需要
C. 要通过交换才能到别人之手进入消费的
D. 商品生产者用来交换的物质条件　E. 物的有用性

4. 交换价值表现为（　　）。
A. 不同商品相交换数量比例　　　　B. 它是商品价值的货币表现形式
C. 具体劳动的体现　　　　　　　　D. 抽象劳动的体现
E. 简单劳动的体现

5. 商品的价值量与（　　）。
A. 体现在商品中的劳动量成正比　　B. 私人劳动量成正比
C. 劳动生产率成反比　　　　　　　D. 具体劳动成正比
E. 劳动生产率成正比

6. 价值与交换价值的关系是（　　）。
A. 价值是交换价值的内容和基础　　B. 交换价值是价值的内容和基础
C. 交换价值是价值的表现形式　　　D. 价值是交换价值表现形式

E. 价值和交换价值互为内容和形式
7. 在一定时期内劳动生产率越高,生产的( )。
A. 全部商品价值总量越大
B. 全部商品价值总量越小
C. 全部商品价值总量不变
D. 使用价值量越多
E. 使用价值量越小
8. 商品的价格同( )。
A. 商品的价格成正比
B. 商品的价值成反比
C. 同货币的价值成正比
D. 同货币的价值成反比
E. 同具体劳动成正比
9. 一定时间内流通中所需要的货币量与( )。
A. 待售商品数量成正比
B. 待售商品数量成反比
C. 货币流通速度成正比
D. 货币流通速度成反比
E. 待售商品价格总额成正比
10. 货币的两个基本职能是( )。
A. 价值尺度
B. 流通手段
C. 支付手段
D. 贮藏手段
E. 世界货币
11. 影响货币流通规律的因素( )。
A. 可售商品的数量
B. 商品价格水平
C. 货币的流通速度
D. 商品价格的高低
E. 商品价值的高低

四、判断正误题

1. 商品经济和市场经济是一回事。( )
2. 有使用价值的物品必然是商品。( )
3. 没有价值的物品,就没有使用价值。( )
4. 商品是使用价值和价值的统一体。( )
5. 商品是用于交换的劳动产品。( )
6. 价值是社会财富的物质内容。( )
7. 价值是一种社会生产关系。( )
8. 交换价值是价值的表现形式。( )
9. 商品的二因素是由生产商品的劳动的二重性决定的。( )
10. 商品的价值量是以社会必要的简单劳动为单位来确定的。( )
11. 商品的使用价值是商品生产者自己的。( )
12. 货币是商品内在矛盾发展的必然结果。( )
13. 货币是一定社会经济关系的体现。( )
14. 价值是在商品交换中表现出来的。( )
15. 价值第一次真正表现为无差别的一般人类劳动的凝结是在扩大的价值形式阶段。( )
16. 从扩大的价值形式过渡到一般价值形式是一个质的飞跃。( )

17. 货币形式和一般价值形式有着本质的区别。（　　）
18. 货币执行价值尺度的职能必须是现实的货币。（　　）
19. 价值是商品价值和货币价值的比率。（　　）
20. 货币是社会财富的一般代表。（　　）
21. 商品的价格以价值为基础，是指价格必须与价值一致。（　　）
22. 价格是价值的货币表现，所以，商品价值的变化一定会带来价格的变化。（　　）
23. 金银天然是货币。（　　）

五、问答与思考题

1. 商品二因素与劳动二重性的关系是怎样的？
2. 商品的价值量是如何确定的？商品价值量与劳动生产率的关系如何？
3. 既然商品价值量与劳动生产率成反比，那么，商品生产者为什么还要提高劳动生产率？
4. 个别劳动与社会劳动的区别对商品生产者有什么影响？
5. 货币是怎样产生的，它的本质和职能是什么？
6. 货币流通规律与经济的关系如何？运用货币流通规律的理论如何防止通货膨胀和通货紧缩？
7. 试述价值规律的内容、表现形式和作用。
8. 学习价值规律以后，我们如何运用价值规律促进我国生产力的发展？

第二章

资本主义生产

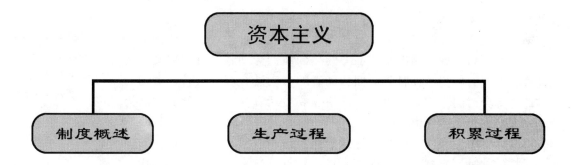

重点掌握
- 货币转化为资本
- 劳动力成为商品
- 资本主义生产过程的二重性
- 增加剩余价值的方法
- 资本积累及其影响资本积累量的因素

一般掌握
- 货币转化为资本
- 货币与资本的区别
- 资本总公式的矛盾
- 资本的积聚和资本的集中

一般了解
- 资本主义基本制度特征
- 资本主义所有制的演变

本章导语

　　从这一章开始进入资本主义经济本质的分析。从资本主义制度入手,分析资本主义生产方式就是以资本家占有生产资料作为资本和以雇佣劳动为基础的经济制度。在劳动价值论的基础上分析资本主义生产过程,阐明马克思创立剩余价值理论,说明剩余价值生产的过程和基本方法。并通过考察资本主义再生产和资本积累,揭示资本主义发展和资本积累的一般规律。论证资本主义社会中无产阶级与资产阶级对立的根源。这是马克思最伟大的贡献,是政治经济学史上划时代的发现。

第一节 资本主义制度概述

一、资本主义基本经济制度

资本主义经济制度本质上是一种私有制，是资本家占有、支配和使用物质资料生产条件和物质产品，剥削雇佣劳动者的所有制关系体系。与资本主义以前的私有制相比较，资本主义所有制具有如下特征。

第一，资本主义制度是资本家私人占有生产资料，广大劳动群众丧失一切生产资料，成为靠出卖劳动力为生的雇佣劳动者。资本主义生产就是资本家占有的生产资料与雇佣劳动者的劳动结合起来进行，劳动者劳动的一部分时间生产和再生产自己所需要生活资料，另一部分时间为资本家无偿提供剩余价值。

> 资本主义经济＝社会化生产＋普遍化商品经济＋资本主义私有制。

第二，资本主义所有制是与发达商品经济相联系，以价值存在和运动为形式的一种所有制。发达的商品经济不仅是资本主义所有制形成的历史前提，而且成为其所有制关系的基础内容。在这个所有制关系中，资本家占有的物质资料是商品，劳动力也是商品，商品货币关系是资本主义经济关系的最基本、最一般的物的形式，资本剥削雇佣劳动的关系都被商品货币关系的形式所掩盖。资本主义生产是为价值和价值增值而生产，价值成为资本主义生产过程中的无止境的运动主体。在这里一切服从于价值增值的要求。

第三，资本主义所有制是一种逐步采取社会化形式的私有制。从历史上看，资本主义所有制是对分散的小个体私有制的否定。从资本问世到当代资本主义，随着资本主义由简单协作、工场手工业到机器化大工业的发展，资本主义私有制的具体形式不断发生变化。在自由竞争资本主义时期，以单个资本家所有制为主要形式；在垄断资本主义阶段，居统治地位的是股份制形式的"联合资本家"所有制；在国家垄断资本主义阶段，实际上是"总资本家"所有制。资本主义私有制的这三种形式，即形成由低级到高级的继承、发展关系又以私人垄断资本居主导地位并存在于当代资本主义社会。

第四，资本主义所有制是一种依靠积累进行扩大和发展的私有制。资本主义生产的直接目的是为了追求最大限度的剩余价值，再把剩余价值的大部分转化为资本，从而使得资本主义所有制关系在更大规模上被再生产出来。

上述特征充分表明了，资本主义所有制的本质乃是资本家凭借所占有的生产资料剥削雇佣劳动者创造剩余价值。简单地说，就是资本剥削雇佣劳动。它是一种较之奴隶制度、封建制度更加隐蔽的，用"自由"、"文明"外衣掩盖起来的私有制形式。

二、资本主义所有制及其演变

资本主义所有制从产生到现在,经历了数百年的演变和发展,经历了三个大的发展阶段并相应地采取了 3 种基本的形式,即个体资本所有制形式、集体资本所有制形式和国家垄断资本所有制形式。

1. 个体资本所有制形式

个体资本所有制是指资本家依靠个人或家族拥有一定量资本开办企业,自己经营,雇佣劳动者进行生产,劳动产品归资本家个人占有的资本所有制形式。个体资本所有制的基本特征,表现为生产资料的所有权和经营权统一于资本家自身,雇佣劳动者在资本家的直接支配和监督下,使用资本家占有的生产资料为资本家无偿地生产剩余价值。

个体资本所有制是资本主义所有制的早期形态。这种所有制形式是与整个自由竞争的资本主义发展阶段相适应的。

随着产业革命的深入发展,工业技术的普及和社会分工的不断深化,开办企业需要的资本额日益增加。这就在客观上要求生产资料实行规模占有,建立规模经济,从而要求资本主义所有制形式进一步发展。

2. 集体资本所有制

集体资本所有制在资本主义发展史上占有重要地位。概括起来主要有以下两种形式。

第一种是合伙经营所有制形式。它是指两个以上的资本所有者,通过订立合同成立联合企业所有制形式。其特征是,合伙企业的所有权和经营权集中于所有合伙人,每一合伙人都有权参与企业决策和经营,并根据资本和投入的劳务分配利润,同时对企业债务承担无限责任。

第二种是股份资本经营所有制形式。它是指资本家通过建立股份公司,发行股票,将社会上分散的个别资本或其他游资联合为集体性经营资本的一种资本所有制形式。其特征是:资本所有权与经营权发生了分离;投资于股份公司的资本凭借持有的股票以股息的形式获得一部分剩余价值。其余未分配的剩余价值用于企业扩大再生产,进入垄断资本主义阶段出现垄断组织,如卡特尔、辛迪加、托拉斯、康采恩等。第二次世界大战战后,垄断组织进一步发展扩大,其组织形式也向更高级的联合公司发展,形成当代的主要垄断组织——混合联合公司和跨国公司。

3. 国家垄断资本所有制

国家垄断资本所有制形式最早产生于第一次世界大战期间,普遍发展于第二次世界大战以后。它实质上是一种总资本家私有制形式,是对资本所有制形式的进一步发展。

国家垄断资本所有制是指生产资料、自然资源和金融资产和部分用于投资的财政收入由国家所占有的经济关系。作为一种所有制经济关系,其具体形式便是国有企业和国私共有企业。国有企业就是所有权属于国家,由国家经济机构直接经营。国私共有企业,是国家垄断资本与私人垄断资本联合所有制企业。

资本所有制的不同结构,是与资本主义生产发展的不同阶段相联系,是社会生产力与生产关系不断调整的过程。

三、货币转化为资本

为了系统地分析资本主义经济的本质,首先就要分析货币转化为资本、劳动力成为商品,以便为进一步剖析资本主义剥削制度的实质和为剩余价值的生产提供必要的前提。

1. 货币与资本的区别

资本不是天生的,无论在历史上还是在现实资本主义中,货币都是资本的最初表现形式。资本家购买生产资料和劳动力的资本,也总是表现为一定数量的货币。然而货币本身并不直接就是资本,作为资本的货币和作为商品流通媒介的货币是有本质区别的。

> 资本和货币在静止状态下是一样的。

首先,是流通形式不同。作为商品流通媒介的货币,其流通形式是:W-G-W,即商品转化为货币,货币再转化为商品。作为资本的货币,其流通形式是:G-W-G',即货币转化为商品,商品再转化为货币。这两种流通形式的区别在于:买卖的顺序不同,前者是先卖(W-G),然后再买(G-W);后者是先买(G-W),然后再卖(W-G)。流通的起点和终点不同,前者是以商品为运动的起点和终点,后者则以货币为起点和终点。流通的媒介不同,前者的媒介是货币,后者的媒介是商品。

其次,是两种流通形式在内容和目的上都不同。在 W-G-W 中,其使用价值互相交换的目的是满足消费者的需要。在 G-W-G' 中,终点的货币大于起点的货币,其目的是为了获取价值和增值价值。

> 资本总公式和商品总公式的根本区别在于运动的目的不同。

由此可见,在 W-G-W 中,即在商品流通中,货币只作为流通的手段,充当不同商品交换的媒介,它不是资本。而在 G-W-G' 中货币产生了剩余价值,发生了价值增值,这时的货币就转化为资本了。

马克思把 G-W-G' 这个公式称为资本总公式。因为这一公式不仅反映了资本运动的本质特征,而且也概括了后面讲的各种形式资本运动的共同点。

2. 资本总公式的矛盾

上面对资本总公式的分析,明确了**资本是带来剩余价值的价值**。但是,资本总公式也明显暴露出与前面讲的商品价值的矛盾。按照价值规律的要求,商品价值量是由生产商品所耗费的社会必要劳动时间决定的,商品交换要按价值量相等的原则进行。这样,在流通领域中,只会是货币变为商品,商品变成货币的价值形式的变化,决不会引起价值量的变化。而在资本总公式中,价值量却发生了变化,这就是等价交换同价值增值的矛盾。这个矛盾的焦点,是剩余价值是怎样产生出来的。

有些资产阶级学者说剩余价值是在流通中产生的,这完全是从表面现象看问题。其实,在流通领域,无论是等价交换,还是不等价交换,都不能产生剩余价值。在等价交换情况下，由于交换双方的价值量相等，自然不会产生剩余价值。在不等价交换的情况下，无论是贱买还是贵卖，也不能产生剩余价值。因为，单个资本家既是卖者又是买者，他作为贵卖者所得，同时作为贵买者所失，一失一得，货币并没有增加。即使有人既能贱买又能贵卖，他所赚的，也只是别人所失去的。这样交换的结果，只是即定的价值量的重新分配，而不是剩余价值的制造。欺诈可以使某些资本家成为暴发户，但"一个国家的整个资本家阶级不能靠欺骗自己来发财致富"。❶

总之，在流通领域剩余价值是不可能产生的。那么，完全脱离开流通领域能不能产生剩余价值呢？也不能。因为，离开流通领域货币所有者和商品所有者不发生关系，他们只和自己手中的商品或货币发生关系。这种关系也是他用自己的劳动来生产商品，商品价值量的大小，完全视他耗费劳动时间多少而定。如果该商品的价值增加了，那是由于他支出了新的劳动。在此之外，不可能无故地多生出一份价值。

由此可见，剩余价值的产生，货币到资本的转化，既不能在流通中产生，又不能脱离开流通领域而产生。资本总公式的矛盾必须在这样的条件下来解决。那么，剩余价值产生之谜在哪里呢？

3. 劳动力成为商品

马克思发现并提出的劳动力商品理论，为解开资本总公式矛盾之谜提供了钥匙。货币之所以能转化为资本，原因是货币所有者能在市场中买到某种特殊商品。这种特殊商品能够创造新价值，并且是比它自身的价值更大的价值。这种特殊商品就是工人的劳动力。

<small>劳动力使用价值的特殊性，能创造出比自身价值更大的价值。</small>

什么是劳动力？马克思指出："我们把劳动力或劳动能力，理解为人的身体即活的人体中存在的、每当人生产某种使用价值时就运用的体力和智力的总和。"❷ 劳动力是在一切社会中，人们都能具有的能力，是生产的基本要素。但是，劳动力成为商品，劳动力的买卖成为一种普遍现象，却不是历来就有的。劳动力成为商品必须具备两个基本条件：第一，劳动者必须有人身的自由，否则，就不可能出卖自己的劳动力。第二，劳动者必须丧失一切生产资料和生活来源。劳动力成为商品的这两个基本条件，是在封建社会末期，小生产者日益分化，以及资本原始积累，大批生产者丧失生产资料沦为无产者，资产阶级不断占有和集中社会生产资料的历史过程中形成的。可见，劳动力成为商品是一个历史过程。

<small>两个条件：可以出卖劳动力；必须出卖劳动力。</small>

劳动力作为商品与其他商品一样，也具有价值和使用价值。劳动力商品的价值与其他商品的价值一样，也是由生产和再生产这种商品所需要的社会必要劳动时间决定的。但是，什么是生产劳动力商品的社会必要劳动时间呢？这就不能像普通商品那样直接用时间计量。劳动力这种

---

❶ 马克思恩格斯全集．第23卷．北京：人民出版社，1972：185～186.
❷ 马克思恩格斯全集．第23卷．北京：人民出版社，1972：190.

特殊商品是存在于人身体之中的，它的生产和发展都要靠给劳动者提供一定数量的生活资料。因此，生产和再生产劳动力商品所需要的劳动时间，可以间接由生产这些生活资料所需要的劳动时间来决定。这些生活资料包括：①维持劳动者自身生存所必需的生活资料；②为延续劳动力养育子女所必需的生活资料；③为提高和发展劳动力所必需的教育和训练的耗费。在社会必要限度内，这三部分生活资料的价值总和决定劳动力商品价值。所以，"劳动力的价值，就是维持劳动力所有者所需要的生活资料的价值。"❶

> 劳动力价值是受历史和道德的约束，是在变化的。

由于劳动力的价值归结为一定量的生活资料的价值，这决定了它的规定不同于一般商品价值的规定，即劳动力价值的规定，在各个国家和不同历史时期是不同的，在各个国家和不同历史时期，由于生产力水平、自然条件、文化传统、风俗习惯等方面的差异，决定着生产和再生产劳动力商品所必需的生活资料，在内容和数量上都不相同。一般来说，经济发达国家与不发达国家相比，决定劳动力商品价值的生活资料，在内容上要丰富，在数量上也较多。所以，马克思特别指出："和其他商品不同，劳动力的价值规定包含着一个历史的和道德的因素。"❷但是，这就一个国家来说，在一定的时期，必要生活资料的平均范围是一定的。

劳动力商品不仅有特殊的价值规定，而且具有特殊的使用价值。一般商品在被使用或消费时，随着使用价值的消失，它的价值也随之消失或转移到新产品中去，不会创造出新的价值来。劳动力商品则不同，其使用价值的使用或消费就是劳动过程，劳动不仅能保存旧价值，而且能创造新价值，并能创造出比劳动力商品的价值更大的价值。资本家购买劳动力商品，就是为了利用它的这种特殊的使用价值来使资本价值增值。所以，劳动力的使用价值是价值和剩余价值的源泉。

> 要理解劳动力使用价值的特殊性。

劳动力商品的买和卖，是在劳动力市场中进行的。买者是货币的所有者，卖者是劳动者，这种买卖关系表面上是"两相情愿"，但货币所有者购买了劳动力以后，货币所有者就掌握了劳动力的使用权，会充分运用劳动力使用价值的特点，来获取剩余价值。此时，货币也就变成了资本。由此可见，劳动力成为商品，是货币转化为资本的决定性条件。

第二节　资本主义生产

一、资本主义生产过程

资本主义的生产过程具有二重性：一方面是生产使用价值的劳动过程；另一方面是生产剩余价值的价值增值过程。资本主义生产过程是劳

---

❶ 马克思恩格斯全集．第 23 卷．北京：人民出版社，1972：194.
❷ 马克思恩格斯全集．第 23 卷．北京：人民出版社，1972.

动过程和价值增值过程的统一。

1. 资本主义劳动过程

如果撇开各种特定的社会形态来考察,都是劳动者通过有目的的劳动;运用劳动资料对劳动对象进行加工,创造使用价值的过程。这样的劳动过程,是人类社会生存的永恒的自然条件,是一切社会形态所共有的。

资本主义劳动过程由于生产资料属于资本家所有,因此,资本主义劳动过程具有以下两个特点:第一,工人在资本家的指挥监督下劳动。工人的劳动属于资本家,那么工人在劳动过程中就必须服从资本家的意志和安排。第二,劳动产品全部归资本家所有。由于劳动过程是属于资本家的各种生产要素相结合的过程,其成果即产品必然是属于资本家。这两个特点,决定了资本主义的劳动过程对于工人来说,是一种强制性的劳动。

资本主义劳动过程的结果,是生产出一种归资本家所有的使用价值。但资本主义的生产过程不仅要生产使用价值,而且要生产价值,不仅要生产价值,而且要生产剩余价值。对资本主义来说,劳动过程之所以重要,仅仅因为劳动过程生产的使用价值是价值、剩余价值的物质承担者,不通过劳动过程生产物质产品,价值增值就不能实现。所以,资本主义的生产过程不仅是一个生产使用价值的劳动过程,而且更重要的还必须同时是一个使资本家获得剩余价值的价值增殖过程。

2. 价值增值过程

价值增值过程就是超过一定点而延长了的价值形成过程,即剩余价值的生产过程。它是以价值形成过程为基础的。为了考察价值增值过程,必须首先分析价值形成过程。在生产过程中,生产商品所消耗的全部劳动形成商品的价值,它不仅包括生产过程中工人支出的活劳动,还包括过去已经消耗在生产资料上的物化劳动。这样,价值形成过程既是活劳动创造新价值的过程,又是物化劳动即生产资料的旧价值的转移过程。这两重过程是以生产商品的劳动二重性为基础的。

以生产皮鞋为例,假定生产 1 双皮鞋,需要耗费皮革、线绳以及工具等价值共 20 元;每个劳动力每天的价值 6 元;每天劳动 6 小时,创造价值 6 元;每 6 小时生产一双皮鞋。这样,在生产过程中,资本家垫支在生产资料(包括皮革、线绳、工具耗费)等上的价值 20 元,通过工人制作皮鞋的具体劳动被转移到产品皮鞋之中。资本家另一部分用来购买劳动力的日价值 6 元,工人已用于购买生活资料进入个人消费,它的价值不是转移,而是工人在 6 小时的劳动过程中,在以具体劳动生产皮鞋的同时,耗费了一定的体力和脑力即抽象劳动。抽象劳动凝结在商品中,从而形成新的价值,即劳动力价值。

接前例,如果工人的劳动超过再生产自身价值所需的时间 6 小时,延长到 12 小时,情况就发生了变化。12 小时生产两双皮鞋,所耗费的

> 价值增值过程就是剩余价值生产的过程。

生产资料价值40元，通过皮鞋工人的具体劳动转移到两双皮鞋中去，而工人劳动日价值仍是6元，但他劳动12小时所创造出的新价值为12元。资本家出售两双皮鞋获得价值52元，他预付的资本价值耗费却只有46元，多了6元，这6元就是剩余价值。

如果我们把价值增值过程和价值形成过程相比较，就可以清楚地看到："价值增值过程不外是超过一定点而延长了的价值形成过程。"❶ 这个一定点就是工人用于再生产自己劳动力价值的时间。工人整个的劳动时间超过这个一定点，价值形成过程就转化为价值增值过程。剩余价值的产生就是由于资本家把工人的劳动时间延长到补偿劳动力价值所需要的时间以上，工人创造的新价值超过了他的劳动力价值，这就是价值增值的秘密。

> 揭示了剩余价值生产的秘密。

价值增值过程和价值形成过程有着本质的区别。如果工人所创造的价值恰好补偿资本家所支付的劳动力价值，那是简单的价值形成过程。如果价值形成过程超过了这一点，就是价值增值过程。马克思指出："作为劳动过程和价值形成过程的统一，生产过程是商品生产过程；作为劳动过程和价值增值过程的统一，生产过程是资本主义生产过程，是商品生产的资本主义形式。"❷

在价值增值过程中，工人的劳动时间分为两部分：其中一部分**是再生产劳动力价值的时间，叫作必要劳动时间**；另一部分是**无偿地为资本家生产剩余价值的时间，叫作剩余劳动时间**。工人在必要劳动时间内支出的劳动叫必要劳动；工人在剩余劳动时间内支出的劳动叫剩余劳动。可见，剩余价值的源泉是雇佣工人的剩余劳动，是剩余劳动的凝结。**剩余价值的本质是雇佣工人创造的价值中超过劳动力价值而被资本家无偿占有的那部分价值，体现着资本家对雇佣工人的剥削关系。**

资本主义生产过程的二重性是由生产商品的劳动二重性引起的。在资本主义生产过程中，一方面，劳动者以具体劳动生产商品的使用价值，同时将耗费掉的生产资料价值转移到新生产的商品中去，成为商品价值的一个组成部分；另一方面，劳动者以抽象劳动创造了一定量的新价值，成为商品价值的另一个组成部分。因此，资本主义生产过程是劳动过程和价值增值过程的统一，是生产商品的劳动二重性的特殊表现。

通过对资本主义生产过程的分析，资本总公式的矛盾解决了。在不违背商品交换规律的条件下，资本价值得到增值，剩余价值被生产出来了，关键在于劳动力商品特殊的使用价值。在流通中，资本家无论是购买劳动力和生产资料，还是出售商品，都遵循等价交换的原则，价值之所以增值是因为劳动力在生产过程中创造的价值大于它自身的价值。因此，货币转化为资本的整个过程，要通过流通和生产两个互相联系的过

---

❶ 马克思恩格斯全集. 第23卷. 北京：人民出版社，1972：221.
❷ 马克思恩格斯全集. 第23卷. 北京：人民出版社，1972：223.

程才能完成。

3. 资本的本质及其划分

资本总是表现为一定的物，如厂房、机器、设备、原材料等。但是，这些物本身并不就是资本。它们作为物，其自然属性并不能使它们成为资本，只是在特定的历史条件下，它们担负着特殊的社会经济职能时，才成为资本。因此，资本的本质表现在如下方面。

首先，资本是能够带来剩余价值的价值。资本起初表现为一定数量的价值，它之所以能够带来剩余价值，关键在于它是剥削雇佣劳动者的手段，依靠吸收工人的活劳动来增值自己的价值。

其次，资本虽然总是表现为一定的物，但从本质上看并不是物，而是以物为媒介，在物的外壳掩盖下的社会生产关系，即资本家剥削工人的关系。同样的物是否是资本，则要看它是否用作剥削雇佣工人，带来剩余价值。

再次，资本是一个历史的范畴。它不是从来就有的，只是人类社会发展到一定阶段，劳动力成为商品，货币和生产资料成为剥削手段，为资本家能带来剩余价值时，才能成为资本。

> 资本的本质是生产关系。

资本在生产过程中以两种形式存在。一部分以生产资料的形式存在，一部分以劳动力的形式存在。马克思根据这两部分资本在剩余价值生产中所起的作用不同，把资本区分为不变资本和可变资本。**以生产资料形式存在的资本，在生产过程中只是借助于工人的具体劳动，把它原有的价值转移到新的劳动产品中去，不改变自己的价值量，叫作不变资本（c）。以劳动力形式存在的资本，在生产过程中能创造出比劳动力价值更大的价值即剩余价值，使原有的价值量产生了增值，叫作可变资本（v）。**

> 资本划分的依据是资本在生产剩余价值中的作用不同。

把资本区分为不变资本和可变资本，科学地揭露了剩余价值的真正来源，说明剩余价值不是由全部预付资本带来的，而是由可变资本带来的，雇佣工人的剩余劳动是剩余价值的唯一源泉；为正确考察资本对雇佣工人的剥削程度提供了科学的依据；为考察资本有机构成理论、社会资本再生产和流通理论、平均利润和生产价格等理论奠定了科学的基础。

4. 剩余价值率

在资本主义生产过程中，资本家投入不变资本和可变资本，即 $c+v$。经过生产过程，产生出剩余价值 m，结果生产出价值为 $c+v+m$ 的产品。其中 $c+v$ 是资本家的预付资本，$v+m$ 是工人在生产过程中新创造出的价值。马克思关于不变资本、可变资本的科学划分，表明剩余价值是由可变资本带来的。为此，要表明资本家对工人的剥削程度，应该用剩余价值与可变资本相比较。**剩余价值率就是剩余价值和可变资本的比率。** 用 m' 表示剩余价值率，则 $m'=\dfrac{m}{v}$。

由于可变资本的价值是在必要劳动时间内由必要劳动再生产出来的，剩余价值是在剩余劳动时间内由剩余劳动创造出来的。所以剩余价值率

也可以用剩余劳动时间与必要劳动时间之比或剩余劳动与必要劳动之比来表示即

$$m' = \frac{剩余劳动时间}{必要劳动时间} = \frac{剩余劳动}{必要劳动}$$

$m' = \frac{m}{v}$ 是以物化劳动的形式表明资本主义的剥削程度，即在工人新创造的价值中，工人和资本家各占多少份额。$m' = \frac{剩余劳动时间}{必要劳动时间} = \frac{剩余劳动}{必要劳动}$ 是以活劳动的形式表明资本主义的剥削程度，即在工人的一个工作日的全部劳动时间中有多少时间用于补偿劳动力的价值，有多少时间用来无偿地给资本家生产剩余价值。

随着资本主义生产力的发展，剩余价值率是不断提高的。

二、剩余价值生产的方法

1. 绝对剩余价值的生产

绝对剩余价值生产是在必要劳动时间不变的条件下，通过绝对延长工作日，从而延长剩余劳动时间增加剩余价值的剥削方法。

假定原来工人的一个工作日是12小时，其中6小时为必要劳动时间，6小时为剩余劳动时间，剩余价值率为10000。如果把工作日延长到15小时，必要劳动时间不变仍为6小时，剩余劳动时间就由6小时增加到9小时，剩余价值率为150%。如以下公式所示。

$$剩余价值 = \frac{剩余劳动时间6小时}{必要劳动时间6小时} = 100\%$$

$$剩余价值 = \frac{剩余劳动时间9小时}{必要劳动时间6小时} = 150\%$$

在雇佣工人的必要劳动时间不变的条件下，由于工作日的绝对延长，使剩余劳动时间增加而生产的剩余价值叫作绝对剩余价值。 个别企业工人由于提高劳动强度而生产的剩余价值，也属于绝对剩余价值。因提高劳动强度等于在一个工作日中劳动支出增加了，是变相地延长工作日。在必要劳动时间不变的条件下，资本家对工人的剥削程度是随工作日的绝对延长而提高的。工作日越长，剩余劳动时间就越长，剩余价值率也就越高，剩余价值量就越大。在绝对剩余价值生产条件下，剩余价值量随工作日长度而变动。

工作日虽然是一个可变量，但它只能在一定界限内变动。工作日的最低界限必须大于必要劳动时间，如果等于必要劳动时间，就没有剩余价值产生了。工作日的最高界限取决于两个因素：生理因素和道德因素。人在一天内消耗一定的体力和脑力，必须有时间休息以恢复其劳动能力，这是生理上的需要。同时，劳动者也需要有时间来满足其精神生活和社会交往上的种种需要。所以工作日的长度受最高界限两个因素的影响，不能过分延长,并且延长工作日必然遭到工人的反抗。资本家加强剥削除了这种方法以外,还有另一种方法,即相对剩余价值生产。

2. 相对剩余价值生产

相对剩余价值生产,即在工作日不变的条件下,通过缩短必要劳动时间,相对地增加剩余劳动时间,从而榨取更多剩余价值的生产。

假定工人的工作日长度为 12 小时,其中必要劳动时间、剩余劳动时间均为 6 小时,剩余价值率为 100％。如果工作日长度不变,其中必要劳动时间缩短 2 小时,由 6 小时变为 4 小时,剩余劳动时间就会由 6 小时变为 8 小时,剩余价值率为 200％。如下列公式所示。

$$剩余价值 = \frac{剩余劳动时间\ 6\ 小时}{必要劳动时间\ 6\ 小时} = 100\%$$

$$剩余价值 = \frac{剩余劳动时间\ 8\ 小时}{必要劳动时间\ 4\ 小时} = 200\%$$

在工作日长度不变的条件下,由于缩短必要劳动时间相应延长剩余劳动时间而生产的剩余价值,叫作相对剩余价值。

相对剩余价值的生产,以缩短必要劳动时间为前提。要缩短必要劳动时间,只有降低劳动力的价值。为此就要降低工人消费的生活资料的价值。要降低这些生活资料的价值,首先要提高生产它们的部门的劳动生产率,进而要提高为这些部门提供生产资料的部门的劳动生产率。相对剩余价值生产实现的最终条件是全社会劳动生产率的普遍提高。全社会劳动生产率的普遍提高,是以个别资本家提高劳动生产率为前提的,相对剩余价值的生产是在个别资本家追逐超额剩余价值的竞争中实现的。

3. 超额剩余价值

个别资本家提高企业的劳动生产率,其直接动机并不是降低劳动力的价值,而是为了获得超额剩余价值。个别企业改进技术提高劳动生产率,减少生产商品的个别劳动时间,使商品的个别价值低于社会价值,但仍按社会价值出售,尽可能获取超额剩余价值。**超额剩余价值,是生产条件优越的资本主义企业由于商品的个别价值低于社会价值,而多得的那部分剩余价值,也可以说是社会价值减去个别价值的差额。**

个别资本家获得超额剩余价值只是一种暂时的现象。因为,追逐剩余价值的内在动力和竞争的外在动力,驱使其他企业资本家也竞相改进技术,必然使劳动生产率普遍提高,并使商品的社会价值下降,原来首先采用先进技术的企业所获得的超额剩余价值也就随之消失。然而,在追求超额剩余价值的刺激下,又会有资本家采用更先进的技术,进一步提高劳动生产率,使所生产的商品比其他企业更低廉。由此可见,各个资本主义企业改进技术的直接动力是追求超额剩余价值。这种分散的努力所得的共同结果,是社会劳动生产率提高和劳动力价值降低。于是,各部门各企业工人必要劳动时间缩短,使整个资本家阶级都获得了相对剩余价值。

> 资本家生产的直接目的是追求超额剩余价值。其结果得到相对剩余价值。

超额剩余价值实质上也是相对剩余价值，同相对剩余价值一样，也是靠提高劳动生产率、缩短必要劳动时间相应地延长剩余劳动时间产生的，它的源泉仍然是工人的剩余劳动。但二者又有区别：超额剩余价值是以个别企业提高劳动生产率为条件，相对剩余价值的实现是以全社会普遍提高劳动生产率为条件；超额剩余价值是个别资本家追逐的直接目的和动机，相对剩余价值是无数资本家追逐超额剩余价值的结果。

从历史上看，在资本主义发展初期，资本家主要靠延长劳动时间，即主要靠生产绝对剩余价值的方法。随着技术进步和劳动生产率的提高，特别是在机器生产代替手工操作之后，相对剩余价值的生产越来越成为提高剥削程度的主要办法。但是，也并没有放松绝对剩余价值率的生产。生产绝对剩余价值的方法和生产相对剩余价值的方法，仍然是资本家提高剩余价值的两种基本方法。

第三节　资本积累

一、资本主义再生产和资本积累

1. 资本主义再生产

资本主义经济的发展，依赖于资本的不断积累过程，这个过程就是资本主义的再生产过程。

社会再生产就其内容来讲，一方面是物质资料的再生产。因为任何一次生产过程，都要消耗掉一定的物质资料（这些物质资料既包括生产资料也包括消费资料），同时又生产出新的物质资料，为下一次生产过程准备物质条件。另一方面是生产关系的再生产。因为任何一次生产过程都是在一定的生产关系下进行的，离开了一定的生产关系，任何生产和再生产过程都无法进行。随着生产过程的不断重复和不断更新，这种生产关系也会不断地得到维持和发展。因此，社会再生产是物质资料再生产和生产关系再生产的统一。

社会再生产按照它的规模来划分，可分为简单再生产和扩大再生产。**简单再生产是指生产规模不变的再生产，即新生产出来的产品，只够补偿在生产中所消耗掉的生产资料和生活资料；扩大再生产是指生产规模扩大的再生产，即新生产出来的产品除了补偿生产中已消耗的物质资料以外，还有多余的物质资料可以追加到生产中去，借以扩大原有生产规模。**

扩大再生产依照不同的实现方式又可分为外延的扩大再生产和内涵的扩大再生产。外延的扩大再生产表现为生产要素（生产资料和劳动力）数量的增加；内涵的扩大再生产表现为生产要素使用效率的提高。

2. 资本积累的实质

资本主义生产的特征是扩大再生产。资本主义扩大再生产，就是资本家把剩余价值的一部分转化为新的资本，用来购买追加的生产资料和劳动力，生产过程在扩大规模上重复进行。这样就必须进行资本积累，**把剩余价值再转化为资本，或者说，剩余价值的资本化，叫作资本积累。** 在资本主义社会，**资本积累的实质，就是资本家通过无偿占有工人创造的剩余价值来扩大自己的资本，并以此为基础进一步扩大和加强对工人的剥削和统治，不断榨取更多的剩余价值。**

资本积累具有客观必然性。一方面，追求剩余价值的动机和目的，是推动资本家不断进行资本积累的内在压力。为了获得越来越多的剩余价值，除了提高对工人的剥削程度外，就必须不断增加自己的资本总额，即不断地进行资本积累以便扩大生产规模。另一方面，资本主义竞争规律作为一种强制力量，是迫使资本家进行资本积累的外在压力。只有不断积累资本，资本家才能改进生产技术，提高劳动生产率，并在生产、销售、信贷方面取得比较优越的条件，从而增强自己的竞争能力。否则就会在优胜劣汰、弱肉强食的竞争中处于不利地位，甚至于倒闭、破产。

> 资本积累的内外原因。

3. 资本的有机构成

资本积累不仅使资本的数量增加，而且还会引起资本的构成发生变化。资本的构成，可以从两方面来考察：从物质形态看，资本是由一定数量的生产资料和劳动力构成的，二者之间要有一定的比例。这种比例关系，在不同部门、不同时期是各不相同的。这种比例关系是由生产技术发展水平决定的。生产技术水平越高，每个劳动力所推动的生产资料数量就越多。反之，每个劳动力所推动的生产资料数量就越少。这种由生产技术水平所决定的生产资料和劳动力比例关系，叫作资本的技术构成。从价值形态看，资本是由一定数量的不变资本（即生产资料的价值）和可变资本（即购买的劳动力价值总额）构成的。它们之间也保持着一定的比例关系。这种不变资本和可变资本的比例，叫作资本的价值构成。资本的技术构成和资本的价值构成之间存在着密切的有机联系。资本技术构成是资本价值构成的基础，资本技术构成的变化会引起资本价值构成的变化。**这种由资本技术构成决定，并反映技术构成变化的资本价值构成，叫作资本的有机构成**，可用公式 $c:v$ 来表示。

> 1台机器1个人操作是资本技术构成；机器的价值是10万，工人年薪是3万是资本的价值构成。

随着资本积累的增长，资本有机构成呈提高趋势。这是由技术进步、社会劳动生产力提高所决定的。个别资本家出于追逐超额剩余价值的直接目的和迫于竞争的外在压力，总是不断地提高劳动生产率，而劳动生产率的提高，必然引起资本的技术构成提高。特别是资本主义发展的现阶段，在科学技术革命的影响下：一方面，由于技术装备和生产工艺的革新和改造，使不变资本迅速增长；另一方面，由于在劳动力的构成中熟练工人和工程技术人员的比例增大，从而使同样数量的劳动力推动的生产资料的数量增加。技术构成的这种变化，反映在资本价值构成上则是不变资本的比例增加，可变资本的比例减少。所以，资本有机构成的不断提高，是技术进步和社会劳动生产力提高的必然结果。

4. 资本的积聚和集中

资本有机构成的提高，一般是以个别资本增大为前提的。个别资本的增大，是通过资本积聚和资本集中两种形式实现的。**资本积聚是指个别资本依靠自身积累来增大资本总额，扩大生产规模。**这种形式是直接以积累为基础的积聚，有两个特征：一是积聚的规模和速度受自身积累量和社会财富增长程度的限制；二是积聚分散在相互独立和竞争的资本家手中进行，积聚受到社会资本分散的限制。

资本集中是把现有分散的资本合并成为大资本。这种形式是对现有社会资本重新分配，不增加社会资本总量，所以不受社会财富增长的限制。资本集中是把社会资本各个部分的组合加以改变，这样可以使个别资本迅速增大。资本集中有两种具体途径：一是通过竞争，由大资本吞并中、小资本来实现；二是通过股份公司等信用形式，把分散的资本集中起来。

> 积聚是以积累为前提，增加资本的总量；集中是把分散的资本合并，不增加资本总量。

通过积聚的方式来扩大个别资本，速度缓慢，很难适应组织技术先进的大企业、实现生产集中的需要。资本集中把社会资本各个部分的组合加以改变，可以使个别资本迅速增大，能适合社会化大生产的需要。马克思说："必须等待积累去使某些单个资本增长到能够修建铁路的程度，那么恐怕直到今天世界上还没有铁路。但是，集中通过股份公司转瞬之间就把这件事完成了。"❶

> 又叫两个杠杆。

二、剩余价值是资本主义基本规律

剩余价值规律是资本主义的基本经济规律，它的内容是：资本主义的生产目的和动机是追求尽可能多的剩余价值，达到这一目的的手段是不断扩大和加强对雇佣劳动者的剥削。马克思指出："生产剩余价值或赚钱，是这个生产方式的绝对规律。"❷ 在资本主义自由竞争阶段，剩余价值规律表现为平均利润规律。在垄断阶段，剩余价值规律表现为高额垄断利润规律。

剩余价值规律体现了资本主义生产的实质，决定着资本主义生产发展的一切主要方面和主要过程。资本主义的生产是剩余价值的生产；资本主义的流通是为生产剩余价值准备条件和实现剩余价值；资本主义分配是在各资本家集团之间分割剩余价值；资本主义消费就资本家个人消费来说，就是消费剩余价值；就工人的消费来说，是继续为生产剩余价值提供劳动力。

剩余价值规律决定着资本主义生产方式的产生、发展和消亡的全过程。资本家追逐剩余价值，不断改进技术，使资本主义工场手工业发展成为机器大工业，用机器生产代替了手工劳动。对剩余价值的追逐，促

---

❶ 马克思恩格斯全集. 第23卷. 北京：人民出版社，1972：688.
❷ 马克思恩格斯全集. 第23卷. 北京：人民出版社，1972：679.

使资本家不断采用新技术，推动了社会生产力的迅速发展和社会财富的巨大增长。为追逐剩余价值而发展起来的生产力越来越同资本主义生产关系发生矛盾，最后导致周期性经济危机爆发和资本主义制度的灭亡。

综上所述，剩余价值规律反映了资本主义生产的实质，决定着生产的一切主要方面和一切主要过程，因此它是资本主义的基本规律。

本章小结

◎ 资本主义所有制的本质乃是资本家凭借占有生产资料的剥削雇佣劳动者创造的剩余价值。简单地说，就是叫作资本剥削雇佣劳动。它经历了3个大的发展阶段并相应地采取了3种基本的形式，即个体资本所有制形式、集体资本所有制形式和国家垄断资本所有制形式。

◎ 货币转化为资本、劳动力成为商品，以便为进一步剖析资本主义剥削制度的实质和为剩余价值的生产提供必要的前提。资本总公式和商品总公式的根本区别在于运动的目的不同。

◎ 资本是带来剩余价值的价值。剩余价值的产生，货币到资本的转化，既不能在流通中产生，但又不能脱离开流通领域而产生。资本总公式中的矛盾，是等价交换同价值增值的矛盾。解决资本总公式的矛盾的前提是劳动力成为商品。

◎ 劳动力成为商品必须具备两个基本条件：第一，劳动者必须有人身的自由；第二，劳动者必须丧失一切生产资料和生活来源。劳动力作为商品与其他商品一样，也具有价值和使用价值。劳动力商品的价值也是由生产和再生产这种商品所需要的社会必要劳动时间决定的。劳动力的价值是由3个因素决定的。劳动力成为商品，是货币转化为资本的决定性条件。

◎ 资本主义的生产过程具有二重性：一方面是生产使用价值的劳动过程；另一方面是生产剩余价值的价值增值过程。资本主义生产过程是劳动过程和价值增值过程的统一。

◎ 价值增值过程就是剩余价值生产的过程。剩余价值的本质是雇佣工人创造的价值中超过劳动力价值而被资本家无偿占有的那部分价值，体现着资本家对雇佣工人的剥削关系。

◎ 马克思把资本区分为不变资本和可变资本，科学地揭露了剩余价值的真正来源，说明剩余价值不是由全部预付资本带来的，而是由可变资本带来的，雇佣工人的剩余劳动是剩余价值的唯一源泉。要表明资本家对工人的剥削程度，应该用剩余价值与可变资本相比较。剩余价值率就是剩余价值和可变资本的比率。

◎ 随着资本主义生产力的发展,剩余价值率是不断提高的。资本家加强剥削提高剩余价值率的方法有多种多样,但概括起来不外是两种基本方法:即绝对剩余价值和相对剩余价值的生产。资本家生产的直接目的是追求超额剩余价值。共同的结果是得到相对剩余价值。

◎ 资本主义经济的发展,依赖于资本的不断积累过程。把剩余价值再转化为资本,或者说,剩余价值的资本化,叫作资本积累。在资本主义社会,资本积累的实质就是资本家通过无偿占有工人创造的剩余价值来扩大自己的资本,并以此为基础进一步扩大和加强对工人的剥削和统治,不断榨取更多的剩余价值。

◎ 资本积累不仅使资本的数量增加,而且还会引起资本的构成发生变化。资本的构成有技术构成和价值构成。由资本技术构成决定,并反映技术构成变化的资本价值构成,叫作资本的有机构成,可用公式 $C:V$ 来表示。随着资本积累的增长,资本有机构成的不断提高,是技术进步和社会劳动生产力提高的必然结果。

◎ 资本有机构成的提高,一般是以个别资本增大为前提的。个别资本的增大,是通过资本积聚和资本集中两种形式实现的。资本积聚是指个别资本依靠自身积累来增大资本总额,扩大生产规模。资本集中,是把现有分散的资本合并成为大资本。积聚是以积累为前提,增加资本的总量;集中是把分散的资本合并,不增加资本总量。

综合练习

一、基本概念

1. 资本主义经济制度　2. 资本　3. 劳动力商品的价值　4. 剩余价值　5. 社会必要劳动时间　6. 不变资本　7. 可变资本　8. 剩余价值率　9. 绝对剩余价值　10. 相对剩余价值　11. 超额剩余价值　12. 资本积累　13. 资本有机构成　14. 资本积聚　15. 资本集中

二、单项选择题

1. 资本主义经济制度的基本特征(　　)。

A. 生产资料资本家私人占有　　　B. 资本剥削雇佣劳动

C. 私有制　　　　　　　　　　　D. 劳动者受剥削

2. 资本主义剥削的特点是(　　)。

A. 公开占有劳动者的剩余劳动

B. 以等价交换方式隐蔽地占有工人的剩余劳动

C. 以税收方式占有工人的剩余劳动　D. 以强制方式占有工人的剩余劳动

3. 剩余劳动采取剩余价值的形式是(　　)。

A. 奴隶制条件下　　　　　　　　B. 封建制条件下

C. 资本主义条件下　　　　　　　　D. 任何社会制度下
4. 资本流通和货币流通的本质区别是（　　）。
   A. 运动顺序不同　　　　　　　　B. 交换媒介不同
   C. 运动的起点和终点不同
   D. 资本流通的结果使价值得到增值带来了剩余价值
5. 资本总公式是（　　）。
   A. W-G-W　　　　　　　　　　　B. G-W-G′
   C. W-W　　　　　　　　　　　　D. G-G′
6. 剩余价值的产生，既不能从流通领域中产生，又不能离开流通，这句话的意思是（　　）。
   A. 剩余价值有时在流通领域中产生，有时又不在流通领域产生
   B. 剩余价值要在生产和流通两个领域同时产生
   C. 剩余价值只能在生产过程中产生，但又要以流通领域为条件
   D. 流通领域只形成价值，不发生价值增值，所以剩余价值是在生产领域中产生的
7. 劳动力商品的特殊性在于（　　）。
   A. 能创造出各种商品的价值　　　B. 能创造出各种商品的使用价值
   C. 能创造出比自身价值更大的价值　D. 能创造出新价值
8. 货币转化为资本的前提是（　　）。
   A. 在流通中的不等价交换　　　　B. 劳动者一无所有
   C. 劳动力成为商品　　　　　　　D. 货币所有者善于经营
9. 资本主义的生产目的和动机是（　　）。
   A. 为了创造使用价值　　　　　　B. 为了获得价值
   C. 为了获得剩余价值　　　　　　D. 为了社会的需要
10. 新商品的价值与商品新价值的构成分别是（　　）。
    A. $(c+v+m)$ 和 $(c+v)$　　　　B. $(c+v+m)$ 和 $(m+c)$
    C. $(c+v)$ 和 $(m+v)$　　　　　D. $(c+v+m)$ 和 $(v+m)$
11. 资本主义商品的价值是由（　　）。
    A. 所费不变资本价值加上新创造的价值构成的
    B. 所费不变资本价值加上剩余价值构成的
    C. 预付不变资本加上新创造的价值构成的
    D. 所费不变资本加上可变资本构成的
12. 价值增值过程不过是超过一定点而延长了的价值形成过程，这个"一定点"是指（　　）。
    A. 工人生产使用价值的时间　　　B. 工人创造新价值的时间
    C. 工人转移旧价值的时间　　　　D. 工人再生产劳动力价值的时间
13. 剩余价值与可变资本之比是（　　）。
    A. 利润率　　　　　　　　　　　B. 剩余价值率
    C. 年剩余价值率　　　　　　　　D. 平均利润率
14. 通过绝对延长工作日而生产出的剩余价值，称为（　　）。

A. 绝对剩余价值 B. 相对剩余价值
C. 超额剩余价值 D. 额外剩余价值

15. 相对剩余价值的获得是（　　）。
A. 单个企业提高劳动生产率的结果 B. 社会提高劳动生产率的结果
C. 少数企业提高劳动生产率的结果 D. 多数企业提高劳动生产率的结果

16. 任何社会再生产，其内容都是（　　）。
A. 物质资料再生产和生产关系再生产的统一
B. 单再生产和扩大再生产的统一
C. 生产过程和流通过程的统一
D. 劳动过程和价值增值过程的统一

17. 资本积累的源泉是（　　）。
A. 不变资本 B. 可变资本
C. 剩余价值 D. 固定资本

18. 资本积累的规模最终决定于（　　）。
A. 资本家省吃俭用 B. 资本家的意志
C. 资本家积累基金和消费基金的比例 D. 剩余价值的数量

19. 资本有机构成的提高意味着在生产资本的比例中（　　）。
A. 不变资本的比例增大 B. 可变资本的比例增大
C. 不变资本和可变资本按相同比例上升
D. 可变资本的比例增大可变资本的比例下降

三、多项选择题

1. 资本总公式代表的是（　　）。
A. 产业资本的运动 B. 生息资本的运动
C. 商业资本的运动 D. 简单商品流通形式
E. 资本主义商品流通形式

2. 劳动力成为商品的条件是（　　）。
A. 劳动者必须劳动 B. 劳动者一无所有
C. 劳动者具有人身自由，是法律上的平等人 D. 劳动者必须为资本家服务
E. 劳动者具有劳动能力

3. 劳动力成为商品（　　）。
A. 是货币转化为资本的决定性条件
B. 是资本主义发展到一定阶段的产物
C. 劳动者必须具有人身自由，能出卖自己的劳动力
D. 劳动者没有任何生产资料和其他生活来源
E. 必须是劳动者以出卖劳动力为生

4. 劳动力商品的特点是（　　）。
A. 在买卖时是强迫性的 B. 它是按时间买卖的
C. 它的价值决定包含历史和道德的因素 D. 它的使用价值就是劳动
E. 它的使用价值是价值的源泉

5. 货币转化为资本的整个过程（　　）。
  A. 是在流通领域中进行的
  B. 不在流通领域进行
  C. 即在流通领域进行，又不在流通领域进行
  D. 以流通为媒介，在生产领域中实现价值增值
  E. 与流通没有关系

6. 剩余价值是（　　）。
  A. 劳动力创造的价值和劳动力自身价值的差额
  B. 剩余劳动的凝结
  C. 雇佣工人创造的新价值
  D. 雇佣工人创造的超过劳动力价值的那部分价值
  E. 商品价值与劳动价值的差额

7. 剩余价值率是（　　）。
  A. 剩余价值与可变资本的比率
  B. 剩余价值与全部预付资本的比率
  C. 无酬劳动与有酬劳动的比率
  D. 剩余劳动时间与必要劳动时间的比率
  E. 可变资本与剩余价值比率

8. 相对剩余价值是（　　）。
  A. 个别资本家改进技术的结果
  B. 个别企业提高劳动生产率的结果
  C. 社会提高劳动生产率的结果
  D. 资本家间竞相追逐超额剩余价值的结果
  E. 是个别资本家追逐的目的

9. 超额剩余价值是（　　）。
  A. 商品个别价值低于社会价值的差额
  B. 商品个别价值高于社会价值的差额
  C. 个别企业改进技术提高劳动生产率的结果
  D. 在本质上是相对剩余价值
  E. 全社会提高劳动生产率的结果

10. 资本有机构成是（　　）。
  A. 生产资料和劳动力的比例
  B. 由资本技术构成决定并反映技术构成变化的资本价值构成
  C. 固定资本和流动资本的比例
  D. 用 $c:v$ 表示
  E. 资本技术构成与价值构成的比例

11. 资本有机构成提高的直接后果是（　　）。
  A. 单个资本增大
  B. 科学技术的进步
  C. 对劳动力的需求相对减少
  D. 生产资料生产的优先增长
  E. 剩余价值率提高

12. 资本主义的简单再生产揭示了（　　）。
  A. 资本主义剥削关系扩大了
  B. 可变资本是工人创造的
  C. 全部资本是工人创造的
  D. 工人的个人消费是资本主义再生产的需要
  E. 剩余价值是工人创造的

13. 资本家进行资本积累的原因是（　　）。

A. 追求剩余价值 B. 为了增强实力
C. 扩大生产规模 D. 资本主义的竞争
E. 为了占领市场

14. 资本集中强有力的杠杆是（   ）。
A. 竞争 B. 吞并
C. 信用 D. 联合
E. 重组

15. 资本主义积累的一般规律的内容包括（   ）。
A. 生产规模越来越大 B. 社会财富急剧增长
C. 大量财富日益集中在少数亿万富翁手中 D. 广大劳动者处于相对或绝对贫困之中
E. 产品的绝对过剩

16. 资本的本质和属性表现在（   ）。
A. 资本是带来剩余价值的价值 B. 资本不是物，而是生产关系
C. 资本是一个历史的范畴 D. 资本不是静止物，而应理解为运动
E. 资本是机器、设备

四、判断正误题

1. 资本主义经济制度是私有制。（   ）
2. 资本主义生产关系的调整改变了资本主义的固有矛盾。（   ）
3. 在静止状态下资本与货币没有区别。（   ）
4. 资本总公式的矛盾是等价交换同价值增值的矛盾。（   ）
5. 劳动力商品的特殊性在于他创造自身的价值。（   ）
6. 剩余价值的产生是由于劳动力的买卖没有按等价交换的原则进行带来的。（   ）
7. 新商品的价值和工人新创造的价值的差额是剩余价值。（   ）
8. 劳动力的价值是通过工人的具体劳动转移到新商品中去的。（   ）
9. 剩余价值是资本家全部预付资本的产物。（   ）
10. 资本不仅是能够带来剩余价值的价值，而且是来源于剩余价值的价值。（   ）
11. 个别企业只要提高劳动生产率，便可以获得相对剩余价值。（   ）
12. 只要把工人的工资压低到劳动力价值以下，就可以使商品的。（   ）
13. 个别价值低于社会价值而获得超额剩余价值。（   ）
14. 由于生产资料不创造剩余价值，因而它不是资本。（   ）
15. 只要是资本，就能创造剩余价值。（   ）
16. 资本家改进技术的直接目的是获取超额剩余价值。（   ）
17. 资本积累不仅是剥削工人的结果，而且是扩大剥削的手段。（   ）
18. 无论是等价交换，还是不等价交换，都不能产生剩余价值。因此，剩余价值的产生与流通无关。（   ）
19. 随着科学技术的进步，剩余价值率就有提高的趋势。（   ）
20. 自动化机械装置，实际上是不变资本。（   ）
21. 既占有剩余价值又生产剩余价值的资本是产业资本。（   ）

五、问答与思考题

1. 怎样理解资本主义经济制度的本质特征？
2. 资本总公式及其矛盾是什么？
3. 劳动力商品的价值和使用价值是什么？
4. 如何理解剩余价值不在流通中产生？但又离不开流通？
5. 如何理解劳动力商品使用价值的特殊性？
6. 怎样理解资本的本质？
7. 资本区分为不变资本、可变资本的依据、意义是什么？
8. 相对剩余价值的生产是如何实现的？
9. 超额剩余价值与相对剩余价值有什么异同点？
10. 资本积累的源泉是什么，实质是什么？为什么说资本积累具有客观必然性？
11. 如何理解资本主义生产过程是劳动过程和价值增值过程的统一？

第三章

资本主义流通

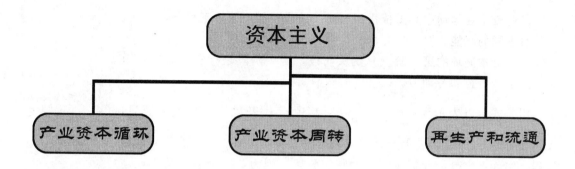

重点掌握

- 产业资本循环的三个阶段和三种职能
- 产业资本循环正常循环的条件及意义
- 产业资本周转的含义
- 产业资本的两种划分及其意义
- 社会资本简单再生产实现的条件和意义
- 生产资料优先增长的基本原理

一般掌握

- 马克思再生产理论的两个原理
- 社会资本扩大再生产条件下社会总资本的实现

一般了解

- 产业资本循环的三种形式
- 预付资本总周转

本章导语

　　上一章我们主要分析了资本主义的生产过程，这一章把生产过程和流通过程结合起来分析资本运动的全过程。资本运动过程，从单个产业资本看，表现为资本的循环和周转。考察资本的循环的目的是分析资本运动过程所经历的阶段和采取职能形式。考察资本周转过程是分析资本运动的速度快慢对生产剩余价值的影响。考察社会资本的再生产和流通，重点分析是社会资本再生产所要求的比例关系。本章的原理，对认识社会主义企业和社会的资金运动，也有理论和实际意义。

第一节 产业资本的循环

产业资本是指投放在工业、农业、采掘业、物资运输业和建筑业等物质生产部门的资本。资本不仅体现着生产关系,而且必须不断运动,只有在运动中才能使价值增值。

一、产业资本循环的三个阶段和三个职能形式

产业资本在运动中必须依次经过三个阶段,相应采取三种职能形式、执行着不同的职能。

产业资本循环的第一阶段是购买阶段。购买阶段是指资本家用货币去购买生产资料和劳动力。

用公式可以表示为:$G-W\begin{smallmatrix}A\\P_m\end{smallmatrix}$。其中 G 代表货币,W 代表商品,A 代表劳动力,P_m 代表生产资料。从形式上看,这只是普通的商品流通过程,实际上它是产业资本循环的特定阶段。因为,这里购买的不仅是普通的商品,而是能为资本家创造剩余价值的劳动力和生产剩余价值所不可缺少的生产资料,特别是购买劳动力这一特殊商品,具有决定意义。这个过程为生产剩余价值准备了必要条件,成为资本运动的特定阶段。在购买阶段货币不再是普通的货币,而是采取了货币资本的职能形式。它的职能作用是购买生产资料和劳动力,为剩余价值生产准备条件。在购买阶段,资本在数量上没有变化,但在形态上由货币资本形态转化为生产资本形态,产业资本循环便进入第二个阶段。

> 对产业资本来说三个阶段就是通常说的供产销三个环节。

产业资本循环的第二阶段是生产阶段。生产阶段是指资本家把购买到的生产资料和劳动力相结合,进行资本主义生产,生产出包含剩余价值的商品。

用公式可以表示为:$W\begin{smallmatrix}A\\P_m\end{smallmatrix}\cdots P\cdots W'$。其中,$P$ 代表生产过程,虚线表示流通过程中断,W' 表示包含着剩余价值的商品。从形式上看,它是一般的商品的生产过程,其实是产业资本循环的特定阶段。因为,这里的生产资料和劳动力不仅发挥生产要素的作用,而且还发挥着资本的作用,成为生产剩余价值的手段,并通过生产过程生产出包含剩余价值的新商品。在生产阶段,生产要素不再是一般的生产要素,而是采取了生产资本的职能形式,职能作用是生产剩余价值。生产阶段是生产剩余价值阶段,所以是资本循环过程中的决定性阶段。在生产阶段,资本不仅在数量上发生了价值增值,而且在形式上由生产资本形态转化为商品资本形态,产业资本循环便进入第三个阶段。

产业资本循环的第三个阶段是销售阶段。销售阶段是指资本家把生产出来的包含剩余价值的商品销售出去,以换回货币。

用公式可以表示为：W'-G' 从形式上看，这一阶段也只是一般的商品流通过程，但是它也是产业资本循环的特定阶段。因为这里出卖的是包含剩余价值的商品，是原有资本和剩余价值的实现过程。在销售阶段，出售的商品已是价值增值的商品，采取了商品资本的职能形式，职能作用是实现剩余价值。在销售阶段，资本由商品资本形态转化为货币资本形态。销售阶段作为资本价值和剩余价值的实现阶段，也是一个十分重要的阶段。

产业资本依次经过购买、生产、销售三个阶段，并相应地采取货币资本、生产资本、商品资本三种职能形式，使价值得到增值，最后又回到原来的出发点的整个过程，叫作产业资本的循环。

> 任何一个阶段中断，生产就不能正常进行。

产品资本可用公式表示：$G-W{<}^{A}_{P_m} \cdots P \cdots W'-G'$

二、产业资本循环是三种循环形式的统一

产业资本只有不断地运动才能增值。因此，产业资本必须周而复始地循环。用公式可以表示为

$$G-W \cdots P \cdots \overbrace{W'-G' \cdot G-W \cdots P \cdots W'-G'} \cdot G-W \cdots P$$

> 循环必须连续进行，如果中断企业就要倒闭。

这个反复不断的循环过程表明，产业资本的每一种职能形式，要顺序经过三个阶段，回到它原来的出发点，进行着各自的循环。因此，产业资本循环就有货币资本循环、生产资本循环、商品资本循环三种不同的循环形式。正如马克思所说："产业资本的连续进行的现实循环，不仅是流通过程和生产过程的统一，而且是它的所有三个循环的统一。"❶

货币资本循环：$G-W \cdots P \cdots W'-G'$。循环的起点和终点都是货币资本。终点上的货币资本在数量上大于起点的货币资本，表明预付资本的目的是为了资本价值的增值。

生产资本循环：$P \cdots W'-G'-W \cdots P$。循环的起点和终点都是生产，两个流通过程表现为生产资本循环中的媒介。

商品资本循环：$W'-G'-W \cdots P \cdots W'$。循环的起点和终点都是商品资本。在这个循环中，起点 W' 和终点 W'，都不是流通过程的结果，而是生产过程的结果，是包含着剩余价值的商品资本。

在现实的资本循环中，要使它连续不断、顺利进行下去，必须具备下面两个条件。

首先，保持产业资本的三种职能形式在空间上的并存性。产业资本家必须根据实际需要（企业生产的性质、技术水平、购销状况等），把他的全部预付资本分为三部分，使它们同时处在三种职能形态上，各自执行货币资本、生产资本和商品资本的职能。如果资本全部处在生产资本形态上，流通过程就会中断；相反，如果全部资本都被放在货币资本或

> 两个条件互为前提、互相依存。两个条件也是产业资本循环所揭示的一般原理。

---

❶ 马克思恩格斯全集．第 24 卷．北京：人民出版社，1972：119．

商品资本上，生产过程就会中断，使整个资本运动的连续性就会受到破坏。

其次，保持产业资本的三种循环形式在时间上的继起性。货币资本循环、生产资本循环和商品资本循环都要从自己的出发点开始运动，必须顺次经过三个阶段，依次转化为其他两种职能形态，最后都回到各自原来的形态上。这就是说，货币资本循环正在依次转化为生产资本、商品资本，回到货币资本；生产资本循环正在经过商品资本、货币资本回到生产资本商品资本循环也正在经过货币资本、生产资本回到商品资本。产业资本三种职能形式在空间上的并存性和三种循环形式在时间上的继起性是产业资本循环顺利进行的必要条件。

第二节 资本的周转

考察资本循环和资本周转都是分析资本运动的形式，但分析的侧重点是不同的。**资本循环是指产业资本从一定的职能形式出发，并回到原来出发点的全部运动过程。而资本周转则是指不断重复进行的资本循环运动过程。** 资本循环理论是从资本运动的连续性方面，揭示价值增值是怎样在产业资本的循环运动中发生和实现的，而资本周转理论则是从资本运动的速度方面，揭示资本周转快慢对剩余价值生产的影响。

> 周转是不断进行的循环。

一、资本周转和周转速度

马克思说："资本的循环，不是当作孤立的行为，而是当作周期性的过程时，叫作资本的周转。"❶ **资本周转，就是指不断重复，周而复始的资本循环。** 资本周转就是通过不断反复进行的资本循环运动来实现的。

资本的周转速度，是指资本在一定时间内周转快慢的程度。 资本周转速度，可以从资本的周转时间和周转次数两个方面进行分析。资本的周转时间，就是产业资本家预付一定形式的资本，经过循环运动，带着增值的价值，重新回到原来资本形式所经历的时间，也就是产业资本的一个循环周期的时间，是资本的生产时间和流通时间的总和。资本的生产时间是资本处在生产领域的时间，包括劳动时间、自然力对劳动对象独立起作用的时间和原材料储存时间；资本流通时间是资本停留在流通领域的时间，包括生产资料和劳动力的购买时间和产品的销售时间。资本周转速度和周转时间成反比；资本的一个循环周期的时间越短，资本周转的速度就越快；一个循环周期的时间越长，资本周转的速度就越慢。

资本的周转次数，通常是指一年内资本的周转次数。即用一年的时间（12个月或365天）除以一定资本周转1次的时间（多少月或多少天）。以 n 表示周转的次数，以 U 代表"年"，以 u 代表一定资本周转一

> 注意：计算时分子分母时间单位要一致。

---

❶ 马克思恩格斯全集．第 24 卷．北京：人民出版社，1972：174.

次所需要的时间。可用公式表示为：$n=\dfrac{U}{u}$。

例如，有甲、乙两个企业，甲企业资本周转 1 次时间为 4 个月，一年能周转 3 次；乙企业资本周转 1 次时间为 6 个月，则一年周转为 2 次；可见，一年中资本的周转次数越多，资本周转速度就越快；资本的周转次数越少，资本周转速度就越慢。因此，资本的周转次数同资本的周转速度成正比。

资本周转速度的快慢，不仅取决于周转时间的长短和周转次数的多少，而且还取决于生产资本的构成，即固定资本和流动资本的比例。

二、固定资本和流动资本

生产资本的构成是影响资本周转速度的重要因素。生产资本的构成按其价值的周转方式不同，可分为固定资本和流动资本。

固定资本是指由厂房、机器、设备、工具等劳动资料构成的那一部分生产资本。这部分资本的实物形式全部参加生产过程，它的价值是按照在生产过程中的磨损程度一部分一部分地转移到新产品中去，产品出售后又一部分一部分地收回，没有转移的部分仍"固定"在劳动资料中。

固定资本的价值是按照它的磨损程度，逐渐转移到新产品中去的。固定资本的损耗分为有形磨损和无形磨损。**有形磨损又称为物质磨损，是指固定资本由于生产过程中的使用和自然力的作用，如生锈、腐蚀等造成的损耗；无形磨损也称精神磨损，是指固定资本在其有效使用期内，由于科学进步而引起的价值损耗，如由于社会劳动生产率的提高使机器设备的价值量降低，或出现更先进的机器设备，使原有机器设备提前报废。**固定资本是依照有形磨损的程度转移其价值，无形磨损所造成的资本价值上的损失是不能转移到新产品中去的。所以，必须提高固定资本的利用率，尽快收回固定资本的价值。**逐步收回的固定资本价值要从出售产品的收入中提取出来，以备更新固定资本时使用，这就是折旧。**逐年所提取的费用，叫作折旧费。用百分比表示的折旧费与固定资本价值之比为折旧率。

流动资本是指投在原材料和购买辅助材料及购买劳动力的那部分生产资本。它们都在投入后经过一次生产过程，在产品出售后以货币形式回到资本家手中。原料、燃料、辅助材料经过一次生产过程，其物质形态或加入到新产品中去，成为新产品的实体，或全部被消耗掉，不留痕迹。它们的价值全部转移到新产品中，随着产品的出售再以货币形式回到资本家手中。购买劳动力的那部分资本，它作为工资转到劳动者手中，劳动者用来消费，再生产出劳动力，随后由劳动力的使用价值劳动创造出新价值用以补偿资本家支付工人的工资。这部分价值含在商品的价值里，经过出售产品回到资本家手中。所以，用于购买原料、燃料、辅助材料和用于购买劳动力的两部分资本，在价值形成中的作用是不同的，

政治经济学

一个是价值的转移，一个是价值的再创造。但他们的周转方式是相同的，因而都属于流动资本。

固定资本与流动资本的划分、不变资本与可变资本的划分都是对处在生产领域中的生产资本的划分，但两种划分是根本不同的。首先，划分的根据不同。前者的划分是根据资本价值周转方式的不同；后者的划分是根据资本不同部分在剩余价值生产过程中所起的作用不同。其次，划分的目的和意义不同。固定资本与流动资本的划分，是为了考察资本的周转速度及其对剩余价值生产的影响，不变资本与可变资本的划分是为了揭示剩余价值的真正来源，阐明剩余价值是由可变资本创造的，不变资本只是活劳动的吸收器，不创造剩余价值。再次，划分的内容不同。不变资本包括用于劳动资料和劳动对象的资本，固定资本只包括用于劳动资料的资本，可变资本只是用于劳动力的资本。流动资本包括用于劳动对象和劳动力的资本。

生产资本的两种划分可用表 3-1 表示。

表 3-1　生产资本的划分

按在剩余价值生产中的作用划分	生产资本部分	按价值周转方式划分
不变资本	厂房、机器、设备、工具	固定资本
	原材料、燃料	流动资本
可变资本	工资	

> 这个表将生产资本划分的一目了然，注意固定资本与不变资本区别，流动资本不要忘记（包括工资）。

三、预付资本的总周转

从上面的分析可以看出，固定资本和流动资本的价值周转方式和周转时间是不同的。固定资本周转一次，流动资本可以周转多次。同时，固定资本的各部分周转时间也不同。因此，一般讲资本周转是指预付资本的总周转，即资本不同部分的平均周转。计算预付资本总周转速度的公式为

$$预付资本的总周转速度 = \frac{固定资本年周转价值总额 + 流动资本年周转的价值总额}{预付资本总额}$$

假定某厂固定资本为 15 万元，其中厂房价值为 4 万元，可用 40 年；机器设备 9 万元，可用 10 年；小工具价值为 2 万元，可用 4 年。流动资本为 5 万元，一年周转 6 次。该厂全部预付资本的总周转速度如表 3-2 所示。

表 3-2　全部预付资本的总周转速度

生产资本的各种要素	价值/元	一年周转的总值/元	一年周转次数
固定资本	150,000	15,000	1/10
其中:厂房	40,000	1,000	1/40
机器	90,000	9,000	1/10
工具	20,000	5,000	1/4
流动资本	50,000	300,000	6
全部预付资本	200,000	315,000	1.575

> 将表中的数字自己动手算一下，再带入公式，可以加深理解。

从上表可以看出，该厂的预付资本的总周转速度为：
$$\frac{15,000+300,000}{200,000}=1.575 次/年$$

由此可见，预付资本总周转速度，取决于两个因素：一是固定资本和流动资本的周转速度；二是固定资本和流动资本在生产中所占的比例。

四、资本周转速度对剩余价值生产的影响

资本周转速度快，可以避免或减少因固定资本的无形磨损而带来的价值上的损失。同时，对剩余价值的生产有着重大的影响。

首先，加快资本周转速度可以节省预付资本，特别是节省预付中的流动资本。假定某企业每月需要预付流动资本1万元，流动资本一年周转1次。一年内共需要预付资本12万元。后来周转加快，6个月可周转1次，一年内只需预付6万元流动资本。这就在保持原有生产规模和获利的情况下，同时节省了6万元资本。资本周转速度快，可以在获得同样多的利润时节省预付资本，或者以同量预付资本获取更多的利润。

其次，加快资本的周转速度，可以增加年剩余价值量，假定甲、乙两个企业，它们的可变资本都是4000元，剩余价值率都是100%。甲企业可变资本每年周转12次，一年中可以带来48000元剩余价值。乙企业可变资本每年周转3次，一年中可以带来12000元剩余价值。甲企业的年剩余价值率为1200%，乙企业的年剩余价值为300%。两个企业在预付可变资本和剩余价值率相同的情况下，由于资本周转速度不同，使得年剩余价值率不同，从而在一年内获得的剩余价值量（年剩余价值量）也不同。

年剩余价值量，等于剩余价值率和预付可变资本量及其周转次数的乘积，用公式表示为

$$M=m'vn$$

可变资本年周转次数越多，一年之内带来的剩余价值量就越多；反之就越少。可变资本周转速度的快慢与年剩余价值量的多少成正比例变化。

年剩余价值率，是一年内生产的剩余价值总量同一年内预付可变资本的比率。用公式表示为

$$M'=\frac{m'vn}{n}=m'v$$

资本周转越快，年剩余价值量就越多，年剩余价值率就越高，反之，年剩余价值率就越低。

年剩余价值与剩余价值率是不同的。首先，它们是从不同方面来表现资本家对工人的剥削关系。剩余价值率是在一次生产过程中，工人所创造的剩余价值和预付可变资本的比率，表示资本家对工人的剥削程度。年剩余价值率是年剩余价值总量和预付可变资本的比率，表示预付可变

想想投资哪些企业能较快收回投资。

资本在一年中的增值程度。其次，一般情况下，年剩余价值率大于剩余价值率。只有当预付可变资本年周转 1 次时，年剩余价值率才会和剩余价值率相等。

第三节　社会资本的再生产和流通

前面是从个别资本的角度来分析资本的运动，下面是从社会总资本的角度来考察社会资本运动，分析社会资本的再生产和流通。

一、社会总资本和社会总产品

在资本主义社会里，由于资本主义的私有制决定了各个企业的资本分属于不同的资本家或资本家集团所有，每个企业的资本在再生产过程中都独立地进行循环和周转，实现价值的增值。这种**各自独立发挥资本职能的资本，就是个别资本或单个资本**。社会化的大生产，又使资本主义企业之间存在着发达的分工协作关系，各个企业的单个资本又是相互联系、相互依存的。这种**互相联系、相互依存的所有单个资本的总和，就是社会总资本或称社会资本**。相互交错、互为条件的单个资本运动的总和，形成社会总资本的运动或称社会资本的运动。

社会资本运动和个别资本运动一样，目的都是为了取得剩余价值，但是两者又存在着区别。

个别资本运动只包括生产消费以及与之相适应的资本流通，不包括工人和资本家的个人生活消费以及与之相适应的一般商品流通。因为，个人生活消费是在个别资本运动以外进行的。在社会资本运动中，既包括生产消费又包括个人生活消费；既包括与生产消费相适应的资本流通，又包括与个人生活消费相适应的一般商品流通。因为从社会资本运动看，资本家和工人用货币购买个人生活消费品的过程，也就是经营消费品生产的资本家出卖商品的过程，是社会资本运动的重要组成部分。所以，我们分析社会资本运动，分析社会资本的再生产和流通，必须以社会总产品为出发点。因为，只有社会总产品才既包括用于生产消费的生产资料，又包括用于个人生活消费的生活资料。从社会总产品出发考察社会资本运动，核心问题就是社会总产品各个组成部分是如何实现的，也就是社会总产品的补偿问题。

社会总产品，是指社会各个物质生产部门在一定时期内（通常是以年为单位）所生产出来的全部物质资料的总和。社会总产品的实现问题，就是补偿问题。社会总产品的补偿，有价值补偿和实物补偿两个方面。社会总产品的价值补偿，是指社会总产品各个组成部分的价值，如何通过商品的全部出售，以货币形式收回，用以补偿生产中预付的不变资本和可变资本价值，并获得剩余价值。社会总产品的实物补偿或实物替换，是指社会总产品的各个组成部分的价值转化为货币形式以后，如何再转化为所需要的产品。其中相当于不变资本的价值,从哪里和怎样重新取得所需要的生产资料,相当于可变资本的价值和资本家用于个人消费的剩余价值,从哪里和怎样重新取得所需要的生活资料。

社会总产品的实现问题即补偿问题,是考察社会资本运动的核心问题。首先,社会总产品的价值补偿,是社会资本运动正常进行的基础。社会资本运动,即资本主义社会再生产要正常进行,最基本的条件是社会总产品必须全部销售出去,并在补偿不变资本和可变资本价值的同时获得剩余价值。只有这样,才能重新购买再生产所需要的生产资料和劳动力。如果社会总产品不能或不能全部销售出去,生产这些产品所消耗的资本价值不能或不能全部得到补偿,资本主义再生产就无法顺利进行。其次,社会总产品的物质补偿或替换是保证社会资本运动正常进行的关键。社会资本运动即资本主义社会再生产要正常进行,关键的保证就是上一个生产过程中消耗掉的生产资料和消费资料能够得到替换。否则,资本主义社会再生产过程就无法继续进行。可见,社会总产品的实现问题,是社会资本再生产运动的核心问题。只要社会总产品具备了所需要的实现条件,社会资本的再生产就能顺利进行。

> 社会总产品的实现问题,是社会资本再生产运动的核心问题。

社会总产品从价值形态上区分为不变资本(c)、可变资本(v)和剩余价值(m)三部分;从实物形态上按其最终用途分为生产资料和消费资料两大类。与此相适应,整个社会的生产部门分为两大部类:第一部类,是生产生产资料的部门(用Ⅰ来表示);第二部类,是生产消费资料的部门(用Ⅱ来表示)。马克思提出的这两个原理,是我们研究社会资本再生的两个理论前提。

> 把社会总产品在价值上分为三部分,在实物上分为两大部类是社会资本再生的两个理论前提。

考察社会资本再生产,为了便于分析,必须排除次要因素,把社会资本再生产过程抽象化和简单化。为此,需要作以下假定:整个社会生产都是资本主义经济;只有无产阶级和资产阶级两个阶级;全部不变资本价值在一个生产周期内全部转移到社会总产品中去;一切商品都按价值出售;没有对外贸易。

二、社会资本简单再生产的实现

资本主义再生产的特征是扩大再生产,但简单再生产是扩大再生产的基础和出发点。因而,我们先来分析社会资本简单再生产条件下,社会总产品的实现问题。社会资本简单再生产,就是生产规模不变的社会资本再生产,其特点是全部剩余价值都用于资本家个人生活消费,没有积累。

假定:第一部类(Ⅰ)的不变资本是4000,可变资本是1000,剩余价值率是100%,创造的剩余价值是1000;第二部类(Ⅱ)的不变资本是2000,可变资本是50 剩余价值率是100%,创造的剩余价值是500。这样,一年中社会总产品的构成,可以用公式表示如下。

$$\text{Ⅰ} \quad 4000c + 1000v + 1000m = 6000$$

$$\text{II} \quad 2000c + 500v + 500m = 3000$$

为了第二年能够按原来规模进行简单再生产，两大部类所生产的 9000 产品必须全部卖掉，在价值上得到补偿。两大部类在生产过程中所耗费的生产资料 I $4000c$ + II $2000c = 6000c$ 必须全部重新买到，资本家和工人所需的消费资料也必须买到。从而使社会总产品在价值上得到补偿，在实物上得到替换。为此，社会总产品要通过市场进行三个方面的交换。

首先，第 I 部类内部的交换。第 I 部类的 $4000c$ 是本部类所消耗掉的生产资料的价值。为了维持简单再生产的继续进行，必须用新的生产资料来补偿。由于第 I 部类本身是生产生产资料的部门，所以只要通过第 I 部类内部各生产部门之间的交换，就可以使 $4000c$ 的生产资料得到补偿和实现。

其次，第 II 部类内部的交换。第 II 部类通过一年的生产，资本家得到 500 剩余价值，工人得到 500 工资。在简单再生产情况下，资本家的剩余价值全部用于个人消费，因而第 II 部类的 $500v + 500m$ 都用来购买消费资料。由于第 II 部类本身就是生产消费资料的部门，所以第 II 部类的 $500v + 500m$ 可以通过第 II 部类内部各部门之间相互交换来实现。

再次，两大部类之间的交换。第一部类 $1000v + 1000m$ 在物质形态上是生产资料，而第 I 部类的工人和资本家所需要的是消费资料。因此，它必须通过与第 II 部类交换，用消费资料来补偿。第 II 部类的 $2000c$ 在物质形态上是消费资料，而其所需要的却是生产资料，它必须通过与第 I 部类的交换，用生产资料来补偿。所以，只有通过两大部类之间的交换，才可以使第 I 部类 $1000v + 1000m$ 的生产资料和第 II 部类 $2000c$ 的消费资料得到补偿和实现。

注意把握价值补偿和实物替换。

$$\text{I} \quad \underline{4000c} + \boxed{1000v + 1000m} = 6000$$
$$\text{II} \quad \boxed{2000c} + \underline{500v + 500m} = 3000$$

通过上述三个方面的交换，两大部类所生产的产品全部卖掉，工人和资本家所需要的消费资料、资本家为简单再生产所需要的生产资料得到了满足。不仅在价值上得到补偿，而且在实物上得到替换，社会总产品全部得到了实现。第二年的简单再生产就可以顺利进行。

我们从上面的分析中可以看出，关键在于两大部类之间的交换。在简单再生产条件下，只有第一部类的工人和资本家所需要的消费资料的价值总额，恰好等于第二部类所需要的生产资料的价值总额，社会总产品才能实现。所以，在简单再生产条件下，社会总产品的基本实现条件是：第 I 部类的可变资本加剩余价值之和必须等于第 II 部类的不变资本。用公式表示为

$$\text{I}(v + m) = \text{II} c$$

这是社会资本简单再生产的基本实现条件，它反映社会生产两大部类间的内在联系和平衡关系。

从这一基本条件还可以引申出下面两个派生条件。

$$I(c+v+m)=Ic+IIc$$

这一条件反映第I部类生产资料的生产和两大部类对生产资料内在联系和平衡的关系。

$$II(c+v+m)=I(v+m)+II(v+m)$$

这一条件反映第II部类消费资料的生产和两大部类资本家和工人对消费资料需求相平衡的关系。

> 生产资料的供给与需求一致。

> 消费资料的供给与需求一致。

三、社会资本扩大再生产的实现

社会资本的扩大再生产，有外延的扩大再生产和内涵的扩大再生产两种形式。这里分析的是外延的扩大再生产，假定资本有机构成不变。为了进行扩大再生产，资本家必须把一部分剩余价值转化为资本，其中一部分用作追加的不变资本，购买追加的生产资料；另一部分用作追加的可变资本，购买追加的劳动力。追加的资本首先表现为一定数量的货币，要使追加的货币资本成为现实的生产资本，还必须具备两个前提条件：一是第I部类所生产的全部产品，除了满足两大部类为了维持简单再生产所需要的生产资料外，还必须有一个余额。用公式可以表示为 $I(c+v+m) > Ic+IIc$。可化简为 $I(v+m) > IIc$。这是社会资本扩大再生产的基本前提条件。二是第II部类所生产的全部产品除了满足两大部类原有工人、资本家对消费资料的需要外，也必须有一个余额，以满足追加劳动力对消费资料的需要。

> 注意：区分简单再生产的基本实现条件和扩大再生产的前提条件。

根据扩大再生产的基本前提条件，假定某年价值9000的社会总产品的组合如下。

$$I\ 4000c+1000v+1000m=6000$$
$$II\ 1500c+750v+750m=3000$$

这种组合已具备了第二年进行扩大再生产的条件：$I(1000v+1000m) > II\ 1500c$。为了实现社会资本的扩大再生产，两大部类都必须按比例进行积累，使剩余价值转化为资本，并通过市场进行交换，使社会总产品的各个部分都能在价值上得到补偿，在实物上得到替换。

首先，第I部类内部的积累和交换。第I部类资本家把 $1000m$ 的一半转化为资本，即500用作积累，另一半500用作资本家个人生活消费 $\left(\dfrac{m}{x}\right)$。按原有的有机构成4∶1的比例，500追加资本中400作为追加的不变资本（Δc），100作为追加可变资本（Δv），作为追加的可变资本（Δv）。这样，第I部类的全部产品根据扩大再生产的需要，应重新组合为：

$$I\ 4000c+400\Delta c+1000v+100\Delta v+500\dfrac{m}{x}=6000$$

同分析简单再生产一样，此公式中 $4000c+400\Delta c=4400c$ 部分在第 Ⅰ 部类内部通过交换得到实现；$1000v+100\Delta v+500\frac{m}{x}=1600$ 部分，有待于同第 Ⅱ 部类进行交换才能实现。

其次，第 Ⅱ 部类内部的积累和交换。第 Ⅱ 部类全年消耗生产资料 1500，第 Ⅰ 部类向它提供的生产资料是 1600，多余 100。它既为第 Ⅱ 部类扩大再生产提供了条件，又对第 Ⅱ 部类扩大再生产作了限制。所以，第 Ⅱ 部类只能从 $750m$ 中拿出 100 作为追加的不变资本，并按照原来的资本有机构成 2∶1 的比例，再拿出 50 作为追加的可变资本。这样，第 Ⅱ 部类的全部产品根据扩大再生产的需要，应该重新组合为

$$\text{Ⅱ}\quad 1500c+100\Delta c+750v+50\Delta v+600\frac{m}{x}=3000$$

同简单再生产一样，其中 $750v+50\Delta v+600\frac{m}{x}=1400$，在第 Ⅱ 部类内部通过交换得到实现；$1500c+100\Delta c=1600$ 部分，有待于同第 Ⅰ 部类进行交换才能实现。

再次，两大部类之间的交换。通过两大部类内部的积累和交换后，还必须在两大部类之间进行交换，使第 Ⅰ 部类 $1000v+500\frac{m}{x}$ 和第 Ⅱ 部类的 $1600c$ 最后得到实现。

可见，在扩大再生产条件下，社会产品的实现过程同简单再生产一样，也是通过三个方面的商品交换进行的。可用公式表示如下。

$$\text{Ⅰ}\quad 4000c+400\Delta c+\boxed{1000v+100\Delta v+500\frac{m}{x}}=6000$$

$$\text{Ⅱ}\quad \boxed{1500c+100\Delta c}+750v+50\Delta v+600\Delta c\frac{m}{x}=3000$$

经过上述三方面的交换，社会总产品在价值和实物形式上全部得到实现，两大部类都可以顺利地进行扩大再生产。如果剩余价值率仍都为 100%，到第二年年终时，两大部类所生产的社会产品增加到 9800，生产规模扩大了。可用公示表示为

$$\left.\begin{array}{l}\text{Ⅰ}\quad 4400c+1100v+1100m=6600\\ \text{Ⅱ}\quad 1600c+800v+800m=3200\end{array}\right\}9800$$

扩大再生产与简单再生产的条件其原理是一样的，只是多了积累与消费的关系。

以上分析表明，在社会资本扩大再生产条件下，两大部类的生产仍需保持一定的比例关系。在扩大再生产条件下，社会总产品的基本实现条件是：第 Ⅰ 部类原有的可变资本加上追加的可变资本，再加上资本家用于个人消费的剩余价值三者之和，必须等于第 Ⅰ 部类的原有不变资本加上追加的不变资本。此条件可用公式表示为

$$\text{Ⅰ}\left(v+\Delta v+\frac{m}{x}\right)=\text{Ⅱ}(c+\Delta c)$$

这一基本实现条件可以引申出下面两个派生的实现条件。

$$\text{I}(c+v+m) = \text{I}(c+\Delta c) + \text{II}(c+\Delta c)$$

$$\text{II}(c+v+m) = \text{I}\left(v+\Delta v+\frac{m}{x}\right) + \text{II}\left(v+\Delta v+\frac{m}{x}\right)$$

四、生产资料生产的优先增长

以上对社会资本扩大再生产实现问题的分析，是以社会的生产技术没有进步、资本有机构成不发生变化的假设为条件的，但在实际上，资本有机构成提高是扩大再生产过程中必然存在的趋势。列宁把资本有机构成提高的因素引入马克思的社会资本再生产理论，从而得出生产资料生产优先增长的著名原理。列宁指出："增长最快的是制造生产资料的生产资料生产，其次是制造消费资料的生产资料生产，最慢的是消费资料生产。"❶

> 这是资本有机构成提高条件下扩大再生产的原理。

生产资料生产优先增长的原理，包含以下两方面的内容：

首先，生产资料的生产要比消费资料的生产增长快些。因为，随着资本有机构成的不断提高，原有的预付资本以及由剩余价值转化而来的追加资本中，转化为不变资本的比重必然越来越大，转化为可变资本的比重必然越来越小。因此，社会对生产资料需求的增长，要快于对消费资料需求的增长。这样，在其他条件不变的情况下，生产资料生产的增长速度必须要快于消费资料生产的增长速度。

其次，制造生产资料的生产资料生产，要比制造消费资料的生产资料的生产增长得快些。因为，从第Ⅰ部类内部来看，要使生产资料的生产优先增长得到保证，就要求第Ⅰ部类中为本部类制造生产资料的生产的增长，快于为第Ⅱ部类制造生产资料的生产的增长。

生产资料生产优先增长，是由技术不断进步和资本有机构成不断提高，而引起的经济发展中的一种内在的客观趋势。这一趋势并不排斥个别时期消费资料生产的增长也可以优先于生产资料生产的增长。

生产资料生产优先增长，并不意味着生产资料的生产可以脱离消费资料生产而孤立地增长，更不意味着生产资料生产比消费资料生产增长得越快越好。因为，生产资料生产的增长，归根到底要依赖于或受限制于消费资料生产的增长。可见，生产资料优先增长，只有在同消费资料生产保持一定比例的条件下，才能持久地推动整个社会的扩大再生产。

> 无论是何种再生产，都要保持一定的比例关系。

马克思和列宁关于社会资本再生产的一些基本原理，对于社会主义社会生产具有指导意义。

---

❶ 列宁全集．第 1 卷．北京：人民出版社，1984：66．

本章小结

◎ 产业资本的循环必须经过三个阶段即购买、生产和销售阶段，并在三个阶段中采取了三种不同的职能形式即货币资本职能、生产资本职能、商品资本职能。产业资本循环不仅有三个阶段和三种职能形式的统一，而且还要货币资本、生产资本和商品资本三种循环形式的统一。

◎ 在现实的资本循环中，要使它连续不断、顺利进行下去，必须具备下面两个条件：首先，保持产业资本的三种职能形式在空间上的并存性。其次，保持产业资本的三种循环形式在时间上的继起性。

◎ 资本循环理论是从资本运动的连续性方面，揭示价值增值是怎样在产业资本的循环运动中发生和实现的，而资本周转理论则是从资本运动的速度方面，揭示资本周转快慢对剩余价值生产的影响。加速资本周转可以提高年剩余价值量和剩余价值率。资本周转越快，年剩余价值量就越多，从而年剩余价值率就越高，反之，年剩余价值率就越低。

◎ 影响资本周转速度的因素是生产时间和流通时间以及固定资本流动资本在生产资本中构成的比例。资本周转是指预付资本的总周转，即资本不同部分的平均周转。预付资本总周转速度，取决于两个因素：一是固定资本和流动资本的周转速度；二是固定资本和流动资本在生产中所占的比例。

◎ 生产资本的构成是影响资本周转速度的重要因素。生产资本的构成按其价值的周转方式不同，可分为固定资本和流动资本。固定资本的价值是按照它的磨损程度分有形磨损和无形磨损两种。用于购买原料、燃料、辅助材料和用于购买劳动力的两部分资本，在价值形成中的作用是不同的，一个是价值的转移，一个是价值的再创造。但它们的周转方式是相同的，因而都属于流动资本。

◎ 固定资本与流动资本的划分、不变资本与可变资本的划分都是对处在生产领域中的生产资本的划分，但两种划分根据、目的和意义和内容是不同的。

◎ 社会资本再生产的核心问题是社会总产品的实现问题。社会总产品的实现问题，就是补偿问题。马克思把社会生产在实物上划分为两大部类，在价值上分为三个部分这是研究社会资本再生产的基本前提。

◎ 社会资本的简单再生产、扩大再生产和资本有机构成提高条件下的扩大再生产必须保持一定的比例关系。

◎ 本章的原理，抽去资本主义的形式，对于认识社会主义企业和社会的资金运动，也有理论和实际意义。

综合练习

一、基本概念

1. 产业资本 2. 资本循环 3. 资本周转 4. 固定资本 5. 流动资本 6. 年剩余价值率 7. 年剩余价值量 8. 资本总周转 9. 社会总产品

二、单项选择题

1. 考察社会资本再生产和流通的出发点的核心是（   ）。
   A. 资本价值增值问题　　　　　　　B. 商品价值实现问题
   C. 剩余价值实现问题　　　　　　　D. 社会总产品的实现问题
2. 单个产业资本循环要依次经过下列各阶段（   ）。
   A. 生产阶段、购买阶段、销售阶段　　B. 购买阶段、生产阶段、销售阶段
   C. 销售阶段、购买阶段、生产阶段　　D. 销售阶段、生产阶段、购买阶段
3. 商品资本的职能是（   ）。
   A. 为生产剩余价值做准备　　　　　B. 生产出包含剩余价值的商品
   C. 实现商品的价值和剩余价值　　　D. 购买生产资料和劳动力
4. 产业资本的一般形态是（   ）。
   A. 货币资本循环　　　　　　　　　B. 生产资本循环
   C. 商品资本循环　　　　　　　　　D. 商业资本循环
5. 资本循环的时间（   ）。
   A. 生产时间加劳动时间　　　　　　B. 劳动时间加流通时间
   C. 购买时间加生产时间　　　　　　D. 销售时间加生产时间
6. 资本周转的速度与（   ）。
   A. 周转时间成反比，与周转次数成正比
   B. 周转时间成正比，与周转次数成反比
   C. 周转时间成正比，与周转次数成正比
   D. 周转时间成反比，与周转次数成反比
7. 区分固定资本与流通资本的依据是（   ）。
   A. 它们在价值增值过程中的不同作用
   B. 它们的价值周转方式不同
   C. 它们的实物形式能否移动
   D. 它们的价值能否在生产中转移到新产品中去
8. 可变资本和流动资本内容上的区别是（   ）。
   A. 可变资本只包括工资，不包括原材料
   B. 流动资本只包括工资，不包括原材料
   C. 可变资本既包括工资，也包括原材料
   D. 流动资本只包括原材料，不包括工资
9. 预付资本总周转是指（   ）。

A. 全部预付固定资本和流动资本周转 B. 部分预付固定资本和全部流动资本周转
C. 预付资本不同组成部分的平均周转 D. 部分预付流动资本和全部固定资本周转

10. 能够区分为固定资本与流动资本的资本是（　　）。
    A. 借贷资本   B. 商品资本
    C. 生产资本   D. 货币资本

11. 计算预付资本周转速度的公式是（　　）。
    A. 货币资本价值＋生产资本价值＋商品资本价值／预付资本
    B. 固定资本周转价值总额＋流动资本价值／预付资本
    C. 固定资本价值＋流动资本周转价值总额／预付资本
    D. 固定资本周转价值总额＋流动资本周转价值总额／预付资本

12. 年剩余价值量等于（　　）。
    A. 年剩余价值率乘预付资本
    B. 剩余价值率乘预付可变资本量乘其周转次数
    C. 剩余价值率乘预付可变资本
    D. 预付的不变资本

13. 资本家加速资本周转的目的在于（　　）。
    A. 提高剩余价值率   B. 提高年剩余价值率
    C. 提高利息率   D. 提高利润率

14. 社会生产两大部类的依据是（　　）。
    A. 社会总产品的最终用途   B. 社会生产的规模大小
    C. 不变资本与可变资本的划分   D. 固定资本与流动资本的划分

15. 在简单再生产条件下，社会总产品实现公示表现为（　　）。
    A. Ⅰ $4000c + 1000v + 1000m = 6000$ B. Ⅰ $4000c + 1000v + 1000m = 6000$
       Ⅱ $2000c + 500v + 500m = 3000$ Ⅱ $15000c + 750v + 750m = 3000$
    C. Ⅰ $4000c + 1000v + 100m = 6000$ D. Ⅰ $5000c + 500v + 500m = 6000$
       Ⅱ $2500c + 250v + 250m = 3000$ Ⅱ $2000c + 500v + 500m = 3000$

16. 社会资本简单再生产的基本实现条件是（　　）。
    A. Ⅰ $(v + m) = $ Ⅱ c
    B. Ⅰ $(c + v + m) = $ Ⅰ $(c + \Delta c) + $ Ⅱ $(c + \Delta c)$
    C. Ⅱ $(c + v + m) = $ Ⅰ $(v + \Delta v + m/x) + $ Ⅱ $(v + \Delta c + m/x)$
    D. Ⅰ $(v + \Delta v + m/x) = $ Ⅱ $(c + \Delta c)$

17. 社会资本扩大再生产的基本实现条件是（　　）。
    A. Ⅰ $(v + m) = $ Ⅱ c
    B. Ⅰ $(c + v + m) = $ Ⅰ $(c + \Delta c) + $ Ⅱ $(c + \Delta c)$
    C. Ⅱ $(c + v + m) = $ Ⅰ $(v + \Delta v + m/x) + $ Ⅱ $(v + \Delta c + m/x)$
    D. Ⅰ $(v + \Delta v + m/x) = $ Ⅱ $(c + \Delta c)$

18. 生产资料生产优先增长的原因是（　　）。
    A. 资本的积聚和集中   B. 工农业提供生产资料
    C. 依靠生产要素量的增大实现外延型扩大再生产的必然趋势

D. 在技术进步资本有机构成提高的条件下社会扩大再生产的必然趋势。

三、多项选择题

1. 产业资本实现循环包括（　　）。
   A. 货币资本循环　　　　　　　　B. 生产资本循环
   C. 生息资本循环　　　　　　　　D. 商业资本循环
   E. 商品资本循环

2. 产业资本循环过程中 W′-G′ 阶段的职能是（　　）。
   A. 实现资本价值　　　　　　　　B. 增值资本的价值
   C. 尽快卖出全部商品　　　　　　D. 实现商品价值和剩余价值
   E. 为生产剩余价值做准备

3. 资本周转速度（　　）。
   A. 与资本周转次数成正比　　　　B. 与周转所需时间成反比
   C. 与固定资本成正比　　　　　　D. 与流动资本比重成正比
   E. 与固定资本折旧率成正比

4. 资本周转时间是（　　）。
   A. 劳动时间和生产时间　　　　　B. 生产时间
   C. 生产时间和购买时间　　　　　D. 劳动时间和销售时间
   E. 流通时间

5. 资本周转速度加快对剩余价值生产的影响使（　　）。
   A. 每个生产过程剩余价值量的增多　　B. 年剩余价值量的多少
   C. 预付资本量的增加　　　　　　D. 剩余价值率的提高
   E. 年剩余价值率的提高

6. 年剩余价值率与剩余价值率的区别表现在（　　）。
   A. 年剩余价值率是年剩余价值量和预付可变资本之比率
   B. 剩余价值率是剩余价值与可变资本的比率
   C. 年剩余价值率是表示预付可变资本的增值程度
   D. 剩余价值是表示工人受剥削的程度
   E. 年剩余价值率与剩余价值率成反比

7. 加速资本周转可以（　　）。
   A. 提高年剩余价值率　　　　　　B. 提高剩余价值率
   C. 节省流动资本　　　　　　　　D. 增加年剩余价值量
   E. 提高利息率

8. 固定资本的有形损耗和无形损耗，主要指下列情况（　　）。
   A. 由于使用发生了损耗　　　　　B. 由于自然力作用发生的损耗
   C. 由于人为因素使机器损坏
   D. 由于劳动资料生产部门的劳动生产率提高而引起的固定资本价值的贬值
   E. 由于科技进步使原有机器经济效能相对降低而引起贬值

9. 为了弥补固定资本无形损失，资本家采用的办法是（　　）。
   A. 利用新技术　　　　　　　　　B. 加强对雇佣劳动者的剥削

C. 延长劳动时间 D. 提高劳动强度
E. 提高对机器设备的利用率

10. 资本主义工业企业的资本从不同角度可以划分为（　　）。
A. 不变资本和可变资本 B. 固定资本和流动资本
C. 生产资本和流通资本 D. 产业资本、商业资本、借贷资本
E. 货币资本、生产资本、商品资本

11. 整个社会生产可划分为两大部类，下列哪些部门属于Ⅰ部类（　　）。
A. 采矿部门 B. 机械制造部门
C. 服装部门 D. 食品部门
E. 日用工业品部门

12. 考察社会总资本的再生产时，Ⅱ$(c+v+m)$ = Ⅰ$(v+m)$ + Ⅱ$(v+m)$ 的公式（　　）。
A. 是社会总资本简单再生产的实现条件之一
B. 是社会总资本简单再生产的前提条件之一
C. 是工人和资本家所需要的消费资料
D. 是社会总资本扩大再生产的实现条件之一
E. 是社会总资本扩大再生产的前提条件之一

13. 生产资料生产优先增长意味着（　　）。
A. 必须优先发展轻工业 B. 生产资料增长得越快越好
C. 绝不允许消费资料生产的优先增长
D. 生产资料生产不可脱离消费资料生产增长
E. 生产资料生产的增长比消费资料生产增长得快些

四、判断正误题

1. 货币资本、生产资本、商品资本是三种独立的资本形态。（　　）

2. 货币资本是流通资本。（　　）

3. 资本循环就是资本周转。（　　）

4. 生产时间就是劳动时间。（　　）

5. 年剩余价值率最能反映资本剥削的程度。（　　）

6. 社会总产品的实现问题，就是价值补偿问题。（　　）

7. 假定Ⅰv是2000，Ⅰm是2000，Ⅰc是4000，这时社会资本只能进行简单再生产。（　　）

8. 生产资料生产优先增长，是指它不受第二部类生产的制约。（　　）

9. 不变资本与固定资本都表现为生产资料，具有完全相同的物质内容，所以不变资本实际上就是固定资本。（　　）

10. 年剩余价值率的高低，取决于剩余价值率的高低和流动资本周转的快慢。（　　）

11. 加速资本周转可以提高剩余价值率。（　　）

12. 流动资本是处在流通领域里的资本。（　　）

13. 工资属于流动资本，是因为这部分资本的价值也是一次转移到新产品中去的。（　　）

五、问答与思考题

1. 产业资本循环经历了哪三个阶段？在三个阶段上采取的三种职能形式是什么？分别执行的职能是什么？
2. 产业资本循环的三种形式是什么？（用公式表示）产业资本循环顺利进行的条件是什么？
3. 考察资本循环、资本周转的侧重点有什么不同？
4. 对生产资本的两种划分法有什么不同？
5. 资本周转速度对剩余价值生产有什么影响？
6. 年剩余价值率与剩余价值率有什么不同？
7. 什么是社会总产品的实现？为什么社会总产品的实现问题是社会资本运动的核心问题？
8. 马克思分析社会资本再生产的两个基本理论前提是什么？
9. 社会资本简单再生产和扩大再生产的实现条件是什么？（用公式表示）
10. 列宁关于生产资料优先增长的原理的具体内容是什么？
11. 试述马克思关于资本循环、周转理论及其意义。
12. 试述马克思关于社会资本再生产的原理及其意义。

第四章

资本主义分配与消费

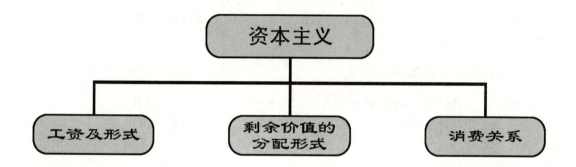

重点掌握
- 资本主义工资的本质
- 剩余价值转化为利润，利润转化为平均利润
- 价值转化为生产价格
- 借贷资本和利息
- 级差地租，绝对地租

一般掌握
- 商业资本和商业利润
- 银行资本和银行利润
- 土地价格

一般了解
- 商业流通费用及其补偿
- 资本主义的消费关系

本章导语

在了解资本主义的生产过程和流通过程之后，紧接着要学习资本主义的分配与消费关系，因为资本主义的分配，是资本主义生产关系的重要内容。通过对资本主义分配的分析，阐明马克思的工资理论、利润理论、平均利润和生产价格理论，以及商业利润、借贷利息和地租理论；从而揭示资本家剥削集团通过利润、利息和地租等具体形态参与对雇佣工人创造的剩余价值的分配，认识资本主义的分配关系的实质。通过对资本主义消费关系的分析深刻理解资本主义的消费服从并反作用于剩余价值的生产、剩余价值在剥削集团的瓜分。

第一节 资本主义的工资及形式

广义的分配,包括生产资料的分配和生产成果的分配。狭义的分配是指生产成果的分配。一般来说,经济学中讲的分配是指狭义的分配。在资本主义分配中,雇佣工人在生产过程中创造的新价值,构成资本主义社会的国民收入,它是资本主义社会一切收入的源泉。这部分新价值就分成两部分:一部分是工人劳动力价值,它以工资形式支付给了雇佣工人;另一部分是被资本家无偿占有的剩余价值。本节主要研究工资的本质及其形式。

一、资本主义的工资

我们在第三章已经说明,雇佣工人出卖给资本家的是劳动力商品,得到的是劳动力的价值或价格。但是,从表面上看,工资却好像是劳动的价值或价格,是资本家对工人支付的全部劳动报酬。其实,劳动不是商品,它没有价值或价格。

第一,劳动如果是商品,它就必须在出卖之前就已经独立存在。可是,当工人在市场上与资本家进行交易时,他手中并没有什么"劳动商品",只有劳动力这个商品。劳动是劳动力的使用,它是在劳动过程开始以后才存在的,而当劳动过程开始的时候,劳动已经不再属于工人而属于资本家了,工人也就不能把它当作商品出卖了。

第二,如果劳动是商品,它就应当具有价值。劳动是形成价值的源泉和衡量价值量的内在尺度,它本身没有价值。如果劳动有价值,那就等于劳动的价值是由劳动形成的,12小时劳动的价值就是12小时劳动。这是毫无意义的同义语的反复。

第三,如果劳动是商品,按照等价交换原则,资本家就应支付给工人全部劳动报酬。这样,资本家就剥削不到剩余价值,失去了发财致富的源泉,从而以剥削雇佣劳动为基础的资本主义制度也就根本上被否定了。

注意:劳动和劳动力的区别。

总之,劳动是价值的实体和内在尺度,但是它本身没有价值,因而它不是商品。

那么,劳动力的价值或价格为什么会表现为劳动的价值或价格呢?这是由资本主义生产关系本身产生的。因为:①工资的支付方式使人产生误解。劳动力的使用价值是劳动,工人把劳动力出卖给资本家,就是要在一定的时间内为资本家劳动,而领取工资又要在劳动完了以后,这就使得人们误以为工人出卖的是劳动,得到是劳动的价值或价格;②工人领取工资的多少是按工人给资本家劳动的时间长短来计算的,这也使人误以为工人出卖的是劳动,得到的工资是全部劳动的报酬;③工人的劳动熟练程度和复杂程度不同,可以取得不同的工资额,这也产生了一种假象，似乎工人出卖的不是劳动力，而是劳动，工资不是劳动力的价值或价格，而是劳动的价值或价格。

总之，**工资的本质是劳动力的价值或价格，在现象上表现为劳动的价值或价格。**这种本质和现象的颠倒，掩盖了资本家对工人的剥削关系。它抹杀了工作日分为必要劳动和剩余劳动、有酬劳动和无酬劳动的事实，使全部劳动都表现为有酬劳动。马克思对劳动力和劳动的科学区分，彻底揭露了资本主义工资的本质，对提高工人阶级认识资本主义制度的本质具有重大的理论意义。

注意：工资的本质与现象的区别。

二、工资的基本形式

在资本主义制度下，工资的形式很多，但是其基本形式有两种：计时工资和计件工资。

计时工资，就是按照劳动时间长短来支付的工资。如日工资、周工资、月工资。其实质是劳动力的日价值、周价值和月价值的转化形式。计算公式为

$$劳动价格（每小时劳动力价格）=\frac{劳动力平均日价值}{工作日平均小时数}$$

我们要了解在计时工资制度下，资本家是如何加强对工人的剥削，只考察工资数量的多少是不够的，还必须要联系工作日长度和劳动强度的高低，才能反映工人受剥削的真实程度。例如，工人的日工资为 8 元，工作日长度为 8 小时，劳动力每小时的价格为 1 元。如果工作日长度延长到 10 小时，日工资 8 元不变甚至提高到 9 元，劳动力每小时价格便由原来的 1 元下降为 0.8 元或 0.9 元，使资本家在单位时间内榨取了更多的剩余价值。另外，在工作日长度不变的情况下，资本家通过提高工人的劳动强度，也能在单位时间内从工人身上榨取更多的剩余价值。

计件工资是工资的普遍形式。

在计时工资的情况下，资本家常常利用小时工资制来加强对工人剥削。他们以计时工资单位价格（劳动力每小时价格）为基础，只规定每小时的工资，而不规定工作日的长度和日工作数量。工人劳动几小时就给几小时工资。这样，资本家便可以根据自己利益的需要，任意延长或缩短工作日。在他们的产品畅销时，便会延长劳动时间，要工人加班加点，使工人遭受过度劳动之苦。当他们的产品滞销时，便大大缩短工人的劳动时间，使工人的工资急剧下降，陷入半失业状态，遭受劳动不足之苦。

计件工资，是按工人所生产的产品数量或完成的工作量支付的工资，是计时工资的转化形式。计件工资单位价格的计算公式为

$$每件工资单价=\frac{日计时工资额}{每日平均生产件数}$$

计件工资是最适合于资本主义生产方式的工资形式，其特点是：

计件工资更能刺激工人的积极性。

①计件工资把产品数量同工人收入直接联系起来,工人为了多挣工资,就必须在单位时间内多生产产品,使资本家得到更多的剩余价值;②实行计件工资,资本家对产品的数量和质量都有严格的规定,即可以减少或不要监工,又可以以验收产品时借口产品质量不合格克扣工人工资;③在计件工资条件下,工人为了多挣工资,必须提高劳动强度,使其在单位时间内生产出更多的产品来。当大多数工人超过原订日均生产产品件数达到新的更高的生产水平时,资本家又会降低每件产品的工资单价,使工人的工资随劳动强度的提高而不断下降。可见,实行计件工资,是资本家压低工人工资、提高对工人剥削程度的一种重要手段。

三、工资的变动趋势和国民差异

上面从质的方面分析考察了资本主义工资的本质和形式,现在从量的方面来分析考察资本主义工资的变动趋势。进一步揭露资产阶级和无产阶级的对立。

资本主义工资,从量的方面来看,它是以劳动力价值的变动为基础的。由于劳动力的价值量是一个变量,所以,工人的工资量不是固定不变的,而是变动的,具有很大的伸缩性。为了说明工资的变动趋势,我们必须区分名义工资和实际工资。

名义工资,就是工人出卖劳动力所得到的货币额,又叫做货币工资。实际工资,是指工人用名义工资所能购买到的生活资料和服务数量。名义工资和实际工资之间有着密切的联系,在其他条件不变化的情况下,名义工资提高了,实际工资也会随之提高;而在其他条件发生变化时,名义工资与实际工资则会发生背离。例如,当物价上涨,货币贬值,发生通货膨胀时,名义工资不变,实际工资必然会下降。即使名义工资有一定提高,只要提高的幅度低于物价上涨的幅度,实际工资仍然是下降的。名义工资和实际工资的这种差别,掩盖了资本家对工人的剥削程度。因此,我们考察工资的实际水平和工人的生活状况时,即要注意名义工资的变化,又要注意实际工资的变动。

从资本主义发展的历史过程来看,总的来说,工人的名义工资是呈上升趋势的。实际工资有起有伏,总的趋势也是上升。但是,这并不意味着工人所受剥削程度的减轻。因为,随着资本主义社会现代科学技术的发展和应用,劳动生产率不断提高,在工人新创造的价值中,工人占的份额越来越小,资本家占有的份额越来越大,即工人所得到的工资和资本家所占有的剩余价值相比较,呈下降趋势。比较工资下降,这是资本主义工资变动的一般趋势。

想一想发达国家工人工资高的根本原因。

工资水平,在不同的资本主义国家,或同一国家的资本主义经济发展的不同阶段,是有着差异的。一般来说,发达资本主义国家工人的平均工资高于不发达资本主义国家工人的平均工资。但这种工资水平的差异,决不意味着发达资本主义国家的资本家对待工人更"仁慈"、更"宽厚"一些，对工人的剥削程度轻一些。实际上，无论在任何地方，作为资本人格化的资本家，都是一样地力求使工人的工资降到最低限度，以便榨取更多的剩余价值。不同国家工资差异存在的原因，主要在于劳动力价值的决定因素上，不仅有一个生理的因素，而且还有一个历史的和道德的因素。在不同的国家或同一国家的不同时期，由于自然条件的差异、历史条件的不同、经济文化发展的不平衡，构成劳动力价值的物质要素的范围和数量不同。发达的资本主义国家，经济文化水平和传统生活水平比较高，工人劳动的紧张程度和平均熟练程度也比较高，劳动力的生产和再生产所需要的物质资料的品种和数量比较多，劳动力价值相应高一些，工资水平较高。另外，发达的资本主义国家劳动生产率较高，用同量的劳动能够生产出更多的同种商品，商品的国内价值低于国际的价值，按照其国际价值出售，必然表现为更多的货币，工资水平也必然高一些。但是，我们应该看到：发达资本主义国家的货币工资水平虽然比较高，但它的物价水平也高，房租和医疗费用昂贵，税收负担重，货币的购买力低。所以，工人的实际工资并不像货币工资显示得那么高，许许多多的工人生活依然贫困。发达的资本主义国家，工人的劳动生产率比较高，他们的必要劳动只占劳动日的极小部分，他们劳动的绝大部分都成了剩余劳动，无偿地为资本家创造剩余价值。所以，这些国家工人的工资高，并不意味着他们所受的剥削程度的减轻，实际是资本家对工人的剥削程度更高了。

第二节 资本和剩余价值分配的各种形式

资本家阶级在社会总产品中占有的是劳动者创造的剩余价值。首先占有剩余价值的是产业资本家，随后剩余价值在各资本家剥削集团之间按不同的方式进行瓜分，最终形成利润、利息和地租。

一、产业资本和产业利润

这里我们考察的是产业资本和产业利润。为了方便分析，假定产业资本独自完成资本循环的所有阶段，而无须借助商业资本和借贷资本，并且假定它自己占有工人创造的全部剩余价值。在剩余价值的具体形式中，产业利润是其他各种形式的基础。

（一）平均利润和生产价格

前面已经讲过，资本主义企业生产出来的商品，其价值是由不变资本、可变资本和剩余价值三部分构成的，用公式表示是：$w=c+v+m$。其中，c 是生产商品时所消耗掉的生产资料旧价值的转移部分，即物化劳动的耗费；$v+m$ 是工人在生产商品时创造的新价值，即活劳动的耗费。这是以劳动耗费计量的资本主义商品的实际耗费。但是对产业资本家来说，生产商品所耗费的只是他的资本价值，即不变资本价值和可变资本价值，至于剩余价值，则完全是由工人的剩余劳动创造的，是他毫无所费而白白占有的。他在计算生产商品所耗费的费用时，只是计算他所耗费的资本价值，即不变资本价值和可变资本价值。因此，$c+v$ 便成了他的生产成本或成本价格，可用 k 表示。商品价值中的 $c+v$ 转化为成本价格，商品价值的公式 $w=c+v+m$ 就变成了成本价值加剩余价值，即 $w=k+m$。

成本价格对资本家来说，具有以下重要的意义。①它是资本家生产经营赚钱或亏本的界限。如果资本家出售商品的价格高于成本价格，就有利可图，高出成本价格越多，赚钱也就越多，若是按成本价格出售，就无利可图。如果低于成本价格出售，就要赔本。②它是资本家在竞争中胜败的关键。在资本主义企业的相互竞争中，资本家往往用降低商品出售价格的办法来战胜竞争对手。在其他条件相同的情况下，谁的商品成本价格越低，谁就能用比别人更低的价格出售商品，从而在竞争中处于比较有利的地位。因此，资本家在生产经营中，总是尽力采用先进技术、改进劳动组织、节省生产资料的消耗、加强对工人的剥削等来降低自己的商品成本价格。③成本价格的补偿，是保证生产过程不断进行的必要条件。资本家只有从商品的出售价格中收回成本价格，才能够重新赚回并补偿生产过程中消耗掉的生产资料和劳动力价值，使他的生产继续进行。

> 成本价格是企业赚钱亏本的界限。

剩余价值是利润的本质，利润是剩余价值的现象形态，是剩余价值的转化形式。在资本家心目中，不仅仅是把剩余价值看作是他的成本价格的增加额，即不仅仅是看作他生产商品过程中所消耗掉的资本的产物，而且看作是他的全部预付资本的一个增加额。因为，在他看来，他的全部资本，不管是预付在劳动力形式上的资本，还是预付在原材料、机器、厂房、设备等形式上的资本，都参与了生产过程，生产过程中耗费掉的资本价值形成商品的成本价格，尚未耗费掉的资本作为生产商品的物质要素，同样也在商品生产过程中发挥了作用。每到年终结算计算盈亏时，习惯上总是把所获得的剩余价值同他的全部预付资本作比较。**当剩余价值在观念上被看作是全部预付资本的产物时，剩余价值转化为利润。**可见，利润和剩余价值本质是一个东西，都是工人剩余劳动创造的价值。他们之间的区别，就在于把剩余价值看作是何者的产物。如果把它看作是可变资本的产物，就是剩余价值；若看作是全部预付资本的产物，就是利润。剩余价值是利润的本质，利润是剩余价值的现象形态，是剩余价值的转化形式。在利润形态下，剩余价值成了资本家的全部预付资本的产物；剩余价值的真正来源完全被掩盖了。剩余价值转化为利润之后，商品的价值构成形式进一步发生变化，变成了成本价格加利润，用公式表示为

$$w=k+p$$

剩余价值转化为利润，是同剩余价值率转化为利润率相联系的。剩

> 剩余价值是利润的本质，利润是剩余价值的现象形态，是剩余价值的转化形式。

余价值率和利润率,是同一个剩余价值量,用不同的方法表示的比率。前面第三章讲过,剩余价值率是剩余价值和可变资本的比率,即 $m'=m/v$。剩余价值和全部预付总资本的比率,就是利润率。利润率的公式是: $p'=m/c+v$ 由于全部预付总资本总是大于可变资本,所以利润率总是小于剩余价值率,掩盖了资本家对工人的剥削程度。例如,某资本家的全部预付总资本为 10 万元,其中不变资本为 8 万元。在这种情况下,$m'=m/v=20000/20000=100\%$;$P'=m/c+v=20000/(80000+20000)=20\%$。利润率和剩余价值率不仅在数量上有明显的差别。而且它们所表示的关系也根本不同。**剩余价值率是表示资本家对工人的剥削程度,体现了资本家对雇佣工人的剥削关系;利润率是表示资本家从他的全部预付总资本中得到了一个多大的增值额,也就是全部预付总资本的增值程度,它掩盖了资本家对雇佣工人的剥削关系。**

> 剩余价值和利润在绝对数量上是相等的;在相对量上不等。

利润率是资本增值程度的标志,利润率越高,资本增值程度也就越高。因此,在资本主义社会追求最高利润率,成了资本的唯一生命冲动。马克思在《资本论》中引用 19 世纪中叶一位英国评论家托·约·登宁的一段话说:"资本害怕没有利润或利润太少,就像自然界害怕真空一样。一旦有适当的利润,资本就胆大起来。如果有 10% 的利润,它就保证到处被使用;有 20% 的利润,它就活跃起来;有 50% 的利润,它就铤而走险;为了 100% 的利润,它就敢于践踏一切人间法律;有 300% 的利润,它就敢犯任何罪行,甚至冒绞首的危险。"❶ 这段话极其形象地说明了资本家是如何贪得无厌地追求更高利润的。

> 剩余价值率与利润率所表示的关系不同。

> 剩余价值率小于利润率。

那么,如何才能提高利润率呢?决定和影响利润率的因素是多种多样的,不同时期、不同企业的利润率也不一样。一般来说,利润率的高低主要由下列因素决定。

> 提高利润率的四条途径。

第一,剩余价值率。在全部预付总资本和资本有机构成等已定或不变的情况下,剩余价值率越高,剩余价值量就越多,利润率也就越高;反之,利润率则越低。在其他条件既定的条件下,利润率与剩余价值率成正比,凡是可以提高剩余价值率的方法都适用于提高利润率。

第二,资本有机构成。在一个部门或一个企业预付的总资本、剩余价值率和资本周转速度等既定的情况下,资本有机构成越低,用于购买劳动力的可变资本在预付总资本中所占的比例就越大,推动的劳动力越多,生产出来的剩余价值也就越多,从而利润率也就越高;反之,资本有机构成越高,在预付总资本中用于购买劳动力的可变资本所占的比例就越小,推动的劳动力越少,生产的剩余价值也就越少,利润率越低。在其他条件相同的情况下,利润率与资本有机构成反方向变化。

第三,资本周转速度。在预付总资本、资本有机构成和剩余价值率相同的情况下,年利润率(指一年生产的剩余价值总额同一年预付的总资本额的

---

❶ 马克思恩格斯全集.第 23 卷.北京:人民出版社,1972:829.

比率）的高低和资本周转速度的快慢成正比。在一年内资本周转的次数越多，年利润率就越高；反之，资本周转的次数越少，年利润率就越低。

第四，不变资本的节省。节省不变资本，可以从两个方面影响利润率。一是，在剩余价值率和可变资本量已定的条件下，不变资本越节约，预付的总资本就越小，同量剩余价值与较小的总资本相比，利润率就越高；反之，就越低。二是，节省不变资本，可以降低成本价格。这样，在商品出售价格不变的情况下，利润量就可以增加，利润率也就随之提高；可见，利润率的高低与不变资本的节省成正比。

（二）利润转化为平均利润

上述影响利润率的各种因素，在资本主义社会里的不同生产部门发生作用的程度是不可能相同的。因此，各个不同的生产部门，利润率必然不一样。在剩余价值率一定的条件下，资本有机构成低或资本周转速度快的生产部门利润率高，资本有机构成高或资本周转速度慢的生产部门利润率低。假定有机械、纺织和食品三个生产部门，它们所拥有的资本数量、剩余价值率和资本周转速度都相同，由于资本有机构成不同，而具有不同的利润率。如表4-1所示。

你要是产业部门的资本家，你会怎么办？

表4-1　不同的利润率

生产部门	预付资本总额	剩余价值率	资本周转次数	资本有机构成	剩余价值量	商品价值	利润率
机械部门	100	100%	1	90：10	10	110	10%
纺织部门	100	100%	1	80：20	20	120	20%
食品部门	100	100%	1	70：30	30	130	30%

从上表看出，资本有机构成最高的机械工业部门，利润率最低；资本有机构成最低的食品工业部门，利润率最高。这种投资相同，利润率却大不相同的情况，对机械工业资本家来说是绝对不会容忍的。资本主义生产的目的是为获取利润，资本家总是力图用同量资本获得更多的利润。为了获得更多的利润，资本家之间不仅在本部门内部进行激烈的竞争，并且在部门之间也展开激烈的竞争。机械工业一部分资本家看到自己的利润率比食品工业的利润率低，出于本性，便会减少甚至停止机械生产，抽出资本，投入食品工业。于是，食品工业部门的资本便大量增加，生产规模迅速扩大，如果市场上的需求量不发生变化，食品的供给就会逐渐超过市场需求，市场价值逐渐下降，利润率跟着下降。而机械工业部门，则由于资本的转出，生产规模的缩小，机械供应减少，出现供不应求，价格随之上涨，利润率上升。当机械工业的利润率上升到超过食品工业的利润率后，食品工业的资本家又会垂涎三尺，纷纷改行，将他们的资本转移到机械工业部门来。这种由于部门之间的竞争发生资本转移而引起的商品市场价格涨落，导致利润率高低的变化，将一直要持续到各个生产部门的利润率大致相等，资本的流动才会暂时稳定下来。就是说，各个部门投资

100 所生产的商品，大致都按 120 出售，每个部门的资本家都得 20 的利润，利润率都是 20%。所以，不同生产部门的竞争，必然导致各个部门的不同利润率趋于平均，形成平均利润率。**平均利润率，就是社会剩余价值总量和社会预付总资本的比率。**用公式表示为

$$平均利润率 = \frac{社会剩余价值总量}{社会预付总资本}$$

从前面的表例来说，机械、纺织和食品三个工业部门的平均利润率=（10＋20＋30）/（100＋100＋100）＝60/30＝20%。

平均利润率形成以后，各个生产部门的资本家便可以按照平均利润率来获取与他所投资本大小相适应的利润。在上述平均利润率为 20% 的情况下，每投资 100 取得 20 的利润。**各个生产部门的资本家按照平均利润率所取得的利润，叫平均利润。**

当然，利润平均化只是一种趋势，决不能理解为利润的绝对平均化，它并不排除各个部门的利润率仍然可出现一定的差别。因为平均利润率形成以后，在一个部门内部的各个资本家企业之间，仍然存在着激烈的竞争，少数先进企业的资本家不断采用先进技术设备。劳动生产率先提高，仍然可以得到超额利润。利润平均化，只是从一个较长时期来看，各个生产部门的利润率存在一种平均化的趋势。

> 部门之间的竞争形成平均利润。

利润转化为平均利润，进一步掩盖了资本主义的剥削关系。剩余价值转化为利润虽然掩盖了剩余价值的真正来源，但在量上，利润量和剩余价值量还是一致的。当利润转化为平均利润以后，许多部门的剩余价值和利润就不一致了，等量资本取得等量利润，似乎利润的多少只和资本的数量直接相联系，利润的本质和来源便进一步被掩盖起来了。

（三）价值转化为生产价格

随着利润转化为平均利润，商品价格就转化为生产价格。**生产价格就是商品的成本价格加平均利润。**

> 价值转化为生产价格了。

我们在前面讲过，资本主义社会的商品价值是由不变资本、可变资本和剩余价值三部分构成的。商品价值中的不变资本价值和可变资本价值转化为成本价值，剩余价值转化为利润，利润再进一步转化为平均利润以后，商品就不再是按照成本价格加剩余价值的商品价值出售了，也不再是按照成本价格加利润的商品价值出售，而是按照成本价格加上平均利润的生产价格出售了。这样，商品价值就转化成为生产价格。

商品价值转化为生产价格的过程，可以以表 4-2 表示如下。

表 4-2　商品价值转化为生产价格的过程

生产部门	资本有机构成	剩余价值率	剩余价值量	商品价值	平均利润率	平均利润	生产价格	生产价格和价值的差额
机械部门	90：10	100%	10	110	20%	20	120	＋10
纺织部门	80：20	100%	20	120	20%	20	120	0
食品部门	70：30	100%	30	130	20%	20	120	－10
合计	240：60	100%	60	360	20%	60	360	0

从表上可以看出，资本有机构成高的机械工业部门的产品，可以按照高于其价值的生产价格出售；资本有机构成低的食品工业部门的产品，只能按照其低于价值的生产价格出售；只有具有中等或社会平均资本有机构成的纺织工业部门的产品，它的生产价格与价值是一致的，才能仍然按照其价值出售。

在生产价格出现以前，商品的市场价格是围绕价值上下波动的。生产价格出现以后，商品的市场价格便围绕生产价格上下波动了。生产价格成了市场价格变动的中心，价值规律作用的表现形式所发生的这种变化，是不是就违背了马克思的劳动价值学说，否定了价值规律呢？其实，马克思的平均利润和生产价格理论同劳动价值理论之间并不存在任何矛盾，生产价格正是建立在商品价值的基础上的，生产价格只是价值的转化形式。从历史上看，商品价值先于生产价格，在长达几千年的简单商品经济中，商品一直是按价值进行交换的，市场价格围绕着价值上下波动。只是资本主义发展到了一定的阶段，形成了平均利润率和平均利润，价值才同时转化为生产价格的。生产价格的出现，并没有违背价值规律。因为：第一，从各个生产部门看，资本家获得平均利润可以高于或低于本部门工人创造的剩余价值，但从全社会看，整个资产阶级获得的平均利润总额仍然等于整个无产阶级所创造的剩余价值总额。第二，商品的价值是由不变资本价值、可变资本价值和剩余价值三部分构成的，生产价格是由不变资本价值、可变资本价值和平均利润三部分构成的。既然从全社会来说，剩余价值总额和平均利润总额相等，全社会的价值总额和生产价格总额自然也相等。因此，从全社会来看，商品按照生产价格出卖，实际上仍然是按照价值出卖。第三，生产价格的变动，归根到底取决于价值的变动。取决于生产商品时所耗费的社会必要劳动时间的变动。如果生产商品所耗费的社会必要劳动时间减少了，商品的价值降低，商品的生产价格也必然相应降低。反之，商品的生产价格也必然随之提高。所以，马克思的平均利润和生产价格理论与劳动价值理论并不矛盾，商品按照生产价格出卖并不违背价值规律。

当然，平均利润和生产价格的形成，商品按照生产价格出卖，并不排除个别企业的资本家可以获得超额利润。因为各部门之间的竞争并不能排除或代替部门内部的竞争。在存在部门内部竞争的条件下，个别企业的资本家通过改进本企业的生产技术、提高劳动生产率、降低成本价格，使自己的产品的个别生产价格低于社会生产价格，按照社会生产价格出售后，就能获得超过平均利润的超额利润。超额利润是超额剩余价值的转化形式。

生产价格出现以后，价值规律就通过生产价格规律来发生作用。以生产价格为中心，市场价格围绕生产价格上下波动，是生产价格规律的表现形式。在资本主义市场经济中，特别是在自由竞争的资本主义市场经济中，生产价格规律成为市场机制的核心，起着调节社会生产和配置

> 部门之间的竞争形成平均利润率；部门内部的竞争形成超额利润。

社会资源的作用。

资本主义在垄断阶段出现的**垄断利润,是垄断组织凭借其在生产和流通中的垄断地位而获得的大大超过平均利润的高额利润**。垄断利润获得的途径是:①加强对本国工人和其他劳动人民的剥削;②垄断组织以垄断低价和高价来掠夺非垄断企业的一部分利润;③通过资本输出和廉价购买国外原材料加强对国外人民的剥削;④通过资产阶级国家的财政和信贷,对国民收入进行有利于垄断资产阶级的再分配。无论何种途径垄断利润的源泉归根到底是劳动人民创造的剩余价值,甚至包括一部分必要劳动创造的价值。

价值＝成本价格＋剩余价值
生产价格＝成本价格＋平均利润。
垄断价格＝成本价格＋垄断利润。

垄断利润是垄断组织通过垄断价格出售产品而获得的高额利润。垄断价格是指垄断组织在销售商品或购买生产资料时,凭借其垄断地位规定的旨在保证最大限度利润的市场价格。垄断价格包括两种:①垄断高价,指垄断组织在销售商品时规定的大大超过商品价值和生产价格的垄断价格;②垄断低价,指垄断组织向非垄断企业或小生产者购买原材料和初级产品时所规定的低于商品生产价格或价值的垄断价格。

在平均利润下,社会剩余价值按照等量资本获得等量利润的原则在各部门资本家之间分配。在垄断利润下是对全社会剩余价值进行有利于垄断资本家的分配。但要说明垄断价格高于或低于商品生产价格或价值,并不意味着垄断统治可以废除价值规律,只是价值规律在资本主义各个时期表现的形式不同。

二、商业资本和商业利润

(一)商业资本

商业资本又叫商人资本,是指在流通领域发挥作用的职能资本,它是专门从事商品买卖以获取盈利为目的的资本形式。商业资本在历史上分为两种:一种是古代商业资本;另一种是近代商业资本。我们在这里主要分析考察近代商业资本,即资本主义制度下的商业资本。资本主义的商业资本,是从产业资本分离出来的独立部分。我们在前面第三章分析产业资本的循环时,曾经假定是产业资本独立完成购买、生产和销售三个阶段,执行货币资本、生产资本和商业资本的职能。在资本主义初期大体是这样,当时还处在简单协作和手工工场阶段,生产规模不大,市场范围狭小,资本家一般都是采取自产自销的方式,前面设店后面设厂,既经营生产,又经营商业。后来,随着资本主义的发展,生产迅速增长,市场不断扩大,流通中的商品资本数量大大增加,流通的时间和地域空间也相应延长和扩大。这时,如果产业资本家仍然一身二任,自产自销,势必要建立庞大的商业机构,增设大量网点,增雇大批店员,从而大量增加流通领域中资本投入,否则,就要缩小已有的生产经营规模,才能使生产资本和流通资本相适应。这样做,不利于对剩余价值的榨取。在这种情况下,把推销商品、实现剩余价值的职能由另一部分资本家去承担,不仅具有了可能性,并且成了资本主义经济发展的客观要求。适应这种需要,一部分产业资本家便开始改行,专门从事商业,有些新起的资本家也专门经营商业。于是,商品资本便从产业资本中分离出来,形成了一种独立的商业资本。可见,资本主义社会的商业资本,就其性质来说,无非就是从产业资本中分离出来独立发挥作用的商品资本,是商品资本的转化形式。

商品资本从产业资本中分离出来成为独立的商业资本以后,它所执行的职能仍然是商品资本的职能,即完成商品资本向货币资本的转化,也就是推销商品,实现其价值和剩余价值。所不同的只是,这种职能过去是由产业资本家自己承担,现在则由商业资本家专门执行。现在对产业资本家来说,只要他把商品卖给了商业资本家,他的商品资本就转化为货币资本了,$W'-G'$的过程就算完了,但是,对商业本身来说,它转入商人手中以后,还没有离开市场,依然处于流通领域之中,它的价值和使用价值还没有最终实现。商业资本家还要继续完成$W'-G'$的过程,只有把商品卖给了消费者,商品从流通领域进入了消费领域,商品资本到货币资本的转化过程,即$W'-G'$的过程才算结束。可见,商业资本执行的正是过去的商品资本的职能。

> 商业资本执行的是商品资本的职能。

商业资本对资本主义经济发展起着重要的作用。①商业资本家专门从事商品买卖活动,使产业资本家减少了投放流通领域的资本,增加了生产领域的资本。从而,可以扩大生产规模,榨取更多的剩余价值。②由商业资本家专门从事商业的买卖活动,产业资本家只要把全部生产出来的商品直接卖给商业资本家,商品资本就转化成了货币资本,而且这种交易是大批量的,同时,一个商业资本家可以同时为许多部门的许多产业资本家推销商品,这必然可以加速整个社会产业资本的周转速度,提高利润率。③由于商业事务的专门化,使商业资本家比产业资本家更加熟悉消费者的需要和销售渠道,从而可以缩短商品流通时间,节省流通费用,并可以加速商品资本向货币资本转化。但是,商业资本的独立存在和发展,往往也造成虚假的市场需要,刺激生产盲目扩大,加剧了资本主义生产和消费之间的矛盾。

商业资本家将他们的资本投入商业,替产业资本家销售商品,目的也是为了攫取利润。而且他们投入等量资本所取得的利润不能低于平均利润,否则,商业部门的资本就会转入到别的生产部门去。当然,商业部门投入等量资本所取得的利润也不能高于平均利润,否则,别的部门的资本也会转到商业部门来。通过这种以资本转移为特征的竞争,使商业部门和产业部门之间形成平均利润率,商业资本家和产业资本家都按照这一平均利润率取得平均利润。这时的平均利润率=剩余价值/(产业资本+商业资本)。

(二) 商业利润

商业资本是在流通领域里发挥作用的职能资本。那么,它的利润从何而来呢？从表面上看，商业利润似乎是来源于流通领域中的贱买贵卖，实际上并不是这样。我们在前面第三章讲过，流通领域只会引起价值形式的变化，不会产生任何价值；只实现价值和剩余价值，不能创造任何价值和剩余价值。因此，商业利润不可能在流通过程中产生。这部分利润乃是来源于产业资本家转让给商业资本家的一部分剩余价值。既然商业资本家替产业资本家销售商品，实现剩余价值，产业资本家就不能像自产自销时，那样独吞工人创造的剩余价值，而必须拿出一部分来分割给商业资本家。这种分割是通过商品的购买价格与出售价格的差额来实现，即产业资本家以低于商品的生产价格出售给消费者，这两种价格之间的差额就是商业利润。商业利润的计算公式是：商业利润＝生产价格－成本价格－产业利润。可见，商业利润同样是来源产业工人剩余劳动创造的剩余价值的一部分。

商业资本家和产业资本家一样，自己并不参加劳动，只是垫支资本。商业资本执行商业资本的职能，是通过它的所有者商业资本家雇佣店员后，由店员的劳动来实现的。商业店员同产业工人一样，也是雇佣劳动者，遭受着资本家的剥削和压迫。产业工人在生产领域为资本家创造剩余价值，商业店员在流通领域为资本家实现剩余价值。商业店员的劳动也分必要劳动和剩余劳动两部分。在必要劳动时间内，出售商品实现的剩余价值部分，用来补偿商业资本家为购买店员劳动力而支付的可变资本；在剩余劳动时间内，出售商品实现的剩余价值部分，则以商业利润形式被商业资本家无偿占有。商业资本家正是通过剥削商业店员的这种无偿劳动，来占有产业资本家让渡给他们的那部分剩余价值的。可见，如果没有商业店员的劳动，商业资本家就不可能占有产业工人创造的剩余价值。商业店员提供的剩余劳动时间越长，实现的剩余价值越多，商业资本家以商业利润形式无偿占有的剩余价值也就越多。所以，商业资本家总是力图延长商业店员的剩余劳动时间，提高劳动强度，来加强对商业店员的剥削。

> 商业资本家参与瓜分剩余价值，而且要达到平均利润的水平。

（三）流通费用及其补偿

商业资本家经营商业，除了需要垫付一定的资本购买商品以外，还要在流通过程支付一定的费用，即流通费用，包括生产性流通费用和纯粹流通费用。

生产性流通费用，包括包装、保管、运输等各种费用。它是由商品本身，即商品的使用价值运动引起的，属于生产过程在流通领域内的继续。所以，用在维护和转移商品使用价值方面的劳动也是生产性的劳动，它不仅能把劳动过程中消耗掉的物质资料价值转移到商品中去，而且能创造新的价值，其中包括剩余价值。也就是说，生产性流通费用的耗费，可以增加商品的价值。因此，这部分流通费用可以从包括已经提高了的商品价值中得到补偿。

纯粹流通费用，包括商业广告费、商业办公费、商店建筑费、设备费、商业店员工资等。它是由单纯商品价值形态变化引起的费用，即在商品买卖过程中，由商品变为货币和由货币变为商品而支出的费用，属于非生产性开支。这部分劳动是非生产性劳动，它不能增加商品的价值。因此，从现象上看，这部分费用只能通过对商品售卖价格的加价来补偿；从来源上来看，只能从剩余价值的扣除中获得补偿。剩余价值中扣除用来补偿纯粹流通费用后的剩余部分，才能在产业资本家和商业资本家之间，按照资本量的大小进行分配，各自获得相应的平均利润。

三、借贷资本和利息

（一）借贷资本

在资本主义社会里，除了产业资本、商业资本以外，还有借贷资本。**借贷资本，是资本的所有者为了取得利息而暂时借给职能资本家使用的货币资本，是生息资本在资本主义条件下的一种具体形式。**

生息资本，是为了获取利息而贷给他人使用的货币资本。它和商业资本一样，也是一种古老的资本形态，在原始社会向奴隶社会过渡的时候就已经存在了。但是，在不同的历史阶段，它的具体表现形式不同，反映着不同的经济关系。在奴隶社会和封建社会中，它表现为高利贷资本，来源于奴隶主、封建主和商人等积累起来的货币财富，借给债务人当作购买手段和支付手段使用，依附于奴隶经济或封建经济，剥削小生产者的剩余劳动和分享奴隶主与封建主的一部分剥削收入。在资本主义社会里，它表现为借贷资本，来源于职能资本中分离出来暂时闲置下来的货币资本，借给债务人作为资本使用，反映着资本主义生产关系，剥削雇佣工人创造的剩余价值的一部分。

在资本主义社会，借贷资本之所以能从职能资本的运动中游离出来成为一个独立的资本形态，这有其客观必然性。一方面是，职能资本在其循环和周转过程中，形成了大量暂时闲置的货币资本。这是因为：①从固定资本的周转来看，固定资本的价值是根据其物质形态的磨损程度，一部分一部分地转移到新产品中去的，并随着新产品的出卖，以折旧费的形式一部分一部分地提取出来；而它在物质形态上的更新，则要等它完全被磨损报废不能使用以后才能进行。因此，在固定资本的物质形态更新之前，这些提取出来的折旧费，会暂时闲置起来。②从流动资本的周转来看，资本家出卖商品、购买原材料、发放工资等，在时间上往往是不一致的。当商品已经卖出，暂时还不需要购买原材料或发放工资之前，这部分流动资本也会暂时闲置起来。③从剩余价值来看，资本家通常把一部分剩余价值积累起来，用于扩大再生产。当积累尚未达到一定数量，还不足以用于扩大生产规模之前，这部分积累起来的剩余价值也会以货币资本的形式暂时闲置不用。由于上述各种原因出现的暂时闲置的货币资本，不能为它的所有者带来剩余价值，这同资本的本性是相矛盾的。资本家们决不愿让他们的资本闲在那里，必然要为其寻找出路，使他们的资本每时每刻都能给他们带来实际的利益。这种出路是存在的，因为在资本主义的生产和再生产过程中，各个个别资本的循环运动是相互交错进行的。另一方面从全社会看，当一部分资本家的货币暂时闲置的同时，另一部分资本家往往又需要大量的货币资本。例如，有的资本家企业的固定资本未折旧完毕之前需要提前更新；有的资本家为了维持其资本循环的连续性，在未卖掉商品之前就急需购买原材料；有的企业要扩大生产规模，需要扩建厂房、增添机器设备；有的商业资本家需要扩大商品经销范围或增加商业经销网点等。这样，那些有暂时闲置货币资本的资本家就可以将其借给那些需要补充货币资本的资本家使用。于是，从职能资本游离出来的闲置货币资本就转化为借贷资本。拥有借贷资本并依靠利息生活的资本家，就成了借贷资本家。

借贷资本的出现，造成了资本的所有权与使用权的分离。借贷资本家拥有资本所有权，但并不直接使用这些资本，而是将它贷给职能资本家使用，并凭借其所有权到期收回贷出的资本和取得利息。职能资本家从借贷资本家那里借得货币资本进行资本主义经营，获得平均利润，然后把借入资本连同利息交还给它的所有者。

这种资本所有权与使用权的分离，使同一资本取得了双重的存在：在它的所有者手里是财产资本，在它的使用者手里是职能资本。借贷资本的运动形式是从货币到更多的货币，即 $G-G'$。在这里，既没有了生产过程，也没有了流程过程做媒介，资本成了"自行增值"的价值，利息直接表现为资本的产物。资本所体现的社会关系一点也看不见了，资本主义的剥削关系完全被掩盖起来了。借贷资本就好像神话中的摇钱树一样，本身就能生出金钱的果实来。所以，借贷资本是最具有拜物教性质的资本形式。

（二）借贷利息

借贷利息是剩余价值的特殊转化形式。

借贷资本的贷放是暂时的和有条件的，它的所有者不会让使用者白白使用，在归还借款时，必须加上一笔利息作为使用它的报酬。职能资本家利用借来的贷款经营商品生产或商品流通，取得平均利润，将其中的一部分付给借贷资本家。所以借贷利息，**就是职能资本家因取得贷款付给借贷资本家的一部分平均利润**。由于平均利润是剩余价值的转化形式，所以，从本质上看，**借贷利息是产业工人创造的剩余价值的特殊转化形式，体现着借贷资本家和职能资本家共同剥削雇佣工人的关系**。

借贷利息出现以后，职能资本家经营生产或经营商业所获得的平均利润，分割成了企业利润和借贷利息两部分了。借贷利息同资本的所有权结合在一起，归借贷资本家占有；企业利润同资本的职能结合在一起，归职能资本家所有。平均利润的这种分割，进一步掩盖了资本对雇佣劳动的剥削，使资本主义生产关系更加神秘化了。因为，这种对平均利润单纯量的分割，造成了一种假象，似乎借贷利息、企业利润是两种性质不同的收入,是出自两个本质上不同的源泉。借贷利息表现为资本所有权的收入是资本本身的自然果实。企业利润不是资本所有权的结果,而是职能资本家使用职能资本发挥作用的结果,表现为职能资本家管理企业和监督生产的"劳动"报酬。这样一来,借贷利息和雇佣工人的剩余劳动关系不见了,企业利润的真正来源被掩盖起来了,资本和雇佣劳动的对立关系模糊不清了。其实,无论是借贷利息还是企业利润,都不是什么资本的自然果实,也与管理企业、监督生产毫不相干,它们都不过是资本家无偿占有雇佣工人创造的剩余价值的特殊转化形式。虽然各个资本家攫取收入的形式不同,但掩盖不了这种收入的真正来源,掩盖不了他们都是直接或间接地参与对剩余价值的瓜分。

既然借贷利息是平均利润的一部分,那么借贷资本家获取的利息在平均利润当中所占的比例如何确定呢?利息量的多少是用利息率来计算的。**利息率,是以百分数表示的一定时期内的利息量与借贷资本量的比率。其公式为:利息率=利息量/借贷资本量×100%**。借贷资本家在平均利润中所占的份额(即利息量),等于他贷出的借贷数额与利率的乘积。由于利息只能是平均利润的一部分,所以,利息率一般不能等于平均利润率,更不能高于平均利润率。否则,职能资本家就会因为无利可图而不愿意借款。当然,在特殊情况下,比如在经济危机中,货币资本特别紧缺,个别职能资本家为了闯过难关,会以等于或高于平均利润率的利息率求取贷款。利息率的最低界限绝对不能等于零,如果等于零,平均利润全部归职能资本家,借贷资本家一无所获,他们就宁可把货币资本贮藏起来,也不愿意往外贷款了。所以,利息率一般总是在平均利润率以下、零以上波动。

> 决定利率的界限:利润率>利息率>0。

利息率的变动取决于以下两个因素。一是平均利润率的高低。在其他条件不变的情况下,平均利润率提高,利息率也随之提高;反之,则相应降低。二是借贷资本的供求状况。在平均利润率已定的情况下,借贷资本供过于求,对职能资本家有利,利息率会趋于下降;反之,若是借贷资本供不应求,对借贷资本家有利,利息率会趋于上升。

四、银行资本和银行利润

(一)资本主义信用

借贷资本的运动表现为资本主义信用,信用分为商业信用和银行信用。商业信用是职能资本家之间用赊销商品的形式互相提供的信用。商业信用贷放的是商品资本,买者赊购商品等于以商品形式取得贷款,于是商品买卖关系变成了借贷关系。商业信用的工具是商业票据。

> 商业信用是与商品运动相连的信用。

商业信用对资本主义经济发展有积极作用,但它又有很大的局限性:其一,它受个别资本家的资本数量的限制;其二,它受商品使用价值流转方向的限制;其三,它受单个资本的规模和资本周转状况的限制。

随着资本主义的发展,货币资本的借贷主要是通过银行来进行的。

由此而形成了银行信用。**银行是专门经营货币资本，充当贷款人和借款人中介的资本主义企业。**银行信用克服了商业信用的局限性，它不受个别资本数量、流转方向等限制。所以银行信用成为资本主义信用的主要形式。

> 银行信用是与货币运动相连的信用。

（二）银行资本

银行是专门经营货币资本的企业。它在资本主义国家的基本职能主要有以下四项。一是充当贷款人和借款人的中介，也就是以吸收存款的形式，把社会上暂时闲置的货币资本和闲散货币集中起来，然后通过贷款的方式，借贷给职能资本家使用。二是为资本家办理与货币资本运动有关的技术业务。如根据资本家的委托，办理货币的收付与结算，以及货币与贵重金属的保管等。三是发行各种债务证券，以及银行券等信用流通工具。四是办理国际结算业务。

银行资本家经营银行业务，必须拥有一定数量的银行资本。银行资本由两部分构成：一部分是自有资本，即银行资本家自己垫支的资本，这只占银行资本的很小一部分；另一部分是借入资本，即银行吸收进来的各种存款。银行吸收的存款主要来源于三个方面：一是职能资本家存入的暂时闲置的货币资本；二是货币资本家或食利者阶层的存款；三是居民或小生产者等的存款。这些零星存款集中到银行后，就变成了大量的货币资本，用以经营银行业务，促进资本主义工商业的发展。

> 居民或小生产者的存款本来不是资本，存入银行后转化成了货币资本。

（三）银行利润

银行资本家投资于银行，经营借贷业务，与其他资本一样，也是为了获取利润，而且必须得到平均利润，否则，他就不会开办银行，而去开办工厂或商店。当然，银行利润若高于社会上的平均利润，其他部门的资本也会转移到银行部门来。这样，竞争的结果，银行资本家只能获得平均利润。**银行利润，主要来源于贷款利息和存款利息之间的差额。**银行发放贷款的利息要高于存款的利息，两者之差再加上银行其他业务收入，减去银行的经营费用以后，剩下的就是银行利润。**银行利润同银行自有资本之比，就是银行利润率。**

> 银行利润相当于平均利润。

银行将自有资本和吸收来的货币资本贷给职能资本家，职能资本家利用这些贷款进行生产经营活动，榨取雇佣工人创造的剩余价值，将其剩余价值的一部分以利息的形式交给银行。因而，**银行利润也是来源于雇佣工人创造的剩余价值，银行资本家也参与了对剩余价值的瓜分。**那么，银行资本家又是怎样以利润的形式占有一部分剩余价值的呢？这是通过银行雇员的劳动来实现的。我们知道，银行雇员（职员）的劳动虽然不创造价值和剩余价值，但是他们能够帮助银行资本家取得转归他们的那部分剩余价值。这就在于银行雇员的劳动也同样分为必要劳动和剩余劳动，其剩余劳动无偿地为银行资本家实现银行利润，从而使其攫取雇佣工人创造的一部分剩余价值。因此，银行资本家同银行雇员的关系，也是剥削与被剥削的关系。

（四）银行垄断和金融资本

在19世纪后期主要资本主义国家出现生产集中和垄断的同时，银行业也走向了集中和垄断。银行垄断的形成，使银行地位和作用发生了根本的变化。由过去的"中介人"变成了"万能的垄断者"。这是因为垄断形成后，大银行通过提供贷款，代销和直接购买大工商业企业股票、债券，使大工商业企业越来越依赖银行，双方利益日益结合在一起。在银行垄断组织把资本渗透到工业中去的同时，工业垄断组织也通过购买银行股票和创办新银行的办法，把资本渗入到银行业中。工业企业也派人到银行担任董事长、监事。这样，**银行垄断资本和工业垄断资本日益融合在一起，形成一种新型的最高形态的垄断资本，即金融资本**。极少数既控制着银行又控制着工业的最大的垄断资本家或资本家集团，就是金融寡头。

> 注意银行作用的变化。

金融寡头是垄断组织的指挥者和操纵者，是资本主义社会的实际统治者。金融寡头在经济领域内的统治，主要是通过"参与制"实现的。金融寡头首先掌握主要公司的股票的控制额，作为"母公司"，然后用该公司的资本购买其他公司的股票，使这些公司变成受"母公司"控制的"子公司"；后者再控制若干"孙公司"。以此类推，形成金融寡头居于顶端的"参与制"金字塔。

金融寡头既控制了经济，也必然控制政治。他们通过收买高级官吏和国会议员，指派亲信担任政府要职，或者亲自出马占据国家领导职位等，实行与政府的"个人联合"，操纵和控制国家机器。金融寡头还利用巨大的经济实力把新闻、出版、广播、科学、教育、文艺、体育等也控制在自己手中。

（五）股份公司和股息

股份公司，是指资本家通过发行和推销股票筹集资金而联合经营的企业。随着资本主义生产社会化的发展和科学技术的进步，资本主义企业的规模日益扩大，新的企业和产业部门的建立与发展，都需要巨额资本。单个资本家所拥有的资本十分有限，难以创办起规模巨大的企业来。这样，在客观上就要求把许多分散的个别资本集中起来，合资开办企业。银行借贷关系的发展又为股份制企业的产生提供了客观条件。这样，股份公司便应运而生了。

> 股份公司不属于银行资本，但由于都与资金筹集相关，因此我们把这一理论方在阐述。

股份公司，分为股份有限公司和股份无限公司两种形式。前者是指股东对公司所负债务只负有限责任，即以他所投入该公司的股份额为限，而不以其私人全部财产负责。后者是指股东对于公司所负债务，负有连带无限清偿责任，不受其股份金额的限制。

股份公司是通过在证券市场上发行股票来筹集资本的。股票是股份公司发给股东以证明他入股的资本额，并借以取得一定股息收入的凭证。股票持有者，就是这个股份公司的股东。股东凭借股票所有权，从股份公司的盈利中获取的收入叫股息，它实质上是剩余价值。股东有权根据股票面值，定期从股份公司领取相应的一份股息，但不能把股票退回给股份公司抽回自己的资本。如果股东想把资本收回另作他用，只能把股票拿到证券市场上去出售。股票本身没有价值，但是它能为其持有者带来一定的股息收入，所以有价格。股票价格又叫股票行市，它不等于股票面额。股票面额是代表股票持有者投入企业的实际资本价值；而股票价格是股息收入的资本化。我们知道，资本家购买股票一般是为了取得股息的收入，这同他们到银行存款是为了取得利息是一样的。因此，他总是把股票的股息同存款的利息相比较，如果股息和利息一样多，就说明这张股票和这笔存款具有同样的意义。他可以把这笔款存入银行，也可以用这笔存款购买股票。所以，股票价格就应当等于这样一笔货币资本额，它存入银行得到的利息，正好与凭这张股票领取的股息相等。例如，1张面额为100元的股票，年股息率为10%，每年可以得到股息10元；而将这100元存入银行，年利息率为5%，每年可以得到利息5元。那么这张面额为100元的股票，便可以卖200元的价格。因为，将这200元作为借贷本存入银行每年得到的利息收入，同这种面额为100元的股票每年取得的股息收入一样多。股票价格的计算公式为

$$股票价格＝股息量/利息率$$

按照前例的数字，股票价格＝10/5%＝200。从股票价格计算公式，我们可以看出，直接影响股票价格的因素有两个：股息量和银行利息率。股票价格与股息成正比，与银行利息率成反比。社会上一切影响股份公司股息和银行利息率变动的因素，都影响着股票价格的涨落。所以，股票价格或股票行市，必然是经常变动的。

五、资本主义地租本质及形式

（一）资本主义地租的本质

一切形态的地租，都是土地所有权在经济上的实现，是以土地所有制的存在为前提的。但是，在不同社会制度下，由于土地所有制的形式不同，地租的本质也就不同。

资本主义地租的特点是：第一，大部分土地都集中到了大土地所有者手里，他们自己并不直接经营农业，而是把土地出租给农业资本家经营，由农业资本家雇佣农业工人进行农业生产劳动，造成了土地所有权同农业经营相分离。第二，大土地所有者同农业资本家的租佃关系，只是纯粹经济上的契约关系，单纯凭借对土地所有权获得地租收入，消除了超经济强制关系；大批农民失去了生产资料土地，变成了一无所有的雇佣劳动者，从而解脱了对封建地主的人身依附关系。总之，土地所有权同农业经营相分离，并且同人身依附关系相分离，这是资本主义土地所有制的一般特点。正是在这种土地所有制形式下，农业中才出现了大土地所有者、农业资本家和农业雇佣工人这样三个互相依赖又互相对立

> 资本主义地租的特点主要是与封建地租的区别。

的阶级，才会有农业的资本主义经营方式。

在资本主义社会，大土地所有者将其土地出租给农业资本家经营，目的是要向农业资本家索取地租。否则，他们就宁愿将土地荒芜起来也不会让别人耕种。农业资本家向大土地所有者租种土地，购买其他生产资料和雇佣农业工人经营农业，目的是要获得平均利润，否则他们就会将其资本投向别的部门去。此外，他们还必须向大土地所有者缴纳一定数量的地租。因此，农业资本家从农业雇佣工人身上榨取剩余价值，必须大于平均利润。这样，他们才能除自己获得平均利润以外，还以地租的形式交给大土地所有者。由此可见，**资本主义地租实质上是由农业雇佣工人创造的，被农业资本家无偿占有并以地租形式缴纳给大土地所有者，超过平均利润以上的那部分剩余价值即超额利润**。超额利润来源于农业雇佣工人剩余劳动所创造的剩余价值的一部分，体现着大土地所有者和农业资本家共同剥削农业雇佣工人的关系。

> 农业资本家得到的是平均利润。

资本主义地租是剥削农业雇佣工人的剩余劳动所创造的剩余价值的一部分，是超过平均利润以上的那部分剩余价值。那么，农业资本家是怎样获得平均利润以上的那部分剩余价值，并以地租形式交付给大土地所有者的呢？要弄清这个问题，需要明确资本主义地租的形式。

（二）资本主义地租的形式

资本主义地租，根据它产生的条件和原因不同，分为级差地租和绝对地租两种形式。

级差地租是与土地等级相联系的地租形式，它是经营较好土地所获得的、归大土地所有者占有的超额利润。在资本主义发展的很长时期中，农业生产还没有高度发展，农产品的社会生产价格，一直是由劣等地或距离交通线、市场较远的土地生产的农产品的个别生产价格决定的。这样，那些经营优中等地和地理位置较优土地的农业资本家，他们的农业劳动生产率较高，农产品的个别生产价格低于社会生产价格，二者的差额就是超额利润。正是这些超额利润的存在，才有可能形成级差地租。可见，土地的优劣不同、地理位置不同，以及对同一地块追加投资的生产率不同，是级差地租产生的自然条件。

> 地租超过平均利润的资本化。

级差地租产生的根本原因，是土地的有限性导致的对土地的资本主义经营垄断。因为，土地是一种天然存在的特殊生产资料，它不像机器那样可以随便订做或增添，当有限的土地，特别的好地被一些农业资本家租种经营以后，便获得了对这些土地的经营垄断，排除了其他资本对这些土地的投资经营。这样，一些租种了优、中等地的农业资本家，就长期拥有了生产上的优越条件，保持着较高的劳动生产率，稳定而持久地获得超额利润。另外，由于土地的有限性，仅仅依靠优、中等地生产农产品，不能满足社会需要，还必须要有一部分人投资经营劣等地。若农产品的社会生产价格由中等地生产条件的个别生产价格决定，经营劣等地的农业资本家就会因得不到平均利润而不愿经营劣等地，而将其资本转移或投向别的部门去,农产品就会因供不应求而价格上涨,一直涨到投资经营劣等地的农业资本家也能获得平均利润时为止。这样,劣等地就被投入生产经营,经营优、中等地的农业资本家就可以长期而稳定地获得超额利润,并作为级差地租经常稳定地缴纳给大土地所有者。所以,级差地租产生的原因是土地的资本主义经营垄断。

级差地租绝不是像某些资产阶级经济学者所解释的那样是"自然的恩赐",而是超额利润即超额剩余价值的转化形式,它来自于农业雇佣工人的剩余劳动所创造的剩余价值的一部分。因为,耕种优、中等地的农业雇佣工人的劳动,是一种具有较高劳动生产率的劳动,应看为是一种加倍的劳动。所以,这样的劳动比耕作劣等地的劳动能创造出更多的价值,形成超额利润。

级差地租按其形成的条件不同,又分为两种形式:级差地租Ⅰ和级差地租Ⅱ。

级差地租Ⅰ是指由于等量资本投在肥沃程度不同或地理位置不同的土地,所产生的不同生产率所形成的级差地租。下面我们以等量资本投在面积相同而肥沃程度不同的三块土地为例,说明级差地租Ⅰ的形成过程,如表4-3所示。

表4-3 级差地租

土地种类	投入资本/元	平均利润/元	产量/担	个别生产价格		社会生产价格		级差地租Ⅰ/元
				全部产品/元	每担产品/元	全部产品/元	每担产品/元	
优等地	100	20	6	120	20	180	30	60
中等地	100	20	5	120	24	150	30	30
劣等地	100	20	4	120	30	120	30	0

在上述三块土地上的投资都是100元,平均利润都是20元,但由于土地的肥沃程度不同,农业雇佣工人的劳动生产率不同,各块土地的产量不同,每块土地上的单位产量(担)的个别生产价格也就不同:优等地的是20元,中等地的是24元,劣等地的是30元。可是,农产品社会生产价格是由劣等地的个别生产价格决定的。这样,优等地和中等地生产的农产都按社会生产价格(每担30元)出售,经营优等地和中等地的农业资本家,就可以分别获得60元和30元的超额利润,并且由此形成级差地租Ⅰ,缴纳给大土地所有者。

同样的道理,经营地理位置好或距离市场、交通运输线近的土地,比经营地理位置差或距离市场、交通运输线远的土地,会大量节省农产品的运输费用,降低产品成本,从而获得超额利润。这种超额利润也转化为级差地租Ⅰ,缴纳给大土地所有者。

中等以上的土地才交纳级差地租Ⅰ。

在资本主义发展的初期,级差地租Ⅰ是主要形式。因为,那时可以开垦的荒地比较多,生产还是手工操作为主,农业经营比较粗放,发展农业生产，增加农产品，主要靠扩大耕地面积。随着资本主义的发展，人口的增加，社会对农产品的需求不断增加，仅仅靠扩大耕地面积来增加农产品已不能满足社会需要，而且可以开垦的荒地已越来越少。这样，由粗放经营转向集约经营，在同一块土地上连续追加投资，使其提高劳动生产率，增加粮食产量已越来越必要了，于是出现了级差地租Ⅱ。

级差地租Ⅱ，是指由于在同一块地上连续投资所产生的不同生产率而形成的级差地租。级差地租Ⅱ的形成过程，如表4-4所示。

> 级差地租Ⅱ是追加投资决定的，想想应归谁。

表4-4 级差地租Ⅱ

土地种类	投入资本/元	平均利润/元	产量/担	个别生产价格 全部产品/元	个别生产价格 每担产品/元	社会生产价格 全部产品/元	社会生产价格 每担产品/元	级差地租 Ⅰ	级差地租 Ⅱ
优等地	100	20	6	120	20	180	30	60	
优等地	追加100	20	7	120	$17\frac{1}{7}$	210	30		90
中等地	100	20	5	120	24	150	30	30	
劣等地	100	20	4	120	30	120	30	0	

在上表中，某资本家在优等地上采用先进技术、使用良种和化肥等，追加投资100元，结果增加产量7担，社会生产价格仍然由劣等地的个别生产价格决定，每担仍为30元。这样，7担粮食产量的社会生产价格为210元，扣除成本价格和平均利润120元，该资本家得到超额利润90元。这90元超额利润，形成级差地租Ⅱ。

在这里我们需要明确：一是追加资本可大可小，不一定要和原有资本家数量相同。二是追加投资不是两份投资、两次收入，而是和原有资本合并在一起，同时投入，同时产出。就上表来说，某资本家在优等地上共投入200元，生产出粮食13担，比投入100元多产7担。我们在上表中对追加投资100元，多产粮食7担，进行单独分析，只是为了便于理论上的分析说明。三是因追加投资，使生产率提高而产生的超额利润，在土地的有效租约期内，并不立即转化为级差地租Ⅱ缴纳大土地所有者，而是归农业资本家所有。只有在租约期满以后，在重新缔结租约时，大土地所有者考虑追加投资带来的收益时而提高地租。这样，追加投资，提高生产率带来的超额利润，就会部分地或全部以级差地租Ⅱ的形式转入大土地所有者手中。正因如此，农业资本家总是力图使签订租约期长一些，以便长期占有追加投资带来的超额利润；并在租约期内拼命掠夺地力，其结果使土地日益贫瘠。而大土地所有者则力求签订短期的租约，以便不断提高地租，把资本主义农业技术进步带来的利益转入到自己手中。这就是大土地所有者和农业资本家之间争夺超额利润的斗争。

上面分析级差地租时，实际上是假定了劣等地不提供形成级差地租的超额利润，但实际情况并不是这样。大土地所有者是绝不会把他的土地白白地交给别人使用的，否则，就等于否定了他对土地的所有权。所以，无论他的土地多么贫瘠和距离市场、交通线多么远，都要交纳地租。**这种由于土地私有制的存在，无论租种好地还是坏地都必须交纳的地租，叫做绝对地租**。它是大土地所有者凭借土地私有权垄断所占有的、农业雇佣工人所创造的农产品价值超过社会生产价格的余额。

> 劣等地只交纳绝对地租不交级差地租。

在资本主义社会，租种劣等地的农业资本家除获得平均利润以外，也要交纳地租，那么这部分绝对地租从何而来呢？绝对地租的形成，是以农业资本有机构成低于工业资本有机构成为条件的。在资本主义社会里，由于农业生产技术的发展长期落后于工业，因而农业资本的有机构成低于工业资本的平均有机构成。同样，资本投在农业部门比投在工业部门用于购买劳动力的可变资本部分所占的比例大，能够吸收的劳动力多。所以，在剥削率相同的情况下，农业部门的雇佣工人创造的剩余价值要多于工业部门的雇佣工人创造的剩余价值。因此，农产品的价值高于其生产价格。农产品按其价值出售，就可以在扣除成本价格和平均利润后有一个余额，因而有可能形成绝对地租，如表 4-5 所示。

表 4-5　绝对地租

生产部门	资本平均有机构成	剩余价值率	剩余价值	平均利润	价值	生产价格	绝对地租
工业	$80c:20v$	100%	20	30	120	130	0
农业	$60c:40v$	100%	40	30	140	130	10

在上表中，假定工业部门和农业部门都是投资 100。工业资本的平均有机构成是 $80c:20v$；农业资本的平均有机构成是 $60c:40v$；剩余价值率是 100%。工业部门的剩余价值是 20，农业部门的剩余价值是 40，平均利润是 30，工业品的价值是 120 生产价格是 130，农产品的价值是 140，生产价格是 130。但是，农业资本家也只能得到和工业资本家相同的平均利润 30。因此，农业资本家将其农产品按照高于生产价格 130 的价值 140 出售以后，除得 30 的平均利润以外，还可以得到 10 的超额利润，这个余额由他交付给大土地所有者转化为绝对地租。

> 部门之间竞争的结果是等量资本取得等量利润。

为什么农产品可以按照高于生产价格的价值出售呢？原因就在于存在着资本主义土地私有权的垄断。在工业中，资本有机构成低的生产部门虽然也生产较多的剩余价值，但由于部门之间的竞争，资本的自由转移，所有的资本家只能得到平均利润，工业品只能按生产价格出售。农业中的情况却不同了，土地私有权的存在虽然不能完全排除竞争和资本在农业部门之间的自由转移，但是却使其他部门的资本自由转移到农业中来受到了严重阻碍。因为，不管任何资本家要想把他的资本投向农业，即使是租种劣等地，也必须交纳地租，否则他就租不到土地。可见，由土地私有权的垄断决定的必须交纳地租，使农产品必须按高于生产价格的价值出售。这样，农产品的价值超过生产价格的余额，即农业中的超额利润，就不再参加社会的利润率平均化过程，而是保留在农业内部，转化绝对地租。

总之，农业资本的平均有机构成低于工业资本的平均有机构成，是形成绝对地租的条件；土地私有权的垄断，是形成绝对地租的原因；农业雇佣工人创造的剩余价值，是绝对地租的实质和源泉。

第二次世界大战以后，绝对地租形成的条件发生了一些变化。在一些西方的资本主义国家，随着农业的发展，农业落后于工业的情况已经有所改变，工农业资本有机构成已经接近或拉平。垄断资本不仅控制了工商业，而且控制了农业。垄断资本家将其农产品按照高于其价值的垄断价格出售，可以榨取高额垄断利润。这样，资本家便可以将通过垄断价格获得的高额垄断利润的一部分，以绝对地租的形式交付给大土地所有者。所以，在当今西方的一些发达资本主义的国家中，农产品的垄断价格，成了绝对地租形成的主要条件。但是，它仍然是来源于农业雇佣工人和其他劳动者创造的一部分价值和剩余价值。

另外，在现实生活中，发达资本主义国家实行对农产品的"价格支持政策"，包括国家对农产品出口给予补贴，或由国家按保证价格收购过剩农产品，也为绝对地租的形成提供了一种来源。这实际上是国家通过财政再分配手段，把一部分国民收入，作为地租转入土地所有者手里。

（三）土地价格

土地是自然物，它不是劳动产品，没有价值。但是，随着商品关系的普遍化，它逐渐成了自由买卖的对象，有了价格。没有价值的土地，之所以能自由买卖，具有价格，是因为存在着土地私有制。在资本主义社会里，土地被大土地所有者占有，他们凭借土地的所有权可以取得地租（包括级差地租和绝对地租）。当他们把土地的所有权转让给别人时，自然要索取相应的代价，这就是土地具有价格的原因。那么，土地的价格是如何决定的呢？

> 土地是自然物，没有价值但有价格。

其他商品价格的高低，取决于它的价值或生产价格。一般来说，商品的价值高，其价格也高；反之，则低。而土地的价格则不过是资本化的地租。就是说，大土地所有者出卖某块土地可得到的货币，当作借贷资本存入银行所得到的利息与地租相等，那么，他就愿意出卖这块土地了。

土地价格的计算公式是：土地价格＝地租/利息率。例如，有一块土地，大土地所有者每年收取的地租是 1000 元，当时银行的存款利息为 10%，这块土地的价格就等于：$1000/10\% = 10000$（元）。

> 想一想，为什么土地价格与利息率成反比。

可见，土地价格的高低取决于两个因素：一是地租的高低，二是银行利息率的高低。土地价格与地租的高低成正比，同银行利息率成反比。

随着资本主义的发展，地租有不断上涨的趋势。这是因为地租有增加的趋势，利息率有下降的趋势。

第三节 资本主义消费关系

一、资本主义的消费关系

消费是人们为了满足生产需要和生活需要而消费物质资料和获取劳务的经济行为。经济学中讲消费，通常是指非生产消费，主要是个人消费。个人消费，是社会成员为满足自己物质和文化生活需要对各种产品和劳务的使用。

在导言中我们讲到政治经济学研究的对象是生产关系。生产关系简单地说就是人们在经济生活中的经济关系。它具体体现在社会再生产的四个环节中，即生产、分配、交换和消费。在这四个环节中，生产决定分配、交换和消费。而后三者对生产有反作用。就消费来说，它不仅与生产发生关系，也与分配、交换发生关系。消费与生产的关系，是生产决定消费，消费反作用于生产。生产为消费创造材料，没有生产，消费就没有对象；生产还创造新的消费方式、动力和能力。消费对生产提出需求，没有消费，生产就没有意义；消费还能创造新的生产需要。消费与分配的关系是：消费以分配为基础并表现为分配的结果，而消费是影响分配的重要因素。消费与交换的关系是：交换是消费的媒介，通过交换才能满足个人多方面的消费需要；反过来，消费的规模和速度影响着交换的规模和速度。消费本身不仅反映人对产品进行消费的自然关系，而且反映人与人之间的经济关系。而人们在社会生产、分配、交换和消费中的关系，是由生产资料所有制决定的。

资本主义社会是生产资料归资本家私人占有，决定了资本主义的生产的性质是资本剥削雇佣劳动。正因为如此，资本主义消费关系体现着资本主义生产关系的实质，就是说，资本主义生产关系是以资本剥削雇佣劳动为前提的，这决定了消费服从并反作用于剩余价值的生产、实现、占有和在剥削集团间的瓜分。

在资本主义经济中，剩余价值规律决定了资本主义的生产实质、决定了资本主义的一切主要方面和主要过程，为了获取更多的剩余价值，资本家不择手段的攫取剥削劳动者的剩余劳动创造的剩余价值，造成了社会生产与消费之间的矛盾，消费在对生产关系中失去了能动地位而处于附属地位。这就是说，消费是作为结果而不是作为生产的动机起作用的。没有一个资本家是为了消费自己的产品而进行生产的。资本家也不是为了满足社会成员的消费需求而生产，他们为的是发财，生产的目的是追求剩余价值为此要尽一切努力提高剩余价值率，要进行资本积累。在这种情况下，生产有无限扩大的趋势而广大劳动者的有支付能力的消费始终被限制在相对狭小的范围之内，与生产的增长不成比例。这就必然使资本主义经济中生产与消费之间发生矛盾，这种矛盾关系是资本主义经济中的一个重要特征。

> 消费主要指个人消费，它对社会有影响。

二、工人阶级的消费

资本主义社会的国民收入是工人在一年中创造的新价值 $v+m$ 的总合。v 作为工人阶级取得的工资的等价物,形成工人阶级的收入用作消费。工人的消费首先包括吃饭、穿衣、住房以及使用日用品和交通工具等为维持生存而进行的必要基本消费。其次还包括满足精神文化需要的和发展方面的消费活动,如受教育,阅读书报,看电影等。这就是说,工人的个人消费是他们人身的再生产,这只不过是为资本继续提供剥削对象,即提供生产剩余价值的工具。马克思指出:"工人阶级的个人消费,在绝对必需的限度内,只是把资本用来交换劳动力的生活资料再转化为可供资本重新剥削的劳动力。这种消费是资本家最不可少的生产资料即工人本身的生产和再生产。可见,工人的个人消费,不论在工场、工厂等以内或以外,在劳动过程以内或以外进行,都是资本生产和再生产的一个要素,正像擦洗机器,不论在劳动过程中或劳动过程的一定间歇进行,总是生产和再生产的一个要素一样"。❶

工人的消费不仅是剩余价值生产的条件,而且是剩余价值实现的条件。工人消费就单个个体而言,他们的消费水平与社会生产可以提供的一般消费水平相比总是很少的,但在资本主义社会主要社会成员是工人,是整个社会的消费主体,他们购买消费品的过程,同时是经营个人消费品生产的资本家出卖商品的过程。因此,工人的消费需求状况如何,直接影响到这部分资本家商品销售,影响消费品的部门提供生产资料的部门剩余价值的实现。资本主义条件下生产和交换的矛盾在这里表现为,在生产领域里,资本家为了攫取更多的剩余价值,总是把工人的工资压缩到最低线;而在流通领域资本家又希望他的产品尽快售出,实现产品的价值和剩余价值。这就造成生产和消费的矛盾。

工人消费的性质决定了这个阶级消费的数量界限。这个界限就是劳动力的价值。在以往相当长的时间内,广大雇佣劳动者获得的消费资料绝对数量很少,连自身及其家属最基本的需要都不能得到满足,过着饥寒交迫的生活。这种情况,即使在今天的发达资本主义国家,也仍然在一部分劳动者中间存在。当然,在发达的资本主义国家,经过长期发展,劳动生产率有了很大提高。这样一定的劳动量体现为更多的使用价值量,工人的消费水平有了提高,生活状况有很大的改善。但由于雇佣劳动者从属于资本的关系没有改变,工人消费总是被限制在相对狭小范围。从根本上说没有改变资本剥削雇佣劳动的资本主义性质。

> 为什么工人消费的底线是劳动力价值?

三、资本家的消费

在资本主义国民收入 $v+m$ 中,m 作为剩余价值,一部分成为积累

---

❶ 马克思恩格斯全集. 第 23 卷. 北京: 人民出版社,1972: 628.

基金，另一部分则成为资本家的消费基金。资本家的消费与工人的消费在性质上根本不同，在水平上相差悬殊。从性质上看，资本家消费是维持他们存在的条件，因而也是资本主义生产方式存在的条件。资本家消费掉的消费基金，既不像积累基金那样起扩大再生产的作用，也不像工人的消费那样再生产出劳动力，它的意义仅在于再生产出资本主义生产借以维持和发展的主体之一，即人格化的资本。随着资本主义的发展，资本的所有权与经营权越来越相分离，资本家也越来越成为对生产来说是多余的人，他们的消费也越来越只有纯粹的耗费社会财富的意义。然而，在资本主义生产方式中，资本家的消费又是剩余价值实现的一个条件。

资本家的消费资金来源于剩余价值用于积累和扩大再生产以外的那一部分。在资本主义发展的初期，资本家的"致富欲和贪欲作为绝对的欲望占有统治地位"，"古典的资本家谴责个人消费的违背自己职能的罪恶，是'节制'积累"。❶ 这就是说，在那时，资本家的个人消费更多地受到积累欲望的限制。资本主义发展到一定阶段后，资本家可以在不断增大资本积累的同时，大肆挥霍剥削而来的收入，过着奢侈腐化的生活，并且"已经习以为常的挥霍，作为炫耀富有从而取得借贷的手段，甚至成了'不幸的'资本家营业上的一种必要。奢侈被列入资本的交际费用。"❷ 简单地说资本主义发展到一定阶段后，资本家的高消费成为显示其身份、财富的手段，成为获取别人信任的一种公关交际费用。资本家穷奢极欲的消费方式，形成资产阶级腐朽的生活方式，也给整个社会造成不良的影响。

本章小结

◎ 在资本主义分配中，雇佣工人在生产过程中创造的新价值，构成资本主义社会的国民收入，它是资本主义社会一切收入的源泉。工资的本质是劳动力的价值或价格，在现象上表现为劳动的价值或价格。在资本主义制度下，工资的形式很多，但是其基本形式有两种：计时工资和计件工资。为了说明工资的变动趋势，我们必须区分名义工资和实际工资。

◎ 资本家阶级在社会总产品中占有的是劳动者创造的剩余价值。首先占有剩余价值的是产业资本家，随后剩余价值在各资本家剥削集团之间按不同的方式进行瓜分，最终形成利润、利息和地租。在剩余价值的具体形式中，产业利润是其他各种形式的基础。

---

❶ 马克思恩格斯全集．第23卷．北京：人民出版社，1972：651.
❷ 马克思恩格斯全集．第23卷．北京：人民出版社，1972：651.

◎ 资本主义企业生产出来的商品，其价值是由不变资本、可变资本和剩余价值三部分构成的，用公式表示是：$w=c+v+m$。其中 c 是生产商品时所消耗掉的生产资料旧价值的转移部分，即物化劳动的耗费；$v+m$ 是工人在生产商品时创造的新价值，即活劳动的耗费。

◎ 当剩余价值在观念上被看作是全部预付资本的产物时，剩余价值转化为利润。剩余价值是利润的本质，利润是剩余价值的现象形态，是剩余价值的转化形式。剩余价值转化为利润之后，商品的价值构成形式进一步发生变化，变成了成本价格加利润，用公式表示是：$w=k+p$。

◎ 剩余价值率是表示资本家对工人的剥削程度，体现了资本家对雇佣工人的剥削关系；利润率是表示资本家从他的全部预付总资本中得到了一个多大的增值额，也就是全部预付总资本的增值程度，它掩盖了资本家对雇佣工人的剥削关系。利润率是资本增值程度的标志，利润率越高，资本增值程度，也就越高。

◎ 资本主义生产的目的是为获取利润，资本家总是力图用同量资本获得更多的利润。为了获得更多的利润，资本家之间不仅在本部门内部进行激烈的竞争，而且在部门之间也展开激烈的竞争。形成平均利润率。平均利润率，就是社会剩余价值总量和社会预付总资本的比率。各个生产部门的资本家按照平均利润率所取得的利润，叫平均利润。

◎ 随着利润转化为平均利润，商品价格就转化为生产价格。生产价格就是商品的成本价格加平均利润。在生产价格出现以前，商品的市场价格是围绕价值上下波动的。生产价格出现以后，商品的市场价格便围绕生产价格上下波动了。生产价格出现以后，价值规律就通过生产价格规律来发生作用。以生产价格为中心，市场价格围绕生产价格上下波动，是价值规律的表现形式。

◎ 商业资本又叫商人资本，它是专门从事商品买卖以获取盈利为目的的资本形式。商业资本家参与瓜分剩余价值，而且要达到平均利润的水平。商业利润＝生产价格－成本价格－产业利润。商业利润同样是来源产业工人剩余劳动创造的剩余价值的一部分。商业资本家经营商业，包括生产性流通费用和纯粹流通费用。

◎ 借贷资本，是资本的所有者为了取得利息而暂时借给职能资本家使用的货币资本。借贷利息是平均利润的一部分。利息率是以百分数表示的一定时期内的利息量与借贷资本量的比率。利息率一般总是在平均利润率以下、零以上波动。

◎ 银行是专门经营货币资本、充当贷款人和借款人中介的资本主义企业。银行利润，主要来源于贷款利息和存款利息之间的差额。到垄断后，银行垄断资本和工业垄断资本日益融合在一起，形成一种新型的最高形态的垄断资本，即金融资本。极少数既控制着银行又控制着工业的最大的垄断资本家或资本家集团，就是金融寡头。

◎ 股份公司，是指资本家通过发行和推销股票筹集资金而联合经营的企业。股份公司，分为股份有限公司和股份无限公司两种形式。

◎ 资本主义地租实质上是由农业雇佣工人创造的，被农业资本家无偿占有并以地租形式缴纳给大土地所有者，超过平均利润以上的那部分剩余价值即超额利润。资本主义地租，根据它产生的条件和原因不同，分为级差地租和绝对地租两种形式。土地是自然物，没有价值，但有了价格，土地价格＝地租/利息率。

◎ 消费是人们为了满足生产需要和生活需要而消费物质资料和获取劳务的经济行为。个人消费，是社会成员为满足自己物质和文化生活需要对各种产品和劳务的使用。资本主义消费关系体现着资本主义生产关系的实质。资本主义生产关系和分配关系是以资本剥削雇佣劳动为前提的，这决定了消费服从并反作用于剩余价值的生产、实现、占有和在剥削集团间的瓜分。

综合练习

一、基本概念

1. 资本主义工资 2. 成本价格 3. 利润 4. 利润率 5. 平均利润率 6. 平均利润 7. 生产价格 8. 商业资本 9. 商业利润 10. 借贷资本 11. 利息 12. 银行利润 13. 级差地租股份公司纯粹流通费用 14. 股票 15. 股票价格 16. 资本主义地租 17. 绝对地租 18. 土地价格

二、单项选择题

1. 资本主义工资的本质是（   ）。

A. 劳动的价值或价格 　　　　B. 劳动力的价值或价格
C. 劳动力价值或价格的转化形式 D. 劳动者全部劳动的报酬

2. 在资本主义社会雇佣工人在生产中创造的剩余价值首先为（   ）。

A. 产业资本家占有 　　　　B. 商业资本家占有
C. 借贷资本家占有 　　　　D. 大土地所有者占有

3. 表示成本价格的公式是（   ）。

A. $c+v+m$ 　　　　B. $c+v$
C. $v+m$ 　　　　D. $c+m$

4. 资本主义生产成本是（　　）。
   A. 生产单位商品所使用的不变资本和可变资本
   B. 生产单位商品所耗费的不变资本
   C. 生产单位商品所耗费的可变资本
   D. 生产单位商品所耗费的不变资本和可变资本
5. 利润是剩余价值的转化形式，因而（　　）。
   A. 利润与剩余价值无关　　　　　　　B. 利润取代了剩余价值
   C. 利润掩盖了剩余价值的本质　　　　D. 利润的数量脱离了剩余价值
6. 剩余价值和预付资本的比率是（　　）。
   A. P'　　　　　　　　　　　　　　B. P
   C. M'　　　　　　　　　　　　　　D. m'
7. 利润和剩余价值的区别在于（　　）。
   A. 两者的来源不同　　　　　　　　　B. 两者的数量不同
   C. 两者代表商品价值中不同部分　　　D. 两者是本质和现象的区别
8. 利润率是（　　）。
   A. 剩余价值与可变资本的比率　　　　B. 剩余价值与不变资本的比率
   C. 剩余价值与所费资本的比率　　　　D. 剩余价值与全部预付资本的比率
9. 利润率与剩余价值率的转化形式（　　）。
   A. 利润率与剩余价值率是一回事　　　B. 利润率是剩余价值率的转化形式
   C. 利润率决定剩余价值率　　　　　　D. 利润率大于剩余价值率
10. 平均利润率的形成意味着（　　）。
    A. 各企业的利润率平均化　　　　　　B. 各部门的利润率平均化
    C. 企业利润率与利息率平均化　　　　D. 各时期的利润率平均化
11. 部门竞争的手段是（　　）。
    A. 改进生产技术，降低生产成本　　　B. 垄断市场，排斥竞争对手
    C. 进行资本转移，争夺有利投资场所　D. 垄断价格，获取高额利润
12. 平均利润率的形成后仍然存在超额利润是因为（　　）。
    A. 商品价值与生产价格之间存在差额
    B. 商品价值与生产成本之间存在差额
    C. 个别生产价格与社会生产价格之间存在差额
    D. 剩余价值与利润之间存在差额
13. 生产价格是（　　）。
    A. 商品价值的转化形式　　　　　　　B. 利润的转化形式
    C. 平均利润的转化形式　　　　　　　D. 生产成本的转化形式
14. 生产价格的变动归根结底是由（　　）。
    A. 商品供求关系的变动引起的　　　　B. 商品价值的变动引起的
    C. 平均利润率变动引起的　　　　　　D. 资本有机构成的变动引起的
15. 马克思的平均利润和生产价格学说具有重大的理论意义是由于（　　）。
    A. 它解决了资本增值同价值规律的矛盾

B. 它解决了剩余价值本质同现象的矛盾

C. 它解决了价值规律同等量资本获得等量利润的矛盾

D. 它解决了资本的生产条件同实现条件的矛盾

16. 平均利润率形成以后，资本有机构成高的部门所获得的利润（　　）。

A. 高于本部门生产的剩余价值　　　B. 低于本部门生产的剩余价值

C. 等于本部门生产的剩余价值　　　D. 与平均利润率无关

17. 价值的转化形式是（　　）。

A. 价格　　　　　　　　　　　　　B. 交换价值

C. 生产价格　　　　　　　　　　　D. 成本价格

18. 资本主义商品生产价格的构成是（　　）。

A. 成本价格加利润　　　　　　　　B. 成本价格加剩余价值

C. 成本价格加平均利润　　　　　　D. 成本价格加超额价值

19. 商业资本的职能是（　　）。

A. 货币资本的职能　　　　　　　　B. 生产资本的职能

C. 商品资本的职能　　　　　　　　D. 产业资本的职能

20. 借贷资本（　　）。

A. 是高利贷资本　　　　　　　　　B. 是职能资本

C. 是从职能资本中游离出来的闲置的货币资本

D. 就是货币资本

21. 借贷资本家贷出货币资本时（　　）。

A. 既让渡其使用权，又放弃其所有权　　B. 只让渡其使用权，不放弃其所有权

C. 没让渡其使用权，只放弃其所有权　　D. 既不让渡其使用权，也不放弃其使用权

22. 资本主义银行是经营（　　）。

A. 货币资本的企业　　　　　　　　B. 生产资本的企业

C. 商品资本的企业　　　　　　　　D. 流动资本的企业

23. 股票的价格是（　　）。

A. 股息和利息的比率　　　　　　　B. 利息和借贷资本的比率

C. 股息和利息率的比率　　　　　　D. 股息预付资本的比率

24. 资本主义地租是（　　）。

A. 农业工人创造的全部剩余价值　　B. 平均利润的一部分

C. 超过平均利润的超额利润的转化形式　　D. 农产品价值与社会生产价格的差额

25. 在资本主义条件下，无论租种任何土地都必须缴纳的地租是（　　）。

A. 级差地租　　　　　　　　　　　B. 绝对地租

C. 矿山地租　　　　　　　　　　　D. 垄断地租

26. 在资本主义社会里工人的消费的主要意义（　　）。

A. 生产的需要　　　　　　　　　　B. 生存的需要

C. 再生产出劳动力　　　　　　　　D. 实现剩余价值

三、多项选择题

1. 资本主义的成本价格是（　　）。

A. 资本家生产商品的资本耗费
B. 商品价格中相当于 $c+v$ 的部分
C. 商品价值的货币表现形式
D. 商品销售价格的最低界限
E. 资本家生产商品的劳动耗费

2. 剩余价值和利润率的关系是（　　）。
A. 剩余价值率小于利润率
B. 剩余价值率大于利润率
C. 两者都表示资本家对工人的剥削程度
D. 利润率是剩余价值率的转化形式
E. 剩余价值率与利润率相等

3. 在下列各组概念中，数量不等的是（　　）。
A. 剩余价值与工人创造的新价值
B. 商品的价值与成本价格
C. 剩余价值率与利润率
D. 成本价格与生产价格
E. 剩余价值量与利润量

4. 影响利润率的主要因素是（　　）。
A. 剩余价值率
B. 资本有机构成
C. 资本周转速度
D. 不变资本的节省
E. 预付资本的大小

5. 在下列各组概念中数量相等的是（　　）。
A. 剩余价值与工人创造的新价值
B. 可变资本和劳动力的价值
C. 剩余价值和利润
D. 利息率和平均利润率
E. 商品价值与成本价格

6. 平均利润率的形成过程，同时就是（　　）。
A. 剩余价值转化为利润的过程
B. 利润转化为平均利润的过程
C. 价值转化为生产价格的过程
D. 各部门资本家重新瓜分剩余价值的过程
E. 成本价格转化为生产价格过程

7. 生产价格理论不仅不违反劳动价值论，而且以它为基础，因为（　　）。
A. 生产价格只反映剩余价值在资本家之间的重新分配，不会增加剩余价值
B. 全社会资本家得到的利润总量与工人创造的剩余价值总量相等
C. 全社会生产价格总额与价值总额相等
D. 生产价格变动归根到底取决于商品价值的变动
E. 成本价格加利润

8. 商业利润是（　　）。
A. 低于价格出售商品得到的
B. 由商业资本执行商品资本职能而瓜分来的剩余价值
C. 由商业资本参与平均利润的形成而得到的剩余价值
D. 通过价格差额来实现的
E. 高于价格出售商品得到的

9. 商业利润是（　　）。
A. 是产业资本家转让给商业资本家的
B. 是产业工人创造的一部分剩余价值
C. 是平均利润的一部分
D. 相当于平均利润
E. 产业资本的独立部分

10. 纯粹流通费用可分为以下几种（　　）。
   A. 用于买卖商品的费用　　　　　　B. 用在商业簿记上的费用
   C. 广告费用　　　　　　　　　　　D. 商品的保管费用
   E. 商品运输费用

11. 借贷利息是（　　）。
   A. 剩余价值的特殊转化形式　　　　B. 平均利润的一部分
   C. 职能资本家为取得货币资本使用权而支付的一部分剩余价值
   D. 体现着借贷资本家和职能资本家共同剥削雇佣工人的关系
   E. 高于平均利润以上的剩余价值

12. 资本主义市场利息率的高低一般取决于（　　）。
   A. 劳动生产率的高低　　　　　　　B. 平均利润率的高低
   C. 资本有机构成的高低　　　　　　D. 借贷资本的供求状况
   E. 剩余价值的多少

13. 股票价格是（　　）。
   A. 股票价值的货币表现　　　　　　B. 股票行市
   C. 股息收入的资本化　　　　　　　D. 股票面额的表现
   E. 股息除以利息率

14. 在资本主义条件下缴纳绝对地租的是（　　）。
   A. 租种优等土地的农业资本家　　　B. 租种中等土地的农业资本家
   C. 租种劣等土地的农业资本家　　　D. 只限于租种优、中等土地的农业资本家
   E. 租种任何土地农业资本家

15. 级差地租是（　　）。
   A. 由于租种较好土地获得的归土地所有者的超额利润
   B. 农产品的个别生产价格低于社会生产价格的差额
   C. 大土地所有者得到的平均利润
   D. 农产品的价值超过生产价格的差额
   E. 租种地理位置好的土地获得的归土地所有者的超额利润

16. 在资本主义条件下，缴纳级差地租的是（　　）。
   A. 全部农业资本家　　　　　　　　B. 租种优等土地的农业资本家
   C. 租种中等土地的农业资本家　　　D. 租种劣等土地的农业资本家
   E. 全部资本家

17. 土地价格是（　　）。
   A. 土地价值的货币表现　　　　　　B. 土地的购买价格
   C. 资本化的地租　　　　　　　　　D. 地租的购买价格
   E. 地租除以利息率

18. 参与瓜分剩余价值的剥削者有（　　）。
   A. 产业资本家　　　　　　　　　　B. 借贷资本家
   C. 商业资本家　　　　　　　　　　D. 大土地所有者
   E. 银行资本家

四、判断正误题

1. 资本主义工资本质上是劳动的价值或价格。（   ）
2. 计件工资是计时工资的转化形式。（   ）
3. 体现资本自身增值程度的是剩余价值率。（   ）
4. 资本有机构成高，利润率就高。（   ）
5. 平均利润率的下降意味着利润量的减少。（   ）
6. 平均利润不存在于同一生产部门内部。（   ）
7. 成本价格是生产商品的实际劳动耗费。（   ）
8. 平均利润和生产价格形成以后，排除了资本家获得超额利润的可能性。（   ）
9. 平均利润和生产价格的理论科学地解决了劳动价值理论同等量资本得到等量利润之间在形式上的矛盾。（   ）
10. 商业资本是商品资本的独立化形式。（   ）
11. 商业利润主要来自商品购买价格以上的加价。（   ）
12. 商业利润是一种让渡利润。（   ）
13. 借贷资本是一种财产资本。（   ）
14. 借贷利息是企业利润的一部分。（   ）
15. 银行利润是银行资本参加利润率平均化过程中获得的平均利润。（   ）
16. 股票价格就是股票票面金额。（   ）
17. 无论级差地租还是绝对地租都是土地所有权在经济上的表现。（   ）
18. 资本主义地租是超过平均利润以上的那一部分剩余价值。（   ）
19. 级差地租是土地的产物。（   ）
20. 农业资本不参加利润率的平均化。（   ）
21. 资本主义的消费关系的性质是由资本主义生产资料所有制决定的（   ）
22. 工人与资本家的消费作用，都是实现剩余价值的需要。（   ）

五、问答与思考题

1. 资本主义工资的本质是什么？要了解工资的本质为什么要区分劳动和劳动力？
2. 什么是成本价格？它怎样掩盖了资本主义剥削关系？
3. 利润率和剩余价值率的区别和联系是什么？
4. 平均利润和生产价格是如何形成的？为什么说生产价格是价值的转化形式？
5. 商业资本的职能是什么？商业利润的来源和本质是什么？
6. 利息的本质是什么？利息率是怎样确定的？
7. 资本主义信用的基本形式是什么？各有什么特点？
8. 级差地租和绝对地租是形成原因、条件和源泉是什么？
9. 从资本主义生产、交换、分配和消费各个方面来说明剩余价值规律是资本主义基本。

第五章

资本主义的国际经济关系

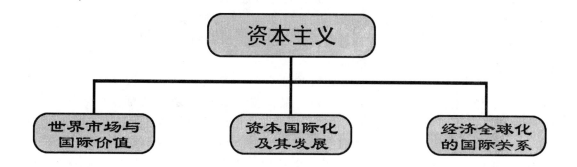

重点掌握
- 世界市场与国际价值的决定
- 商品资本国际化及其特点
- 货币资本的国际化及国际金融市场
- 生产资本的国际化及跨国公司
- 经济一体化与经济全球化

一般掌握
- 在世界市场上价值规律的作用
- 外汇理论与国际收支
- 第二次世界大战战后跨国公司迅速发展的原因

一般了解
- 商品资本国际化发展的原因
- 当代各国之间的关系

本章导语

前面各章我们把资本的运动限于一国范围进行分析,这一章则以它的国际运动为对象,揭示资本主义对外经济活动和经济关系的实质。本章考察的中心内容是资本主义的国际经济关系。通过货币资本、生产资本和商品资本在国际范围内运动来实现资本的价值增值活动,并推动区域经济一体化和经济全球化的发展;资本主义国际化运动影响世界经济关系的发展,在当今区域经济一体化和经济全球化的形势下,发展中国家如何加强相互之间的经济联系与合作,是一个值得研究和探索的重大课题。

第一节 世界市场与国际价值

一、世界市场形成与发展的原因

在资本主义国际关系中，国际贸易具有重要地位。**国际贸易又称世界贸易，它是由世界各国对外贸易构成的国际间的商品流通，构成了世界市场。世界市场是指世界各国相互间通过对外贸易和经济合作关系建立起来的进行商品交换的场所和领域。**世界市场是在各国国内市场基础上形成的各国国内市场的有机整体，世界市场是商品经济在世界范围内发展的必然结果。

以国际贸易为基础的世界市场是人类社会生产发展到一定阶段的产物。在古代社会，有了商品生产和商品交换，国与国之间的贸易逐渐产生和发展，就形成了世界市场雏形。因此世界市场既是资本主义生产方式的前提，又是它发展的结果。马克思说"世界贸易和世界市场在 16 世纪揭开了资本的近代生活史。"❶ 到 19 世纪 60 年代，世界市场初步形成，垄断资本主义阶段开始的资本输出、第二次世界大战战后的国际分工与科技革命都推动了世界市场的发展。资本主义国家国内市场狭小、内部矛盾导致的经济危机使得资本增值要依赖世界市场。世界市场也是资本主义国家获得廉价原材料和对落后国家进行经济剥削的重要渠道。资本主义经济是发达的商品经济，离不开国际贸易和世界市场。反过来国际贸易和世界市场随着资本主义经济的发展而获得更大的发展。

二、价值规律在世界市场中的作用

当商品进入世界市场后，商品交换的尺度就不再是国内价值，而是国际价值或国际生产价格。国内价值又称国别价值，是由本国生产商品的社会必要劳动时间决定的。**国际价值是指在世界现有的正常的生产条件下，在参与世界市场的各国的平均劳动熟练程度和劳动强度下，由生产某种商品和服务的社会必要劳动时间所决定的价值量。国际价格是国际价值的货币表现形式。**

> 价值量由社会必要劳动时间决定，放到国际上看，就是国际市场价值。

决定商品国际价值的因素包括：劳动生产率、劳动强度、世界市场上不同贸易国的商品数量的比例等。由于各国的生产条件存在差异，劳动生产率高低不同，同种商品的各国国别价值是不同的，这样在世界市场上按国际价值进行交换的情况下，人们只承认由生产商品和劳务的国际社会必要劳动时间决定的国际价值，国别价值小于国际价值的会获得一定数量的超额利润，相反国别价值大于国际价值就会有一定的损失。

---

❶ 马克思恩格斯全集，第 23 卷. 北京：人民出版社，1972：167.

按照国际价值进行交换还要受供求关系等因素的影响,所以国际价格可能会偏离国际价值;但从长远观点看,国际价格与国际价值仍然是相吻合的。在世界市场上价值规律的作用仍然存在并发挥作用,表现在:第一,自发地调节社会总劳动(各种经济资源)在各国的配置。第二,刺激各国不断改进生产技术和工艺,推动世界的科技进步。第三,在固定的分工模式和价值规律作用下,形成国际社会的两极分化。

> 不平等交换包括等价交换和不等价交换。

在国际市场上商品按国际价值交换,不平等的交换是经常发生的,一般有两种情况:第一,即使按国际价值交换,发达资本主义国家能以较少劳动换回较多的劳动,发展中国家却以较多的劳动换回较少劳动,这种表面平等,事实上是不平等的交换。第二,国际市场上的竞争是发达国家处于操纵和控制地位。因此,发达国家在同发展中国家的贸易中,以垄断高价售出商品,以垄断低价掠夺原料、初级产品等,实行的是不等价交换。

在统一的世界市场上,如果资本和劳动力能够自由地流动,如同国内市场上利润率的平均化一样,世界市场上不同生产部门的利润率也具有平均化的趋势,从而使得商品的国际价值转化为国际生产价格。商品国际生产价格的形成并不违背马克思的价值规律理论。

第二节 资本的国际化及其发展

资本的国际化包括商品资本的国际化、货币资本的国际化和生产资本的国际化。在自由资本主义阶段,资本的国际化主要表现为商品资本的国际化,借贷资本和生产资本跨越国界还处于萌芽状态。发展到垄断资本主义时期,借贷资本和产业资本输出开始发展。战后更是在生产资本国际化的带动下,商品资本和借贷资本的国际化迅速发展,达到真正的世界规模。

一、商品资本的国际化

随着资本主义商品经济的发展,**商品资本从产业资本运动中独立出来成为商业资本,而商业资本的国际运动主要借助于国际贸易这种形式进行的。国际贸易又称世界贸易,它是由世界各国对外贸易构成的国际间的商品流通。**商品资本国际化与国际贸易的发展,是资本主义发展的客观要求。

> 自由资本主义阶段,资本的国际化主要表现为商品资本的国际化。

第一,生产的国际化要求扩大市场。资本家追求利润的动机和资本主义竞争规律的支配,使社会生产有无限扩大的趋势,劳动者有支付能力的需求相对缩小,国内市场已无法满足资本家获取高额利润的需要,导致资本主义生产及其交换必然要向国际市场扩张。

第二,对外贸易可以获得高额的利润。对外贸易可以降低生产成本,从而获得超额利润;国际组织凭借它们在国际市场的垄断地位,通过不等价交换获得垄断的高额利润;对外贸易使出口扩大,导致生产规模的扩大，可以获得规模效益。

第三，资本主义世界发展不平衡要求扩大国际贸易。由于各国自然条件和技术条件的差异，导致同一产品的生产存在成本的差异。

第四，资本主义国家中的政府对经济生活的干预，推动了国际贸易的发展。资本主义国家通过对出口提供奖励和补贴、减税和免税等办法，鼓励垄断企业向外扩张。

总之，商品资本国际化是资本主义生产方式发展的内在要求和必然产物。国际贸易的发展，世界市场的扩大，反过来又促进了资本主义经济的发展。

当代商品资本国际化的新特点。第二次世界大战战后，随着国际贸易迅速增长，扩大了商品资本国际流动的规模，使当代商品资本国际化出现了新的特点。

第一，国际贸易中的结构发生了重大变化，主要表现在两个方面：工业制成品在贸易总额中所占的比例呈上升的趋势；工业制成品在进口比例中也呈上升趋势。

第二，不同国家部门内部的贸易迅速发展。战后工业化得到迅速普及，部门内贸易在全球范围内迅速增长。经济学家还预测，随着世界经济自由贸易集团化的发展，部门内贸易将逐渐变得居主导地位。

第三，技术贸易迅速发展。技术贸易是商品贸易的延伸和发展。技术贸易是技术输出国通过贸易途径将生产技术、管理技术和销售技术转让给接受技术的国家。

第四，跨国公司成为世界贸易愈加依赖的一种形式和手段。由于跨国公司促进了生产的专业化和国际分工的发展，因此，它必然会促进国际贸易的迅速发展。例如，汽车贸易几乎完全为大的跨国公司所控制。

世界贸易组织是在国际贸易中发挥协调作用的国际性组织。它对扩大贸易自由化、实行公平竞争的贸易以及解决贸易争端都起到重要作用。但由于发达国家掌握着贸易规则的制定权，真正意义上的贸易公平与自由远没有实现。从历史上看，贸易保护是资本主义建立自己工业体系的有力手段；一旦他们已经发展到可以面对世界市场上的一切竞争时，往往转向而且希望别国转向自由贸易，但是世界贸易的趋势是自由贸易。

世界贸易组织的作用。

二、货币资本的国际化

商品资本的国际化必然推动货币资本的国际化。货币资本的国际化有两层意思：一方面，是货币资本在国际贸易中作为购买手段；另一方面，是货币资本作为借贷资本在国际金融市场上运动。**货币资本是作为购买手段和支付手段的职能，主要是在世界市场上购买原材料、生产设备，以及雇佣外籍劳动力。**以借贷资本形式输出的货币资本，主要是国内及跨国公司在资本循环过程中暂时闲置的货币资本、跨国银行和国际金融市场的借贷资本、国际金融机构的贷款等。资本在国际间流动的根本原因是追求更大的利润和利息。

国际金融市场，是从事各种国际金融业务活动的场所。国际金融业务包括在国际间进行借贷、融资、资金调拨、贸易结算，以及从事金银、有价证券、外汇买卖和投资等。按照业务的种类划分，国际金融市场有货币市场（短期资金市场）、资本市场（长期资金市场）、黄金市场和外汇市场等。国际金融市场在当今是遍布于全世界的，而美国纽约金融市场、英国伦敦市场、瑞士苏黎世金融市场是三大国际金融中心。此外，著名的国际金融中心有巴黎、东京、法兰克福、布鲁塞尔、香港、新加坡等地的金融市场。国际金融机构，是专门从事国际资金借贷、投资、资金划拨、贸易结算等业务的组织机构，包括各国办理对外业务的银行、私人跨国银行，以及全球性和区域性国际金融组织，这些组织一般属于政府间的组织，其宗旨和活动主要是在成员国之间进行信贷调剂，并通过信贷活动协调成员国范围内的国际经济关系。现在这类国际金融机构主要有国际货币基金组织、国际复兴开发银行（即世界银行）、国际开发协会、国际金融公司、亚洲开发银行、非洲开发银行、泛美开发银行等。

外汇市场是各国货币交易活动的总称，是国际金融市场的一个构成部分。外汇市场一般无专门的固定场所，大量交易通过银行柜台进行。外汇市场上的交易，有即期交易、远期交易和外汇期货交易三种。**外汇是以外国货币表示的用于国际结算的各种对外支付手段。两国货币折算的比率或比价，就是汇率。**外汇是可以买卖的，汇率就是买卖外汇的价格，所以汇率又叫汇价。汇率有两种标价方式。①直接标价法。即一单位外汇可以兑换多少本国货币。例如，以人民币为本币，美元为外币。直接标价法标出的汇率是，1美元＝8.230人民币；②间接标价法。即一单位本国货币兑换多少外币。间接标价法实际上是把直接标价法倒过来，即大约1人民币＝0.12美元。对中国人来说的汇率是间接标价法，对美国人来说就是直接标价法。现在外汇市场，一般都采用直接标价法。

> 外汇交易，实际上是各国发行在自己国内通用的货币的互相兑换。

汇率市场具有"空间统一性"和"时间连续性"两个特点。空间统一性，是指要求在全世界范围具有单一性；时间连续性，是在24小时内外汇市场在世界市场营业在世界范围内连续进行。这就使世界各地在需要进行外汇交易时都能得到满足，同时又使各外汇市场之间的汇率差异缩小。但也因此，一旦发生通货膨胀，各国利率差别扩大、国际收支不平衡、投机风潮泛起等情况，极易在短时间内发生地区性外汇市场动荡，甚至造成国际性的金融危机。

汇率变动对一国对外贸易、国际收支，以及国内物价、投资均有重要影响。例如，一国货币对他国货币的降值，可以增加商品的出口，减少商品的进口；相反一国货币升值，可以增加商品进口，减少商品出口。各国采取使货币降值或升值的措施，目的是力求使汇率保持在最佳水平上，以使本国在国际关系中处于有利地位。

> 购买力平价是汇率形成的基础。

汇率制度主要有两种。一种是固定汇率制，即一国货币的汇率基本固定，其波动仅限于一定的幅度内。另一种是浮动汇率制，即一国货币与别国货币的汇率由外汇市场自发决定，中央银行不规定本国货币与别国货币的官方汇率。在浮动汇率制下，影响汇率的主要因素有：一是币本身代表的价值，一国货币的购买力越高，外汇市场上对该国的货币需求上升，该国货币在外汇市场上的价格就高；反之，亦然。二是国际收支额差，一国国际收支顺差在外汇市场上对本国货币的需求增加，该国货币在外汇市场上的价格就高；反之，亦然。三是利息率，一国利息率越高，由于利差，会使其他国家大量游资兑换成该国货币以套取高息，在外汇市场上对该国货币需求增加。四是各国政府和中央银行对外汇市场的干预。除此之外，影响汇率变动的因素还有政治、心理、投机等因素。

　　国际收支，是国际收支平衡或国际收支差额的简称，是指一国在一定时期内（通常为一年）对外支出的货币总额和收入的货币总额之间的对比。国际收支的主要项目有以下三个。第一，经常项目。包括有形贸易收支，即商品的进出口收支；无形贸易收支，指运输费、保险费、旅游费和劳务进出口的收支；还有对外投资和外国在本国投资的利润、利息等收支；各国政府的无偿赠予。第二，资本往来项目。包括国际上的投资、借款等资本往来的收支。第三，平衡项目，也称误差与遗漏，又叫官方储备项目。这个项目主要是发生在一国对另一国在进行国际收支结算时发生的差额。一国的国际收支差额是经常发生的，一国经常项目和资本项目所收入的货币总额大于所支出的货币总额，叫做国际收支顺差；一国经常项目和资本项目所收入的货币总额小于所支出的货币总额，叫做国际收支逆差。一国发生了逆差就会动用国际储备货币，包括外汇储备、国际货币基金组织的一般提款权和特别提款权，以及黄金储备等。

　　各国政府追求的目标，是外汇收支平衡。因为，发生逆差会导致债务增加、外汇收支储备下降、黄金外流、币值不稳、国内物资短缺、经济发展受到不利影响等后果。如果顺差过多，外汇储备和积蓄过多，也不利于经济的发展。因为，外汇储备是靠出口赚得的积蓄，过多的外汇储备也是对外汇这种宝贵的资源的浪费。所以，各国都力求保持国际收支的大体平衡，以及外汇储备的大体合理。

特别提款权是国际货币基金组织分配给会员国的一种使用资金的权利。其方式是允许成员国以货币购买等价外汇，该组织给予购买外汇的数额以一种新的计账单位计算，这种计账单位称为特别提款权。

三、生产资本的国际化

　　生产资本的国际化，是指资本在国外直接进行生产性投资，把生产过程由国内扩大到国际范围。第二次世界大战战前，对外投资绝大部分是间接性的，基本属于以货币资本国际信贷形式进行的，如金融证券投资和股份投资。第二次世界大战战后，特别是20世纪50年代中期以来，资本对外直接投资迅速增长，主要依靠跨国公司形式直接向外投资。

　　跨国公司，是指至少在两个或多个国家建立分公司（或公司），从事跨国界的生产经营活动，实际上是从事国际化生产的一种国际化的垄断

企业组织。跨国公司在一个或数个国家，通过直接投资建厂、建立原材料基地或销售渠道等实物性投资手段，以获取一定收益。对外直接投资采取的基本形式有：股份制合资企业；合同制合资企业；独资企业。

第二次世界大战战后，跨国公司发展非常迅速，跨国公司迅速发展主要有以下原因。

第一，生产集中和垄断的进一步发展，是跨国公司迅速发展的基础。战后，主要资本主义国家的企业进行了大规模的兼并和合并，出现了规模巨大的混合联合企业。这些大企业资本雄厚，拥有技术优势和管理优势，生产活动大大超过国内生产的需求，迫切需要在国外寻求有利的销售市场和投资场所，于是采取国外直接建厂，实现生产过程的国际化。

第二，跨国公司是生产国际化和资本国际化发展的必然结果。在科技革命的推动下，生产社会化程度不断提高，向国际化扩展；同时又由于生产规模巨大，其原材料供给也来自更多的国家和地区，而国际分工和生产专业化的发展又使一种产品的生产往往分散到许多国家和地区进行。大垄断企业可以利用国际分工降低生产成本，生产出成本最低的中间产品和零部件，然后组装成技术先进具有竞争性的最终产品。为适应大公司的全球经营战略，跨国公司迅速发展起来。

第三，国际竞争的激烈，加速了跨国公司的发展。跨国公司通过对外直接投资设立子公司从事生产，可以绕开对方的关税和贸易壁垒。因此，跨国公司成为发达资本主义国家在国际上确立和巩固垄断地位的重要手段。

第四，国家垄断资本的发展，也是促进跨国公司发展的因素之一。第二次世界大战战后（简称"二战"），各发达国家采取很多支持和鼓励大公司向外扩张措施，如税收上的优惠、承担跨国公司对外投资风险等。

第五，发展中国家经济发展的需要，也在一定程度上推动了跨国公司的发展。第二次世界大战战后，发展中国家普遍感到资金不足、技术落后，为了吸引发达国家投资往往对跨国公司的投资给以一定的优惠。

跨国公司推动了资本国际化向广度和深度发展，对资本主义经济产生了深远的影响。首先，跨国公司的经营方式标志着资本主义企业的生产方式彻底突破了国界，资本的价值增值已完全成为世界性的过程。其次，跨国公司以价值增值为动力，以世界市场为运作的舞台，通过对外直接投资，带动了国际贸易和国际信用的发展。最后，跨国公司的生产国际化对发展中国家的经济发展具有"双刃剑"的效果：一方面，发展中国家从跨国公司的经营活动中获得溢出效益；另一方面，却造成发展中国家对跨国公司的严重依赖，抑制了民族工业的发展。

第三节 资本主义世界经济关系的发展

一、区域经济一体化与经济全球化

资本国际运动的发展要求将资本主义各国的经济活动连接在一起。各国在世界经济活动中相互依存、相互制约和相互影响，从而推动了区域经济一体化和经济全球化的发展。**区域经济一体化或区域经济集团化，是指在地理相邻的若干国家或地区之间的经济合作、经济联合或融合。**经济一体化具体形式有特惠关税区、自由贸易区、关税同盟、共同市场、经济同盟等。特惠关税区，是指成员国间的关税低于非成员国征收的关税，也可以在成员国之间免征部分商品的关税。自由贸易区，是指区域内各成员国取消了彼此间的贸易壁垒免征关税。关税同盟，是指在参加国之间免征商品流通关税，而且对其他国家采取统一贸易和关税政策。特别是进入 20 世纪 80 年代以来，区域经济一体化的发展步伐加快，正在形成全球性趋势，区域集团遍及西欧、北美、拉美、亚洲、非洲等地。目前，对整个世界经济产生重大影响的经济一体化组织主要有三大地域集团，它们是欧洲联盟、北美自由贸易区和亚太经济合作组织。

> 区域经济一体化概念最窄，它以让渡国家主权为条件。

区域经济一体化的出现和发展，既反映了世界经济格局中各国经济相互依存的加强，也反映了各国间尤其是发达国家间竞争的加剧。区域经济一体化的发展有力地促进了成员国之间的相互贸易与投资，推动了生产国际化的巨大发展。在区域经济一体化过程中，集团利益与国家利益的融合与冲突、集团之间在国际经济活动中的矛盾与摩擦、集团内部各成员国之间的既相互合作又相互斗争都是不可避免的。但总的来看，区域经济一体化会呈现加强的趋势。

20 世纪 90 年代以来，资本国际化发展到了一个更高的阶段，即经济全球化阶段。**经济全球化是指经济资源（如商品、资本、劳动力、信息、技术等）超越国界在全球范围内流动、配置和重组的过程，以及在这个过程中各国经济相互影响与融合、相互竞争与制约的发展趋势。**经济全球化具有以下特征：①参加国际经济活动逐步包括所有的国家和地区；②各国的经济活动迅速向全球各地扩展；③各国经济之间由一般的互相联系、互相交往，逐步发展到互相交织、互相融合；④国际经济逐渐步入协调，协调机构（如世界贸易组织、货币基金组织、世界银行等）权威逐步增强。

> 全球化不等于一体化。

> 区域经济一体化还是现阶段经济全球化的主要实现形式。经济全球化只是作为一种趋势。

经济全球化进程首先和主要是发达资本主义国家推动的，其实质上是在发达资本主义国家主导下的全球化。经济全球化具有两重性：积极的一面主要指经济全球化会优化全球的资源配置。例如，在经济全球化条件下，各国可以在全球经济密切交往中实现资源的优势互补；各国面向统一的全球大市场，参与世界市场竞争，可以促使各国充分发挥自身优势；科技成果在全球迅速传播，为发展中国家提供实现"后发优势"

的宝贵机遇；可以更好地解决环境、资源、人口等人类面临的共同问题等。消极的一面包括：由于经济全球化是在发达资本主义国家主导下进行的，它不可避免地带有资本主义的印记、局限性和弊端。例如，经济全球化会导致全球利益的分配不均；经济全球化产生了导致世界市场危机的一些新的因素，各国经济联系的加强使得一国经济危机在世界市场上表现出来，影响着世界经济危机的产生和发展。

信息通信技术革命、跨国公司、各国政府和国际经济组织都推动了经济全球化的发展。但在现实，经济全球化只是作为一种趋势、一个开始加快步伐的过程。目前经济全球化发展过程中还存在着一些障碍，远没有实现真正的经济全球化，因此经济一体化还是现阶段经济全球化的主要实现形式。

二、当代各国之间的关系

（一）发达国家之间的关系

现在资本主义世界中是美国、日本和欧洲三足鼎立，它们之间有利益一致之处，也有矛盾和争夺。归根到底是为了争夺世界经济舞台的有利地位，从而获取更多的高额垄断利润。它们的矛盾和斗争主要体现在科技、国际贸易、国际投资和国际金融三个方面。

在科技领域，各发达国家纷纷制订高科技发展的长远规划，并将其视为保持经济可持续发展的重要国策。在国际贸易领域，当代发达国家的国内市场问题都很尖锐，因此对世界市场的争夺日益激烈，由于世界市场也是有限的，因此它们之间的贸易摩擦经常不断。在国际投资领域，战后发达国家之间互相投资越来越多，成了你中有我，我中有你的局面。日本、欧盟各国的对外投资快速增长。为争夺更有利的投资场所，他们之间的斗争也日益加剧。例如，日本大量向其他发达国家投资，就引起了美国的反感，欧洲的抵制，反过来，美国欧洲在日本的投资，也受到了一定的限制。在国际金融货币领域，战后初期形成的以美元为中心的世界货币体系，在20世纪70年代初崩溃，形成了美元、欧元和日元对峙的多中心的世界货币体系。美元虽仍然处于比较有优势的地位，但这也引起日本、欧洲及其他发达资本主义国家同美国在货币领域的斗争。

发达国家间经济的相互融合表现在：第二次世界大战战后发达国家间的经济联系与相互往来增强，发达国家相互间的贸易和投资的比例大为提高。并且，通过国际货币基金组织、世界银行、世界贸易组织、经济合作与发展组织等国际经济组织，发达国家间的国际经济协调得到发展，在一定程度上缓解了发达国家间的矛盾。但资本主义国家间的关系是建立在实力基础上的，是以垄断资本获取高额利润为目的，只要有利益冲突，就无法从根本上予以协调和化解这些矛盾和冲突。

（二）发达国家与发展中国家间的经济关系

按照世界银行的划分，世界100多个国家中，只有20多个发达国

"南"指发展中国家；"北"指发达国家。

家,其他绝大多数国家属于发展中国家。发达与不发达总是相对而言的,并且还在发展变化,因此我们用发展中国家的概念来定义不属于发达国家的大多数国家,这也是现实情况的写照。发达国家与发展中国家之间的经济和政治关系一般称为南北关系。

在资本主义世界经济体系中,发达国家与发展中国家间的经济关系构成国际经济关系的重要方面,反映着资本主义世界经济关系的本质。在第一次世界大战战前,发达国家与发展中国家间的经济关系表现为帝国主义国家与殖民地、半殖民地国家之间的支配与依附、剥削与被剥削的关系。帝国主义控制着这些国家的经济命脉,造成其经济结构单一,阻碍了其民族工业的发展,并改变了殖民地国家的阶级结构。帝国主义的殖民统治,对战后发展中国家的经济发展也产生了长期影响。当今世界上存在富国和穷国的现实,在很大程度上是由于资本主义国家当年的海外扩张,富国财富从根源上讲,有许多是从不发达国家掠夺来的。要科学地分析战后以及当今发达国家与发展中国家的经济关系,就不能割断历史。

二战后,各发展中国家纷纷独立,旧殖民体系虽然瓦解,但发达国家又开始推行新殖民主义政策,因而使现在的发达国家与发展中国家间的经济关系具有了以下特征:首先,发达国家同发展中国家的经济关系具有了一定程度的相互依赖性。这不仅是因为作为主权国家的发展中国家的经济实力明显增强,而且更因为战后资本国际化和国际社会分工的发展,使世界各国的经济联系进一步加强。其次,发达国家与发展中国家的经济关系仍具有剥削与被剥削、控制与被控制的不平等性质。由于发达国家的垄断资本从总体上控制着世界的生产和流通,左右着重大的国际经济事务,发达国家把控制和剥削发展中国家的不平等关系极力贯穿于国际贸易、国际投资和国际货币金融领域之中,造成了今日的富国越富、穷国越穷的局面。

造成今日发达国家与发展中国家如此大的差距,形成现在这样不合理的世界经济格局的根源在于资本主义制度,在于发达国家对世界经济的统治。因此发展中国家越来越强烈的意识到要改变自己的命运,独立发展成现代化国家,就要打破不合理的国际经济秩序,建立新的平等、互利的国际经济秩序。要改善发达国家与发展中国家的经济关系,南北对话是必要的,但世界经济格局的变化使得全球范围内的南北对话方式难以继续。国际间的经济对话主要在国际经济组织的协调和主持下进行。传统的南北对话方式将主要由区域范围内的南北国家之间或经济联系较为密切的国家之间的双边与多边联系方式所代替。

(三)发展中国家间的经济关系

由于发展中国家大都具有相同的历史经历,经济发展水平接近,所处的现实地位和利益趋向基本相同,这就为它们发展彼此之间的经济合作关系提供了坚实的基础,由此也决定了它们的合作是建立在相互尊重主权、平等互利基础上的新型的国际经济关系。

在发展中国家的共同努力下，它们的经济合作取得了很大进展。合作形式由较为简单的双边合作向较为复杂的多边合作发展，使其合作利益增大，合作力量增强。

应当看到，发展中国家的经济合作也存在一定的困难。由于发展中国家整体国内经济发展水平较低，因而制约了其经济合作向深度发展。它们各自的社会制度、意识形态和文化传统的不同以及经济发展水平的差距也影响着合作基础的加固。在当今区域经济一体化和经济全球化的形势下，发展中国家如何加强相互之间的经济联系与合作，是一个值得研究和探索的重大课题。

三、经济发展不平衡与国际经济新秩序的建立

伴随着资本的国际运动和经济一体化与全球化的发展，世界各国的经济联系与经济矛盾也并行发展，使得各国的经济发展速度和经济实力地位发生了变化，从而出现经济发展的不平衡。

世界经济发展不平衡的表现有三点。其一是表现在发达国家内部存在着经济发展的不平衡。第二次世界大战战后，发达国家之间的经济实力此消彼长，不断发生变化，从而形成了多极化的资本主义世界经济格局。到20世纪70年代，初步形成了美国、日本、西欧三足鼎立的局面。其二是在发展中国家内部也存在着经济发展的不平衡。在发展中国家内部，经济差距也逐渐扩大，形成了多样化的国家类别，大致可以划分为石油生产和输出国、新兴工业化国家（地区）、原料及初级产品生产和出口国及最不发达国家。其三是经济发展不平衡最突出的表现是发达国家与发展中国家经济差距的不断拉大。资本的国际化运动非但没有缩小发达国家与发展中国家之间的经济差距，反而使其扩大。而全球化过程中信息技术革命、金融自由化更加深了全球的贫富差距，发展中国家人均国民生产总值低下，而且生态环境恶化。有些国家把发展经济的希望寄托于外援，大量的举借外债。据世界银行的有关资料，53个负债严重的国家中，除保加利亚、波兰、阿尔巴尼亚三个东欧国家外，全部是亚非拉的发展中国家，发展中国家严重债务负担也成为这些国家经济发展的障碍。造成发展中国家落后、贫穷的主要原因在于发达国家主导国际经济组织，控制贸易和投资方面的规则制定权，垄断世界市场，使真正意义的比较优势、国际分工不可能实现。

因此，发展中国家必须摆脱发达国家的束缚和控制，获得与发达国家发展经济的平等权利。而要做到这一点，最根本的办法就是建立平等互利、公正合理的国际经济新秩序。广大发展中国家为建立国际经济新秩序进行了长期不懈的努力与斗争，1974年提出了建立新的国际秩序的基本原则和基本要求。例如，发展中国家在20世纪60年代陆续成立了"七十七国集团"、石油输出国组织、各国原料输出组织和其他一系列发

展的区域性国际组织；进入20世纪90年代随着经济增长的加快，也促进了南北关系变化，使得南北经济合作有了一定的发展，其合作领域不断扩大，几乎涉及了一切领域，如贸易、金融、投资、技术、资源利用等。发展中国家在国际舞台上的地位有较大提高。

在经济全球化的背景下，发展中国家更要坚决反对发达国家试图控制经济全球化"游戏规则"的霸权行为，通过协调立场和加强合作来促进国际经济新秩序的建立。展望未来，世界经济中欧洲、北美、东亚三大级合作与竞争的关系将最终形成。

本章小结

◎国际贸易又称世界贸易，它是由世界各国对外贸易构成的国际间的商品流通，构成了世界市场。世界市场是指世界各国相互间通过对外贸易和经济合作关系建立起来的进行商品交换的场所和领域。

◎当商品进入世界市场后，是由国际价值决定的。国际价值是指在世界现有的正常的生产条件下，在参与世界市场的各国的平均劳动熟练程度和劳动强度下，由生产某种商品和服务的社会必要劳动时间所决定的价值量。国际价格是国际价值的货币表现形式。商品国际生产价格的形成并不违背马克思的价值规律理论。

◎国际贸易又称世界贸易，它是由世界各国对外贸易构成的国际间的商品流通。商品资本的国际化从产业资本运动中独立出来成为商业资本，而商业资本的国际运动主要借助于国际贸易这种形式进行的。国际贸易的发展，世界市场的扩大，反过来又促进了资本主义经济的发展。

◎货币资本的国际化是作为购买手段和支付手段的职能，主要是在世界市场上购买原材料、生产设备，以及雇佣外籍劳动力。货币资本的国际化有两层意思：一方面，是货币资本在国际贸易中作为购买手段；另一方面，是货币资本作为借贷资本在国际金融市场上运动。

◎生产资本的国际化，是指资本在国外直接进行生产性投资，把生产过程由国内扩大到国际范围。第二次世界大战战后，主要依靠跨国公司形式直接向外投资。跨国公司推动了资本国际化向广度和深度发展，对资本主义经济产生了深远的影响。

◎经济一体化或区域经济集团化，是指在地理相邻的若干国家或地区之间的经济合作、经济联合或融合。20世纪90年代以来，资本国际化发展到了一个更高的阶段，即经济全球化阶段。经济全球化只是作为一种趋势，目前经济全球化发展过程中还存在着一些障碍，远没有实现真正的经济全球化，因此经济一体化还是现阶段经济全球化的主要实现形式。

◎发达国家间的经济关系、发达国家与发展中国家间的经济关系、发展中国家相互之间的经济关系构成了当代各国之间的经济关系。发达国家间的经济关系,现在资本主义世界中是美国、日本和欧洲三足鼎立,它们之间有利益一致之处,也有矛盾和争夺。

◎在资本主义世界经济体系中,发达国家与发展中国家间的经济关系构成国际经济关系的重要方面,反映着资本主义世界经济关系的本质。在当今区域经济一体化和经济全球化的形势下,发展中国家如何加强相互之间的经济联系与合作,是一个值得研究和探索的重大课题。

综 合 练 习

一、基本概念

1. 国际贸易 2. 世界市场 3. 国际市场价值 4. 商品资本国际化 5. 货币资本国际化 6. 外汇市场 7. 国际收支 8. 生产资本国际化 9. 跨国公司 10. 经济一体化 11. 经济的全球化

二、单项选择题

1. 在世界市场上商品的价值是由（   ）。

   A. 生产某种商品的社会必要劳动时间决定的

   B. 生产某种商品的国际社会必要劳动时间决定的

   C. 生产某种商品的国内社会必要劳动时间决定的

   D. 由国际市场的供求关系决定的

2. 在世界市场上商品价格与商品价值的背离是（   ）。

   A. 违背价值规律

   B. 由国际市场的供求关系决定的

   C. 实力强大的发达国家的垄断造成的

   D. 不违背马克思的价值规律理论

3. 在资本主义自由竞争时期居主导地位的是（   ）。

   A. 生产资本国际化   B. 货币资本国际化

   C. 商品资本国际化   D. 借贷资本国际化

4. 资本在国际间流动的根本原因（   ）。

   A. 追求更大的利润和利息

   B. 支持发展中国家的经济

   C. 与其他国家争夺市场

   D. 在政治上谋求本国的地位

5. 国际经济联合最高形式是（   ）。

   A. 贸易联盟   B. 关税同盟

C. 共同市场　　　　　　　　D. 欧洲经济共同体（欧洲联盟）

6. 跨国公司是（　　）。
A. 联合国有关机构出资建立起来的
B. 原料出口国共同出资建立起来的
C. 一国或以一国的垄断组织为主建立起来的
D. 多个国家的最大垄断组织建立起来的

7. 世界贸易组织是在（　　）。
A. 国际贸易中发挥协调作用的国际性组织
B. 国际贸易中起决定作用的国际性组织
C. 对贸易自由化起到决定性作用
D. 是解决贸易争端的权力机构

8. 三大国际金融中心是（　　）。
A. 巴黎、东京、法兰克福　　　B. 布鲁塞尔、香港、新加坡
C. 纽约、伦敦、苏黎世　　　　D. 纽约、巴黎、伦敦

9. 要使本国在国际贸易中处于有利地位（　　）。
A. 一国货币对他国货币的降值可以增加商品的出口
B. 各国采取使货币降值或升值的措施
C. 一国货币升值，可以增加商品进口，减少商品出口
D. 目的是力求使汇率保持在最佳水平上

10. 各国政府追求的目标是（　　）。
A. 外汇收支平衡　　　　　　B. 外汇收支顺差
C. 增加外汇储备　　　　　　D. 努力扩大出口减少进口

11. 经济全球化（　　）。
A. 是发达资本主义国家主导下的全球化
B. 是在联合国的协调下的全球化
C. 是在一体化进程中实现的全球化
D. 是在市场经济国家的主导下的全球化

三、多项选择题

1. 在世界市场上价值规律的作用仍然存在并发挥作用表现在（　　）。
A. 自发地调节社会总劳动在各国的配置
B. 刺激各国不断改进生产技术和工艺，推动世界的科技进步
C. 在固定的分工模式和价值规律作用下，形成国际社会的两极分化
D. 并不违背马克思的价值规律理论
E. 违背马克思的价值规律理论

2. 资本的国际化包括（　　）。
A. 商品资本的国际化　　　　B. 货币资本的国际化
C. 生产资本的国际化　　　　D. 固定资本的国际化
E. 流动资本的国际化

3. 商品资本国际化迅速发展的原因（　　）。

A. 生产的国际化要求扩大市场
B. 对外贸易可以获得高额的利润
C. 资本主义世界发展不平衡要求扩大国际贸易
D. 资本主义国家中的政府对经济生活的干预，推动了国际贸易的发展
E. 是商品资本国际化是资本主义生产方式发展的内在要求和必然产物

4. 当代商品资本国际化出现了新的特点（   ）。
A. 国际贸易中的结构发生了重大变化
B. 不同国家部门内部的贸易迅速发展
C. 技术贸易迅速发展
D. 跨国公司成为世界贸易愈加依赖的一种形式和手段
E. 世界贸易组织的成立

5. 货币资本的国际化有两层意思（   ）。
A. 是货币资本在国际贸易中作为购买手段
B. 是货币资本作为借贷资本在国际金融市场上运动
C. 借贷资本形式输出的货币资本
D. 跨国银行和国际金融市场的建立
E. 借贷资本、国际金融机构的建立

6. 汇率有两种标价方式（   ）。
A. 固定汇率制　　　　B. 直接标价法　　　　C. 间接标价法
D. 金本位制　　　　　E. 金银复本位制

7. 国际收支的主要项目有3个（   ）。
A. 经常项目　　　　　B. 资本往来项目　　　C. 平衡项目
D. 特别提款权　　　　E. 黄金储备

8. 跨国公司对外直接投资采取的基本形式有（   ）。
A. 建立国家垄断资本企业　　　　B. 货币资本国际信贷形式
C. 股份制合资企业　　　D. 合同制合资企业　　　E. 独资企业

9. 第二次世界大战战后跨国公司迅速发展主要有以下原因是（   ）。
A. 生产集中和垄断的进一步发展，是跨国公司迅速发展的基础
B. 跨国公司是生产国际化和资本国际化发展的必然结果
C. 国际竞争的激烈，加速了跨国公司的发展
D. 国家垄断资本的发展，也是促进跨国公司发展的因素之一
E. 发展中国家经济发展的需要，也在一定程度上推动了跨国公司的发展

10. 经济一体化具体形式有（   ）。
A. 特惠关税区　　　　B. 自由贸易区　　　　C. 关税同盟
D. 共同市场　　　　　E. 经济同盟

11. 经济全球化具有以下特征（   ）。
A. 参加国际经济活动逐步包括所有的国家和地区
B. 各国的经济活动迅速向全球各地扩展
C. 各国经济之间由一般的互相联系、互相交往，逐步发展到互相交织、互相融合

D. 国际经济逐渐步入协调，协调机构权威逐步增强
E. 是在发达资本主义国家主导下的全球化

四、判断正误题

1. 以国际贸易为基础的世界市场是资本主义生产发展到一定阶段的产物。（　　）
2. 国内价值又称国别价值，是由本国生产商品的社会必要劳动时间决定的。（　　）
3. 国际价格是国际价值的货币表现形式，因此国际价格等于国际价值。（　　）
4. 商品国际生产价格的形成违背马克思的价值规律理论。（　　）
5. 世界贸易组织是在国际贸易中发挥协调作用的国际性组织，具有权威性。（　　）
6. 世界贸易的趋势是自由贸易。（　　）
7. 资本在国际间流动的根本原因是占领国际市场份额。（　　）
8. 各国政府追求的目标，是努力扩大出口，使国际收支有盈余。（　　）
9. 第二次世界大战战后资本对外直接投资迅速增长，主要依靠跨国公司形式直接向外投资。（　　）
10. 跨国公司的生产国际化对发展中国家的经济发展具有"双刃剑"的效果。（　　）
11. 目前经济全球化发展过程中还存在着一些障碍，因此经济一体化还是现阶段经济全球化的主要实现形式。（　　）
12. 发达国家与发展中国家之间的经济和政治关系一般称为南南关系。（　　）
13. 世界经济发展不平衡主要表现在发达国家内部存在着经济发展的不平衡。（　　）

五、问答思考题

1. 世界市场的形成与国际价值的是如何决定的？
2. 为什么说商品资本国际化是资本主义发展的客观要求？
3. 货币资本国际化及其采取的主要形式是什么？
4. 第二次世界大战战后跨国公司迅速发展的主要原因是什么？
5. 经济一体化具体形式及经济全球化所具有的特征。
6. 如何认识经济一体化及经济全球化的发展趋势？
7. 为什么说经济全球化进程是发达资本主义国家推动的，其实质上是在发达资本主义国家主导下的全球化？

第六章

资本主义危机与国家的宏观调整

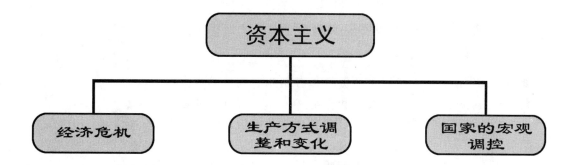

重点掌握
- 资本主义的基本矛盾
- 经济危机的实质和根源
- 经济危机周期性爆发的物质基础
- 垄断与竞争的关系
- 国家垄断资本主义含义及实质
- 资本主义国家的宏观调控内容和手段

一般掌握
- 经济危机的双重作用
- 第二次世界大战战后国家垄断资本主义发展的原因
- 自由竞争走向垄断的原因

一般了解
- 经济危机的可能性与现实性
- 国家干预经济的具体形式

本章导语

本章是整个政治经济学资本主义部分的一个结束语，主要阐述资本主义的基本矛盾的激化必然导致资本主义周期性的经济危机，为了解决矛盾，资本主义必须不断地进行生产方式的调整，这经历了从自由竞争资本主义到垄断的资本主义；垄断资本主义到国家垄断资本主义。资本主义生产方式的调整和国家的宏观调控对缓和资本主义基本矛盾和危机起到了一定的作用，但解决资本主义基本矛盾的根本出路只能是资本主义必然为社会主义所代替。

第一节　资本主义经济危机

资本主义是社会化大生产，生产虽然社会化了，但生产资料和产品却属于资本家私人占有，生产服从于资本家攫取剩余价值的狭隘利益，广大的工人和其他劳动人民处于被剥削受压迫的地位。这就形成了社会化的大生产和资本主义占有形式之间的对抗性矛盾，矛盾尖锐化到一定程度，就爆发了生产过剩的经济危机。

一、资本主义的基本矛盾及其表现

1. 资本主义的基本矛盾

资本主义生产方式，是以生产资料私有制和雇佣劳动为基础，以社会化大生产为特征的。生产社会化和资本主义私人占有形式之间存在着矛盾，这是因为社会化的大生产，要求各个生产部门之间必须保持一定的比例关系，要求社会总供给和社会总需求必须相适应，协调平衡。否则，社会再生产就要发生混乱，不能顺利进行。但是，资本主义私有制决定了生产的自发性和盲目性，决定了社会生产的无政府状态。**生产社会化和资本主义私有制的矛盾，成为资本主义生产方式的基本矛盾。**资本主义经济的发展、资本主义生产关系的自我调整、经济关系表现形式的自我演变、经济危机必然发生，以及资本主义经济制度走向灭亡的必然性，都是由这个基本矛盾的运动决定的。社会化大生产和资本主义私有制之间的矛盾，从根本上说是生产力和生产关系的矛盾在资本主义生产方式下的具体体现。这一基本矛盾，是资本主义生产方式的内在的、不可克服的、具有对抗性质的矛盾，决定着资本主义的其他矛盾，贯穿于资本主义社会的始终。

2. 资本主义的基本表现

资本主义生产的社会化同资本主义生产资料私人占有制之间的矛盾，具体表现在以下几个方面。

首先，表现为单个企业内部生产的有组织性和整个社会生产无政府状态之间的对立。社会化大生产，要求整个社会有组织、有计划地协调生产。但是，资本主义生产是建立在资本主义私有制基础上的商品生产，企业生产什么、生产多少，都是由资本家根据获得利润的多少来决定。为了这一目的，每个企业都尽可能采用先进技术、改进生产条件、加强企业内部生产的组织性、计划性，以及提高劳动生产率，使自己在激烈的竞争中获胜。个别企业规模越大，其内部有组织性和有计划性就越强，其个别性和独立性就越大，竞争就越激烈，信息更被封闭，因而整个社会生产的无政府状态也越严重。资本主义发展到垄断阶段，国家试图用计划化、用财政政策和货币政策等手段，对宏观经济进行干预和调节，只能使生产的无政府状态在某种程度上得到一些控制和缓解。但是，各个资本家或资本家集团为了各自的利益,不可能按照社会生产协调发展的要求办事,致使国家的宏观调控并不能从根本上解决问题。因此,在资本主义经济中,个别企业生产的有组织性同整个社会生产的无政府状态之间的矛盾,不会随着国家垄断资本主义的发展而消失。

其次,表现为资本主义生产无限扩大的趋势和劳动群众有支付能力的需求相对缩小的矛盾。在资本主义制度下,生产有无限扩大的趋势。这首先是由于资本主义私有制决定了资本家无止境地追求利润,激烈的竞争又驱使资本家不断增加积累、改进技术、扩大生产规模。同时,资本主义社会化大生产也为生产无限扩大的趋势提供了物质基础。但是,在资本主义剥削制度下,在资本主义积累一般规律的作用下,劳动群众的可支配收入和有支付能力的需求却是相对缩小的趋势。即使在资本主义发展的今天,劳动群众消费水平的增长比社会财富的增长速度要低得多,必然造成生产与消费、社会总供给与社会总需求的矛盾。正如恩格斯指出:"市场的扩张赶不上生产的扩大。冲突成为不可避免的了,……"❶

最后,表现为无产阶级与资产阶级的矛盾。在资本主义社会,存在着复杂的阶级关系。但是,最基本的阶级矛盾还是无产阶级和资产阶级的矛盾。生产社会化客观上要求由社会,也就是由联合劳动者共同占有生产资料。但是,由于资本家垄断了对生产资料的占有,丧失了生产资料的工人成为一无所有的雇佣劳动者。在当代发达资本主义国家,由于生产力的发展,大大减轻了工人的体力劳动,生产过程中体力劳动和脑力劳动的差别在逐渐缩小,工人物质生活水平有所提高。但是,这些变化都没有从根本上改变生产资料的资本主义私有制,没有改变资本与雇佣劳动的阶级对立关系。工人物质生活水平的提高,丝毫没有改变他们被剥削、被奴役的地位。他们除了用出卖劳动力换来的生活资料可供自己支配以外,仍是一无所有。而资产阶级则在不断增加资本积累的同时,大肆挥霍工人创造的剩余价值,过着奢侈腐化的生活。因此,只要资本主义制度没有改变,无产阶级和资产阶级的矛盾不但不可能消失,还会随着资本主义的发展而日益加深。

综上所述,只要资本主义制度存在,这些矛盾就存在,矛盾尖锐化到一定程度,就要爆发生产过剩的经济危机。

二、资本主义经济危机的实质与根源

1. 经济危机的表现和实质

经济危机,是指资本主义社会中周期性出现的经济动乱和恐慌。资本主义世界的第一次经济危机,是1825年在英国爆发的。从此以后,资本主义国家每隔若干年就爆发一次经济危机。第二次世界大战以前,经

---

❶ 马克思恩格斯选集.第3卷.北京:人民出版社,1992:351.

济危机在生产领域主要表现是,工厂停工减产、大批工业企业倒闭、大量工人失业,生产力遭到了极大破坏;在流通领域的主要表现是,商业停滞、商品卖不出去,物价急剧下跌,商店纷纷倒闭;在金融方面,现金奇缺,利息率猛涨,有价证券价格猛跌,银行纷纷倒闭,信用紧缩;在国际经济方面,对外贸易不振,国际金融市场混乱。总之,在经济危机期间,整个社会经济陷入瘫痪和混乱状态,给全社会带来巨大的灾难。列宁指出:"危机是什么?是生产过剩,是生产的商品不能实现,找不到需求。"❶ 这里所说的"生产过剩"不是绝对的过剩,而是相对劳动人民有支付能力需求的过剩了。不是生产的商品太多了而是劳动群众无力购买,因而显得过剩了。在危机期间,一方面"过剩的"商品卖不出去,甚至人为销毁;另一方面,千百万劳动人民处于失业、半失业状态,生活困窘,二者形成鲜明对比。相对生产过剩,是资本主义经济危机的实质。

> 要区分经济危机的表现和实质。

2. 危机的可能性与现实性

经济危机的可能性,早在货币执行流通手段职能后就产生了。因为,货币作为流通手段,使商品的买与卖在时间上和空间上分成两次,从而形成买卖脱节和商品卖不出去的可能。但在简单商品经济条件下,经济危机的可能性,不可能转变为必然性。这是因为,简单商品经济条件下的商品生产者,是以自己的劳动和自己的生产资料为基础的小商品生产,生产目的是为了使用价值,交换行为是为买而卖。因此,在卖掉商品后很快进行购买,买卖脱节的现象很少发生。另外,由于在简单商品经济条件下,社会分工不发达,生产力水平低,自然经济占统治地位,即便发生了买卖脱节,遭受打击的也是少数生产者,对整个社会影响不大,经济危机只有可能性没有现实性。

> 可能性在一定的条件下才能转化为现实性。

只有在资本主义商品经济中,才具有使危机的可能性转化为现实性的经济条件,使经济危机成为资本主义社会的必然现象。因为,在资本主义制度下生产资料归资本家占有,社会生产处于无政府状态中,社会各部门的比例关系不断遭到破坏。再加上资本主义生产有无限扩大的趋势,而劳动群众支付能力的需求相对缩小,必然造成生产和消费的矛盾,造成一部分商品卖不出去,导致生产相对过剩的危机。

以上分析不难得出:资本主义经济危机,反映了资本主义生产方式内在的、深层的矛盾,即生产的社会性与资本私人占有制之间矛盾的不断扩大与加深。正是资本主义生产方式的这个基本矛盾,决定了资本主义经济危机的必然发生。而且,只有当这个基本矛盾发展到尖锐化,才会现实地爆发经济危机。

---

❶ 列宁全集. 第 2 卷. 北京:人民出版社,1984:139.

三、资本主义社会再生产的周期性及物质基础

资本主义经济危机每隔若干年就重演一次，呈现出周期性。经济危机周期性地爆发，其原因在于资本主义基本矛盾。资本主义基本矛盾运动过程本身是有运动的阶段性的，有时比较缓和，有时趋于激化。只有当基本矛盾激化，使社会生产比例严重失调，生产和消费严重脱节时，经济危机才会爆发。经济危机是资本主义经济内部对抗性矛盾的外部表现，同时，又是这种矛盾的暂时强制性的解决。它通过破坏生产力的办法，使社会生产的比例关系强制地达到暂时的平衡，从而使经济危机逐渐得到摆脱，资本主义生产有所恢复和发展，乃至达到经济高涨。但在恢复与发展的过程中，资本主义的基本矛盾又逐渐尖锐化起来，从而又决定了新一次的经济危机的爆发。经济危机就是这样周期性发生的，这就是资本主义经济危机的周期性。

1. 资本主义经济危机的周期性

经济危机的周期爆发，使资本主义社会再生产也具有周期性。从一次危机爆发到下一次危机爆发之间的间隔时间，就是资本主义社会再生产的一个周期。每一个周期一般要经过危机、萧条、复苏和高涨四个阶段。

（1）危机阶段　危机发生在经济高涨的末期，是一个周期的终点，又是另一个新周期的起点。危机阶段的一般特点是：生产下降，商品滞销，价格猛烈下跌，利润率急剧下降，资金周转困难，现金缺乏，利息率提高，股票价格猛烈下降，工人失业急剧增加，工资下降，广大劳动群众更加困苦，整个社会经济陷入极度恐慌和混乱之中。危机持续了一段时间以后，由于生产缩减，使生产与需求的矛盾得到缓和，危机阶段就过渡到萧条阶段。

> 危机是每一周期的起点。

（2）萧条阶段　是资本主义再生产从危机到复苏的过渡阶段。这一阶段的一般特点是：社会生产不再继续下降，价格停止下跌，工厂、商店、银行倒闭者减少。但是，由于工人失业人数依然大量存在，商品大量销售仍有困难，社会生产仍处于停滞状态。所以，整个资本主义经济呈现一片萧条景象。在这种情况下，资本家为摆脱困境，力图通过降低成本来寻找出路。为此，资本家一方面压低工人的工资，另一方面，设法改进技术和更新机器设备。机器设备的更新，引起对生产资料需求的扩大，推动了生产资料部门生产的发展。生产资料部门的生产发展，又带动了消费资料部门生产的发展，整个社会生产开始逐步恢复和发展。于是，萧条阶段便过渡到复苏阶段。

（3）复苏阶段　这个阶段的特点是：生产逐步扩大，投资增加，市场渐趋活跃，信用扩大，物价回升，利润增加，工人就业人数增加，社会生产逐步恢复到危机以前的水平。当社会生产逐渐达到危机以前的最高点时，复苏阶段就过渡到了高涨阶段。

(4) 高涨阶段 又称繁荣阶段，这个阶段的特点是：生产迅速扩大，工人就业迅速增加，工资水平有所提高，社会购买力日益提高，信用扩张，市场兴旺，物价上涨，利润丰厚，整个资本主义经济又呈现一片"繁荣"景象。但是，由于资本家盲目地、迅速地扩大生产，使生产迅速地超过有支付能力的需求。当生产和消费的矛盾极端尖锐时，又爆发了新的经济危机。

2. 经济危机周期性的物质基础

经济危机周期性的物质基础，是固定资本的大规模更新。在危机期间，大批固定资本被闲置，有的被破坏。在萧条阶段，资本家为了摆脱困境，于是设法增加投资，添置新设备，采用新技术，努力降低成本，以便即使在价格较低的情况下，也能有利可图。因此，经济走向复苏。由于机器设备的大量更新，首先促进了生产资料生产部门的恢复和发展，工人就业增加了；由于工人就业和收入的增加，又推动了消费资料生产部门的恢复和发展。这样，机器设备的大量更新带动了整个社会生产的逐步恢复和发展。在大规模更新设备、采用新技术的基础上，生产规模急速扩大。经济高涨使得社会生产又逐渐地超过广大劳动群众有支付能力的需求，从而导致新的经济危机的爆发。固定资本的大规模更新，即为资本主义经济走出危机准备了物质条件，又为下次经济危机的到来创造着物质条件。所以，固定资本的大规模更新成为资本主义经济危机周期性的物质基础。

第二次世界大战后，由于资本主义国家对经济的干预，使得经济危机出现了一些新情况和新特点。具体表现在：资本主义再生产周期缩短，周期阶段更迭不明显；危机对经济破坏性相对减轻；经济危机与财政信用危机交织并存。此外，20世纪70年代以来，又出现了结构性的经济危机（能源危机、原料危机、农业危机、货币危机等）和通货膨胀、经济停滞并存的"滞胀"局面。这说明，国家对经济的干预，虽能不同程度地缓解经济危机的疾病，但是不能从根本上消灭资本主义经济危机。

四、经济危机加深了资本主义矛盾

1. 经济危机的双重作用

经济危机是资本主义基本矛盾尖锐化的产物。同时，又是这些矛盾暂时、强制性的解决形式。因此，它带来的后果就是双重的。

经济危机一方面使生产力遭到巨大损失；另一方面，资本主义经济正是通过经济危机的强制破坏，迂回、曲折地向前发展的。这是因为：第一，危机总是大规模新投资的起点。在危机中，一般被淘汰的多是技术比较落后的设备。这样，就为下一个生产周期采用新技术铺平了道路。大规模的新投资，往往是同技术进步相结合的。第二，经济危机的爆发，加速了资本的集中，使个别资本迅速增大，为技术进步和新技术的采用创造了条件。第三，经济危机暂时缓和了生产和消费的矛盾,以及各个生产部门间的比例失调,使资本主义经济在倒退以后又得以继续发展。

总之,经济危机是资本主义的顽症,但又是一种强制地调节经济、使资本主义的经济螺旋式上升的"润滑剂"。

2. 经济危机加深了资本主义各种矛盾

经济危机虽然可以暂时地使资本主义社会激化了的各种矛盾得到一定程度的缓解,使再生产所需要的比例关系强制性地达到暂时平衡。但是,危机又进一步加深了资本主义的各种矛盾。

首先,经济危机加深了资本主义的基本矛盾。经济危机加速了生产和资本的集中,一方面使生产社会化的程度越来越高;另一方面又使生产资料和产品更加集中到少数大资本家手里。这样,就使资本主义的基本矛盾进一步加深。

其次,经济危机加深了资本主义社会的基本矛盾。在经济危机期间,工人失业人数急剧增加,生活水平下降。不仅如此,经济危机还使大批农民和手工业者破产。因此,工人、农民和其他劳动群众同资本家、地主等剥削阶级之间的矛盾也日益尖锐化。

再次,经济危机加深了资本主义体系内部的矛盾。在危机时期,各发达资本主义国家之间的贸易战、货币战、关税战越演越烈,势必会加深发达资本主义国家之间的矛盾。在经济危机期间,资本主义发达国家为了从经济危机中挣脱出来,除了加强对本国劳动人民的剥削以外,还利用倾销商品、压低原料和初级产品价格、大量输出过剩资本等方式,向经济落后国家转嫁危机,使经济不发达国家蒙受巨大损失。这样,资本主义发达国家同经济落后国家之间的矛盾也进一步尖锐化。

经济危机的产生,及其对资本主义固有矛盾的加深,表明了资本主义生产关系已经容纳不了庞大的生产力,表明了资本主义生产方式的局限性。马克思指出:"经济危机表现出,资本主义生产的真正限制是资本自身",[1]"表现出资本主义生产的限制,它的相对性,即表现出资本主义生产不是绝对的生产方式,而只是一种历史的和物质生产条件的某个有限的发展时期相适应的生产方式。"[2] 第二次世界大战后,在科学技术革命推动下,资本主义国家经济有了迅速的发展。同时,由于战后主要资本主义国家对经济的干预和调节,使资本主义国家的经济结构发生了重大变化,对资本主义再生产的周期产生了重大影响,使经济危机对经济的冲击、破坏有所减轻,使生产和消费的矛盾有所缓解。但是,这并没有从根本消除生产过剩的弊病。因此,经济危机将伴随着资本主义社会发展的始终。

---

[1] 马克思恩格斯全集. 第 25 卷. 北京:人民出版社,1972:278.
[2] 马克思恩格斯全集. 第 25 卷. 北京:人民出版社,1972:289.

第二节 资本主义生产方式的调整和变化

一、从自由竞争资本主义到垄断的资本主义

1. 自由竞争资本主义的形成

封建社会发展到末期，商品经济的发展，市场的扩大，使自然经济逐渐瓦解，封建的人身依附关系逐渐削弱。在这种情况下，城乡资本主义经济开始萌芽。

最初的资本主义生产关系，是在价值规律的作用引起小商品生产者两极分化的基础上产生的。在激烈的竞争中实力雄厚的小商品生产者通过各种办法，使自己富裕起来变成资本家。在竞争中处于不利地位、进而破产贫困的小商品生产者成为雇佣的劳动者。

但是资本主义要获得大规模的、迅速的发展，必须具备以下两个条件。第一，大量的有人身自由但丧失了一切生产资料的无产者；第二，少数人手中集中了大量为组织资本主义生产所必需的货币财富。资本关系在小商品生产者分化中产生的过程，是十分缓慢的过程。在欧洲，这种情况完全不能适应15世纪末"地理大发现"造成的世界市场的贸易需求。正是在这种新的需求刺激下，大地主和资产阶级借助于暴力加速上述两个条件的形成。马克思把这个过程叫做资本原始积累。所谓**原始积累就是新兴资产阶级和贵族，采用暴力掠夺的手段，迫使小生产者同生产资料相分离并积累货币资本的历史过程**。历史事实表明，资产阶级是靠剥削和掠夺起家的，在正如马克思所讲"资本来到世间，从头到脚，每个毛孔都滴着血和肮脏的东西。"❶

到了机器大工业时期，资本关系在全社会范围确立统治地位。资本主义的基本矛盾在19世纪中期的欧美资本主义国家充分暴露和激化了。

自由竞争阶段的资本主义基本矛盾的表现，有以下两个突出特征。

第一，由于资本主义的生产力还处在它自身发展的较低水平上，资本家对工人的剥削，使工人的生活消费限制在极狭小的范围，因而工人阶级以及其他劳动人民处于极为贫困的境地，整个社会生产和社会消费之间的矛盾十分尖锐和突出。

第二，由于产业资本分散在中小规模的企业，它们之间的关系是各自追求利润的自由竞争关系，因而整个经济几乎是在完全的竞争和无政府状态中运行，部门之间的比例经常遭到破坏。

资本主义基本矛盾的充分暴露和展开，表明资本主义生产关系已成为生产力进一步发展的障碍。无产阶级已形成独立的政治力量走上政治舞台。这一切，迫使资产阶级不得不对原有的生产关系进行调整，从而使资本主义从自由竞争资本主义向垄断资本主义过渡。

---

❶ 马克思恩格斯全集. 第23卷. 北京：人民出版社, 1972: 829.

2. 自由竞争资本主义向垄断资本主义的发展

从19世纪60年代至70年代开始，到19世纪末20世纪初，欧美资本主义完成了由自由竞争资本主义向垄断资本主义的过渡。

自资本主义社会每个资本家为了获取高额的利润，必然展开激烈的竞争，而竞争的结果，又必然导致生产和资本的集中。资本主义从自由竞争向垄断的过渡，是资本主义矛盾发展的产物，也是资本主义条件下生产力发展的产物。19世纪最后30年科学技术有了很大的发展。新的技术革命浪潮使重工业迅速取代轻工业并占据主要地位。需要大量资本的重工业以及铁路建筑等的发展，要求生产高度集中，进而形成垄断。

垄断是指少数资本主义大企业，为了获得高额的垄断利润而联合起来，控制和独占一个或几个部门的产品生产和销售市场。 垄断出现以后，它成为垄断资本主义的根本特征，是垄断资本主义的经济的实质。垄断资本主义阶段出现的一系列情况，都是由垄断决定的。垄断资本关系在其初期起过促进生产和巩固资本统治的作用，这是因为：①垄断加快了生产集中和大企业的发展，使企业生产方式不断革新，管理走向科学化，资本实力大大增强；②垄断组织获取大量高额垄断利润，有能力推动科学研究和教育的发展，进一步促进科学技术进步；③垄断组织从对内对外的剥削和掠夺活动中获取高额利润，有能力提高作为自己直接剥削对象的劳动者的报酬，并以高薪收买一批工人上层，这样不仅能缓和国内阶级矛盾，而且使社会消费力提高、生产与消费的矛盾有所缓和。垄断组织（并迫使非垄断企业一起）能在一定范围内根据市场销售情况调节生产和供给，垄断组织之间成立协定或默契瓜分市场又在一定时间内减少了市场争夺的破坏作用。

> 自由竞争到垄断是资本主义生产关系的第一次调整。

3. 垄断组织、垄断与竞争

垄断组织是指少数资本主义大企业，为了获得高额的垄断利润而联合起来，控制和独占一个或几个部门的产品生产和销售市场的组织。 随着资本主义的发展，垄断组织的形式也从简单的松散的形式向复杂的、稳定的形式变化。垄断组织的发展形式主要有：①卡特尔，是生产同类产品的大企业，为了垄断市场、获取高额的垄断利润，通过签订各种形式的协议所组成的垄断联盟；②辛迪加，它是由生产同类产品的几个大企业，为了提高销售产品和低价购进原材料以获取高额的垄断利润，通过签订共同销售产品和采购原材料的协议而建立起来的垄断组织；③托拉斯，它是由许多生产同类产品或在生产上又紧密联系的企业，进行全面联合组成的大垄断集团；④康采恩，它是以一两个实力强大的垄断企业为核心，跨部门的不同行业许多大企业或大银行联合起来，组成一个垄断集团，居统治地位的是作为核心的大工业企业或大银行；⑤混合联合公司，它也是一种跨部门的多样化经营的垄断组织，它不同于康采恩之处是它没有固定的主体企业，所属企业之间没有多少生产或销售上的联系。这种新的垄断组织形式在二战后得到广泛的发展；⑥在二战后垄

> 卡特尔和辛迪加属于垄断同盟；托拉斯、康采恩属于垄断联合组织。

断组织进一步发展,除了混合联合组织外,跨国公司发迅速发展起来,它们在国外直接投资,就地生产和销售,形成多个分支机构和子公司,从事大规模的生产、销售或其他经营活动的国际性垄断大公司。不论哪一种垄断组织形式,其实质都是垄断资本家以攫取高额垄断利润的工具。

但是,垄断并没有消灭竞争,而是与竞争并存,并使竞争更加复杂而尖锐。这是因为:①垄断的统治并没有也不可能消灭资本主义商品经济这一基础,只要商品经济存在,市场竞争就不可避免;②在垄断统治的条件下,仍然存在着不少没有加入垄断组织的企业,这些企业之间也存在着竞争;③垄断组织内部也存在着竞争。

垄断不能消除竞争。

垄断时期的竞争同自由竞争时期的竞争相比,具有新的特点:①竞争的目的不同,垄断时期竞争的目的是为了攫取高额垄断利润;②竞争手段不同,垄断时期竞争,除了继续使用竞争时期的手段外,更重要的是凭借垄断组织强大经济实力和政治上的统治力量,采用各种强制手段,甚至暴力手段;③竞争的激烈程度和后果也不同,垄断时期竞争的双方实力雄厚、势均力敌,竞争造成的破坏作用就更加严重;④竞争的范围不同;垄断时期的竞争范围已由国内扩展到国外,而且除了在经济领域的竞争外,在政治、文化以至军事领域也展开了激烈的竞争。资本主义进入垄断后的事实证明,垄断的统治不仅没有消除竞争,而且竞争更加激烈、复杂,也充分证明了列宁的科学论断:从自由竞争中生长起来的垄断并不消除自由竞争,而是凌驾于这种竞争之上,与之并存,因而产生了许多特别尖锐、特别剧烈的矛盾、摩擦和冲动。

垄断与竞争的关系。

资本主义垄断也不可能消除资本主义的基本矛盾。资本主义生产关系从总体上对生产力的限制和破坏作用不仅依然存在,而且出现了诸如垄断竞争使竞争的破坏力增大,经济具有停滞趋势,各国发展更不平衡,垄断资本加重剥削殖民地附属国等,垄断时期所特有的新现象导致资本主义生产关系的再次调整。

二、国家垄断资本主义被社会主义所代替

(一) 国家垄断资本主义的历史过渡性

国家垄断资本主义是资产阶级国家同垄断资本结合的一种垄断资本主义。 20 世纪上半叶,由于资本主义基本矛盾的尖锐,各国无产阶级革命的不断深入,迫使资产阶级对原有生产关系进行了又一次大调整。第二次世界大战后,主要资本主义国家完成了私人垄断资本主义向国家垄断资本主义的过渡,特别从 20 世纪 50 年代开始,国家垄断资本主义得到迅速发展,并具有持续、稳定的特点。

垄断到国家垄断是资本主义生产关系的第二次调整。

二战后,国家垄断资本主义得到迅速发展的主要原因,从根本上说是资本主义基本矛盾的产物。战后,新技术革命推动了生产力的发展,生产社会化的程度有了很大提高,资本主义基本矛盾尖锐起来,如①市场问题日趋严重,社会产品大幅度增加,而国内外市场日益相对狭小;

要解决这些矛盾就要借助国家的力量进行干预和调节，刺激国内需求，开拓国外市场；②规模巨大的社会化大生产和一系列新兴工业的建立等都需要投入巨额的资金，私人垄断无力承担，也要借助国家资助和投资；③随着新技术的发展，生产社会化程度日益提高，客观要求对整个国民经济的结构进行调整，这只有国家干预经济才能实现；④科学技术开发与研究的社会化，某些科学技术的开发和研究，往往需要跨学科、跨部门的庞大的科研人员的协同配合，这些只能由国家来承担。上述种种矛盾和问题的解决是垄断资本利益的需要，但必须借助于国家的力量。

国家干预经济的具体形式有：①国家与私人垄断资本融合为一体，一是通过国家采取"国有化"政策，国家用高价收购获其他补偿方式，把私人垄断企业收归国有；二是通过国家的财政拨款，直接投资新建新企业；②国家与私人垄断资本企业在内部结合，一是通过国家购买私人垄断企业的一部分股票；二是原有的国有企业进行改组，吸收一部分私营垄断资本投资；三是国家与私人垄断资本联合投资兴建新的企业；③国家与私人垄断资本在企业外部的结合。在这种形式中，国家对私人垄断企业经济运行的干预是从企业外部施加的，是间接进行的。具体包括：国家向私人垄断企业订货或购买产品；通过国家控制的金融机构向私人垄断企业贷款和调节利息率；国家通过财政拨款向私人垄断企业提供各种补贴；国家通过实行"经济计划化"和"社会福利"来干预和影响社会经济的运行。国家垄断资本主义不管采取什么形式，其实质都是一样的，即维护垄断资本的统治和垄断集团的高额利润。

（二）解决资本主义基本矛盾的根本出路

解决资本主义基本矛盾的根本出路，是以社会主义、共产主义制度取代资本主义制度。

资本主义必然灭亡，社会主义必然代替资本主义，并不是凭空由人们头脑中产生的臆想，而是不以人的意志为转移的客观规律。生产的社会化和资本主义私有制之间的资本主义基本矛盾的解决，不可能是消灭社会化的生产，也不可能是由社会化大生产倒退到分散的小生产，而只能是适应社会化大生产发展的要求，变更资本主义生产关系。代之以真正适合其本性要求的社会主义经济关系。

社会主义经济和资本主义经济不是截然不同的两种经济关系，它们是既有联系又有区别的。二者的联系是：①资本主义经济和社会主义经济都是建立在社会化大生产基础上的，由于这一点相同，两种经济在生产方式、管理方式等方面就有许多相同之处。②资本主义经济与社会主义经济都是商品经济，都是在国家宏观调控下的市场经济制度。二者有更多的共同点。但上述的联系并不是说社会主义市场经济和资本主义市场经济是完全相同的。商品的本质属性是价值，而价值实体属于社会经济关系。在市场经济活动的背后，

> 社会主义经济与资本主义经济的共同点和区别点。

存在着性质不同的社会经济关系，反过来不同的经济关系必定赋予市场经济活动以不同的特性。在资本主义经济中，价值中包含着剩余价值，体现着资本剥削雇佣劳动的关系；在社会主义经济中，价值体现着社会主义劳动者之间相互交换劳动的关系、劳动者集体利益和存在一定差别的劳动者个人利益相互联结的关系，这就决定了像工资、利润、利息、股息等用同样名词表示的经济范畴，在两种不同的商品经济和市场经济中代表着不同的经济关系，因而是不同性质的经济范畴。社会主义条件下的市场经济是一种崭新的市场经济，它除了具备与资本主义条件下的市场经济一样的共性以外，也一定会具有自己的特性，包括在运行方式、行为规范、运行结果、调控和管理手段等方面的特点，如具有社会主义的特性和反映着不同国家具体国情的特色。在社会基本经济制度这个层次上，社会主义和资本主义的区别是根本性的，也是显而易见的。

资本主义社会在其发展过程中为社会主义社会建立后管理经济、发展生产力提供了组织形式和经验，这一点在社会主义国家的改革中借鉴资本主义的一些做法上得到体现。但是所有这些都不表明社会主义取代资本主义的人类社会发展的总趋势发生了变化。

第三节　垄断资本主义国家的宏观调控

一、垄断资本主义国家的宏观经济调控的必要性

宏观调控是指中央政府对整个社会经济的调节与控制，以求得社会总供给与总需求的基本平衡，保障社会再生产的正常运行和整个国民经济的协调发展。宏观调控是政府的一项重要经济职能。但宏观调控不是政治制度的产物，从根本上说，是社会化大生产的产物。

随着社会生产力的不断发展，生产社会化程度越来越高，社会上的产业部门和企业日益增多，它们之间的经济联系越来越紧密，整个社会范围内的分工与协作关系更加精细而复杂，在这种情况下完全依靠市场调节即"看不见手"来调节，势必造成整个社会生产无政府状态的加剧，整个国民经济比例就会失调，为使社会再生产能够正常进行，客观上要求由一个国家和政府运用"看得见的手"对整个社会经济进行干预和调节。资本主义进入垄断阶段后，是生产的社会化程度相当高的工业化社会，要想保证社会再生产正常进行，确保垄断资产阶级获取高额的垄断利润，就决定了政府宏观调控的必要性。二战后，在新技术革命的推动下，社会生产力得到巨大发展，社会化程度空前提高，国家垄断资本主义得到持续和稳定的发展，使垄断资本主义国家的宏观调控进一步增强，调控的作用与效果也明显提高。

第六章 资本主义危机与国家的宏观调整

二、垄断资本主义国家宏观调控的目标和手段

(一) 垄断资本主义国家宏观调控的目标

资本主义政府对经济活动的干预和调节，一般是要实现以下目标：谋求国民经济总量平衡；实现充分就业；谋求稳定的经济增长率；平抑经济波动，防止萧条和衰退；稳定物价，防止通货膨胀和通货紧缩；谋求公平和效率，改善公民的福利。所有这些目标的实质，就是协调社会经济利益关系，缓和社会经济矛盾，使社会经济各部门、社会再生产的各个环节按比例协调发展、保障整个国家经济的正常进行和发展。

> 国家宏观调控的实质。

为了实现上述目标，资本主义国家对经济生活的干预和调节的主要内容是：①通过国有经济成分和政府作为最大消费者、最大的债券发行者参与市场经济活动；②制定法律法规，成立机构，规范微观经济主体的行为，规范市场的经济活动；③运用经济杠杆，调解经济对国民收入进行再分配，协调资产阶级各集团间的经济利益；④调节宏观经济运行，实现经济资源的充分利用。

(二) 垄断资本主义国家宏观调控的手段

资本主义国家对经济生活的干预和调节的手段具体形式很多但最基本方式有两种：一种是作为经济基础的组成部分，通过国有企业和国私共有企业占有的资本，以数目巨大的商品供应者和购买者的身份参加活动，直接控制和调节资本主义再生产；另一种是通过财政政策、货币政策、收入政策、社会福利政策、经济计划等政策和手段，对国民经济进行广泛的调节。

财政政策，是政府为影响社会经济活动所制定的关于财政运作的原则和行为准则。当代资本主义国家运用财政政策干预和调节经济主要是通过财政收入政策和财政支出政策来实施的。财政政策包括财政收入政策和财政支出政策。财政收入政策主要是通过税率和税收结构的调整来实现的。通过调整税收结构，可以影响个人消费和企业投资，从而影响经济发展。财政支出政策的内容主要是政府采购、政府直接投资或补贴、社会保障和福利开支等。财政政策是促进和保证经济持续、稳定、协调发展的重要经济措施，是政府调节经济的主要政策根据，也是直接体现和贯彻国家财政政策的一种重要的宏观调控手段。经济发展水平越高，市场越发达，对财政政策的依赖性就越强。

货币政策是国家为实现其宏观经济目标而制定的控制、调节和稳定货币的一项金融政策。 货币政策是一种重要的宏观调控手段。货币政策的最终目标是与国家宏观调控目标一致的。货币政策的目标是：抑制通货膨胀、保持物价稳定、保证经济稳定增长。货币政策的运作是：中央银行通过增加或减少货币供应量、扩大或紧缩信贷的方法影响利息率，进而通过利息率的变动来影响社会消费和投资，以碾平经济波动，实现经济稳定增长。调节的工具包括：法定存款准备金率、再贴现政策、公

开市场业务等。

  收入政策是国家对收入分配过程进行宏观控制的政策措施。其基本内容是政府通过有意识的措施，调节工资、利润和其他收入间的关系，达到对国民经济运行的干预和调节。资产阶级政府采取收入政策的目的之一是企图借助对工资与物价的管理，克服物价和工资的螺旋式上升，制止通货膨胀；收入政策的另一目的是调节收入分配。政府对收入分配的干预，会影响国民收入中积累与消费的比例，从而影响到经济。

  社会福利政策是国家规定的利用社会福利调节个人分配和再分配的准则。当代资本主义国家实现的社会福利政策主要有三类，即社会保障、福利补贴和社会救济。社会保障是政府按就业雇员工资额征税一定比例的社会保障税，形成社会保障资金，用于雇员退休、失业、伤残时的保障金。福利补贴是普遍性的公共福利补贴，如医疗补贴、教育补贴等。社会救济是国家向低收入的穷人提供的救济，包括对贫困的老年人、伤残人、低收入者提供的医疗津贴、房租补贴、儿童抚养津贴等。社会福利政策的实施，相对缓和了社会矛盾，维护了社会安定，巩固了资产阶级统治起到了"社会安全网"和"经济稳定器"的作用。

  经济计划是对国民经济实行计划管理和调节，这已成为当代资本主义国家干预和调节国民经济的重要手段。资本主义的经济计划形式多样，但它们都具有以下共同的特点：计划一般是指导性或参考性的；多数计划的内容只规定总任务和总指标而没有具体指标；虽然包括国民经济发展的短期、中期和长期计划，但重点是长远目标的计划；计划的实施主要是通过国家的经济政策，借助财政、信贷等经济杠杆来引导私人企业。资本主义国家的计划管理和调节是有一定成效的，对战后资本主义经济的增长起了促进作用。但这种计划调节是建立在资本主义私有制的基础上，因而它没有也不可能从根本上克服社会生产的无政府状态。

三、现代资本主义市场经济体制运作的后果

  国家对经济的宏观管理和调控，一方面，它在某种程度上适应了生产力发展的要求，适应新科技发展和生产社会化的需要，在一定程度上缓解了资本主义社会的各种矛盾，刺激了经济发展，有时成效还比较显著。如第二次世界大战结束后到20世纪60年代末70年代初，西方主要资本主义国家出现了新的经济相对稳定和繁荣。但是另一方面，它不能根本解决资本主义经济的内在矛盾，它的干预没有超出资本主义的生产方式，没有改变垄断资本主义的实质，日益庞大的社会化大生产仍然服务于垄断资产阶级获取高额利润的狭隘阶级利益的追求，使资本主义基本矛盾进一步加深，以新的形式积累了新的矛盾，带来了新的不良社会后果。如从20世纪70年代初开始，西方主要资本主义国家经济停滞和通货膨胀并发，随后进入长期性经济低增长状态，它反映了国家垄断资本主义经济关系的局限性。近20年来，多数西方发达国家推行经济自由

主义，国家垄断资本主义有所削弱，但推行新经济自由主义给社会经济带来的负面影响已初露端倪。

总之，国家干预经济的作用是显而易见的，但这种干预同样也无法消除资本主义基本矛盾。相反，在国家干预下更进一步发展起来的社会化大生产，与狭隘的私人垄断资本关系的冲突，把资本主义基本矛盾推向了顶端。到现在，尽管资产阶级的经济理论和政策主张，还在围绕加强还是放松国家干预问题展开着争论，但社会化大生产发展到今天，当代资本主义无论如何再也不能脱离国家干预的轨道了，离开了国家干预经济再也无法运行了，西方经济发展模式之争还会继续下去。

本章小结

◎资本主义生产方式，是以生产资料私有制和雇佣劳动为基础，以社会化大生产为特征的社会化大生产和资本主义私有制之间的矛盾，从根本上说是生产力和生产关系的矛盾在资本主义生产方式下的具体体现。首先，表现为单个企业内部生产的有组织性和整个社会生产无政府状态之间的对立。其次，表现为资本主义生产无限扩大的趋势和劳动群众有支付能力的需求相对缩小的矛盾。最后，表现为无产阶级与资产阶级的矛盾。

◎经济危机，是指资本主义社会中周期性出现的经济动乱和恐慌。经济危机的可能性，早在货币执行流通手段职能后就产生了；只有在资本主义商品经济中，才具有使危机的可能性转化为现实性的经济条件，使经济危机成为资本主义社会的必然现象。经济危机周期性地爆发，其原因在于资本主义基本矛盾。

◎经济危机的周期爆发，使资本主义社会再生产也具有周期性。从一次危机爆发到下一次危机爆发之间的间隔时间，就是资本主义社会再生产的一个周期。每一个周期一般要经过危机、萧条、复苏和高涨四个阶段。经济危机周期性的物质基础，是固定资本的大规模更新。固定资本的大规模更新成为资本主义经济危机周期性的物质基础。经济危机是资本主义基本矛盾尖锐化的产物。同时，又是这些矛盾暂时、强制性的解决形式。因此，它带来的后果就是双重的。

◎垄断是指少数资本主义大企业，为了获得高额的垄断利润而联合起来，控制和独占一个或几个部门的产品生产和销售市场。垄断组织是指少数资本主义大企业，为了获得高额的垄断利润而联合起来，控制和独占一个或几个部门的产品生产和销售市场的组织。垄断并没有消灭竞争，而是与竞争并存，并使竞争更加复杂而尖锐。

◎国家垄断资本主义是资产阶级国家同垄断资本结合的一种垄断资本主义。二战后，国家垄断资本主义得到迅速发展的主要原因，从根本上说是资本主义基本矛盾的产物。国家垄断资本主义不管采取什么形式，其实质都是一样的，即维护垄断资本的统治和垄断集团的高额利润。解决资本主义基本矛盾的根本出路，是以社会主义、共产主义制度取代资本主义制度。

◎社会主义经济和资本主义经济不是截然不同两种经济关系，他们是既有联系又有区别的。二者的联系是：①资本主义经济和社会主义经济都是建立在社会化大生产基础上的；②资本主义经济与社会主义经济都是商品经济，都是在国家宏观调控下的市场经济制度。在社会基本经济制度这个层次上，社会主义和资本主义的区别是根本性的。

◎宏观调控是指中央政府对整个社会经济的调节与控制，以求得社会总供给与总需求的基本平衡，保障社会再生产的正常运行和整个国民经济的协调发展。资本主义政府对经济活动的干预和调节目标是：谋求国民经济总量平衡；实现充分就业；谋求稳定的经济增长率；平抑经济波动，防止萧条和衰退；稳定物价，防止通货膨胀和通货紧缩；谋求公平和效率，改善公民的福利。所有这些目标的实质，就是协调社会经济利益关系，缓和社会经济矛盾，保障整个国家经济的正常进行和发展。

◎垄断资本主义国家宏观调控的政策手段是：通过财政政策、货币政策、收入政策、社会福利政策、经济计划等政策和手段，对国民经济进行广泛的调节。国家对经济的宏观管理和调控，在某种程度上适应了生产力发展的要求，适应新科技发展和生产社会化的需要，在一定程度上缓解了资本主义社会的各种矛盾，刺激了经济发展，有时成效还比较显著。

综合练习

一、基本概念

1. 经济危机　2. 资本主义基本矛盾　3. 经济危机　4. 资本主义再生产周期　5. 垄断

二、单项选择题

1. 资本主义的基本矛盾是（　　）。

A. 生产力和生产关系的矛盾

B. 无产阶级和资产阶级的矛盾

C. 社会化生产和资本主义私有制之间的矛盾

D. 经济基础与上层建筑之间的矛盾

2. 资本主义经济危机的实质是（　　）。
A. 生产绝对过剩
B. 生产相对不足
C. 生产的产品相对于劳动人民有支付能力的需求的过剩
D. 资本主义基本矛盾

3. 资本主义经济危机的根本原因是（　　）。
A. 资本主义基本矛盾
B. 无产阶级与资产阶级的矛盾
C. 生产与消费的矛盾
D. 个别企业生产有组织与整个社会生产无政府状态之间的矛盾

4. 资本主义经济危机的根源在于（　　）。
A. 生产相对过剩
B. 资本主义生产和消费的矛盾
C. 资本主义基本矛盾
D. 固定资本更新

5. 资本主义经济危机周期性爆发的物质基础是（　　）。
A. 社会化大生产
B. 大规模的固定资本更新
C. 资本主义基本矛盾
D. 资本积累

6. 固定资本大规模更新对资本主义再生产周期性的意义在于（　　）。
A. 它加剧了生产过剩的经济危机
B. 它能根除生产过剩的经济危机
C. 它一方面能减轻对工人的剥削，另一方面又能提高工人的购买力
D. 它既为经济摆脱危机和萧条创造了物质条件，又为经济走向高涨，进入下一次危机准备了物质条件

7. 资本主义生产方式产生之前，新兴资产阶级为促使资本主义生产方式的形成所采取的暴力手段是（　　）。
A. 对外扩张
B. 殖民统治
C. 资本积累
D. 资本原始积累

8. 资本原始积累发生在（　　）。
A. 资本主义生产方式产生之前
B. 资本主义生产方式产生之后
C. 资本主义的自由竞争阶段
D. 垄断资本主义阶段

9. 垄断与竞争的关系是（　　）。
A. 垄断代替自由竞争
B. 垄断消灭了自由竞争
C. 垄断凌驾在竞争之上
D. 垄断与竞争并存

三、多项选择题

1. 以下关于资本主义基本矛盾的正确表述是（　　）。
A. 它是个别企业生产的有组织性和整个社会生产的无政府状态的矛盾
B. 它是社会生产无限扩大的趋势和劳动人民有支付能力的需求相对缩小的矛盾
C. 它是社会化生产和资本主义私有制之间的矛盾
D. 它在资本主义各种矛盾中起主导作用和决定性作用
E. 它是资本主义社会一切矛盾和冲突最深刻的根源

2. 资本主义基本矛盾的主要表现有（　　）。

A. 个别企业生产的有组织性与整个社会生产的无政府状态之间的矛盾

B. 社会生产无限扩大的趋势和劳动人民有支付能力的需求相对缩小之间的矛盾

C. 无产阶级和资产阶级之间的矛盾

D. 生产力与生产关系之间的矛盾

E. 资本主义国家之间的矛盾

3. 资本主义生产具有不受限制扩大的趋势，原因是（　　）。

A. 资本对剩余价值的追求　　　　　　B. 竞争

C. 科学技术进步，生产社会化程度提高和生产规模扩大

D. 生产关系的调整　　　　　　　　　E. 资本积聚和资本集中

4. 在简单商品经济条件下，经济危机之所以不会有可能转化为现实，是因为（　　）。

A. 不存在雇佣劳动关系

B. 不是为剩余价值而生产

C. 自然经济占统治地位

D. 商品买卖范围小，市场联系不紧密

E. 商品生产规模小，商品数量少

5. 以下矛盾导致了资本主义经济危机的产生，（　　）。

A. 个别企业生产的有组织性和整个社会生产的无政府状态的矛盾

B. 社会生产无限扩大的趋势和劳动人民有支付能力的需求相对缩小的矛盾

C. 生产力和生产关系的矛盾

D. 经济基础和上层建筑的矛盾

E. 资本家和工人阶级的矛盾

6. 资本主义再生产周期一般包括以下几个阶段（　　）。

A. 危机阶段　　　　　　B. 萧条阶段

C. 复苏阶段　　　　　　D. 高涨阶段　　　　　　E. 滞涨阶段

7. 资本主义生产关系大规模迅速发展所需要具备的条件是（　　）。

A. 广大的国内市场　　　B. 廉价的原料来源

C. 资产阶级政府的扶持

D. 大量有人身自由，但丧失了一切生产资料的无产者

E. 少数人手中集中大量为组织资本主义生产所需要的货币资本

8. 在资本主义发展过程中，属于生产方式方面的重大调整有（　　）。

A. 自由竞争资本主义过渡到垄断资本主义

B. 在垄断资本主义基础上确立国家垄断资本主义

C. 简单商品经济过渡到发达商品经济

D. 自然经济过渡到商品经济

E. 国家干预经济

9. 资本主义生产关系的发展所经历的阶段有（　　）。

A. 自然经济阶段　　　　B. 商品经济阶段

C. 垄断资本主义　　　　D. 国家垄断资本主义　　　　E. 自由竞争资本主义

四、判断正误题

1. 资本主义的基本矛盾是无产阶级与资产阶级的矛盾。（   ）
2. 资本主义生产方式的自我调整，是由资本主义基本矛盾决定的。（   ）
3. 在垄断资本主义初期，垄断也有过积极作用。（   ）
4. 垄断消灭了竞争，是垄断资本主义的根本特征，是垄断资本主义的实质。（   ）
5. 第二次世界大战以后，主要资本主义国家完成了由私人垄断资本主义向国家垄断资本主义的过渡。（   ）
6. 社会主义经济与资本主义经济都是建立在社会化大生产基础上的商品经济。（   ）
7. 社会主义经济和资本主义经济既有联系又有区别。（   ）
8. 国家对经济的宏观管理和调控，使资本主义生产关系完全适应了生产力的发展。（   ）

五、问答与思考题

1. 资本主义的基本矛盾是什么？主要表现有哪些？
2. 试述国家垄断资本主义对经济发展具有的两重作用。
3. 怎样理解经济危机周期性与固定资本大规模更新的关系？
4. 国家垄断资本主义是怎样产生的？战后为何得到了迅速全面的发展？
5. 国家垄断资本主义有哪些主要形式？通过这些形式，如何说明国家垄断资本主义的实质？
6. 发达资本主义国家为什么实行宏观经济调控？宏观经济调控的目标有哪些？
7. 发达资本主义国家宏观经济调控的手段有哪些？它们是怎样运用这些手段进行宏观调控的？
8. 联系实际分析社会主义经济与资本主义经济存在什么样的逻辑关系？

第七章

社会主义初级阶段和所有制结构

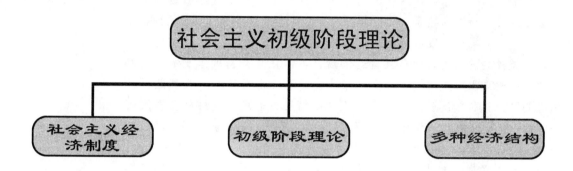

重点掌握
- 社会主义初级阶段的理论和内容
- 公有制为主体，多种所有制共同发展
- 中国特色社会主义总依据、总布局、总任务

一般掌握
- 我国社会主义的基本经济制度
- 集体所有制经济的发展
- 股份合作制的发展

一般了解
- 个体经济的发展
- 私营经济的发展

本章导语

以上各章介绍了商品与货币、资本主义生产与流通、分配与消费等马克思主义的政治经学原理。从本章开始，我们将运用马克思主义经济学的基本理论对我国社会主义初级阶段的基本制度、市场经济、经济增长、对外经济关系以及宏观调控理论等内容进行学习。本章主要学习社会主义初级阶段的基本理论和所有制结构。通过本章的学习，掌握我国社会主初级阶段的主要理论、现阶段生产力发展状况与所有制结构关系以及有中国特色社会主义总依据、总布局和总任务。希冀对我国现阶段的生产力状况和我国基本经济制度有进一步的认识并加深思考。

第一节　社会主义经济制度的建立

一、中国走社会主义道路是历史发展的必然

中国经历了几千年的封建社会，到 19 世纪上半叶开始沦为半封建半殖民地社会。20 世纪上半叶，中国在世界上已经是一个生产力和生产关系都非常落后的国家，在这样的背景下建立社会主义制度是不是具有历史必然性和可行性，这是一个非常重要的、仍然需要深入研究的问题。

第一，人类社会发展具有跳跃性特点和特殊性规律。

人类社会的历史发展有其普遍的规律，但在其普遍规律发生作用的同时，也表现出其规律的特殊性，如社会形态"常常是跳跃式和曲折地前进的"❶。这种情况就是社会发展规律的特殊性表现。这种社会发展规律特殊性的例子在世界历史上是很多的，保加利亚等国家就没有经过奴隶社会发展阶段而是跳跃式的由原始社会直接进入了封建农奴制社会；美国资本主义制度不是建立在封建社会的基础上而是由封建农奴制社会直接建立了资本主义社会，并且丝毫没有影响美国资本主义制度建设和美国资本主义社会发展。马克思曾明确提出俄国等东方国家可以不经过资本主义充分发展阶段而建立社会主义的东方社会理论；列宁认为，"在先进国家无产阶级的帮助下，落后国家可以不经过资本主义发展阶段而过渡到苏维埃制度，然后经过一定的发展联合会过渡到共产主义"❷。列宁又说："世界历史发展的一般规律，不仅丝毫不排斥个别发展阶段在发展的形式和顺序上表现出特殊性，反而是以此为前提。"❸马克思和列宁的这些观点，是我国建立社会主义制度的重要理论基础。

毛泽东经过长期的探索，把马克思列宁主义的基本原理同中国的实际相结合，创立了新民主主义革命理论，提出了经过新民主主义社会过渡到社会主义社会的设想。

第二，在中国建立社会主义制度是国际社会发展的必然结果。

在 100 多年前，列宁的帝国主义理论，就深刻的分析了在帝国主义阶段，由于资本主义经济、政治发展不平衡规律作用的加剧，社会主义很可能在帝国主义的薄弱环节、在资本主义不发达国家首先突破。加上资本主义同殖民地半殖民地国家的矛盾激化，使无产阶级的解放斗争必然同世界被压迫民族的解放斗争联合起来，壮大了无产阶级的力量，使中国的无产阶级得到国际无产阶级的支持。帝国主义的侵略，企图使中国永远成为殖民地，阻碍着中国向资本主义发展，也使中国失去了走资

> 了解人类社会发展具有跳跃性、特殊性的规律。

> 了解中国建立社会主义制度的国际背景。

---

❶ 马克思恩格斯选集.第 2 卷.北京：人民出版社，1972：122.
❷ 列宁全集.第 2 版.第 39 卷.北京：人民出版社，1972：233.
❸ 列宁全集.第 2 版.第 43 卷.北京：人民出版社，1972：370.

第七章 社会主义初级阶段和所有制结构

本主义道路的机会。俄国十月革命胜利,给中国历史的发展指明了方向。可见,在当时的条件下,走社会主义道路是中国唯一的选择。不走社会主义道路,中国只能成为西方资本主义国家的附庸,丧失民族的独立,更谈不上中华民族的繁荣富强,俄国十月革命和中国革命的胜利,都证实列宁的论断是完全正确的,充分显示了社会主义必然代替资本主义这一世界历史总的发展方向和历史趋势。

第三,我国社会主义力量的产生和发展。

虽然 1840 年鸦片战争以后中国开始沦为半殖民地半封建社会。但中国几千年封建社会内部经济的发展,已经孕育着资本主义的萌芽,如果没有帝国主义的入侵,中国社会自然会缓慢地发展到资本主义社会。但是帝国主义入侵并且和中国官僚资本、封建势力勾结,限制和打击了中国民族资本主义的发展,堵塞了中国走向资本主义的道路,企图把中国变成殖民地和半殖民地。旧中国的社会性质决定了其社会的主要矛盾是人民大众同帝国主义、封建主义、官僚资本主义的矛盾。中国人民的任务和使命,就是推翻帝国主义、封建主义、官僚资本主义这三座大山。现代中国工业、民族资本主义有了一定程度的发展,已经产生了社会化大生产和与先进生产力相联系的社会主体即无产阶级,这是建立社会主义制度的决定性力量。无产阶级的力量随着现代大工业的发展而不断壮大,更由其自身的优点使它能够成为变革旧的生产关系的领导力量。以中国共产党为领导的革命阶级必然建立符合无产阶级和广大劳苦大众政治经济利益需要的新的生产关系,这种新生产关系只能是以生产资料公有制为基础的社会主义生产。

第四,中国的资产阶级不能担起中国革命的重任。

1911 年辛亥革命的失败,证明了中国的资产阶级不能担起中国革命的重任,证明了资本主义道路在中国走不通,在中国不可能建立资产阶级共和国。在中国,民族资产阶级从它产生时起,就具有先天的缺陷。它既受外国资本主义和本国封建主义的压迫,又与它们存在着千丝万缕的联系。许多民族企业为了避免破产的厄运,求得自身的存在和发展,不惜乞求外国资本主义的庇护或是依赖本国封建主义的支持。这种经济基础的薄弱性决定了民族资产阶级政治上的软弱性,决定了它既不是新的生产力的代表者,更不可能建立一套符合中国政治经济利益需要的资本主义生产关系。正如列宁所指出的,统治阶级已经不可能不变的维持自己的统治,不能照旧生活下去,而被压迫阶级的贫困和灾难超乎寻常的加剧,人民群众迫切要求改变自己受苦受难的处境。这种时候,变革旧的生产关系的革命就要来到了,领导中国革命的重任,就历史性地落在了中国无产阶级的肩上。旧中国社会的主要矛盾和中国无产阶级的历史地位,决定了中国必然经过新民主主义走向社会主义。正是在中国共产党的领导下,中国人民经过 28 年艰苦卓绝的革命斗争,终于推翻了帝

> 为什么说中国的资产阶级不能担起中国革命的重任。

国主义、封建主义、官僚资本主义这三座大山，建立了社会主义新中国。

第五，社会主义代替资本主义是由社会发展规律决定的。

经济制度是一个社会的经济基础，同时决定一个社会的性质，不同的社会有不同的经济制度，通过不同的经济制度就可以把不同的社会区别开来。人类社会发展历史上出现与存在以下几种类型的经济制度。

原始社会的共产主义经济制度，它的基本特征是劳动者共同占有和使用生产资料，共同劳动、平均分配社会产品；奴隶社会的经济制度，其基本特征是奴隶主占有生产资料和占有奴隶；封建社会的经济制度，其基本特征是封建地主占有土地等生产资料，并用经济的和超强经济的手段榨取农民；资本主义的经济制度，其基本特征是生产资料归资本家个人占有和雇佣劳动；社会主义的经济制度，其基本特征是实行生产资料的社会主义公有制和劳动产品按劳分配。

当生产关系严重阻碍生产力发展时，代表新生力量的生产力就通过社会革命，摧毁旧的生产关系，建立适合生产力发展需要的新的经济制度。

上述几种经济制度是在人类社会发展历史上依次由低级向高级出现的。在历史发展进程中，如果一种经济制度落后了，就被另一种进步的经济制度所代替。但是，任何一种经济制度都不可能永远是先进的，经过一定的历史发展阶段后，其制约因素就产生了，使它显得落后，被更进步的经济制度所代替。经济制度的这种更替，不是人们的主观意愿所决定的，也不是偶然的，是由生产关系一定要适应生产力发展需要的客观规律所决定的。

二、我国社会主义经济制度的建立

1949年中华人民共和国成立之后，我国进入了建立社会主义经济制度的过渡时期。过渡时期的任务和目标就是建立社会主义经济制度——生产资料公有制，为了完成这一任务和实现这一目标，人民政权没收了旧中国的官僚资本，并以此为基础建立了社会主义国家所有制即全民所有制；通过对资本主义工商业进行社会主义改造，使之发展为国家所有制经济；通过对农业、手工业进行社会主义改造，使之发展为集体所有制经济。到1956年，我国生产资料所有制的社会主义三大改造基本完成，标志着我国社会主义经济制度——生产资料公有制在全国范围内建立起来了，过渡时期也随之结束。正如党的十八大报告指出："以毛泽东同志为核心的党的第一代中央领导集体带领全党全国各族人民完成了新民主主义革命，进行了社会主义改造，确立了社会主义基本制度，成功实现了中国历史上最深刻最伟大的社会变革，为当代中国一切发展进步奠定了根本政治前提和制度基础。在探索过程中，虽然经历了严重曲折，但党在社会主义建设中取得的独创性理论成果和巨大成就，为新的历史时期开创中国特色社会主义提供了宝贵经验、理论准备、物质基础"。

什么是过渡时期？

第二节 我国社会主义初级阶段理论

一、我国社会主义初级阶段理论的依据和形成

我国过渡时期结束后，我国社会主义处于什么阶段呢？我国社会主义脱胎于半殖民地半封建社会，生产力水平很低，虽然新中国成立以来生产力有了很大提高，但生产力落后、科学技术水平不高、商品经济不发达的状况在相当长时间内不可能从根本上得到改变，这种落后的生产力水平决定了我国社会主义生产关系不可能是成熟的，必定存在着不完善的地方。邓小平同志说："社会主义本身是共产主义的初级阶段，而我们中国又处在社会主义的初级阶段，就是不发达的阶段。"❶我国处于并将长期处于社会主义初级阶段的科学论断，要求必须一切从社会主义初级阶段的实际出发，这是建设有中国特色社会主义的国情基础。

> 我国处于并将长期处于社会主义初级阶段的科学论断，要求必须一切从社会主义初级阶段的实际出发。

对我社会主义发展阶段问题，在我国社会主义改造基本完成前后，中国共产党就开始了有益的探索，并取得了重大成就，但也经历了多次曲折，付出了惨重代价。直到1978年党的十一届三中全会以后，特别是党的十三大，对我国目前还处于社会主义初级阶段这个最大的国情，进行了全面系统的阐述，形成了党在社会主义初级阶段的理论。底子薄、人口多，80%的人是农民，这个现实情况应该是我们制定建设蓝图的出发点。中国的现代化建设，必须从中国的实际出发，研究中国社会主义建设的特殊规律。我国现在还是发展中的社会主义国家，生产力水平不高，社会主义制度还不完善，经济和文化还不发达，社会主义制度还处在幼年时期，在我国实现现代化必然要有一个由初级到高级的过程，这些观点比较明确地表述了我国还处于社会主义发展的初级阶段。

1981年6月，十一届六中全会通过的《中国共产党中央委员会关于建国以来党的若干历史问题的决议》（以下简称"决议"），第一次在党的文献中明确使用"初级阶段"的概念。《决议》指出："我国的社会主义制度还处于初级的阶段"，"我们的社会主义制度从不完善到比较完善，必然要经历一个长久的过程。"这表明我们党对我国社会主义社会所处的发展阶段有了明确的认识。

> 分析我国社会主义初级阶段理论的发展过程。

1982年9月，党的十二大报告再次提出我国社会主义社会还处在初级阶段的论断，并且把"物质文明不发达"作为社会主义初级阶段的基本特点突出出来，从物质基础方面对社会主义初级阶段进行阐述。

1987年10月中国共产党第十三次代表大会，集中了十一届三中全会以来全党和全国人民在探索社会主义初级阶段的理论成果和实践经验，对社会主义初级阶段的含义、提出的依据、主要矛盾、历史任务和历史

---

❶ 邓小平．一切从社会主义初级阶段的实际出发．邓小平文选．第3卷．北京：人民出版社，1993：252．

地位等作了全面系统的论述，并且完整地概括和表达了党在社会主义初级阶段的基本路线。这标志着社会主义初级阶段理论的形成。包括了邓小平关于社会主义初级阶段的科学内涵、社会主义初级阶段的基本特征、初级阶段的主要矛盾、社会主义初级阶段的发展、社会主义初级阶段理论的重大意义等。

在党的十四大、十五大、十六大、十七大以及十八大始终强调："我们必须清醒地认识到，我国仍处于并将长期处于社会主义初级阶段的基本国情没有变，人民日益增长的物质文化需要同落后的社会生产之间的矛盾这一社会主要矛盾没有变，我国是世界最大发展中国家的国际地位没有变。在任何情况下都要牢牢把握社会主义初级阶段这个最大国情，推进任何方面的改革发展都要牢牢立足社会主义初级阶段这个最大实际。党的基本路线是党和国家的生命线，必须坚持把以经济建设为中心同四项基本原则、改革开放这两个基本点统一于中国特色社会主义伟大实践，既不妄自菲薄，也不妄自尊大，扎扎实实夺取中国特色社会主义新胜利。"

二、我国社会主义初级阶段的特征

我国处在社会主义初级阶段，有以下两层含义。

第一，我国已经是社会主义社会。具有社会主义的一般特征，经济上主要是生产资料所有制以公有制为主体，实行按劳分配为主的分配制度。

> 社会主义的一般特征是什么？

第二，我国还处在社会主义初级阶段。具有社会主义还不成熟的一些特征。

一是生产力不发达，地区经济发展也不平衡。

二是生产关系不成熟，还存在非公有制经济关系，社会主义市场经济体制不成熟。

三是上层建筑不完善。社会主义民主法制还不够健全，封建主义、资本主义和小生产习惯势力在社会上还有广泛影响。上述几个方面共同形成了社会主义初级阶段的基本特征。

我国社会主义初级阶段理论的意义。社会主义初级阶段提出的是依据生产力决定生产关系、生产关系一定要适合生产力发展需要的客观规律。这也是对我国及国际上社会主义国家建设经验教训的科学总结，并且极大地丰富和发展了马克思主义，成为创造性地建设中国特色社会主义的重要理论基础。我国正处于并将长期处于社会主义初级阶段，这是最大的国情，什么是社会主义、怎样建设社会主义，首先就必须搞清楚什么是社会主义的初级阶段，怎样建设社会主义的初级阶段。以邓小平同志为代表的中国共产党人在探索这个根本问题上的创造性成就，开辟了建设中国特色社会主义的新道路。社会主义初级阶段论断的提出，为人们正确认识我国社会主义建设实践中的成功和失误提供了一把钥匙，

> 我国社会主义初级阶段理论的意义是什么？

同时也使我们对社会主义建设的长期性、紧迫性、复杂性、艰巨性有了更加清醒的认识。它是我国改革开放和建设有中国特色社会主义的理论武器，是中国共产党人对科学社会主义理论的重要贡献。

三、社会主义初级阶段的主要矛盾和主要任务

我国社会主义初级阶段的矛盾有很多，但其主要矛盾是人民群众日益增长的物质文化需要同落后的社会生产之间的矛盾，这个主要矛盾决定和制约着其他矛盾的存在和发展。实行社会主义制度，就要不断提高人民的生活水平，最大限度地满足人民群众物质生活和文化生活的需要，才能体现社会主义的本质和优越性。但在我国社会主义初级阶段，由于生产力水平低下，物质产品不丰富，人民的物质和文化生活需要的满足受到很大的限制。这就决定了我国社会主义初级阶段的主要矛盾是人民群众日益增长的物质文化需要同落后的社会生产之间的矛盾。

> 社会主义初级阶段的主要矛盾和主要任务的关系。

解决我国社会主义初级阶段主要矛盾的方法和途径，就是必须大力发展生产力。因此，社会主义初级阶段的矛盾决定了我国社会主义初级阶段的主要任务就是解放生产力，发展生产力，逐步实现社会主义现代化，并且为此而改革生产关系和上层建筑中不适应生产力发展的方面和环节。生产力是推动人类社会发展的最终决定力量，也是推动社会主义社会发展的决定力量。

第一，发展生产力，是建立社会主义雄厚的物质技术基础前提。只有生产力提高了，才能创造出比资本主义社会更高的劳动生产率，创造出丰富的物质产品和精神财富，不断提高人民的生活水平，逐步达到共同富裕。

第二，发展生产力，是完善、巩固和发展社会主义生产关系的关键。生产力决定生产关系，落后的生产力性质，就决定了生产关系不可能是先进的。只有生产力提高了，生产关系、经济制度才能得以巩固和发展。

四、社会主义初级阶段的基本路线

1. 总路线或基本路线的历史沿革

第一次是民主革命时期提出的新民主主义革命时期总路线：其内容有无产阶级领导的人民大众，反对帝国主义、封建主义和官僚资本主义的革命。

> 我国革命与建设的历程上五次提出总路线或基本路线。

第二次是1953年提出的从新民主主义到社会主义过渡时期的总路线：其内容是在一个相当长的时期内，逐步实现国家的社会主义工业化，并逐步实现国家对农业、手工业和对资本主义工商业的社会主义改造。这条总路线的基本思想是使中国由农业国转变为工业国，由新民主主义过渡到社会主义，把中国建成一个伟大的社会主义社会。

第三次是1958年提出社会主义建设总路线：即鼓足干劲，力争上游，多快好省地建设社会主义。这个总路线的实践结果是违背了客观经

济规律，导致"大跃进"和"共产风"的失误。"大跃进"、"人民公社"和"社会主义建设总路线"当时统称"三面红旗"。

第四次是1962年中国共产党八届十中全会和1969年中国共产党九大两度提出社会主义历史阶段的总路线，即把以阶级斗争为纲确定为总路线。

第五次是1987年党的十三大根据我国社会主义初级阶段的主要矛盾和主要任务提出我国社会主义初级阶段的基本路线，即"一个中心，两个基本点"。

> 我国社会主义初级阶段的基本路线，即一个中心，两个基本点。

2. 社会主义初级阶段的基本路线

生产力的发展受制度因素和物质技术因素两个方面的制约，当生产关系和上层建筑中制度因素阻碍生产力发展时，物质技术因素对生产力发展的作用便会受到压抑、限制、破坏；当生产关系和上层建筑中制度因素适应生产力发展时，物质技术因素对生产力发展的作用才能得到充分的发挥。因此发展生产力，必须解放生产力。邓小平同志说："社会主义基本制度确立以后还要从根本上改变束缚生产力发展的经济体制，建立起充满生机和活力的社会主义经济体制，促进生产力的发展，这是改革。所以改革也是解放生产力。"❶ 虽然我国社会主义政治经济制度基本适合我国生产力发展要求，但经济体制、生产关系的具体形式以及国家对国民经济进行管理的具体制度，以高度集中统一为主要特征，则是束缚和阻碍生产力发展的。改革经济体制，建立适应我国生产力发展的经济体制，就是把生产力从旧体制的束缚下解放出来，同时使社会主义生产关系得以完善，并充分发挥其积极促进生产力发展的强大作用。

根据我国社会主义初级阶段的主要矛盾和主要任务，中国共产党提出了我国社会主义初级阶段的基本路线就是："领导和团结全国各族人民，以经济建设为中心，坚持四项基本原则，坚持改革开放，自力更生，艰苦创业，为把我国建设成为富强、民主、文明的社会主义现代化国家而奋斗。"这条基本路线的内容包括领导和依靠力量、"一个中心，两个基本点"、发展道路、奋斗目标等。其中，最重要的内容是以经济建设为中心，坚持两个基本点。这是我国社会主义初级阶段全局性的、根本的指导方针，是建设我国社会主义理论和实践的总纲。

> "一个中心，两个基本点"是指什么？

3. 社会主义初级阶段的基本纲领

在社会主义初级阶段基本路线的基础上，党的十五大进一步提出了社会主义初级阶段的基本纲领，其内容包括基本目标和基本政策。

基本纲领中提出建设中国特色社会主义的经济目标，是在社会主义条件下发展市场经济，不断解放和发展生产力。建设中国特色社会主义的政治目标，是在中国共产党领导下，在人民当家作主的基础上，依法治国，发展社会主义民主政治。建设中国特色社会主义的文化目标，是

> 社会主义初级阶段的基本纲领，其内容包括基本目标和基本政策。

---

❶ 邓小平．在武昌、深圳、珠海、上海等地的谈话要点．邓小平文选．第3卷．北京：人民出版社，1993：370.

以马克思主义为指导，以培育有理想、有道德、有文化、有纪律的公民，发展面向现代化、面向世界、面向未来的、民族的、科学的、大众的社会主义文化。

在经济方面的基本政策是，坚持和完善社会主义公有制为主体、多种所有制经济共同发展的基本经济制度；坚持和完善社会主义市场经济体制，使市场在国家宏观调控下对资源配置起基础性作用；坚持和完善按劳分配为主体、多种分配方式并存的分配制度，鼓励一部分地区和一部人先富起来，逐步消灭贫穷，达到共同富裕；坚持和完善对外开放，积极参与国际经济合作和竞争。保证国民经济持续快速健康发展，人民共享经济繁荣成果。

4. 社会主义初级阶段基本路线在《宪法》中体现

1982年通过现行《宪法》时，在序言第七自然段中指出："今后国家的根本任务是集中力量进行社会主义现代化建设。中国各族人民将继续在中国共产党领导下，在马克思列宁主义、毛泽东思想指引下，坚持人民民主专政，坚持社会主义道路，不断完善社会主义的各项制度，发展社会主义民主，健全社会主义法制，自力更生，艰苦奋斗，逐步实现工业、农业、国防和科学技术的现代化，把我国建设成为高度文明、高度民主的社会主义国家。"

经过1993年、1999年和2004年三次修改宪法，将1982年的原有规定修改为："我国将长期处于社会主义初级阶段。国家的根本任务是，沿着中国特色社会主义道路，集中力量进行社会主义现代化建设。中国各族人民将继续在中国共产党领导下，在马克思列宁主义、毛泽东思想、邓小平理论和'三个代表'重要思想指引下，坚持人民民主专政，坚持社会主义道路，坚持改革开放，不断完善社会主义的各项制度，发展社会主义市场经济，发展社会主义民主，健全社会主义法制，自力更生，艰苦奋斗，逐步实现工业、农业、国防和科学技术的现代化，推动物质文明、政治文明和精神文明协调发展，把我国建设成为富强、民主、文明的社会主义国家。"宪法序言的这一规定和其他有关规定，在宪法中体现了党在社会主义初级阶段的基本路线。

> 社会主义初级阶段基本路线在宪法中是如何得以体现的？

5. 社会主义初级阶段是中国特色社会主义的总依据

2012年党的十八大报告指出："建设中国特色社会主义，总依据是社会主义初级阶段，总布局是五位一体，总任务是实现社会主义现代化和中华民族伟大复兴。"中国特色社会主义事业"五位一体"总体布局的形成是我们党对中国特色社会主义认识不断深化的结果。从物质文明建设、精神文明建设"两个文明"建设到经济建设、政治建设、文化建设"三位一体"，到经济建设、政治建设、文化建设、社会建设"四位一体"，再到现在的经济建设、政治建设、文化建设、社会建设、生态文明建设"五位一体"，对中国特色社会主义事业总体布局的认识，我们党经历了一个初步探索、逐步深化和趋于完善的过程。

> 党的十八大新提法。

第三节 生产资料所有制结构

一、我国社会主义初级阶段的基本经济制度

党的十五大提出，公有制为主体、多种所有制共同发展，是我国社会主义初级阶段的一项基本经济制度。十八届三中全会进一步指出："公有制为主体、多种所有制经济共同发展的基本经济制度，是中国特色社会主义制度的重要支柱，也是社会主义市场经济体制的根基。公有制经济和非公有制经济都是社会主义市场经济的重要组成部分，都是我国经济社会发展的重要基础。必须毫不动摇巩固和发展公有制经济，坚持公有制主体地位，发挥国有经济主导作用，不断增强国有经济活力、控制力、影响力。必须毫不动摇鼓励、支持、引导非公有制经济发展，激发非公有制经济活力和创造力。"

> 生产关系的基础是生产资料所有制。

经济制度是生产关系的总和，生产关系的基础是生产资料所有制，生产资料所有制的状况就构成一个社会的基本的经济制度。目前我国生产资料所有制形式包括公有经济和非公有经济两种形式。社会主义初级阶段的基本经济制度，是以生产资料公有制为主体、多种所有制经济共同发展。占主体地位的公有经济不仅包括国有经济和集体经济，还包括混合所有制经济中的国有成分和集体成分。

非公有制经济是我国社会主义市场经济的重要组成部分。这是党的十五大在所有制结构问题认识上的重大突破。在我国社会主义初级阶段，坚持以公有制为主体、多种所有制共同发展的基本经济制度，这是由我国社会主义初级阶段的基本国情和生产力发展状况所决定的。我们一方面要毫不动摇地巩固和发展公有制经济，另一方面要毫不动摇地鼓励、支持和引导非公有制经济发展。

改革开放以来，邓小平多次指出：一个公有制占主体，一个共同富裕，这是我们必须坚持的社会主义根本原则。社会主义两个非常重要的方面，一是以公有制为主体，二是不搞两极分化。只有确立我国经济中公有制的主体地位，才能避免两极分化。

我国现在正处在社会主义初级阶段，人口多、底子薄的状况短期内很难根本改变，生产力发展水平总体上还比较低，经济发展状况和人民生活水平，还远远落后于当代发达的资本主义国家。因此，我们必须从社会主义初级阶段这个最基本的实际出发，以经济建设为中心，解放和发展社会主义生产力，是我们的根本任务。坚持以公有制为主体，同时发展多种所有制经济，包括个体私营经济、联营经济、股份制经济、外商投资经济等等，才能加快社会主义市场经济建设的步伐，才能更好地发展生产力。

社会主义的根本任务是发展生产力，一切有利于生产力发展的所有

制形式都应当充分发挥其作用。根据邓小平理论,判断各方面工作的是非得失,归根到底,要以是否有利于发展社会主义社会的生产力,是否有利于增强社会主义国家的综合国力,是否有利于提高人民的生活水平为判断标准。"三个有利于"标准的核心是发展社会生产力。在建立社会主义市场经济体制、发展社会主义经济时,需要发挥各种所有制形式的作用,而不能以公有制作为唯一的经济形式,不能片面地追求统一的、单纯的所有制形式。实践已证明,公有制以外的其他所有制形式,在我国社会主义初级阶段的条件下,对于生产力的发展是不可缺少的,是推动生产力发展的动力之一。

> "三个有利于"是指什么?

二、公有制为主体、多种所有制经济共同发展

党的十八届三中全会指出:"公有制为主体、多种所有制经济共同发展的基本经济制度,是中国特色社会主义制度的重要支柱,也是社会主义市场经济体制的根基。公有制经济和非公有制经济都是社会主义市场经济的重要组成部分,都是我国经济社会发展的重要基础。必须毫不动摇巩固和发展公有制经济,坚持公有制主体地位,发挥国有经济主导作用,不断增强国有经济活力、控制力、影响力。必须毫不动摇鼓励、支持、引导非公有制经济发展,激发非公有制经济活力和创造力。"

(一) 公有制的主体地位

生产资料公有制是社会主义制度的经济基础。生产资料公有制在国民经济中占有主体地位,公有制的主体地位主要体现在:①公有资产在社会总资产中占优势;公有资产占优势,要有量的优势,更要注重质的提高;②国有经济控制国民经济命脉,对经济发展起主导作用;国有经济起主导作用,主要体现在控制力上;③公有资产在社会总资产中占优势、国有经济起主导作用,是就全国而言,有的地方、有的产业可以有所差别。

第一,公有制为主体,多种所有制经济共同发展是我国社会主义初级阶段的一项基本经济制度,也是我国现阶段所有制结构的主要内容。社会主义初级阶段之所以长期存在多种所有制经济,这是由我国现阶段的基本国情所决定的。我国将长期处在社会主义初级阶段,各方面已经确立了社会主义的基本制度,我国社会主义在经济、政治、文化上都占了主导地位,在所有制结构上必然要求公有制为主体。由于生产力从总体上说来还是比较低,生产社会化程度不高,而且发展很不平衡,非公有制经济在主体经济的引导下可以得到更好的发展。这样一种所有制结构,有利于各种所有制经济互相取长补短,充分调动各方面的积极因素,发展和繁荣社会主义经济。

第二,公有制为主体,多种所有制经济共同发展是实行市场经济的必然要求。市场经济的基本功能是市场在资源配置中起基础性调节作用,是不同所有者之间进行商品交换和竞争的经济。多元化所有制结构,不

> 多种所有制经济共同发展,是指在公有制为主体的前提下,公有经济和各种非公有经济如个体经济、私营经济、外资经济、混合所有制经济中的非公有经济成分共同发展。

仅有利于发挥各种所有制形式的长处，避免单一所有制容易造成的垄断局面，通过各种所有制间的互相配合，平等竞争，形成百舸争流，生机勃勃的市场经济。也有利于克服各种所有制形式的各自弱点，提高企业和社会的经济效益。

第三，公有制为主体，多种所有制经济共同发展是实行对外开放的必然选择。为了加快我国社会主义现代化建设的步伐，就必须利用国际资本，引进国外的先进技术，学习先进国家有益的经营管理经验。因此，就有必要在国家统一规划下，吸引外商到我国来创办"三资"企业。

（二）多种所有制经济共同发展

多种所有制经济共同发展，是指在公有制为主体的前提下，公有经济和各种非公有经济如个体经济、私营经济、外资经济、混合所有制经济中的非公有制经济成分共同发展。这样的所有制结构，符合社会主义初级阶段的生产力状况，与现阶段生产力发展水平相适应，有利于社会生产力的发展。十八届三中全会进一步指出："支持非公有制经济健康发展。非公有制经济在支撑增长、促进创新、扩大就业、增加税收等方面具有重要作用。坚持权利平等、机会平等、规则平等，废除对非公有制经济各种形式的不合理规定，消除各种隐性壁垒，制定非公有制企业进入特许经营领域具体办法。鼓励非公有制企业参与国有企业改革，鼓励发展非公有资本控股的混合所有制企业，鼓励有条件的私营企业建立现代企业制度。"

支持非公有制经济健康发展，其主要意义和作用具体表现在如下方面。

第一，有利于发展社会主义市场经济。市场经济，首先是竞争经济，通过竞争，优胜劣汰，把资源配置到效率最高的地方去，推动经济更快地发展。而驱动竞争的动机是经济利益。以往单一的公有制经济，资源由政府调配，企业面对的是计划而不是市场，相互之间竞争不起来，结果造成许多企业缺乏活力，劳动者缺乏积极性。鼓励、支持和引导各种非公有制经济发展，整个市场就活了起来。各种所有制的经济实体，面对同样的市场，遵循同样的规则，八仙过海，各显神通，有力地推动公有制经济和非公有制经济同生共长，进而促进社会主义市场经济繁荣发展，提升国民经济的整体素质。

> 多种所有制共同发展有什么意义和作用？

第二，有利于发挥不同所有制的作用。不同的所有制经济都能在不同层次的生产力中和规模不同的生产经营中找到各自的位置，成为经济发展的源泉。除极少数特殊行业由国家垄断经营外，非公有制企业可以按照自己的资本、技术、经营才能等实力的大小，在十分广泛的行业和领域进行投资、兴办和经营规模不等、技术水平不同的企业。就目前实力而言，个体经济、私营经济主要是兴办和经营中小型企业和劳动密集型企业以及某些科技企业。非公有制经济自始就是按照市场经济的规则从事经营活动，受市场调节，在竞争中谋求生存和发展，因而是颇具活力的,成为社会主义市场经济的重要组成部分。非公有制经济的参与者如外资企业的管理技术人员、个体户、私营企业主等同样是中国特色社会主义事业的建设者。

> 如何理解公有制和非公有制的关系?

第三,有利于增加就业机会,缓解就业压力。我国每年新增劳动力达1000多万,怎样解决这些人的就业问题,仅靠公有制经济发展还不够,还要靠非公有制经济的发展增加就业岗位。同时,随着国企改革的深化,下岗失业现象不可避免。如果这些问题得不到妥善解决,就会给社会增添不稳定的因素。只有鼓励多种所有制经济共同发展,才能广开就业门路。

改革开放以后,我们坚持以公有制经济为主体、多种所有制经济共同发展,为加快生产力发展开辟了宽广的大道。十八大报告指出"我国经济总量从世界第六位跃升到第二位,社会生产力、经济实力、科技实力迈上一个大台阶,人民生活水平、居民收入水平、社会保障水平迈上一个大台阶,综合国力、国际竞争力、国际影响力迈上一个大台阶,国家面貌发生新的历史性变化。"

三、国家所有制

(一)国家所有制的性质、特征和作用

我国现在的**国家所有制是国家通过没收官僚资本和改造资本主义工商业而建立起来的生产资料归国家所有的一种所有制形式**。国家所有制的性质取决于国家的性质。社会主义国家所有制实质上就是由国家代表全体人民来行使对生产资料的所有权,我国社会主义国家所有制实质上就是全民所有制。十八大报告指出:"要毫不动摇巩固和发展公有制经济,推行公有制多种实现形式,深化国有企业改革,完善各类国有资产管理体制,推动国有资本更多投向关系国家安全和国民经济命脉的重要行业和关键领域,不断增强国有经济活力、控制力、影响力。"

> 国家所有制的性质、特征和作用有哪些?

社会主义国家所有制的基本特征如下。

第一,生产资料在全社会范围内实现公有。即归全体人民共有,被用来为全体人民谋利益。全体人民占有生产资料,是为了使其支配的这些生产资料及其生产成果,为全体人民谋利益,包括满足人民的物质生活需要和文化生活需要,公共需要和个人需要,长远需要和当前需要。谁占有了生产资料,谁就拥有了剩余产品的占有权。这是在经济上实现所有权的关键。国有制的意义在于,全体人民对国有企业的劳动者提供的剩余产品拥有占有权,并用来满足自己的需要。

第二,国有企业一般具有相对独立性的生产、经营自主权。一方面,因为国有企业之间,生产经营的成果如产品、产量、质量、销售量、盈利结果等是有差别的;另一方面,在社会主义阶段,劳动是人们谋生的手段,人们付出了一定的劳动,并取得了一定的生产经营成果,就应该获得相应的收益。这就要求承认各个企业生产、经营成果和利益上的差

别，要求将企业的经济利益与它的生产经营成果联系起来，生产经营成果大的企业所获得的利益就多些，反之则少些。只有这样才能鼓励和鞭策企业适应市场需求，不断提高企业经济效益，企业实行自主经营，自负盈亏，成为独立的经济实体。这也是正确处理国家与国有企业之间的关系，充分发挥国有企业积极性的基本前提。

国有经济在国民经济中起主导作用主要体现在其控制力上。即是否控制着国民经济命脉。国有经济要控制的行业和领域主要包括涉及国家安全的行业、自然垄断的行业、提供重要公共产品和服务的行业、支柱产业和高新技术产业中的重要骨干企业等。

> 如何体现国有经济在国民经济中的主导作用？

国有经济在国民经济中的主导作用具体表现在以下几个方面：

第一，为国民经济的协调发展提供有力的保证。在国民经济和社会的协调发展中的一些重大的、战略性的问题，例如基础产业的建设、高新技术产业的开发、经济落后地区的发展、人才的培养等。国有制企业凭借其本身的性质能够有效地把全国资源力量集中起来，在较短时期里有效地解决这类问题。同时，只有国有制企业才能有效地突破仅仅追求短期利益和局部利益的狭隘界限，将长期利益和短期利益、全局利益和局部利益结合起来，克服市场经济的局限性，有利于对国民经济和社会协调发展中投资额大、投资周期长、风险大或非盈利性项目的建设。

第二，是保障国家经济安全的支柱力量。一个国家的经济安全必然会受到国内外多种因素的影响，特别是在对外开放的情况下，尤其容易受国际政治经济因素的冲击。包括国际上各种政治力量的冲击和来自国际经济和国际市场动荡的冲击。当这种冲击发生的时候，控制国民经济命脉的国有经济，由于掌握了最重要的经济资源，能够在捍卫国家经济安全方面发挥中流砥柱的作用，有效的抵御和化解各种政治上和市场上的冲击和带来的风险，保持国民经济平稳的运行和发展。

第三，是调整经济利益关系、实现社会公平的基础。在国有经济中，个人收入的分配主要实行按劳分配的原则，这有利于确保这一社会主义的分配方式在社会中居于主导的地位。同时，由于国有经济的巨大力量和影响，有利于在全国建立和健全各项社会保障制度，援助贫困地区发展经济，调节和平衡人们之间的收入水平，从而体现平等。

第四，在引导其他所有制经济健康发展方面发挥重要的作用。国有经济在处理国家与企业之间的关系、企业与职工之间的关系、企业与消费者之间的关系等方面制约和影响着其他所有制企业。国有经济在稳定能源和重要原材料供给、提供金融服务、推动科学技术进步等方面的作用，对于促进其他所有制经济顺利发展也是十分重要的。

（二）国家所有制的优越性和局限性

国家所有制的优越性表现在如下方面。

> 如何体现国家所有制的优越性，其局限性又有哪些？

第一，国家所有制适应高度社会化的大生产的客观要求。国有企业可以根据各个历史阶段社会生产力的发展水平，采用合适的经营管理形式，能够排除由集团或个人私利造成的生产者之间的对立以及社会生产无政府状态。

第二，能够更好的激发劳动者的工作热情和创造性。国家所有制企业，劳动者作为生产资料的联合所有者与生产资料相结合，消除了利用生产资料私有的特权而形成不平等地位和权利，彻底消灭了剥削。劳动者成为生产过程的主人，为了自己的利益共同进行生产经营和劳动，其聪明才智可得到充分发挥，积极性、主动性、创造性可能得到充分调动。

第三，符合劳动者的根本利益要求。国家所有制生产的全部成果都归劳动人民共同所有，用于满足劳动人民日益增长的物质和文化需要，使广大劳动者的生活和自身素质能够不断提高，劳动者能够逐步地朝着全面发展的目标前进。

国家所有制的局限性表现在如下方面。

在社会主义初级阶段，国家所有制由于受到生产力条件限制，力量还不够强大，还不够成熟。国家所有制占有的客体还不完全，还未能包容社会上的一切生产资料，而只占有一部分生产资料；国家所有制还采取国家所有制的形式，由社会主义国家代表全社会劳动人民行使所有者的职能；国家所有制的公有化程度还不高，还要将生产资料交给企业，借助于劳动者对集体和个人的物质利益的关心，进行经营和管理；国家管理体制不够完善，容易发生"条块分割"和"地方割据"的局面，不利全民所有制优越性的充分发挥；国家所有制企业内部的经营管理制度还不完善，劳动者真正当家作主人的地位还未完全确立，积极性还未能充分激发起来，因而不能不影响到企业的劳动生产率和经营效益。

（三）国有经济与股份制

按照马克思主义观点，同一内容可以表现出多种形式。比如说国有资产归全体劳动者共同所有，从性质上讲，属于公有资产。但公有资产怎样去运作，有多种表现方式。可以由国家独资经营，也可以组成股份公司，还可以吸收外资，组成中外合资企业。

上述无论哪种方式，其中的国有部分，仍然归国家所有，不仅性质没有变化，而且随着企业资产的重新整合，规模效益的逐步提高，有利于原有国有资产的不断增值。弄清了这些情况，我们就可以跳出只有传统的"国营"和"集体"才姓"公"的旧框框，加深对公有制经济的全面理解。公有制经济不仅包括国有经济和集体经济，而且包括混合所有制经济中的国有成分和集体成分。

股份制是国有制可以采用的一种有效的实现形式。必须注意的是，股份制是社会化生产和商品经济条件下的一种资本组织形式，不是一种独立的所有制形式，从股份制经济在所有权上存在的流动性、分散性、股本的多元性看，简单地将它列入公有或私有都是不很科学的。无论从理论还是实践的角度看，它的性质主要取决于股份制企业的控股权掌握在谁手中，如果企业由国家或集体控股，企业就具有鲜明的公有性质。

> 股份制对国有经济改革有什么意义？

> 如何科学地认识股份制？

我国利用股份制的形式来改造国有经济，除极少数必须由国家独资经营的企业外，其余企业积极推行股份制。重要的企业由国家控股，其余企业国家视其必要性实施参股。

国有企业实行股份制改造，具有极为重要的作用。

第一，国有企业实行股份制改造，有利于做到政企分开。资本的所有权与企业的经营权相分离，使企业真正做到自主经营、自负盈亏。

第二，有利于广泛筹集社会资金用于国有企业扩大再生产和技术改造。特别是有发展前途、经济效益好的部门和企业对投资有更大的吸引力，从而有利于优化资源配置，提高企业和国有资本的运作效率。

第三，有利于扩大国有资本的支配范围。实行股份制，通过母公司掌握控股权支配子公司，扩大国有资本的支配范围，增强国有经济的主导作用。

第四，有利于将职工利益与企业命运紧密联系起来。很多股份制企业设立内部职工股，职工可持有本企业一部分股票，把职工利益与企业命运紧密联系起来，增强职工对企业的责任感和办好企业的积极性。

四、集体所有制

（一）集体所有制的基本特征和作用

我国社会主义**劳动群众集体所有制就是生产资料归一定范围的劳动群众共同所有**。它是社会主义公有制的一种形式。集体所有制作为公有制的一种形式，与国有制具有一些相同特征，即劳动群众共同占有和支配生产资料，共同占有和支配经济收入，个人收入实行按劳分配。

> 集体所有制与国有经济有什么不同？

集体所有制具有不同于国有制的特点，表现在以下三个方面。

第一，公有范围较小且公有程度较低。集体所有制生产资料公有化的范围较小，公有化程度较低，它的生产资料只属于各个集体经济单位内部的劳动者集体所有，集体占有、支配和使用，其生产经营成果和各种经济利益也归集体所得。这是最根本的差别。

第二，只体现各所有制内部平等关系。在一个集体经济单位内部，人们在生产资料所有制关系上是平等的，但由于不同的集体单位拥有的生产资料在数量和质量上互不相等，各个集体之间在生产资料所有制关系上还存在着差别和不平等。

第三，具有绝对的独立性。各个集体所有制企业是完全独立的经济实体，可不受国家和任何机构的干预。在企业和国家之间的关系上，不同于全民所有制。

社会主义集体所有制是社会主义所有制的重要组成部分，它广泛存在于农业、手工业、商业、服务业和中、小型工业之中，在国民经济中发挥着重大的积极作用。集体所有制与国家所有制一起构成国民经济中的主体。

> 如何理解与认识集体所有制的适用范围？

在农业中，集体所有制占绝对优势，承担加强国民经济基础的重大任务。农村中乡镇企业如农村的乡（镇）和村两级集体企业、合作企业、私营企业主要是从事非农产业（即第二产业、第三产业）的生产经营。乡镇企业是农村经济的支柱和国民经济的重要组成部分。乡镇企业的发展，具有巨大的意义和作用。

> 第二产业是工业，第三产业是服务业。

第一，增加商品和服务的供给，极大地满足城乡市场需要和出口需要。

第二，促进非农产业发展，推动农村产业结构的历史性变化，加速农村工业化和小城镇建设。

第三，从多方面支援农业，其中的骨干企业成为农业产业化的龙头企业，推动农业生产发展和农业现代化。

第四，提供大量就业岗位，为农业剩余劳动力大规模转移到非农产业作出贡献，并成为增加农民收入的主要渠道。

第五，成为国家财政收入和外汇收入的重要来源。城镇集体所有制也占有重要地位，城镇集体所有制企业主要活动于工业、手工业、建筑业、运输业、商业、服务业等行业，在增加生产、繁荣市场、扩大就业、满足人民生活需要和扩大出口等方面发挥着重要的作用。

（二）集体经济的发展形式

计划经济时期，我国集体经济传统形式的主要特征是集体所有、统一经营、按劳分配。

> 集体经济的发展形式有哪些？

改革开放以来，率先在农业中改革了传统的经济形式，在农村中创造了新的形式——家庭联产承包责任制。在深化改革的过程中，集体经济的形式由单一化转向多样化，股份合作制在城市集体企业、乡镇集体企业的改革中得到了比较广泛的采用，家庭承包经营是农业中集体经济的主要形式。

过去我国农村实行政社合一，在集体经济中实行人民公社、大队、生产队三级所有制，以生产队为基本核算单位的制度，推行统一经营、集中劳动、统一分配的模式。其弊端主要是农民缺乏生产经营自主权，分配上存在着严重的平均主义，挫伤了农民的生产积极性，导致农业生产发展缓慢。在经济体制改革的浪潮中，农村集体经济体制进行了重大改革。

一是实行家庭承包经营为基础、统分结合的双层经营体制。

二是撤销人民公社。实行家庭承包，农户是承包单位，集体对一定量的土地规定出产量和上交一定的农业税和集体提留，剩余部分则归农户所有。在农村实行家庭承包经营的形式，农业集体经济发生了三方面可喜的变化。

> 农村集体经济体制的重大改革有哪些变化？

其一是经营方式的变化。农业生产从过去集体统一经营，发展为以家庭为单位自主经营，农民有了生产经营自主权。

其二是分配方式的变化。从过去统一核算，统一分配，统一标准的分配模式发展为实行农户独立核算，自负盈亏的模式。农户的收入与其生产成果直接联系起来了，克服了分配上的平均主义。

其三是所有制内容的变化。从过去农业生产资料都归集体所有，个人不得占用，发展为耕地等生产资料集体所有，由农户承包经营，农户有权拥有自己的农具、农业机械、运输机械等生产资料，在集体经济中出现了农户所有制。

家庭承包经营是同我国农业生产力发展的需要相适应的，符合我国农业生产的实际，能较好地满足我国农户自主生产经营的要求。不仅适应以手工劳动为主的传统农业，而且也能适应采用先进技术和先进生产手段的现代农业，是具有广泛适用性和旺盛生命力的。家庭承包经营调动了广大农民的生产积极性，促进了农业生产力的发展，提高了农产品的产量和农产品的商品率，它是我国农业中集体经济的一种有效形式。

十八届三中全会进一步指出："坚持家庭经营在农业中的基础性地位，推进家庭经营、集体经营、合作经营、企业经营等共同发展的农业经营方式创新。"

（三）集体经济与股份制

在社会主义市场经济条件下发展农村集体经济，股份制形式一种是理性选择。

集体经济与股份制有什么关系？

第一，符合我国农村社会的现实状况。农村人口众多，生产力发展水平总的来讲还比较低。农户自身的经济能力和实力都不是很强，单纯靠私有私营，不能解决共同富裕的问题，甚至会造成两极分化。比较切实可行的办法是在稳定农村家庭联产承包经营责任制等经济政策的同时，根据本地实际，按照合法、自愿原则，创造出适宜有效的股份制实现形式，让每一位农村群众有钱出钱，有力出力，有技术出技术，联合劳动经营，共同发展致富。

第二，有利于重建农村经济的结构体系。集体经济是公有制经济的重要形式之一，应该大力发展。但农村集体经济的一个重要缺陷是个人产权与集体产权之间的关系界限不太清。股份制在界定个人投资者产权的基础上实行联合，强调了个人产权与集体产权的有机结合，个人利益与集体利益的协调发展，是对农村传统集体经济的一次制度创新。

第三，有利于提高农户的自身素质。农户自主地参与到市场经济活动中来，有利于发展自己，这对农民是一次全新的塑造。推行股份制，可以使农村群众树立致富发展思想，增进联合协作意识。

（四）农村集体经济实践中不同层次股份制的具体形式

第一，初级层次的经济形式产生。这是由农村群众将资金、劳力、技术等折价后入股联合形成股份合作企业。多元的出资者形成了多元的股权结构，解决了传统经济体制下的农村集体企业产权关系界定不清的难题。在确定资产结构时，采用股份制的方式，在追求效率优先上，推行股份制的做法；在坚持公平原则上，吸收合作制的长处。

第二，向较高层次的经济发展。股份制成为农村集体经济的主要实现形式，使农业生产经营中涌现出越来越多的社会法人组织。这些法人组织和个人一起投资于股份公司，并在公司的股份总额中占有控股的比例，这类由法人和个人共同参股、法人控股的企业便是股份制的经济组织形式。当初级层次的农村合作制企业发展到以个人产权为基础，以法人产权为核心，个人产权和法人产权有机结合，分散的个人产权不能构成对企业的控制，个人产权退出与转让不会影响企业的生产与经营，而个人对自身资产和利益的追求必须以对集体资产和利益的保护和增加为前提，股份制的实施说明了农村集体经济组织正向较高层次的经济形式发展。

股份制成为农村集体经济的主要实现形式，是农村集体经济不同经济主体文明程度的产物。随着农村集体经济主体经营管理素质和文明程度的不断提高，必将会创造出像股份制等各种行之有效的实现形式，从而加速农村集体经济的发展进程。

五、合作经济与股份合作制

合作经济也称合作社，是劳动者在自愿互助的基础上联合起来共同经营的一种经济组织形式。 它的主要特点是入社自愿、退社自由，由社员共同投资兴办。

> 合作经济的含义和特点是什么？

合作社是集体经济的一种有效实现形式，其主要优点是：产权关系清晰明确，合作社的所有者就是合作社的享用者，社员利益直接，有很强的动力机制和约束机制；能够突破个人和家庭的局限性；在生产领域实行互助合作，利于提高生产技术水平和经济效益；在流通领域实行互助合作，可以减少流通环节，形成经营规模，节省经营成本。合作社内部没有资本和劳动对立性，兼容了社员的个人利益和集体利益。鼓励农村发展合作经济，扶持发展规模化、专业化、现代化经营，允许财政项目资金直接投向符合条件的合作社，允许财政补助形成的资产转交合作社持有和管护，允许合作社开展信用合作。鼓励和引导工商资本到农村发展适合企业化经营的现代种养业，向农业输入现代生产要素和经营模式。

股份合作制是采用股份制一些做法的合作经济，是集体经济的一种新的实现形式。 它兼有股份制和合作经济的特征和优势，但与股份制不完全相同，也与合作经济不完全相同。

> 股份合作制是采用股份制一些做法的合作经济，是集体经济的一种新的实现形式。它兼有股份制和合作经济的特征和优势。

第一，职工具有双重身份。在股份合作制企业中，劳动者的劳动联合和劳动者的资本联合是有机相结合的。资本联合是职工共同为劳动联合提供物质条件，职工既是劳动者，又是企业出资人，具有双重身份，这是能够实行劳动联合的基础。

第二，股东不能退股，只能在企业内部转让。

第三，实行一人一票的表决制度。即由职工股东大会选举企业领导成员，决定企业重大事项。

第四，企业的分配方式是按劳分配与按股份分红相结合。职工按照按劳分配原则获得工资、奖金。企业税后利润提取公积金、公益金之后的可分配利润，实行按股份分红。

股份合作制的优点如下。

第一，职工拥有产权，企业对自己的经营承担责任，实行政企分开，企业是自主经营、自负盈亏、自我约束、自我发展的市场竞争主体。

第二，职工的资产、收入同企业经营的好坏直接联系，职工具有民主管理企业的权力，可以增强职工对企业的关心和风险意识，增强企业的凝聚力。

第三，开辟了新的筹资渠道，可以促进企业的技术改造和结构调整。

由于有这些优点，股份合作制便成为改革国有小企业和集体企业的一种良好形式，成为促进社会生产力发展的有效形式。

六、个体经济和私营经济

（一）个体经济

个体经济是生产资料归劳动者个人所有、以个体劳动为基础、税后收入由劳动者自己所有的一种经济成分。

在社会主义初级阶段，个体经济存在和发展有以下原因。

一方面，个体经济的发展与我国现阶段的一部分生产力相适应。我国现阶段的生产力是多层次的，有其较低层次的生产力，如城乡经济中的手工业、农业、商业、服务业、一部分交通运输业等比较适合个体操作、分散经营，符合个体经济发展。

另一方面，个体经济在经济建设和社会稳定中发挥积极的作用。

其一，增加小商品生产经营，活跃城乡流通，提供多样化的服务。

其二，改变第三产业落后的状况，有利于城乡产业结构的优化和调整。

其三，增加就业岗位，如吸纳失业人员就业和下岗职工再就业，也是农民从事二三产业的重要方式。

应鼓励个体经济发展，要保护其合法经营，要创造公平的、便利的经营环境。必须注意的是，个体经济的从业人员既是劳动者，又是私有者。作为劳动者，依靠自己劳动取得收入，有合法、合理的一面，应受到保护；作为私有者，却有自私、狭隘的一面，有的人可能为追求私利而从事不正当的经营活动，例如偷税逃税、短斤少两等。所以，应对个体经济加强管理和教育，提高其素质，引导其健康发展。

个体私营经济对经济增长和就业增加起到了重要作用。

（二）私营经济

私营经济是以生产资料私有制为基础和存在雇佣劳动关系的一种经济成分。从本质上说，私营经济存在雇佣劳动关系，它是资本主义性质的经济。但在社会主义初级阶段，私营经济的存在和发展有其必然性。

一方面是由于生产力落后，需要有多种经济成分共同发展。另一方面是由于市场经济的环境以及价值规律和竞争规律的作用。在国家法律允许和符合国家政策的条件下，私营企业必然会经过各种途径寻找其生存和发展空间，如有些个体户积累了资本，扩大了经营规模，需要雇佣工人；有的人承包经营公有制经济的项目，需要雇工；有的职工离职，筹集资金兴办企业；有的农民进城办企业；有些小型国有企业和集体企业由于产权经转让成为私营企业等都需要雇佣工人。

私营经济由于具有完全独立经营、自负盈亏的特征，所以就其内部来说充满动力和活力，很有发展前景。同时我国完全市场经济制度的建立并且在国际市场得到认可，又为私营经济的发展开辟了广阔的空间。发展私营经济，有利于聚集民间资金，挖掘民间人才，把潜在的生产要素变成现实的生产力。有利于增加就业岗位，对吸收城乡剩余劳动力发挥着重要的作用。又是国家和地方财政收入以及出口创汇的途径。对参与公有制企业的资产重组和经济结构调整、经济体制改革都具有重要作用。

应该促进和保护私营经济的发展，应一视同仁对对待私营经济与其他经济成分，应创造良好的条件和平等竞争的机会，特别是市场准入方面和融资方面要切实改变对私营企业的歧视性政策。同时，为了提高私营企业主的素质，应加强对私营企业主的法制教育和职业道德教育，提高其商业道德水准和经营水平，纠正其不正当的经济行为，努力规范私营企业的劳资关系，依法保护私营企业主的合法财产和收入，依法维护私营企业员工的正当权益，引导私营企业摆脱家庭式管理的落后模式。

七、积极发展混合所有制经济

十八届三中全会进一步指出："国有资本、集体资本、非公有资本等交叉持股、相互融合的混合所有制经济，是基本经济制度的重要实现形式，有利于国有资本放大功能、保值增值、提高竞争力，有利于各种所有制资本取长补短、相互促进、共同发展。允许更多国有经济和其他所有制经济发展成为混合所有制经济。国有资本投资项目允许非国有资本参股。允许混合所有制经济实行企业员工持股，形成资本所有者和劳动者利益共同体。"

本章小结

◎在中国建立社会主义制度是中国社会发展规律特殊表现，是中国社会发展的特有规律，是中国历史发展的必然。

◎1949年中华人民共和国成立之后，我国便进入了建立社会主义经济制度的过渡时期。过渡时期的任务和目标就是建立社会主义经济制度——生产资料公有制。

◎1987年10月中国共产党十三次代表大会，对社会主义初级阶段的含义、提出的依据、主要矛盾、历史任务和历史地位等作了全面系统的论述，并且完整概括和表达了党在社会主义初级阶段的基本路线。这标志着社会主义初级阶段理论的形成。

◎我国社会主义初级阶段的矛盾有很多，但其主要矛盾是人民日益增长的物质文化需要同落后的社会生产之间的矛盾，这个主要矛盾决定和制约着其他矛盾的存在和发展。

◎社会主义初级阶段的主要矛盾决定了我国社会主义初级阶段的主要任务就是解放生产力，发展生产力，逐步实现社会主义现代化，并且为此而改革生产关系和上层建筑中不适应生产力发展的方面和环节。

◎社会主义初级阶段基本路线的内容包括领导和依靠力量、"一个中心，两个基本点"、发展道路、奋斗目标等。

◎在基本路线的基础上，中国共产党的十五大进一步提出了社会主义初级阶段的基本纲领，其内容包括基本目标和基本政策。

◎党的十八大报告指出"建设中国特色社会主义，总依据是社会主义初级阶段，总布局是五位一体，总任务是实现社会主义现代化和中华民族伟大复兴"。中国特色社会主义事业"五位一体"总体布局的形成是我们党对中国特色社会主义认识不断深化的结果。

◎公有制为主体、多种所有制共同发展，是我国社会主义初级阶段的一项基本经济制度。非公有制经济是我国社会主义市场经济的重要组成部分。

◎多种所有制经济共同发展，是指在公有制为主体的前提下，公有经济和各种非公有经济如个体经济、私营经济、外资经济、混合所有制经济中的非公有制经济成分等共同发展。这样的所有制结构，符合社会主义初级阶段的生产力状况，与现阶段生产力发展水平相适应，有利于社会生产力的发展。

◎股份合作制是采用股份制一些做法的合作经济，是集体经济的一种新的实现形式。它兼有股份制和合作经济的特征和优势，但与股份制不完全相同，也与合作经济不完全相同。

◎积极发展混合所有制经济。国有资本、集体资本、非公有资本等交叉持股、相互融合的混合所有制经济,是基本经济制度的重要实现形式,有利于国有资本放大功能、保值增值、提高竞争力,有利于各种所有制资本取长补短、相互促进、共同发展。允许更多国有经济和其他所有制经济发展成为混合所有制经济。国有资本投资项目允许非国有资本参股。允许混合所有制经济实行企业员工持股,形成资本所有者和劳动者利益共同体。

综合练习

一、基本概念

1. 初级阶段　2. "五位一体"　3. 公有制经济　4. 集体所有制　5. 股份合作制　6. 个体经济　7. 私营经济　8. 混合经济

二、单项选择题

1. 一个社会的经济基础是（　　）。
   A. 生产力发展状况和水平　　B. 经济制度
   C. 生产资料公有制　　　　　D. 社会化大生产

2. 社会的性质是由（　　）。
   A. 生产力发展水平决定的　　B. 生产关系的发展状况决定的
   C. 科学技术决定的　　　　　D. 经济制度决定的

3. 社会主义初级阶段的主要矛盾是（　　）。
   A. 无产阶级与资产阶级的矛盾
   B. 落后的生产力与先进的生产关系之间的矛盾
   C. 人民日益增长的物质文化需要同落后的社会生产之间的矛盾
   D. 生产资料公有制与私有制之间的矛盾

4. 社会主义初级阶段的主要任务用一句话来概括就是（　　）。
   A. 发展生产力　　　　　　　B. 健全生产关系
   C. 调节国民经济　　　　　　D. 改革经济体制

5. 社会主义初级阶段所有制实行以公有制为主体多种所有制经济共同发展的原因是（　　）。
   A. 商品经济的发展　　　　　B. 经济体制改革的要求
   C. 生产力发展水平低而且不平衡　D. 社会化大生产的要求

6. 中国特色社会主义总依据是（　　）。
   A. 社会主义初级阶段　　　　B. 生产资料公有制
   C. 社会化大生产的要求　　　D. 生产力水平低

7. 中国特色社会主义总布局是（　　）。
   A. 四位一体　　　　　　　　B. 三位一体

C. 二位一体　　　　　　　　D. 五位一体

8. 社会主义制度的经济基础是（　　）。

A. 公有制　　　　　　　　　B. 多种经济形式

C. 股份制　　　　　　　　　D. 股份有限公司

9. 我国现阶段生产力发展状况是（　　）。

A. 生产力水平发展高

B. 生产力发展水平低，并且不平衡

C. 生产力发展水平低，并且发展比较平衡

D. 生产力水平发展高，并且发展相当平衡

10. 国有经济在国民经济中的主导作用主要体现在（　　）。

A. 控制力上　　　　　　　　B. 规模方面

C. 效益方面　　　　　　　　D. 生产关系方面

三、多项选择题

1. 我国社会主义初级阶段的基本特征是（　　）。

A. 我国是社会主义，具有社会主义的一般特征

B. 我国还处于社会主义初级阶段，具有社会主义的还不成熟的一些特征

C. 我国生产力发展水平相当高

D. 大力发展生产力

E. 生产关系相当完善

2. 按所有制的性质来划分，我国经济可以概括为两大类型：（　　）。

A. 公有经济　　　　B. 非公有经济　　　　C. 国家所有制

D. 集体经济　　　　E. 私有经济

3. 影响生产力发展的两个方面因素是（　　）。

A. 效益因素　　　　B. 文化因素　　　　　C. 制度因素

D. 物质技术因素　　E. 供求因素

4. 社会主义初级阶段的基本纲领包括（　　）。

A. 基本目标　　　　B. 主要矛盾　　　　　C. 经济建设

D. 体制改革　　　　E. 基本政策

5. 至1956年，我国生产资料所有制的社会主义改造基本完成，标志着（　　）。

A. 社会主义经济制度已经在全国范围建立起来

B. 过渡时期结束　　C. 进入共产主义

D. 过渡时期开始　　E. 进入大跃进时期

6. 我国社会主义还不成熟的特征有（　　）。

A. 生产力不发达，地区发展不平衡

B. 生产关系不成熟，存在多种所有制形式

C. 市场经济体制不成熟

D. 上层建筑不完善，民主法制不健全

E. 就业不足

7. 以经济建设为中心，判断各方面工作是非得失的标准是（　　）。

A. 是否有利于发展社会主义社会的生产力
B. 是否有利于增强社会主义国家的综合国力
C. 是否有利于提高人民的生活水平
D. 是否有利于稳定物价
E. 社会治安是否稳定

8. 建设中国特色社会主义事业"五位一体"总体布局是（　　）。
　A. 经济建设　　　　　　B. 政治建设　　　　　　C. 文化建设
　D. 社会建设　　　　　　E. 生态文明建设

9. 建设中国特色社会主义事业的总任务是（　　）。
　A. 实现社会主义现代化　　B. 中华民族伟大复兴
　C. 提高国家的综合国力　　D. 提高物质文明建设　　E. 提高精神文明建设

四、判断正误题

1. 我国社会主义初级阶段是指从1949年中华人民共和国建立到1956年生产资料所有制三大改造基本完成这段时期。（　　）

2. 以公有制为主体的多种经济成分共同发展的原因是商品经济的存在。（　　）

3. 生产资料所有制的状况表现为一个社会的基本经济制度。（　　）

4. 社会主义初级阶段是任何国家建设社会主义都必然要经历的一个特定阶段。（　　）

5. 我国社会主义初级阶段的主要任务是大力发展社会生产力。（　　）

6. 我国社会主义初级阶段基本路线最重要的内容是以经济建设为中心，坚持四项基本原则、坚持改革开放。（　　）

7. 社会主义初级阶段的主要矛盾是生产力和生产关系的矛盾。（　　）

8. 社会主义初级阶段的基本特征是劳动者收入有差别。（　　）

9. 股份合作制是用股份制的一些做法的合作经济，其兼有股份制和合作经济的特征。（　　）

10. 我国国有经济在国民经济中的主导作用主要体现在对国民经济的控制力上。（　　）

11. 家庭承包经营是农业中集体经济的主要实现形式。（　　）

12. 私营经济是以生产资料私有制为基础并存在雇佣劳动关系的一种经济成分。（　　）

13. 私营经济与公有经济本质不同，因此两者必然是对抗的。（　　）

14. 以经济建设为中心，就是把发展生产力摆在首要地位。（　　）

15. 国有资本、集体资本、非公有资本等交叉持股、相互融合的混合所有制经济，是基本经济制度的重要实现形式。（　　）

五、问答与思考题

1. 社会主义初级阶段的主要矛盾、主要任务、基本路线、基本纲领是什么？
2. 我国现阶段多种所有制结构及其发展的原因是什么？
3. 股份合作制的特点和优点是什么？
4. 如何发展个体经济？如何发展私营经济？
5. 积极发展混合所有制经济的意义是什么？
6. 党的十八大报告指出"建设中国特色社会主义"总依据、总布局、总任务是什么？

第八章

社会主义市场经济体系

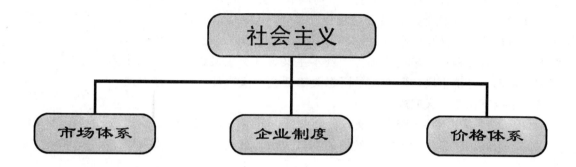

重点掌握
- 市场经济不等于资本主义
- 市场经济能有效地促进生产力的发展
- 现代企业制度的含义、特征
- 建立以市场为基础的价格体系

一般掌握
- 建立中国社会主义市场经济体制的必要性
- 中国社会主义市场经济的特点
- 市场经济的一般特征

一般了解
- 国有企业实行现代企业制度的意义

本章导语

上一章我们学习了我国社会主义初级阶段的基本理论以及我国基本经济制度和现阶段所有制以及多种经营方式等内容,为学习本章准备了必要的基础知识。本章主要学习我国社会主义市场经济的基本理论,明确市场经济不等于资本主义、社会主义和资本主义都可以搞市场经济、市场经济是如何推动生产力发展的等问题,以及我国应该建立和完善社会主义市场经济体制,建立与其相适应的现代企业制度和建立以市场为基础的价格体系。

第一节　我国社会主义市场经济理论

一、我国社会主义市场经济理论的提出与形成

1. 我国社会主义市场经济理论的提出

1990年年底，邓小平明确指出，资本主义与社会主义的区分不是计划、市场这样的内容。社会主义也有市场调节，资本主义也有计划控制。

1992年邓小平南巡时又更加明确地指出，"计划多一点还是市场多一点，不是社会主义与资本主义的本质区别，计划经济不等于社会主义，资本主义也有计划；市场经济不等于资本主义，社会主义也有市场。计划和市场都是经济手段。"❶ 邓小平同志关于社会主义市场经济的理论主要解决了以下两个重大问题：

一是市场经济不等于资本主义，社会主义也可以搞市场经济；

二是市场经济是推动生产力发展的有效方法，社会主义应当搞市场经济。

邓小平关于社会主义市场经济的讲话从理论上冲破多年来对市场经济的束缚，为中国建立社会主义市场经济体制创造了理论基础。

2. 我国社会主义市场经济理论的形成

1992年10月12日，中国共产党十四大报告明确指出："我们要建立的社会主义市场经济体制，就是要使市场在社会主义国家宏观调控下对资源配置起基础性作用，使经济活动遵循价值规律的要求，适应供求关系的变化；通过价格杠杆和竞争机制的功能，把资源配置到效益较好的环节中去，并给企业以压力和动力，实现优胜劣汰；运用市场对各种经济信号反应比较灵敏的优点，促进生产和需求的及时协调。同时也要看到市场有其自身的弱点和消极方面，必须加强和改善国家对经济的宏观调控。我们要大力发展全国的统一市场，进一步扩大市场的作用，并依据客观规律的要求，运用好经济政策、经济法规、计划指导和必要的行政管理，引导市场健康发展。"

1993年11月14日，中国共产党十四届三中全会正式作出了《中共中央关于建立社会主义市场经济体制若干问题的决定》，进一步明确了建立社会主义市场经济体制的基本框架，其基本内容是：坚持以公有制为主体、多种所有制经济共同发展，建立现代企业制度；建立和发展统一开放竞争有序的市场体系，实现城乡市场紧密结合，国内市场与国际市场相互衔接；建立以间接手段为主的完善的宏观调控体系，转变政府管理经济的职能；建立按劳分配为主体收入分配制度，鼓励一部分地区一部分人先富起来，走共同富裕的道路；建立多层次的社会保障制度，为

> 邓小平关于社会主义市场经济的理论是邓小平理论的重要组成部分。

> 认真领会邓小平关于市场经济的多次讲话。

---

❶ 邓小平. 在武昌、深圳、珠海、上海等地的谈话要点. 邓小平文选. 第3卷. 北京：人民出版社，1993：373.

城乡居民提供同我国国情相适应的社会保障,促进经济发展和社会稳定。《中共中央关于建立社会主义市场经济体制若干问题的决定》把党的十四大提出的建立社会主义市场经济体制的目标和原则具体化、系统化,勾画了我国社会主义市场经济体制的基本框架,并对有关的重大问题都做出了明确的、原则性的规定,从而把社会主义市场经济的理论和实践大大推进了一步。

2003年10月,十六届三中全会审议通过《中共中央关于完善社会主义市场经济体制若干问题的决定》,对进一步完善社会主义市场经济体制提出了明确的目标和任务。目标是按照统筹城乡发展、统筹区域发展、统筹经济社会发展、统筹人与自然和谐发展、统筹国内发展和对外开放的要求,更大程度地发挥市场在资源配置中的基础性作用,增强企业活力和竞争力,健全国家宏观调控,完善政府社会管理和公共服务职能,为全面建设小康社会提供强有力的体制保障。主要任务是:完善公有制为主体、多种所有制经济共同发展的基本经济制度;建立有利于逐步改变城乡二元经济结构的体制;形成促进区域经济协调发展的机制;建设统一开放竞争有序的现代市场体系;完善宏观调控体系、行政管理体制和经济法律制度;健全就业、收入分配和社会保障制度;建立促进经济社会可持续发展的机制。

2011年11月,党的十八大进一步指出:"要加快完善社会主义市场经济体制,完善公有制为主体、多种所有制经济共同发展的基本经济制度,完善按劳分配为主体、多种分配方式并存的分配制度,更大程度更广范围发挥市场在资源配置中的基础性作用,完善宏观调控体系,完善开放型经济体系,推动经济更有效率、更加公平、更可持续发展。"深化经济体制改革方面的具体内容主要有:一是强调经济体制改革的核心问题是处理好政府和市场的关系,必须更加尊重市场规律,更好发挥政府作用。二是健全现代市场体系,加强宏观调控目标和政策手段机制化建设。三是加快改革财税体制。健全中央和地方财力与事权相匹配的体制,完善促进基本公共服务均等化和主体功能区建设的公共财政体系,构建地方税体系,形成有利于结构优化、社会公平的税收制度。四是深化金融体制改革。健全促进宏观经济稳定、支持实体经济发展的现代金融体系,加快发展多层次资本市场,稳步推进利率和汇率市场化改革,逐步实现人民币资本项目可兑换。加快发展民营金融机构。完善金融监管,推进金融创新,提高银行、证券、保险等行业竞争力,维护金融稳定。

为贯彻落实党的十八大关于全面深化改革的战略部署,十八届三中全会研究了全面深化改革的若干重大问题中指出:"建设统一开放、竞争有序的市场体系,是使市场在资源配置中起决定性作用的基础。必须加快形成企业自主经营、公平竞争,消费者自由选择、自主消费,商品和要素自由流动、平等交换的现代市场体系,着力清除市场壁垒,提高资源配置效率和公平性。"

新提法:市场在资源配置中起决定性作用。原来提法是基础性作用。

二、市场经济能有效地推动社会生产力的发展

社会主义和资本主义都应该发展市场经济，这是因为市场经济的属性决定了它在宏观上能促进整个社会资源的优化配置，在微观上能充分调动企业和劳动者提高效率的积极性，因而能有效地促进生产力迅速发展。

1. 市场经济优化社会资源配置

社会资源配置的方式有两种，一种是计划配置，另一种是市场配置。

计划配置就是由政府按照预订的计划，通过行政手段将社会资源分配到各个部门。 其优点是便于集中力量解决关系社会整体利益和长期利益的重大问题。但由于信息的掌握和认识能力的局限性，计划配置本身缺乏制约市场供求平衡的内在机制，使资源配置往往发生这样或那样的失误，并且在短期内难以灵活调整。

市场配置是由市场主体如生产者、经营者、消费者等根据市场信号，服从和适应商品供求关系的变化和要求，在竞争中将资源配置到供给不足、需求旺盛的部门和地区，这对于促使资源的合理分配和流动是比较有效的和灵活的。 市场配置具有使供求关系不断趋向平衡的内在的自动机制，这就是供求关系的变化引起价格的变化触动市场主体的利益，在利益的驱动下，市场主体必然要及时地调整自己的投资行为、生产经营行为和消费行为，这又引起资源的流动，使资源从供给过剩的部门流向供给短缺的部门和地区，从而优化社会资源配置。市场经济使市场成为决定性的资源配置方式，有利于优化资源配置和实现供给和需求平衡。但市场配置方式也有其自身的局限性，有必要在宏观上对资源配置实行计划指导。

> 社会资源配置的方式：计划配置、市场配置。两者有什么区别？

2. 市场经济能够提高资源利用效率

首先，市场机制能推动企业提高资源利用效率和经济效益。在市场经济中，企业的生存和发展离不开市场，企业的利益要通过市场才能够得以实现。

其次，市场配置能促使企业搞好经济核算，改善经营管理，提高经济效益。经济核算就是通过对生产过程中劳动消耗和劳动成果的计算、分析和比较，达到节约劳动、提高经济效益的目的。价值规律要求商品的价值决定于社会必要劳动时间，商品按照社会价值交换。企业生产商品的个别劳动时间少于社会必要劳动时间，就会获得较多的盈利；反之，只能得到较少盈利，甚至亏损。为了降低个别劳动时间，企业必须精打细算，改善经营管理，提高经济效益。

再次，市场配置又能促使推动企业厉行节约，改进生产技术，提高劳动生产率。在价值规律作用下，节约生产资料和活劳动的消耗，采用新技术，提高劳动生产率，是降低个别劳动时间的重要途径。在市场配置机制的作用下，企业就会自觉的不断提高经营管理水平和技术水平，

从而推动资源利用效率和提高经济效益。

此外，市场机制能推动全社会资源利用效率和宏观经济效益提高。在市场机制的作用下，新的投资必将投向市场需求大或潜在需求大、收益较高的领域，自觉避免或减少低效投资和无效投资造成的损失。同时，市场机制为低效企业资产转移至效益高的部门和企业创造机会。若劣势企业在竞争中已难以生存下去，通过产权市场上的交易，被优势企业兼并、收购，使低效资产转移于效益较高的企业。对资不抵债、扭亏无望的企业实行破产处理，其资产经过清算、拍卖，可以找到重新配置使用的途径。这些都能使全社会的存量资产利用效率得到提高。

3. 市场经济激励创新

社会经济发展是一个不断创新的过程，由于市场经济固有的内在机制发生作用，使社会经济的发展创新过程大大加速。技术创新、企业组织创新、产品创新、生产方法创新、市场创新、新行业、新部门、新材料不断涌现。创新是社会进步的动力，通过创新获取利润是对创新者的奖励，市场经济中创新频繁，这主要是市场竞争的结果。通过创新带来的产品能获得较大的收益。

> 分析市场经济推动生产力发展的3个方面以及市场经济本身的缺陷。

市场经济对生产力的发展具有巨大的推动作用，但市场经济并不是完美无缺的，它本身存在着固有的缺陷，若市场失灵，必定对社会经济的发展带来巨大的破坏性。必须清醒地认识它的缺陷及其产生原因，采取适当的、有力的对策、措施弥补和克服它的不足。

中国建立社会主义市场经济体制，具有重大而深远的意义。在理论上，这是马克思主义与当代中国实际相结合的产物，是社会主义思想和理论的新发展，并且极大地丰富和发展了马克思列宁主义。在实践上，市场经济制度极大地解放了生产力，因而能有效的促进社会生产力迅速发展，大大加速实现我国社会主义现代化进程。

三、市场经济的特征与中国社会主义市场经济的特点

（一）市场经济的一般特征

既然市场经济作为社会化大生产条件下的一种共有的经济形式可以存在和发展于不同的社会经济制度中，那么它必定有许多共有的、一般的特征。

> 认识市场经济的一般特征与其意义。

（1）独立的企业制度 企业作为主要的市场主体，产权明晰，自主经营、自负盈亏、自我约束、自我发展，独立承担经营风险。

（2）竞争性的市场体系 市场在资源配置中发挥决定性作用的基础，主要是通过市场机制实现的，市场机制发挥功能离不开竞争性的市场体系，包括一般消费品市场和生产要素市场。

（3）规范的政府经济职能 现代市场经济运行离不开政府，但政府的经济职能明确而规范，主要用经济手段调节和干预经济。

（4）健全的法制基础 有效的市场经济运行建立在法治基础上，因

政治经济学

为只有法治才能保证市场主体的独立性、市场竞争的有效性、政府行为的规范性、市场运行的有序性。

（5）完善的社会保障制度　社会保障制度以其特有的功能弥补市场经济的不足，在实现社会公平、保障经济运行环境等方面有重要作用。

（二）中国社会主义市场经济的特点

中国是发展中的社会主义大国，这就是我国的基本国情，我们要根据这种国情来考察和研究有中国特色的市场经济。我国社会主义市场经济具有的主要特点如下。

第一，我国社会主义市场经济建立在以公有制为主体的所有制基础上。西方发达国家的市场经济，都是建立在生产资料的私有制基础上。而我国的社会主义市场经济，从一开始就建立在以生产资料公有制为主体的所有制关系之上，这是一个十分突出的特点。在过去相当长时期内，误以为坚持公有制就不能搞市场经济，搞市场经济就不能坚持公有制，是不科学的，其错误认识的根源是在把公有制理解为单一的国家所有制，把国家所有制又理解为国家所有、国家经营，因而将全社会变成一个无利益差别的单位，企业完全变为行政机构的附属物而不是独立的经济主体。按照公有制和市场经济的本来面目来认识问题、分析问题，可以得到公有制同市场经济能够相融而不是相悖的结论。在公有制为主体的所有制基础上发展市场经济，是一个崭新的命题。

> 我国的国情与市场经济。

第二，我国社会主义市场经济具有起点低的特殊性。市场经济是商品经济高度发展的产物，大部分西方发达国家的市场经济是从发达的商品经济发展而来的。我国发展市场经济的起点不是发达的商品经济，而是社会主义初级阶段生产力不发达的计划经济。在建立社会主义市场经济体制的过程中，我们既要补市场经济的课，又要清除单一计划体制的影响，这是我们发展的市场经济与我国建立市场经济体制的难点。

> 如何认识我国市场经济的特点？

第三，我国社会主义市场经济不完善。虽然经过几十年的社会主义建设和改革发展，国民生产总值以及一些主要产品的产量都跃居世界前列，市场成分、市场因素也有了较大的发展。但是从总体上看，生产力水平仍然不高。由生产力的这种相对不发达和不平衡状态决定了我国的市场经济具有不发达、不完善的特征，市场主体的活力不够强、市场机制的作用发挥不够充分、市场体系不完善、市场结构不完整、市场秩序不够规范、法律建设相对落后等。市场化的深度和基础两方面的发展水平还很低，还只是初级水平。

第四，市场经济在地区之间发展不平衡。我国各个地区的经济发展状况不同，沿海地区利用区位优势，运用国家给予的灵活政策和优惠政策，大量引进外资，扩大了国内外市场，经济获得了迅速发展。经济发展水平较快，工业、商业、交通等比较发达。中西部区则限于主客观条件的限制，以农业为主，工业较少、交通也不发达，经济发展相对缓慢，经济增长速度和收入水平与沿海地区的差距有所扩大。

第五，发展市场经济拥有广阔的空间。我国地域广、人口多，国内市场容量很大。由于经济快速增长和居民收入的增加，潜在的国内市场更大，尤其是广大农村，潜藏着巨大的市场需求。这是国外投资商所向往的世界上少有的大市场。不论是商品或劳务或各种生产要素，国内市场的需求量都是很大的，这为市场经济的发展提供了十分有利的条件。

第六，国家承担重大的基础设施与国民经济发展关系重大的项目建设。对于国民经济的发展至关重要的项目和基础设施建设所需投资大，仅依靠市场调节无法满足和适应经济和社会快速发展的需要。基础设施薄弱必然制约经济发展，因此需要政府比发达国家政府做更多的投入，使基础设施和其他重大项目建设得更快，更有效。

第七，市场经济需要政府进行力度较强的管理和调控。一是工业化使产业结构变化较快。既有产业间的协调也有产业结构升级换代问题，这些问题仅依靠市场调节是不够的。由于我国市场经济尚处于初始化阶段，其调节作用不充分。因此，要求政府运用经济计划、产业政策及其他手段进行引导，才可能比较顺利地实现产业结构的合理化和现代化。

> 市场经济与政府的经济职能。

第八，从国际市场主要是引进资金、技术、先进设备等生产要素。发展市场经济，必须发展开放型经济，要善于利用国际市场的资源促进本国经济发展。由于目前我国产业结构层次较低，输出的主要是初级产品和劳动密集型产品，这在国际贸易中处于不利的地位。为改变这种状况，提高我国产业结构层次和出口商品档次，我们从国际市场主要应输入资金、技术、先进设备等生产要素和先进的管理。

> 我国社会主义市场有什么特殊性？

第九，我国社会主义市场经济与按劳分配为主体的分配制度结合。一方面要充分发挥市场机制在我国社会主义市场经济中的作用，鼓励先进，兼顾效率和公平，合理拉开收入差距。另一方面，按劳分配在很大程度上可以排除按资分配导致的个人消费品分配的悬殊性。由于其他经济成分的存在，而引起的交易过程中出现的收入差距扩大的趋势，国家还应运用各种经济政策手段进行再分配调节。我国社会主义市场经济的分配方式以按劳分配为主体，多种分配方式并存，初次分配和再分配都要兼顾效率和公平，再分配更加注重公平。这样既保持收入分配的合理差别，又避免收入差别的过分悬殊，防止两极分化。

第二节 现代企业制度

一、现代企业制度的含义和特征

必须坚持以公有制为主体、多种经济成分共同发展的方针，进一步转换国有企业经营机制，建立适应市场经济要求，产权清晰、权责明确、政企分开、管理科学的现代企业制度。

1. 现代企业制度的含义

第一层含义是"市场经济体制的基本成分"。这就是说要建立市场经济体制必须建立现代企业制度,它是建立市场经济体制的基本成分。

第二层含义是以公司制度为主体。我们建立现代企业制度的实质就是建立现代公司制度。现代企业制度在国外叫做公司制度。所以说公司制度是与国际接轨的结构术语。为什么说公司制度与国际接轨呢?因为它是现代生产力的组织形式,它能够实现生产与科研的结合、生产与流通的结合、产品经营与资本经营的结合,它可以实现企业内部管理与外部资本市场的结合,所以它创造了最高的现代生产力,是现代企业制度的代名词。公司制度是现代企业制度的典型形式。

现代企业制度的思想包括下列3点。

第一,有限责任原则。独立核算,自负盈亏,是市场化企业的两个基本条件。参与市场竞争,就有可能亏损破产,以注册资本承担有限责任,能给失败者以东山再起之机。

第二,多元投资原则。社会法人参股,便于相互监督与相互扶持,有利于企业稳定发展。企业职工与社会居民参股,容易形成企业经营与社会经营机制,这不仅有利于企业,也有利于社会居民,形成社会效益。

第三,内在动力原则。工资制度所体现的是雇工关系,不利于激发经营者与企业职工的积极性。如果企业经营者与企业职工的收入不是来自工资,而是来自分红,更有利于激发劳动者的工作热情。

2. 现代企业制度的基本特征

在我国建立现代企业制度,是为了改革国有企业管理体制以适应社会主义市场经济的要求,作为国有制与市场经济结合的实现形式而提出来的。其他经济成分的企业固然也可以采用,但对我国国有企业却尤为迫切。现代企业制度适应社会化大生产和社会主义市场经济体制要求,自主经营、自负盈亏、自我约束、自我发展,成为法人实体和市场竞争主体的企业制度。现代企业制度的基本特征是:"产权清晰、权责明确、政企分开、管理科学"。

第一,产权关系明晰。企业中的国有资产所有权属于国家,国家作为企业的出资者是国有资产的所有者,拥有出资者所有权,企业拥有包括国家在内的出资者投资形成的全部企业法人财产权,从而在所有权与经营权分离的基础上,形成出资者所有权与企业法人财产权的分离。

第二,权责明确。企业以其全部法人财产,依法自主经营,自负盈亏,照章纳税,对出资者承担资产保值增值责任。出资者按照向企业的投资的额度享有所有者权益,即资产受益、重大决策和选择管理者的权利。企业破产时,出资者只以其向企业的投资额对企业债务承担有限责任。

第三,政企分开。政府不直接干预企业的生产经营活动,企业不受所有者约束,不能损害所有者权益。企业按照市场需求自主地组织生产经营，提高劳动生产率和经济效益，并在市场竞争中优胜劣汰。

第四，管理科学。企业建立科学的企业领导体制和组织管理制度，调节所有者、经营者和职工之间的关系，形成激励和约束相结合的经营机制。

现代企业制度的组织形式是多元化、集团化经营，并且日益呈现大规模、跨国化、跨行业的经营趋势。现代企业制度的特点，对我国企业现行的管理模式提出了新的要求。要建立起既与国际惯例接轨，又体现中国社会主义市场经济特色的管理模式，这是一项复杂的系统工程，需要我们在建立现代企业制度的同时，不断在理论上和实践中进一步探索和完善。

二、现代企业制度的构成内容

1. 企业法人制度

企业法人制度是现代企业制度的核心。**企业法人是指出资者为了进入市场，参与竞争，获取利润，出资构造一种具有人格化、具有独立的法律地位，并且能够独立地享受民事权利和承担民事责任的一种经济组织。**

> 企业法人制度是现代企业制度的核心。

企业的民事权利和民事责任，主要是在财产关系方面的权利和义务，也包括某些人身关系方面的权利和义务，即企业有维护自己名称、名誉的权利，同时承担不侵害他人名称、名誉的义务。企业享有民事权利和承担民事责任，即意味着企业权益受到了侵害，企业就能以民事主体资格，通过诉讼程序请求法律保护。如果企业不履行民事义务而损害了他人，也要依法承担相应责任。企业成为法人实体必须具有独立支配财产的权利。企业如果没有独立支配财产的权利，就不能做到自主经营、自负盈亏，也就不可能具有民事能力，因而就不可能真正具有市场行为能力。

为了实行企业法人制度，必须将出资者的所有权与企业的法人财产权分离开来，赋予企业以法人主体的地位。出资者按投入企业的资本额享有所有者的权益主要有资产收益权、企业管理者的选择权、企业重大问题的决策权。

必须注意的是出资者不能干预企业的日常经营活动，不能直接支配企业的全部财产和自己出资的那一部分财产，不能随意将其从企业抽走，只能转让和以出资者即股东的身份按法定程序运用自己的权力影响企业的行为。企业则对所有出资者投入企业的资本以及在企业经营中负债所形成的财产，拥有法人财产权。法人财产权就是独立支配法人财产的权利，以法人财产承担民事责任的权利。企业拥有了法人财产权，就能以法人财产自主经营，自负盈亏，并对出资者投入企业的资本承担保值增值的责任。同时，必须保持企业法人财产的整体性、稳定性、连续性和效益性。

> 必须保持企业法人财产的整体性、稳定性、连续性和效益性。

整体性是指企业法人财产具有不可分割性。企业的出资者除国家独资企业外，还有其他的出资者，但不论企业的出资者有多少，企业的法人财产合为一体，由企业法人占有和使用，企业实行统一经营管理。

稳定性是指出资者即使将其向企业的投资转让给他人（如出卖股票而使股权变动），企业的财产并不因此而发生变动，从而保持企业财产的相对稳定。

延续性是指只要企业仍然存在，企业法人就必然存在并拥有企业法人财产权和经营权，不会因投资者的变动而影响企业法人财产权的行使。

效益性是指企业法人财产制度的建立，使企业的财产所有者不必亲自经营自己的财产，而是委托给有经验、会管理、善经营的专职经营者，即企业法人代为经营，从而可以提高企业的经营管理水平和经济效益。

2. 有限责任制度

有限责任制度有以下两层意思。**一是企业只以全部法人财产为限，对债务承担有限的责任，资不抵债，甚至破产时，只以企业现有的全部法人财产为限进行清债和赔偿，不涉及企业以外的财产。二是当企业破产清偿债务时，出资者只以投入企业的资本额为限，对企业承担有限的责任。**当企业在经营中发生严重亏损，或资不抵债甚至破产时，出资者仅以其投资额承担有限清偿责任，不用以出资者的其他财产赔偿，从而减少了出资者的投资风险。

> 有限责任制度的意义是什么？

实行有限责任制度，是出资者在激烈的市场竞争环境中，实行自我保护、降低风险的有效办法，并使企业经营者独立自主地从事生产经营，提高资产运营效率。

3. 科学的组织制度

现代企业由于实行企业法人制度，使所有者与经营者发生了分离。他们之间的权益关系既有互相统一的一面，又有互相矛盾的一面。现代企业制度通过建立科学的企业领导体制和组织管理制度来协调所有者与生产者、经营者之间的关系。这种关系通过企业的权力机构、决策机构、经营管理机构、监督机构构成企业的组织体系和形成各司其职、权责明确、相互制约的关系。使每一方的权益都得到保障的同时其行为又受到合理的约束。有利于从企业内部建立起激励机制、约束机制和运转机制。

> 科学的组织制度的运作。

三、公司的组织机构

我国《公司法》规定了公司组织机构的设置。有限责任公司和股份有限公司所设置的组织机构基本上是相同的，包括股东会、董事会、经理、监事会。

股东会由股东组成，是公司的权力机构，掌握着公司的最终控制权。股东会的职权包括决定公司的经营方针和投资计划；选举和更换董事、监事，决定有关董事、监事的报酬事项；审议批准董事会、监事会的报告、公司年度预决算方案；审议批准公司的利润分配方案和弥补亏损方案；对公司增减注册资本、发行公司债券作出决议；对公司合并、分立、变更公司形式、解散和清算等作出决议和修改公司章程。对股东会通过决议的表决形式，有限责任公司由股东按照出资比例行使表决权，股份有限公司则是出席股东会的股东所持每一股有一表决权。

董事会是公司的经营决策机构，由股东代表和其他方面的代表组成。董事会对股东会负责，全权负责公司经营，拥有支配法人财产和任免经理的权力。董事长是公司的法定代表人。

经理负责公司的日常经营管理活动，对公司的生产经营进行全面领导，对董事会负责。

监事会是公司的监督机构，由股东代表和适当比例的公司职工代表组成。监事会中的股东代表由股东会选举产生，职工代表由公司职工民主选举产生。

四、国有企业实行现代企业制度的意义

国有经济管理体制改革的方向，是建立现代企业制度，关键问题就是要改革旧的产权制度，建立新的产权制度，从而使国有制与市场经济能够融合起来。1997年党的十五大提出"建立现代企业制度是国有企业改革的方向"，使国有企业改革从政策调整性改革走上了制度创新，使改革步伐加快。2013年11月12日，党十八届三中全会研究了全面深化改革的若干重大问题并指出："推动国有企业完善现代企业制度。国有企业属于全民所有，是推进国家现代化、保障人民共同利益的重要力量。国有企业总体上已经同市场经济相融合，必须适应市场化、国际化新形势，以规范经营决策、资产保值增值、公平参与竞争、提高企业效率、增强企业活力、承担社会责任为重点，进一步深化国有企业改革。"

> 国有经济改革的方向和意义是什么？

第一，有利于企业形成独立的市场竞争主体。建立现代企业制度，清楚地界定产权，有利于实行政企分开。国家作为企业的出资者，处于股东地位，享有所有者的权益，但不再直接干预企业的生产经营活动。企业拥有法人财产权，真正做到自主经营，自负盈亏，成为独立的市场竞争主体。

第二，有利于规范所有者、经营者的行为。实行公司制，健全协调运转、有效制衡的公司法人治理结构。建立职业经理人制度，更好发挥企业家作用。深化企业内部管理人员能上能下、员工能进能出、收入能增能减的制度改革。建立长效激励约束机制，强化国有企业经营投资责任追究。探索推进国有企业财务预算等重大信息公开。国有企业要合理增加市场化选聘比例，合理确定并严格规范国有企业管理人员薪酬水平、职务待遇、职务消费、业务消费。

第三，能有效地实现国有资产的保值、增值。通过公司的组织机构和管理制度，可以有效地保障出资者的利益，解决过去国有资产无人负责，低效运行，不断增值又不断损失的问题，能够有效地实现国有资产

> 如何更有利于发挥国有经济的主导作用？

的保值、增值。国有资本加大对公益性企业的投入,在提供公共服务方面作出更大贡献。

第四,更有利于发挥国有经济的主导作用。国有企业在公司化改组后,国有资本将采取多种形式注入公司,对少数行业和企业实行国有国营和组建独资公司,对其他重要的大中型企业实行控股或参股。国有资本继续控股经营的自然垄断行业,实行以政企分开、政资分开、特许经营、政府监管为主要内容的改革,进一步破除各种形式的行政垄断。这样,既可以有效地贯彻宏观调控措施和国家产业政策,又易于实现资产的流动和重组,达到优化结构;可以凭借国有经济的实力和信誉,广泛吸收社会资金,以较少的资本支配较多的资产,有利于形成具有国际竞争力的大公司、大企业集团,使国有经济的主导作用在市场经济中能得到更充分的发挥。

第三节 市场体系

一、建立和完善市场体系

市场体系是指由互相联系、互相制约的各种类型的市场及其关系所构成的整体。市场机制功能的充分发挥,要以完善的市场体系为基础。十八届三中全会指出:"建设统一开放、竞争有序的市场体系,是使市场在资源配置中起决定性作用的基础。必须加快形成企业自主经营、公平竞争,消费者自由选择、自主消费,商品和要素自由流动、平等交换的现代市场体系,着力清除市场壁垒,提高资源配置效率和公平性。"从我国社会主义市场经济的实际出发,建立和完善市场体系的重点是以下4个方面。

> 市场体系的构成如何?

(一)发展和完善商品市场

商品市场是我国社会主义市场体系的主体部分。商品市场的组织形式种类很多,所有从事商品交易的形式,如生产者和消费者直接买卖的形式都可以概括其中。近些年来,随着社会主义市场经济的发展,以开放性横向联系为主要标志的一批新型商业形式,例如工业品贸易中心、专业市场、批发市场以及工商一体化的集团企业、产销联合经营、零售商业之间的商商联合组织形式等迅速出现和发展。在今后的市场经济发展过程中,发展商品市场仍是一个重要的任务。

商品市场包括物质产品市场和服务市场。其中的物质产品市场又可划分为消费品市场和生产资料市场。

消费品市场在我国经济生活中有着重大的作用。人民群众需要的消费品从商品市场购买。在消费品市场上进行交换的商品,其中有很大一部分是人民基本生活所需要的消费品。消费品市场是否繁荣,消费品流通是否顺畅,直接关系着人民群众的生活。消费品生产部门只有在消费

> 如何理解生产资料市场是生产资料生产者和生产资料需求者之间的桥梁?

品市场上才能实现其产品的价值。因此，消费品市场是联结生产和生活消费的纽带，消费品市场的扩大，必然刺激和促进社会生产的发展。

生产资料市场是生产资料生产者和生产资料需求者之间的桥梁。通过市场交换，生产者获得货币，实现生产资料商品的价值，而需求者则获得生产资料，投入生产。生产资料市场的作用在于满足各类产业、各个部门的投资、生产和经营对生产资料的需要，为经济发展提供物质条件。

生产资料本身的性质，决定了生产资料市场供求关系具有一些与消费品市场不同的特点。从需求方面来说，对生产资料的需求一般比较稳定，批量较大。保持生产资料生产的稳定，对适应生产资料的需求是至关重要的。从供给方面来说，市场调节生产资料供给发挥作用的周期一般较长，因为生产资料生产和供给的增加，受到很多条件的限制，如资金筹集、生产技术开发、设备添置、原材料和能源供应、生产周期等。即使生产资料价格上涨，国家采取刺激供给的政策，供给也不可能很快大量增加，而需要有一个过程。当生产资料需求不足时，生产企业的资产转移相当困难，企业只能减少生产。

服务市场指的是第三产业提供的服务市场，包括劳务。发展服务市场，前提是要承认服务是商品。不能只将物质产品当作商品，服务同样具有使用价值和价值，也是商品。服务的使用价值是为人们提供一定的效用。如客运服务为人们提供旅游的效用，文艺演出服务为人们提供欣赏娱乐的效用。

> 注意：服务也是商品！

生产服务为生产者提供生产中的一定效用，如金融服务提供融通资金的效用，地质勘探服务提供开采矿石的效用，技术服务提供提高生产效率的效用。

（二）建立健全生产要素市场

生产要素市场包括生产资料市场以及金融市场或资金市场、劳动力市场、房地产市场、技术市场、信息市场、产权市场等。生产要素市场的形成和发展，是发挥市场在资源配置中的基础性作用的必要条件。

1. 金融市场

金融市场是指货币资金自由融通的关系，包括货币资金借贷和各种有价证券买卖。金融市场是整个市场体系的枢纽。离开金融市场，市场经济便无法运转。在市场经济条件下，货币运动带动着整个经济运动。从事经济活动，首先必须有货币资金。通过政府运用政权的力量来无偿筹措资金、分配资金，固然可以起一定的作用，但难以广泛动员和聚集社会上各种各样的闲散资金，并且不能保证资金得到有效的利用。因此，在十八届三中全会指出："完善金融市场体系。扩大金融业对内对外开放，在加强监管前提下，允许具备条件的民间资本依法发起设立中小型银行等金融机构。"这样能广泛吸收社会上的资金，能够将资金灵活地分配到资源和商品短缺因而收益较高的部门和企业，并能有效地促进资金

> 注意：金融市场是整个市场体系的枢纽。

利用效率的提高。因此，建立和发展金融市场，是建立社会主义市场经济体制的一项重要任务。

按资金性质来分类，金融市场可分为货币市场和资本市场。

货币市场是短期（一年以内）融资市场。货币市场上的资金交易，主要有短期借贷、商业票据贴现、同业拆借、短期债券买卖等。资本市场是长期（一年以上）融资市场。除银行等金融机构的融资外，证券市场也是我国资本市场的重要构成部分。证券市场是指股票市场、债券市场、国债市场。

按融资方式来分类，金融市场可分为直接融资市场和间接融资市场。直接融资是指通过证券市场进行的融资活动，包括短期的和长期的资金融通，两者都是资金的供给者直接向其选定的对象提供资金。间接融资是指通过银行等金融机构进行的融资活动。不论是短期的还是长期的资金融通，都是资金的供给者将资金交给银行等金融机构，再由银行等金融机构选定对象提供资金。

为了发展和完善我国的金融市场，一方面要发展直接融资的证券市场；另一方面则要实现金融机构间接融资的市场化。即国有银行（工商银行、中国银行、农业银行、建设银行）要切实转变为商业银行，同时要发展其他商业银行，如区域性银行、股份制银行等。所谓商业银行，指的是以经营存款、贷款业务为主，以利润为经营目标，自主经营、自负盈亏的银行。

使银行商业化、企业化，有利于运用市场机制来分配资金，促使企业把提高经济效益作为经营目标，有利于形成竞争性的金融市场，同时确保资金的安全性、流动性、盈利性。

金融市场在社会主义市场体系中处于核心的地位，在现代市场经济条件下，没有发达的金融市场，就没有发达的市场经济。

2. 劳动力市场

劳动力市场是指通过市场机制配置劳动力资源而必然存在的市场关系。劳动力市场的主要特征如下。

其一，劳动力自由流动，不受城乡、地区、所有制、身份等条件的限制。

其二，用人单位和劳动者在劳动关系中都是平等的主体，实现双向选择。

> 劳动力是资源，也是商品。

其三，价值规律对劳动力市场发挥调节作用。劳动报酬将主要由劳动力市场供求关系来决定。

建立和发展劳动力市场，是社会主义市场经济发展的必然要求。

其一，市场经济中的生产要素主要是由市场配置的。随着产业结构、产品结构的变化以及商品供求关系的变化，生产要素的配置必须经常调整。劳动力是生产要素中的能动因素，必须同其他生产要素一样置于市场机制的作用之下进行数量上和结构上的调整，才能实现与其他生产要素的有效结合。

其二，高效率是企业在竞争中生存和发展的主要保证。实现高效率的关键是人，是劳动者的素质和积极性。在劳动力市场上，企业和劳动者都可以实现自主选择。企业根据实际需要及其变化来确定劳动力的数量和结构，有利于企业提高效率。劳动者根据自己的条件选择工作，更好地发挥自己积极性和特长。

其三，建立经济发展和扩大就业的联动机制，健全政府促进就业责任制度。规范招人用人制度，消除城乡、行业、身份、性别等一切影响平等就业的制度障碍和就业歧视。完善扶持创业的优惠政策，形成政府激励创业、社会支持创业、劳动者勇于创业新机制。完善城乡均等的公共就业创业服务体系，构建劳动者终身职业培训体系。

3. 技术市场

技术市场是科技成果自由、有偿转让的市场。在技术市场上，科技成果是技术市场进行交换的商品。技术市场是连接科技研究和生产建设的桥梁和纽带。在技术市场上一方面是技术商品的供给，另一方面是技术商品的需求，科研成果通过技术市场转化为生产力。

技术和信息是商品，可以有价转让。

技术成果作为商品转让，关键是定价。科技成果的价格（转让费）由两方面的因素结合决定：一是卖方要求补偿劳动消耗；二是买方愿意出多少钱购买科技成果，要看它能带来多少经济收益，而不管对方耗费了多少劳动。最后通过买卖双方协商来确定。技术商品价格的支付方式，有的是一次性支付转让费，有的则是在若干年内分年按销售额的一定比例提成。

4. 信息市场

信息市场是以信息作为商品进行交换的市场。信息作为商品的范围有狭义和广义两种。

狭义的信息商品称为"软"信息，是以文字、数据、信号等非实物形式表现出来的，经过传递、处理、加工，具有价值和使用价值，如计算机软件、情报资料、统计数据等。广义的信息商品，包括"软"信息和"软"信息的生产、处理、流通中所使用的一切"硬"产品，如计算机、电信设备、电子等产品。

信息是重要的经济资源，信息技术被视为经济发展的倍增器，发达国家信息产业的产值占国民生产总值的比例已达到40%～60%，新兴工业化国家为25%～40%，发展中国家则在25%以下。建立和发展信息市场，实行有偿信息服务，有利于调动信息部门的积极性和创造性，应加快信息产业的发展，提高信息服务的质量，缩短信息转化为财富的时间，从而为增强我国经济在国际上的竞争力。

5. 房地产市场

房地产市场包括房产市场和地产市场。房产市场是进行房产买卖和出租的市场。地产市场是土地使用权有偿转让的市场。房地产市场是我国市场体系的重要组成部分，发展和完善房地产市场，对加快我国城市化进程、带动相关产业，促进居民消费结构调整等方面都有积极的推动作用。

为了促进房地产市场健康发展，必须加强宏观管理，应制订房地产建设用地计划、健全房地产价格形成机制、合理调节房地产收益分配。

6. 产权市场

产权市场指的是企业兼并、出售、拍卖、租赁、股权转让、闲置资产调剂等产权交易的市场。

产权市场对国有经济改革的意义。

企业是各种生产要素的组合起来的一种商品，因而可以进入市场实行有偿转让其产权。建立产权交易市场，是优化资源配置的一条重要途径。对卖方来说，如果继续维持经营已无利可图，将企业予以转让则可以减少损失。已经无法保值和增值的国有企业的资产，通过转让可将留存的实物变为国有的货币资金，投资到新的效益好的行业，形成新的生产力。对买方来说，通过买进企业，可以以较低的成本获得对自己有用的资产，扩大自己的生产经营能力。通过产权市场，能够促进企业产权的重新组合，优化资源配置，创造新的生产力。

二、建立以市场为基础的价格体系

1. 价格体系

社会主义市场经济的发展，要求发挥市场机制在资源配置中的决定性作用、建立和完善市场体系的同时，规范市场行为和秩序，打破地区、部门的分割和封锁，反对不正当竞争，创造平等竞争的环境，建立统一、开放、竞争、有序的大市场，必须建立和完善以市场为基础的价格形成机制和合理的价格体系。

价格体系包括商品比价和商品差价。

价格体系，是指包括要素价格在内的各种商品和劳务价格互相联系、互相影响的总和。价格体系包括商品比价和商品差价。

商品比价是指在同一时间内，在同一地点，一种商品与另一种商品之间的价格比例。商品比价又分为以下4种。

一是农产品比价，这是不同农产品收购价格之间的比例。

二是工业品比价，包括各种能源的比价，原材料与工业加工品之间的比价，半成品与成品之间的比价，不同工业加工品之间的比价，进口工业品与国产工业品之间的比价等。

三是工农业产品比价，这是工业品零售价格与农产品收购价格之间的比价。

四是工农业产品与服务的比价。

合理的商品比价，对合理配置资源，优化产业结构和消费结构，调节不同社会集团和不同部门的利益，都具有重大的作用。

商品差价是指同一种商品由于质量不同，流通环节不同，购销的地区、季节、数量不同，而形成的价格差额。商品差价包括质量差价、购销差价、批零差价、季节差价、批量差价。合理的商品差价，对促进生产和流通都有重要作用。

2. 影响市场价格的因素

在市场决定价格的条件下，以下这些因素的变化都会对商品的市场价格的形成和波动发生实际作用。影响市场价格的主要因素如下。

第一，成本对价格的影响。生产资料成本、劳动成本、销售成本决定着成本的平均水平，是影响商品价格的主要因素。有两个项目对成本和价格的影响值得注意：一是劳动报酬呈不断提高的趋势，这将增大企业成本而拉动价格上升；二是资源稀缺性及其开发，引起资源产品价格上升，带动某些加工产品价格上升。

第二，商品供求关系对价格的影响。供给和需求关系的变化，都会引起商品价格的变动，供给减少但需求不变，或者供给不变但需求增加，都会推动价格上升。反之，则会引起价格下降。只有当供给和需求都不变，或者都按同一方向和同一幅度变化的时候，价格才会保持稳定。

> 商品供求关系是如何影响价格的？

第三，单位货币代表的价值对价格的影响。如果货币发生贬值，单位货币代表的价值量减少，商品价格便上涨；如果单位货币代表的价值量增加，商品价格便下降。

第四，垄断对价格的影响。卖方垄断或买方垄断的结果，都会影响价格变动。一般情况下，卖方垄断会造成价格上升，买方垄断的一般趋势则是商品价格下降。

第五，政府政策对价格的影响。一是税收政策、利息政策对价格的影响。如果税种增加、税率提高就会引起商品价格相应上升。反之，如果税种减少、税率下调就会引起商品价格相应下降。二是价格改革对价格的影响。政府定价范围的变化，政府对定价的冻结或调整，对定价规则和价格管理的改变，都会引起价格的变化。

本章小结

◎计划经济不等于社会主义，资本主义也有计划；市场经济不等于资本主义，社会主义也有市场。计划和市场都是经济手段。计划多一点还是市场多一点，不是社会主义与资本主义的本质区别。

◎党的十八大进一步指出："要加快完善社会主义市场经济体制，完善公有制为主体、多种所有制经济共同发展的基本经济制度，完善按劳分配为主体、多种分配方式并存的分配制度，更大程度更广范围发挥市场在资源配置中的基础性作用，完善宏观调控体系，完善开放型经济体系，推动经济更有效率、更加公平、更可持续发展。"

◎社会主义和资本主义都应该发展市场经济，这是因为市场经济的属性决定了它在宏观上能促进整个社会资源的优化配置，在微观上能充分调动企业和劳动者提高效率的积极性，因而能有效地促进生产力迅速发展。

◎由于市场经济的发展，"资产阶级在它的不到一百年的阶级统治中所创造的生产力比过去一切世代创造的全部生产力还要多，还要大"。

◎计划和市场都是发展生产力的方法，两者缺一不可；排斥市场机制，计划经济是没有生命力的；市场经济如果没有国家的计划调节也会陷入困境。

◎现代企业制度适应社会化大生产和社会主义市场经济体制要求，自主经营、自负盈亏、自我约束、自我发展，成为法人实体和市场竞争主体的企业制度。

◎现代企业制度的基本特征是："产权清晰、权责明确、政企分开、管理科学"。国有经济管理体制的改革的方向，是建立现代企业制度，关键问题就是要改革旧的产权制度，建立新的产权制度，从而使国有制与市场经济能够融合起来。

◎推动国有企业完善现代企业制度。国有企业属于全民所有，是推进国家现代化、保障人民共同利益的重要力量。国有企业总体上已经同市场经济相融合，必须适应市场化、国际化新形势，以规范经营决策、资产保值增值、公平参与竞争、提高企业效率、增强企业活力、承担社会责任为重点，进一步深化国有企业改革。

◎市场体系是指由互相联系、互相制约的各种类型的市场所构成的整体。市场机制功能的充分发挥，要以完善的市场体系为基础。金融市场是整个市场体系的枢纽。离开金融市场，市场经济便无法运转。

◎社会主义市场经济的发展，要求发挥市场机制在资源配置中的决定性作用、建立和完善市场体系的同时，创造平等竞争的环境，建立统一、开放、竞争、有序的大市场。建立和完善以市场为基础的价格形成机制和合理的价格体系。

综 合 练 习

一、基本概念

1. 计划配置　　2. 市场配置　　3. 市场经济　　4. 现代企业制度
5. 企业法人　　6. 有限责任制度　　7. 市场体系　　8. 价格体系

二、单项选择题

1. 资本主义社会和社会主义社会都实行市场经济的原因是（　　）。

　A. 两者都有具备商品经济存在的条件

B. 两者都有具备计划经济存在的条件

C. 两者都是自然经济

D. 两者都是注重科学技术的发展

2. 我国经济体制改革的目标是（　　）。

A. 建立市场对社会资源配置的基础性作用

B. 建立自然经济体制

C. 建立产品经济体制

D. 建立社会主义市场经济体制

3. 就配置社会资源这方面来说，建立社会主义市场经济体制就是要发挥（　　）。

A. 市场对社会资源配置的决定性作用

B. 市场对社会资源配置的全部作用

C. 市场对社会资源配置的辅助作用

D. 政府机关对社会资源配置的主要作用

4. 实行公司制企业的经营决策机构是（　　）。

A. 股东会　　　　B. 经理　　　　C. 监事会　　　　D. 董事会

5. 现代企业制度的核心是（　　）。

A. 对国有企业实行战略性改组　　B. 放活国有小型企业

C. 企业法人制度　　　　　　　　D. 转换国有企业的经营机制

6. 市场体系的枢纽是（　　）。

A. 商品市场　　　B. 劳动力市场　　C. 产权技术市场　　D. 金融市场

7. 价格体系包括（　　）。

A. 商品比价和商品差价　　　　　B. 价值与价格

C. 批发价格和零售价格　　　　　D. 出厂价格和市场价

8. 经济体制改革的核心问题（　　）。

A. 是处理好企业和市场的关系

B. 是处理好政府和市场的关系

C. 是处理好宏观经济与微观经济的关系

D. 是处理好政治体制与经济体制的关系

三、多项选择题

1. 现代企业制度的构成内容，主要包括（　　）。

A. 生产者责任制　　　　B. 厂长负责制　　　　C. 企业法人制度

D. 有限责任制度　　　　E. 科学的组织制度

2. 现代企业制度的基本特征是（　　）。

A. 厂长负责制　　　　　B. 产权清晰　　　　　C. 权责分明

D. 政企分开　　　　　　E. 管理科学

3. 实行企业法人制度，必须将出资者的所有权与企业的法人财产权分离开来，出资者按投入的资本额享有所有者的权益，主要是（　　）。

A. 企业的经营权　　　　B. 人、才、物的决定权　　C. 资产收益权

D. 企业管理者的选择权　　　　　E. 企业重大问题的决策权

4. 公司的组织机构有（   ）。
   A. 股东会   B. 董事会   C. 经理   D. 监事会   E. 政府的主管部门
5. 影响市场价格的因素（   ）。
   A. 成本对价格的影响   B. 商品供求关系对价格的影响
   C. 单位货币代表的价值对价格的影响   D. 垄断对价格的影响
   E. 政府政策对价格的影响
6. 十八大提出深化经济体制改革方面的具体内容主要有（   ）。
   A. 强调经济体制改革的核心问题是处理好政府和市场的关系
   B. 健全现代市场体系，加强宏观调控目标和政策手段机制化建设
   C. 加快改革财税体制
   D. 深化金融体制改革
   E. 加快发展民营金融机构、完善金融监管

四、判断正误题

1. 市场经济，资本主义可以搞，社会主义也可以搞。（   ）
2. 商品经济的根本性质在于生产商品所耗费的劳动具有社会性，个别劳动通过市场实现商品与货币交换成为社会劳动。（   ）
3. 市场经济对生产力的发展具有巨大的促进作用，但市场经济本身也存在着固有的缺陷，必须采取适当的对策加以弥补和克服。（   ）
4. 市场经济不是资本主义所特有的。（   ）
5. 商品经济的根本性质在于生产商品的劳动只是私人劳动。（   ）
6. 市场机制能推动企业提高资源利用效率。（   ）
7. 市场经济宏观上能促进社会资源配置的优化，微观上能充分调动企业和劳动者提高效率的积极性。（   ）
8. 买方市场是供大于求的市场。（   ）
9. 现代企业制度的特征是独立自主。（   ）
10. 建立和完善以市场为基础的价格形成机制和合理的价格体系。（   ）

五、问答与思考题

1. 如何理解市场经济不等于资本主义？
2. 为什么说市场经济是推动生产力发展的有效方法？
3. 如何理解市场经济的一般特征？如何认识中国社会主义市场经济的特点？
4. 如何理解与认识现代企业制度有两层含义和特征？
5. 现代企业制度的构成内容有哪些？
6. 如何理解"国有企业属于全民所有，是推进国家现代化、保障人民共同利益的重要力量，"国有企业改革应以"承担社会责任为重点"。
7. 如何理解和认识建立统一开放、竞争有序的大市场？

第九章

社会主义经济增长与发展

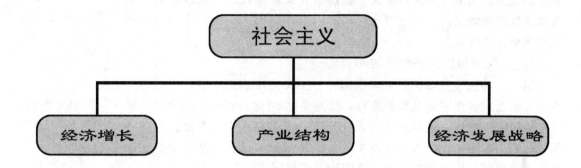

重点掌握
- 技术进步推动经济增长的途径
- 实现我国技术进步的途径和条件
- 知识经济与可持续发展战略
- 科学发展观与和谐社会

一般掌握
- 经济增长的必要性与决定因素
- 产业结构合理化的标志
- 我国实现技术进步的可能性

一般了解
- 经济发展战略内容
- 三次产业与划分
- 我国三次产业结构变动及其特点

本章导语

上一章我们学习了市场经济的基本理论市场体系、价格体系以及现代企业制度等内容,为学习本章准备了必要的知识。学习本章要注意区别经济增长与经济发展是两个不同的概念,本章主要是对上以问题进行分析与介绍。希冀通过本章的教学,学习者能对经济增长、经济结构、技术进步、实现和谐社会等问题有较为深刻的理解、认识和思考。

第一节 经济增长

一、经济增长的必要性与决定因素

经济增长通常是指国民经济增长,即一国在一定时期内产品量和服务量的增加。如果考虑人口因素,经济增长又可按人口平均计算的产品量和服务量的增加。国际上普遍采用国内生产总值(GDP)作为量度一国经济增长的统计指标。

> 经济增长的意义与量度指标。

(一)我国加快经济增长的必要性

第一,加快经济增长是巩固我国社会主义制度的根本条件。加快经济增长速度对我国更加重要和紧迫,虽然经过50多年的社会主义经济建设,取得巨大成就,但与发达国家在经济上仍然存在很大差距。我国必须快速缩小以至最终消灭这个差距,才能显示我国社会主义制度的优越性,才能增强国民凝聚力,才能巩固和发展我国的社会主义制度。

第二,加快经济增长是我国长治久安的根本保证。只有经济增长更快,才能为实现共同富裕提供经济条件与物质保证,人民群众的社会主义信念才能不断增强,社会主义思想才能成为社会成员的共同追求,从根本上保证我国的长治久安和发展。

第三,加快经济增长是增强国力、提高我国国际地位的必要条件。在当前国际社会,经济的作用越来越重要。只有经济增长、经济实力快速增强,才有更大的力量维护世界和平与稳定,以发挥我国在国际事务中应有的作用,提高我国的国际地位。

(二)决定经济增长的直接因素

第一,投资量。正常情况下,投资量与经济增长成正比例关系。投资量大,经济增长量就大。因为新投资的完成将形成新的劳动手段和劳动对象,形成新的生产能力,引起产品量和服务量的增加。同时,由于新投资引起对生产资料和消费资料的需求增加,将推动生产资料和消费资料的生产和消费,推动与拉动经济增长。

> 投资量与经济增长成正比例关系。

第二,劳动量。一般情况下,投入劳动者数量与经济增长也成正比例关系。在数量上,如果劳动者过多,生产资料过少,就会造成劳动力浪费;反之,若劳动者过少,生产资料过多,就会造成生产资料闲置。在结构方面,如果掌握不同生产技术的劳动者数量与已有生产资料的结构不完全适应,就会造成失业和生产资料利用不足。如果劳动力与生产资料在数量和结构上不相适应,劳动者数量的增加不一定能引起经济增长。

> 必须注意,三种因素不是孤立地作用的,而是结合在一起共同发挥作用的。

第三,生产率。生产率是指资源包括人力、物力、财力利用的效率,是国民经济总产出(国内生产总值)与各种生产要素总投入之比。总产出增加、总投入减少，或者总产出增加、总投入不变，或者是总产出的增长速度快于总投入的增长速度，都意味着劳动生产率的提高，说明了技术进步对经济增长的作用。在经济比较发达的阶段，对经济增长贡献较大的是提高生产率，提高生产率最关键的是技术进步。而经济增长的速度又主要取决于资源条件和制度条件。

> 提高生产率最关键的是技术进步。而经济增长的速度又主要取决于资源条件和制度条件。

必须注意，上述三种因素不是孤立地作用的，而是结合在一起共同发挥作用的。

二、技术进步推动经济增长

（一）技术进步推动经济增长的途径

科学技术一旦加入生产过程，就转化为物质生产能力。现代技术进步是通过以下两种途径推动经济增长的。

一种途径是技术进步通过对生产力要素的渗透和影响，提高各个部门和行业的劳动效率，推动经济增长。技术进步使生产工具得以改进，扩展了劳动对象及其广度和深度，促进劳动者素质和生产率提高，对经济增长作出贡献。

另一种途径是在高科技基础上形成的独立产业，如第二次世界大战后迅速发展与形成的电子技术、通信技术、新材料、生物工程、航天技术产业等，其产值直接成为国民生产总值的组成部分和经济增长的重要来源。

科学技术在经济增长中的作用越来越大，从18世纪蒸汽机的产生和应用为主要标志的第一次技术革命，到19世纪末20世纪初以电机的产生和电力的应用为主要标志的第二次技术革命，都推动生产力的迅速发展和经济的快速增长。第二次世界大战以后以电子信息技术、生物工程、新材料技术为代表的第三次技术革命的发展，加速了生产过程从主要依靠体力劳动向主要依靠脑力劳动的转变，缩短了科学技术转化为现实生产力的时间，推动了生产力突飞猛进的发展。

> 三次技术革命对世界经济增长的作用如何？

科技进步决定着世界经济的增长，从1958年算起，全球生产总值由1.2万亿美元，增加到现在的32万多亿美元，增长了近28倍。世界经济总量的增长，是由科技进步推动的。随着商业竞争的加剧，科技成果转化为生产力的速度空前加快，极大地提高了劳动生产率，促进了世界经济的发展。20世纪70年代初，西方发达国家科技进步对经济增长的贡献率为50%，现在已达到80%。目前，我国科技进步贡献率为51%，预计2015年可提高至55%。我国在《国家中长期科技发展规划纲要》明确提出，我国到2020年力争实现科技进步贡献率达到60%以上的目标；《"十二五"科技发展规划》中，也将"科技进步贡献率力争达到55%"作为"十二五"科技发展的总体目标之一。

创新型国家的重要特征之一，就是经济社会发展主要依靠科技创新驱动，知识的生产、应用和扩散成为创造社会财富的主要手段，科技进步对经济发展贡献显著。因此,"科技进步贡献率"这一概念逐渐受到重视。**科技进步贡献率是指广义技术进步对经济增长的贡献份额,这是一个经济学的概念,它反映在经济增长中资本、劳动和技术进步三大作用的相对关系。**

（二）实现我国技术进步的途径

只有依靠技术进步,才能持续、快速推动生产力的发展。怎样实现我国的技术进步呢?

第一,从宏观上制定科学技术发展战略。我国科学技术虽然在某些方面已达到世界先进水平,但总体水平较低。虽然我国劳动力资源丰富,但建设资金有限,这种情况决定了我国不可能很快地在各方面普遍地采用世界上的先进技术,又不能片面强调本国基础而满足于使用落后技术,如果这样就会拉大与发达国家的技术距离,我们应立足国情,放眼世界,要在现有多层次技术结构的基础上,从宏观上制定科学技术发展战略,努力研究、开发、应用先进技术和高新技术,引导我国逐步实现产业现代化。

第二,着重发展关键技术。以我国经济文化现状,不可能在短时期里发展所有的技术,而只能着重发展为产业现代化奠定基础的关键技术。选择关键技术的标准是：一是关键性,即对经济发展和国家安全具有关键意义的技术；二是实用性,即能形成在市场上有巨大竞争力的商品或工艺技术；三是启动性,即能带动相关部门技术进步的技术；四是时效性,即在若干年内就能产生效益的技术。

第三,创新科技体制,构建科技创新体系。科学技术发展研究分为以下3个层次。一是认识自然规律或事关国家安全、未来发展的重大问题的发展研究。这一层次的研究主要由政府配置资源,属于国家创新体系。二是为企业生产和发展服务的研究与开发。三是企业生产活动中的技术工作研究、开发和应用。后两个层次以市场为导向,由市场配置资源,属于企业创新体系。国家创新体系和企业创新体系两个层次构成我国科技创新体系。两个层次的创新体系相互联系,既保证基础科学研究和重大问题的研究,又能解决科技与经济脱节的问题。国家创新体系可分为知识创新系统、技术创新系统、知识传播和知识应用系统三个方面。大力促进和广泛进行知识生产、传播和应用是国家创新体系的基本任务。一些国家的国家创新体系注重技术创新,如日本、韩国；一些国家注重科学研究,如英国；一些国家强调知识的传播和应用,如加拿大和澳大利亚；还有一些国家则是科研与技术创新并举,如美国和德国等。共同的是,国家创新体系已成为技术创新的关键机制。

> 国家创新体系和企业创新体系两个层次的内涵和关系。

（三）实现技术进步的条件

发展中国家实现技术进步和技术创新,必须在制度基础、国家支持、产业政策、人力资源和外部环境等多方面满足条件。社会创新制度基础是基于资源、文化、技术与制度的构建,从整体上构成了技术创新制度

> 如何理解技术创新制度的基础?

基础。在为创新提供的制度基础上，最为重要的是公平的市场环境、必要的社会资本和共享的价值观念。

第一，公平的市场环境。一个公平的市场环境的重要性在于为参与者提供稳定的市场预期，为企业创新和产业发展提供坚实的基础。没有公平竞争的市场，是一个隐患丛生的市场。价格垄断，主动权受制，市场里见到的只是专用的、不兼容的产品，而丧失的却是真正创新的产品。开放、公平的市场以及开放公平的技术标准，会直接促进中、下游厂商的技术跟进与结合，这不仅对新技术的进一步市场化提供了强大的集团式演进保障，同时，也会为整个产业的下一步技术创新，奠定坚实的产业基础。

> 公平的市场环境对技术进步有什么作用？

第二，为创新提供必要的社会资本。社会资本是指社会赖以正常运转的制度、组织、文化、凝聚力和共有信息等以及包含其中的社会政治文明和精神文明。创新不是一个独立的投资或发明行为，对一个企业而言，创新应该是一种日常行为。只有通过全力增进社会资本，才可以驾驭知识与创新的动力。

第三，共享的价值观念。如果一个社会没有共享的价值观念或者说通约的价值观念，那么创新是很难办到的，提倡技术创新和制度创新，应创造良好的社会创新氛围。同时，一个国家的创新不可能脱离开放的国际环境。开放的国际环境为加快技术创新、赶超和跨越的过程提供了良好的外部条件。2001年的《美国竞争力报告》认为，发展中国家可以通过快速的学习过程建立一定的技术能力，通过在研发领域和技术人才上的大量投资获得创新能力，从而可以将发达国家的创新迅速转化为商品，形成挑战发达国家的国际竞争力。

> 发展中国家可以通过快速的学习过程建立一定的技术能力。

第四，有保证的人力资本投资。技术创新、赶超和跨越所依赖的主要不是厂房和设备等代表的物质资本，而是知识和技能的水平，后者才是技术创新的真正主体。投资教育、提高人力资源素质是发展中国家实现技术跨越的必要手段。近年来，我国也都比较重视高技能人力资源的投资，这为实现自主创新奠定了基础，也是在技术机会来临时实现技术跨越的条件。

（四）我国实现技术进步的可能性

党的十八大报告明确指出："科技创新是提高社会生产力和综合国力的战略支撑，必须摆在国家发展全局的核心位置。"我国已经具备实现技术进步的可能性。

> 如何理解我国实现技术进步的可能性？

第一，我国已经建立了基本的市场经济制度，同时，在为建立一个更为公平的市场环境，深化科技体制改革，推动科技和经济紧密结合，加快建设国家创新体系，着力构建以企业为主体、市场为导向、产学研相结合的技术创新体系。

第二，经济全球化的进一步深入，有利于我国吸收世界先进技术和外国资金，为我国经济结构的优化和整体素质的提高提供了重要的条件，使我们比过去能更快积累技术能力，给我国在技术创新、赶超和跨越提供了前所未有的机遇。

第三，信息技术和高速信息网络的飞速发展，使知识的生产极大地脱离了对物理地域的依赖，不但开拓了新的产业领域和新的技术创新，同时为我国提供了许多新的产业进入机会。

第四，我国的国家创新体系正经历面向市场经济的重构，在知识的创造、传播和使用机制方面更有利于科学进步和技术创新。完善科技创新评价标准、激励机制、转化机制。实施知识产权战略，加强知识产权保护。促进创新资源高效配置和综合集成，把全社会智慧和力量凝聚到创新发展上来。

三、经济增长要以提高经济效益为前提

1. 经济效益的意义

经济效益是资金占用、成本支出与有用生产成果之间的比较，或者说投入与产出之间的比较。资金占用少，成本支出少，有用成果多，经济效益就好，反之就是经济效益不好。经济效益的提高有以下3个标准。

经济增长与提高经济效益的关系如何？

第一，资金占用要少。

从事任何生产活动都需要占用一定数量的资金，加快资金周转速度，可以少占用资金。在其他条件不变的情况下，成本支出少，经济效益才能好。

第二，成本支出要少。

在产品的销售价格一定时，生产成本和销售成本越少，盈利就越多。成本支出高于销售价格，就会发生亏损。

第三，有用成果多。

所谓有用成果，就是企业的产品和劳务对社会有用，为社会所需要，有市场需求，商品能为消费者所接受。经济效益好，要求生产成果既好且多，即使用价值（产品或服务）要多，价值（产值、盈利）也要多。以上3个方面的统一，便是经济效益好。经济效益好说明经济增长速度快。

2. 经济快速增长必须以经济效益为前提

我国经济的快速增长，必须以提高经济效益为前提，在社会主义国民经济中，经济增长速度与经济效益是互为条件、互相制约的。

第一，速度与效益两者是统一的，相互促进的。

一方面，经济增长速度要以经济效益为前提，持续的经济增长与发展，只有在不断提高经济效益的基础上才能实现，符合经济发展客观实际的速度，本身就标志着具有良好的经济效益。若片面追求经济速度而不顾经济效益，这样的速度是虚假的。

如何理解经济增长速度与经济效益的一致性与矛盾性？

另一方面，经济效益要以经济增长速度为条件。只有在保持一定经济增长速度的条件下，才有可能取得一定的经济效益。没有一定的增长

速度，只能维持简单再生产，甚至出现经济停滞或下降，这本身就意味经济效益的低下。

第二，经济增长速度与经济效益两者又存在一定矛盾。

增长速度反映的是国民收入、国民生产总值等指标在动态上的比较，经济效益反映的是劳动耗费、劳动占用与劳动成果的对比关系。两者是不同的经济指标。因而经济增长速度快，并不等于经济效益就一定好。我国过去的经济建设中，就长期存在速度快但效益低的问题。当经济增长速度与经济效益两者发生不一致时，不应求速度舍效益，而应使经济增长速度服从经济效益，在提高经济效益的前提下，力争较快的增长速度。

四、经济增长方式

1. 经济增长方式的分类

经济增长方式这一用语在西方经济学文献中并不多见。国内学者主要从经济增长依靠的主要因素来对经济增长方式进行分类。例如：如果经济增长是主要依靠生产要素投入的增加得以实现的，那么，经济增长方式就是粗放型的；如果经济增长是主要依靠生产效率的提高得以实现的，那么经济增长方式就是集约型的。这种划分方法是科学的和严格的。此外，也有从其他各个角度对经济增长方式进行分类的，如：从扩大再生产的角度把经济增长方式分为粗放型和集约型；按经济增长特点，把经济增长方式分为速度型和效益型或数量型和质量型；从结构变动的角度，又把经济增长方式分为产值型和结构型；从经济增长的源泉角度，可把经济增长方式分为投入驱动型和效率驱动型。投入驱动型经济增长是指经济增长主要依靠生产要素投入的增加。效率驱动型的经济增长是指经济增长主要依靠生产效率的提高。

> 国内学者主要从哪几个方面对经济增长方式进行分类，有什么意义？

2. 我国经济增长方式由粗放型向集约型转变的必要性

第一，缓解资源有限性与经济增长对资源需求无限性之间的矛盾。粗放型经济增长要靠资源的大量消耗来维持，尤其是随着经济规模的扩大，资源消耗更多，必将加速资源的枯竭，难以支撑经济持续增长。集约型经济增长则能提高资源的利用效率，节约使用资源，从而缓解资源有限性与经济增长对资源需求之间的矛盾，为经济持续增长创造有利的条件。

> 技术进步与经济增长方式的关系如何？

第二，集约型经济增长方式能有效地提高经济效益。粗放型经济增长，生产要素投入大，消耗大，但产品加工价值低，盈利水平低。用这种方式实现经济增长，要付出巨大代价。集约型经济增长主要是通过提高生产要素的质量和生产率来实现的，不仅产品数量多，而且质量好，与此相比其投入和消耗却是较低的，用这种方式实现经济增长，能较快地增强国家经济实力和提高人民生活水平。

> 集约型经济增长方式的特点与意义如何？

第三，适应社会需求结构变化的需要。改革开放以来，我国人民生活水平和生活消费质量有了很大提高,居民对消费品的选择性增强,需求结构逐步升级,对消费品的质量、品种、档次提出更高要求。这就决定了低水平、粗加工和低附加值的粗放型增长,越来越不适应需求结构的变化,必然要求向高水平、精加工、高附加值的集约型增长方式转变。

第四,是提高我国国际经济竞争力的需要。当代国际竞争,主要是综合国力的竞争。提高我国的综合国力,固然要重视扩大经济总量和加快建设速度,但从支撑经济增长的深层次因素来看,增强综合国力的关键在于科技进步和提高劳动者的素质。国际市场竞争主要是科技、质量、效率、人才、效益的较量,这些都有赖于经济增长方式的转变,从而才能在日益激烈的国际竞争中立于不败之地,逐步缩小我国与发达国家的经济差距。

3. 我国转变经济增长方式的途径

加快形成新的经济发展方式,主要是要做到一个立足点、"四个着力","五个更多依靠"。

第一,把提高质量和效益作为推动发展的立足点。必须克服重规模轻质量、重速度轻效益的倾向,把推动发展的立足点真正转到提高质量和效益上来,努力降低资源能源消耗和提高劳动生产率,提升经济发展的质量和水平。

第二,做到"四个着力"。一是着力激发各类市场主体发展新活力。企业是最重要的市场主体,只有企业充满活力,整个经济才会有勃勃生机。二是着力增强创新驱动发展新动力。只有形成有利于创新的体制机制,才能实现科学发展。三是着力构建现代产业发展新体系。现代产业体系犹如一个国民经济有机体的躯干和骨架,躯干骨架搭建合理,有机体才坚实有力、健康发展。四是着力培育开放型经济发展新优势。在经济全球化的时代,只有在竞争中不断形成新优势,才会立于不败之地。"四个着力"指明了新的经济发展方式的基本内容,明确了不断增强我国长期发展的后劲和路径,体现了我国经济发展全方位的战略选择。

第三,"五个更多依靠"。一是更多依靠内需特别是消费需求拉动。投资、出口、消费是拉动经济增长的"三驾马车",由于国际经济形势和国内经济发展阶段的变化,依靠投资拉动或者出口拉动经济增长难以持续,必须依赖拉动经济"三驾马车"的协同作用,特别是更多依靠和发挥内需,尤其是消费对经济增长的作用。把经济增长建立在内需持续扩大、民生不断改善的基础之上。二是更多依靠现代服务业和战略性新兴产业带动。不断升级和优化是产业发展的一般规律,现代服务业和战略性新兴产业是产业发展的方向。要加快传统产业转型升级,更多依靠现代服务业和战略性新兴产业带动经济发展是提升中国经济质量和后劲的必然选择。三是更多依靠科技进步、劳动者素质提高、管理创新驱动。我国经济发展由于过度依赖生产要素数量投入,各项要素的技术含量不高,科技进步和创新的贡献有限。必须改变这种状况,逐步形成以科技进步和创新为核心的新的增长动力。四是更多依靠节约资源和循环经济推动。我国人口众多，资源短缺，在快速发展中资源、环境压力巨大，通过资源节约和循环经济推动经济发展成为必然要求。五是更多依靠城乡区域发展协调互动。逐步改善城乡区域发展不平衡的状况实现城乡之间、区域之间的良性互动、协调发展。

第二节 产业结构

一、产业结构合理化的标志

产业结构是指各个产业部门及其内部的构成和相互关系。产业结构的划分方法有许多，如为反映社会经济结构全貌把产业划分为第一二三产业；反映物质生产部门结构把产业划分为生产资料生产和生活资料生产以及工业、农业、建筑业等；反映各产业在国民经济中不同作用把产业划分为基础产业、主导产业等；反映产业技术性质和技术水平以及生产要素密集度把产业划分为劳动密集型产业、资金密集型产业、技术密集型产业。采用不同的分类方法分析产业结构，能从不同的角度和范围揭示其内部构成和变化发展趋势。

社会化大生产要求建立合理的产业结构。合理的产业结构的主要标志如下。

第一，充分合理地利用资源。资源是产业得以形成、发展的条件，充分地利用各种资源，发挥各种资源优势，做到人力、物力、财力以及自然资源的合理使用，以形成标志性产品和标志性企业，进而形成标志性的产业。

第二，各个产业部门互相协调。各个产业部门和行业都是社会分工体系中的组成部分，它们互相联系、互为条件。产业之间相互协调，就是相互之间既能提供足够的供给，又能提供足够的市场。

第三，区域经济能持续稳定地发展。合理的产业结构应能促使经济实力不断增强，国民生产总值、财政收入、人均收入等主要经济指标增长速度较快。国民生产总值、税收收入、工业增加值、用电量等经济指标成比例增长，经济运行步入良性循环轨道。

第四，能够提供社会所需要的产品和服务。合理的产业结构，应能满足社会的投资需要、消费需要、出口需要以及储备需要等多种需要，而且应能适应各种需要及其结构的变化。

第五，能够推广应用先进的产业技术。产业结构的技术水平反映产业结构的现代化程度，这既指在产业构成中是否拥有与高技术相联系的高技术产业（如航天工业、核电工业），也指在传统产业中是否普遍采用国内外已成熟的先进技术。

第六，产业结构的高度化。产业结构的合理化是以一定的时间、地点条件为转移的,随着时间的推移和经济环境、市场情况的变化,还必须不断地把产业结构推向更高阶段的合理化,这就是产业结构的高度化,或是产业结构的高效益化。其发展过程是某个几个产业部门超前发展,打破原有的平衡状态,带动整个产业结构的变化,并在新的基础上重新构建产业平衡。

第七,第三产业成为重心。三次产业结构的重心是沿着第一产业、第二产业、第三产业的顺序转移的。如果分配在第一产业的资源居多,或第一产业创造的 GDP 占全部 GDP 的比例过大,则这种产业结构就是低水准的。如果分配在第三产业的资源居多,或者第三产业创造的 GDP 占全部 GDP 的比例居多,则这种产业结构就是高水准的。这个趋势不仅说明了农业劳动生产率的提高和工业化进程的加快,还说明了在生产发展基础上人民生活水平和多样化需求的满足程度的不断提高。

> 三次产业结构的重心是沿着第一产业、第二产业、第三产业的顺序转移的。

第八,产业资源流向技术密集型产业。当经济发展进入以加工组装工业为主的工业时期后,技术密集型产业所占的比例就会占据主导地位。所以,产业结构高度化的趋势是以劳动密集型产业为主的结构发展为以资金密集型产业为主,再发展为以技术密集型产业为主的结构。

第九,能够提供劳动者充分就业的机会。由于产业结构的重心向第三产业转移,因而能提供充分的就业机会。

第十,能够获得最佳经济效益。即能够达到投入小、产出大的要求,这是前几项要求的结果和集中体现。我国产业结构调整的目标,就是全面达到上述各项要求,实现产业结构的合理化和现代化(或称高度化)。加强农业和其他基础产业,振兴支柱产业,发展高技术产业,发展第三产业,提高各产业的技术水平以推动产业结构升级。

二、三次产业划分与发展趋势

1. 三次产业的划分

现在世界上通行将社会经济各个部门划分为第一产业、第二产业、第三产业。第一产业,包括农、林、牧、渔业。第二产业,包括采矿业、制造业、电力、燃气及水的生产和供应业、建筑业。第三产业,是指第一产业、第二产业以外的其他行业,具体包括交通运输、仓储和邮政业、信息传输、计算机服务和软件业、批发和零售业、住宿和餐饮业、金融业、房地产业、租赁和商务服务业、科学研究、技术服务和地质勘查业、水利、环境和公共设施管理业、居民服务和其他服务业、卫生、文化、体育和娱乐业、公共管理和社会组织、国际组织等。

2. 三次产业之间的关系

第一产业和第二产业之间的关系,主要就是农业和工业的关系。第一产业、第二产业和第三产业之间的关系是:第一产业、第二产业为第三产业的发展提供物质条件,第三产业是在第一产业、第二产业发展的基础上发展起来的。第三产业是适应第一产业、第二产业和人民生活的

> 三次产业之间的关系如何?

需要而发展起来的,是为第一产业、第二产业和人民生活服务的。

从三次产业结构看,2012年第一产业占GDP的比例为10.1%,基本与2011年持平,第二产业占GDP的比例为45.3%,比2011年下降1.3个百分点,第三产业占GDP的比例为44.6%,比2011年提高1.2个百分点,服务业对经济增长的贡献明显提高。

从制造业内部结构看,2012年高技术制造业增加值比2011年增长12.2%,高于规上企业❶增速2.2个百分点,六大高耗能行业增速9.5%,低于规上工业增速0.5个百分点,工业生产的科技含量在逐步提高。

从区域经济发展结构看,2012年中西部地区的工业和投资增速均快于东部地区,其中,中、西部地区规上工业增速分别快于东部2.5和3.8个百分点;全社会固定资产投资增速分别快于东部7.6和6.6个百分点。区域发展的协调性有所增强。随着社会经济的发展,三次产业都将得到发展,产值都将增加,但是,第一产业的产值和劳动力所占的比例将下降;第二产业的比例在工业化时期是上升的,此后则趋于稳定或缓慢下降;第三产业的比例是上升的,最终成为国民经济中最大的产业部门,这是三次产业的发展趋势。

从动态方面分析,三次产业从业人员的分布结构呈现较强的规律性:第一产业从业人员比例逐年下降;第三产业比例逐年上升;第二产业比例年度间略有变化、总体呈小幅上升趋势;自1994年起第三产业从业人员比例开始超过第二产业。我国三次产业结构变化基本符合世界范围的产业结构演变规律,即第一产业比例下降,而第二产业、第三产业比例上升。

三、农业、工业及其主要产业

1. 农业和工业

农业和工业是国民经济中两个主要的物质生产部门。**农业是国民经济的基础。狭义的农业是指种植业,包括粮食作物和经济作物。广义的农业包括农、林、牧、渔业。农业内部各业是互相联系、互相依存的。**为了正确处理农业内部的关系,首先要搞好粮食生产,同时要发展多种经营,全面发展农业生产。

工业主要包括采矿业和制造业。采矿业生产原料和能源。制造业指对农产品和矿产品进行加工和再加工的所有部门和行业,包括消费品制造业和生产资料制造业。生产资料制造业中以装备制造业最重要,它为各部门提供设备和工具。以制造业为主的工业为各部门提供技术装备、

农业和工业在国民经济中地位及其两者的关系如何?

---

❶ 规上企业是规模以上企业的简称。一般以年产量作为企业规模的标准,国家对不同行业的企业都制订了一个规模要求,达到规模要求的企业就称为规模以上企业,规模以上企业也分若干类,如特大型企业、大型企业、中型企业、小型企业等。

工业原材料和能源,向城乡人民提供工业消费品,其发展规模和水平是一个国家经济实力和军事实力的主要标志。

2. 基础产业、支柱产业

基础产业包括农业、基础工业、基础设施。基础工业是指钢铁工业、有色金属工业、化学工业等原材料工业和煤炭工业、石油工业、电力工业等能源工业。基础设施包括水利设施、交通运输、通信、供水、供电、供煤气、环保等。基础产业为各部门投资和生产经营创造物质条件和营造环境,是经济发展的基础。

支柱产业也称为主导产业,它在国民经济中占有举足轻重的地位,而且具有带动其他部门发展的作用。各国支柱产业不完全相同,但是确定支柱产业的标准却是基本一致的,即该产业部门对国民经济的贡献较大或将来会较大;市场需求大,前景好;技术进步速度较快,生产率上升速度也较快;关联效应较大,该产业投入产出的变动对其他产业投入产出波及和影响较大,因而对其他产业具有较强的带动力。我国确定今后一个时期的支柱产业是机械工业、电子工业、石油化工、汽车工业、建筑业。

3. 劳动、资金、技术密集型产业

按生产要素密集度将产业划分为劳动密集型产业、资金密集型产业、技术密集型产业,并相应将其产品划分为劳动密集型产品、资金密集型产品、技术密集型产品。这种划分便于考察产业和产品的特点、各国的比较优势以及结构的升级。劳动密集型产业的主要特点是,资本有机构成较低,单位劳动占用资金较少,一定量资金吸纳的劳动力较多。资金密集型产业的主要特点是,资本有机构成较高,单位劳动占用资金较多,一定量资金吸纳的劳动力较少。技术密集型产业的主要特点是,设备的技术水平较高,劳动者文化程度较高,技术人员在劳动者中的比例较大,单位产品价值中技术含量较高。

> 比较劳动密集型产业、资金密集型产业、技术密集型产业的特点。

4. 高技术产业

高技术产业是指建立在综合科学研究基础上,处于当代科学技术前沿的,对发展生产力,促进社会文明,增强国防实力起先导作用的新技术群,如电子技术、生物工程技术、新材料技术、新能源技术、航空航天技术、海洋技术等产业。

第三节 经济发展战略

一、经济发展战略的内容

经济增长与经济发展是两个不同的概念,但两者有着密切的关系,经济增长是经济发展的基础,是经济发展中最重要的组成部分和动力。经济发展包含了经济增长、经济结构、社会结构的发展变化与环境治理和改善、收入分配的变化等。

> 经济增长与经济发展的关系如何?

经济发展战略，是指关于经济发展中带有全局性、长远性、根本性的总的构想，包括战略目标、战略重点、战略部署、战略措施等内容。

战略目标是指在一个较长的时期内，经济发展所要达到的目标，包括经济总量的增长和经济结构的变化以及与经济发展密切的社会发展，如发展教育、科学、文化事业，控制人口、保护环境等。它是一定时期内经济发展的出发点和归宿点，决定着经济发展的方向和主要任务。确定战略目标，是制订经济发展战略的首要环节。

战略重点是指为实现战略目标而必须予以重点发展的关键部门和薄弱环节。有哪些部门和环节制约着整个国民经济的发展，就要把该部门作为战略重点加以发展，保证经济发展战略目标的顺利实现。

战略部署是为了实现战略目标而作出的分阶段的进度安排。实现经济发展战略目标，必须把整个经济发展过程分成若干个相互联系、相互衔接的阶段，有步骤地向前推进。

战略措施是指为实现战略目标所采取的各种对策、办法和途径。战略措施是实现战略目标的重要保证。

> 战略目标、战略重点、战略部署和战略措施的关系是什么？

经济发展战略目标、战略重点、战略部署和战略措施，是一个有机的整体，它们构成经济发展战略的主要内容。战略目标是经济发展战略的中心，它决定经济发展战略的其他内容，战略重点、部署和措施，是实现战略目标的手段和保证。科教兴国战略、科学发展观可持续发展战略在实施全国经济发展战略中占有重要的地位。

二、我国经济发展的战略重点

1. 继续加强基础设施建设

加快大江、大河、大湖的治理，建设一批具有综合效益的大中型水利工程。大力发展清洁、可再生能源，加强城乡电网建设和改造。加强交通建设，发展高速公路和高速铁路，继续扩大通信能力，特别是光缆干线工程建设。以发展轨道交通和环保为重点，加强城市基础设施建设。

2. 大力促进技术进步和产业结构升级

振兴装备制造业，对现有企业实行大规模设备更新和改造。以优化产品结构、增加花色品种、改进产品质量、满足市场需求、降低消耗、减少污染、提高规模经济为目标，有重点、有步骤地对能源、交通、冶金、石化、纺织、机电、建材、造船等制造业，进行技术改造和设备更新，提高产业设计和制造水平。加强高技术研究开发和产业化步伐，推进国民经济信息化，积极培育新的经济增长点。

3. 走新型工业化道路

工业化是国内生产总值和劳动人口中工业份额上升、农业份额下降的过程。工业化要求大大提高工业在国内生产总值中的比例，大大降低农业人口在总人口中的比例。实现工业化，由农业国变为工业国，是一个国家由经济落后走向经济发达、由贫弱走向富强的必由之路和实现现

> 如何理解工业化？

代化的必经阶段。现在中国尚未实现工业化，还处于工业化的中期，在今后必须同时完成基本实现工业化和推进现代化的双重任务。中国继续完成工业化，要走新型工业化道路。因为科学技术迅猛发展，以知识化、信息化为主要特征的现代化已经提上日程，中国必须将工业化与现代化结合起来，在实现工业化的过程中同时推进信息化。这就要求我们走与现代化相适应的新型工业化道路。

4. 加快农业现代化步伐和城镇化建设

加快农业现代化步伐调整和优化农村种植结构和经济结构，采用先进适用技术和推广优良品种，重点围绕农副产品加工，加快发展 农村工商业，积极发展小城镇，加快农村人口向城镇转移。城镇是具有一定人口规模、以非农业人口为主的居民聚集地。**城镇化是指农村人口转化为城镇人口的过程**。城镇的产生和发展是社会分工和生产力发展的必然结果。在工业化时期及工业化后，工业和第三产业高度发展起来，并大量在城镇集聚，新城镇不断出现，加速了城镇化进程。现在发达国家城镇化率平均在70%以上，全世界平均也达到47%。新中国成立初期我国的城镇化只有5%，中国社会科学院在《社会蓝皮书：2014年中国社会形势分析与预测》中指出，城镇化进入新一轮的快速发展期，到2013年年底，我国城镇化水平将超过54%，按目前的增长速度，估计到2018年将达到60%。这标志着中国数千年来以农村人口为主的城乡人口结构发生了逆转，中国从一个具有几千年农业文明历史的农业大国，进入以城市社会为主的新成长阶段。

如何理解农业现代化步伐和城镇化？

5. 知识经济与科教兴国

知识经济是按建立在知识与信息的生产、分配和使用上的经济，知识包括所有的人类发明与发现，主要是科学技术、管理和行为科学。知识经济强调知识和信息是经济的基础，强调科学技术在经济中的突出作用，强调人力资本与学习的重要性，强调政府在知识经济中的重要作用。知识经济呼唤一定的经济增长理论与其相适应并提供政策导向。知识经济的主要特征如下。

第一，知识成为最重要的生产要素。在知识经济中，知识一方面作为独立的生产要素存在，另一方面则渗透到其他生产要素之中。知识经济不否定其他生产要素，不取代农业经济、工业经济，但知识经济以科技为主导能创造新的生产力，因而成为经济发展最重要的源泉。

知识经济对经济增长和经济发展的推动作用是什么？

第二，弱化稀缺自然资源对经济发展的约束。自然资源会随着对它的消耗而枯竭的，知识经济的发展主要依赖于智力资源，依靠消费知识。知识是可以源源不断创造出来的，不会因为消费而减少、消失，它是取之不尽、用之不竭的。运用知识可以高效利用现有资源、开发尚未利用的自然资源取代将要枯竭的自然资源。

第三，经济活动智能化。人工智能技术使计算机具有计算能力、记忆能力、判断能力以及感知、推理、执行功能。虽然计算机不可能取代人脑，但它却是人脑的延伸，能帮助人更快捷、更准确地完成许多工作。

第四，知识型劳动者成为生产的主体。在知识经济中，知识和智力在生产和经营中的作用大为增强，研究开发、决策管理、购销活动的操作都需要越来越多的知识，这就要求劳动者具有较高的知识水平，人们的就业和收入也主要取决于个人的知识。

第五，信息网络成为基础设施。现代工业的主要基础设施是电网、交通网等。知识经济的基础设施不只如此，它的最重要的基础设施是高速、互动、传递信息、共享知识的信息网络。

科技和教育直接关系国家的兴衰。实施科教兴国战略，要求把加速科技进步放在经济社会发展的关键地位，把教育摆在优先发展的战略地位，以便为国家发展提供持续动力。实施科教兴国的主要途径如下。

> 如何理解科技和教育直接关系国家的兴衰？

第一，加强基础研究和高技术研究的投入、推广和应用，使之成为新的最大的经济增长点。

第二，对传统产业进行技术改造，加快三次产业的技术进步，以增强国家经济实力和国际竞争力。

第三，优先发展教育事业，加大教育投入，构建"教育＋培训"的网络教育体系，提高国民素质，使劳动者掌握新的知识和技能。

第四，深化科技体制和教育体制改革，促进科技、教育同经济的结合，使企业成为研究开发的主体，走产研学结合的道路。

三、科学发展观与可持续发展战略

1. 科学发展观

党的十六大把发展作为执政兴国的第一要务，只有经济和社会发展了，才能真正维护和实现广大人民群众的根本利益。党的十六届三中全会提出科学的发展观，正是反映了执政党在发展问题上认识的深化，也反映了执政能力的提高。党的十八大报告又进一步指出："在当代中国，坚持发展是硬道理的本质要求就是坚持科学发展。以科学发展为主题，以加快转变经济发展方式为主线，是关系我国发展全局的战略抉择"。

> 科学的发展观是以人为本，全面、协调、可持续的发展观，是促进经济社会和人的全面发展的发展观。

科学的发展观是以人为本，全面、协调、可持续的发展观，是促进经济社会和人的全面发展的发展观。 按照科学发展观的要求，发展不仅仅是经济发展和经济增长，更重要的是人民物质、文化生活水平和质量的提高，社会公正的普遍实现以及与社会进步相适应的制度文明，都将成为发展的重要内容和目标。因此，贯彻科学发展观的制度前提，要求进一步调整政府与公民、政府与社会、政府与市场的关系。离开这些关系的调整，科学发展观就会流于一般口号。

坚持科学的发展观，必须根据不同历史时期、发展环境和条件的变化，适时调整发展思路。在经济市场化格局已经基本形成的条件下，经济发展的主体力量在市场，政府的作用主要通过保护市场主体的合法权益和公平竞争，激发社会成员创造财富的积极性，才能真正贯彻科学的发展观,促进经济、社会和人的全面发展。

科学发展观是全面建设小康社会的必然要求,是妥善应对我国经济社会发展关键时期可能遇到的各种风险和挑战的正确选择。牢固树立和认真落实科学发展观,要求落实到统筹城乡发展,统筹区域发展,统筹经济社会发展,统筹人与自然和谐发展,统筹国内发展和对外开放上来;落实到实现速度和结构、质量、效益相统一,经济发展和人口、资源、环境相协调,加强对自然资源的合理开发利用,保护生态环境、促进人与自然的和谐上来;落实到着力推动科技进步,创新人才工作机制,增强开发创新能力,为实现全面发展、协调发展、可持续发展提供人才保证和智力支持上来;落实到把满足人民群众日益增长的物质文化需要作为发展的出发点和落脚点,重视调整国民收入分配格局,逐步理顺分配关系,努力解决城乡困难群众的基本生活问题,使广大人民群众从改革发展中获得更多的实惠上来。

> 科学发展观是全面建设小康社会的必然要求。

牢固树立和落实科学发展观应加强和改善宏观调控,应着力推进改革开放,加快调整经济结构、转变经济增长方式,特别要提高自主创新能力,健全技术研究和开发体系。节约能源、资源是优化结构的重要目标,必须坚决扭转高消耗、高污染、低产出的状况,全面转变经济增长方式。我国上一轮经济增长,是以城镇化和重工业化为背景的,重工业化的一大特征就是高消耗。我国的经济发展,以房地产、汽车、信息产业为龙头,带动钢铁、水泥、铝业的高速增长,并同大规模的基础设施投资一起,引致通货膨胀和局部的经济过热,引致宏观调控。但宏观调整的背后,则是资源的约束,特别是能源瓶颈的约束。

虽然说我国地大物博,可我国恰恰是个资源贫乏的国家。我国水资源只有世界平均水平的1/4,森林资源只有世界人均水平的1/5,耕地只占世界的7%,人口却占世界的22%。

> 对我国来说,科学的发展观必须树立和坚持资源节约型经济发展道路,发展无污染、低消耗经济。

如果不是资源瓶颈的约束,我国经济增长速度可以更高而不致引起经济过热。我国单位能耗每千克油所创造的国内生产总值约为0.7美元,低于印度等发展中国家,日本却高达10.5美元,相当于中国的15倍。日本也是个资源贫乏的国家,以同样的资源和能源,日本创造出15倍于中国的产值来!因此,对我国来说,科学的发展观必须树立和坚持资源节约型经济发展道路,发展无污染、低消耗经济。坚持节约资源和保护环境的基本国策,坚持节约优先、保护优先、自然恢复为主的方针,着力推进绿色发展、循环发展、低碳发展,形成节约资源和保护环境的空间格局、产业结构、生产方式、生活方式,从源头上扭转生态环境恶化趋势,为人民创造良好生产生活环境,为全球生态安全作出贡献。

2. 可持续发展

可持续发展就是指社会经济的发展,既要考虑当前发展的需要,又要考虑未来发展的需要,不牺牲后人的利益为代价来满足当代人的利益,实现经济与人口、资源、环境的持续协调稳定的发展。可持续发展战

> 如何理解可持续发展战略及其意义和作用?

的实质,是在经济社会的发展中正确处理和协调当前利益与长远利益的相互关系。使经济增长与社会发展同控制人口增长、节约自然资源、保护生态环境相互协调,实现经济发展的良性循环。按照实施可持续发展战略的要求,我国制定了人口、资源和环境保护三项基本国策。

第一,人口与经济发展。人口与经济发展是相互依赖、相互制约的。作为消费者的人口,为经济增长提供了市场与动力,推动经济不断发展。但人口过多、人口增长过快,其消费的份额和比例就过大了,而投资的份额和比例就下降了,这就制约着经济增长。同时,社会能够提供多的消费资料在一定时期是有限的,如果人口数量过多,增长过快,其消费资料就难以满足人们消费需求。作为生产者的人口,是生产力中的能动因素,人口多能为经济发展提供丰富的劳动力资源,但人口的数量要与生产资料数量相适应,劳动者的素质要与生产资料的技术发展水平和产业结构及其升级相适应。因此必须控制人口数量,以提高人口质量,提高劳动者素质。

第二,合理利用资源,促进经济发展。资源是经济发展的重要制约因素。这里主要指自然资源,包括土地资源、水资源、矿物资源、生物资源、海洋资源等。随着人口增长和经济发展,资源的消耗也在加速。自然资源的基本特点是有限性如土地资源、耕地资源。而煤、石油、金属等矿产资源是不可再生的,必须十分珍惜和爱护自然资源。过去我国经济增长长期沿用以大量消耗资源和粗放经营为特征的增长方式。这种以大量消耗资源所支撑的粗放型增长方式,使经济难以实现持续发展。因此,必须选择有利于节约资源的产业结构和消费方式,坚持资源开发和节约并举,要综合利用各种资源,提高资源利用率。实现我国经济增长方式由粗放型向集约型转变,是加速我国经济增长,大力节约与合理利用资源,实现可持续发展的正确选择。

> 如何理解资源开发利用与经济增长方式的转变?

第三,加强环境保护,发展生态经济。环境是指人类进行劳动和维持生活的物质空间,包括陆地、水域和大气。保护生态环境、优化环境质量、防止和治理环境污染、实现生态平衡,可以为经济发展提供源源不断的自然资源,为经济和社会可持续发展创造条件,而且对于人们健康的保护、体质的增强,乃至人类的繁衍生息,都具有重要作用和意义。

党的十八大指出:"建设生态文明,是关系人民福祉、关乎民族未来的长远大计。面对资源约束趋紧、环境污染严重、生态系统退化的严峻形势,必须树立尊重自然、顺应自然、保护自然的生态文明理念,把生态文明建设放在突出地位,融入经济建设、政治建设、文化建设、社会建设各方面和全过程,努力建设美丽中国,实现中华民族永续发展。"

> 如何理解党的十八大指出:建设生态文明和建设美丽中国的意义?

四、全面建设小康社会的战略目标

1. 小康社会与指标体系

从邓小平同志1979年第一次提出"小康"概念,到2002年党的十六大报告系统阐述全面建设小康社会，这一过程反映出我国发展战略的演变轨迹。邓小平同志立足实际，总结历史经验，高瞻远瞩地提出了到21世纪中期基本实现社会主义现代化的总目标，并设计了分"三步走"的战略目标和战略部署。第一步：1990年国内生产总值比1980年翻一番，解决人民的温饱问题。第二步：20世纪末国内生产总值在1990年的基础上再翻一番，人民生活达到小康水平。第三步：到21世纪中叶，人均国内生产总值达到中等发达国家水平。人民生活比较富裕。党的十八大又提出"确保到2020年实现全面建成小康社会宏伟目标。"从党的十六大提出的全面"建设"改为全面"建成"，虽只是一字之改，但其意义重大，而且，任务相当艰巨，因为"确保"的最后期限，设定在2020年，距今只有6年时间！到2020年，"实现国内生产总值和城乡居民人均收入比2010年翻一番。"

> 党的十六大提出的全面"建设"，党的十八大改为全面"建成"，虽只是一字之改，但其意义重大。

2. 构建社会主义和谐社会

党的十八大报告的指出：加强社会建设，是社会和谐稳定的重要保证。必须从维护最广大人民根本利益的高度，加快健全基本公共服务体系，加强和创新社会管理，推动社会主义和谐社会建设。加强社会建设，必须以保障和改善民生为重点。要多谋民生之利，多解民生之忧，解决好人民最关心最直接最现实的利益问题，在学有所教、劳有所得、病有所医、老有所养、住有所居上持续取得新进展，努力让人民过上更好生活。加强社会建设，必须加快推进社会体制改革。要围绕构建中国特色社会主义社会管理体系，加快形成党委领导、政府负责、社会协同、公众参与、法治保障的社会管理体制，加快形成政府主导、覆盖城乡、可持续的基本公共服务体系，加快形成政社分开、权责明确、依法自治的现代社会组织体制，加快形成源头治理、动态管理、应急处置相结合的社会管理机制。

> 构建社会主义和谐社会，我们必须做好哪几个方面的工作。

构建社会主义和谐社会，我们必须做好以下几个方面的工作。

一是要形成平等友爱、融洽和谐的人际环境。要最广泛、最充分地调动一切积极因素，充分发挥包括知识分子在内的工人阶级、广大农民推动经济社会发展根本力量的作用，鼓励和支持其他社会阶层人员为经济社会发展积极贡献力量。鼓励创造，使社会充满创造活力和效率。在全社会努力形成团结互助、扶贫济困的良好风尚，形成平等友爱、融洽和谐的人际环境。

二是要促进社会各方面利益关系不断得到有效协调。坚持把最广大人民的根本利益作为制定政策、开展工作的出发点和目的，正确反映并妥善处理不同阶层、不同方面群众的利益，特别是要高度重视和维护人民群众最现实、最关心、最直接的利益，坚决反对和纠正各种损害群众利益的行为，促进社会各方面利益关系不断得到有效协调。

三是要积极探索预防和解决社会矛盾的新路子。一方面要建立社会舆情汇集和分析机制，畅通社情民意反映渠道，依法及时合理地解决群众反映的问题；另一方面要针对各种因素对社会稳定的影响，建立健全社会预警体系，提高保障公共安全和处置突发事件的能力，从而使社会更加稳定有序。

四是要紧紧抓住关乎广大人民群众切身利益的具体问题这个突破口。构建社会主义和谐社会，既要立足当前，又要着眼长远；既要统筹安排，又要突出重点。使构建社会主义和谐社会的实践真正落到实处。要高度重视贫困地区发展问题，逐步加大政府转移支付力度，为贫困地区加快发展提供有力的经济支持；要进一步理顺收入分配秩序，严厉打击腐败和非法致富，逐步减少低收入和贫困群体。

五是要努力改善社会关系和劳动关系。扫除广大农民进城务工的障碍，切实维护好农民工工资和子女入学等基本权益；要进一步完善社会保障体系，同时还要努力做好困难群众的救助工作；要把扩大就业作为发展的重要目标，千方百计帮助下岗职工实现就业再就业，千方百计解决好大学生就业问题。

六是必须大力提高管理社会事务的能力。建设民主法治、公平正义、诚信友爱、充满活力、安定有序、人与自然和谐相处的社会主义和谐社会，要求我们必须提高管理社会事务的能力、协调利益关系的能力、处理人民内部矛盾的能力、维护社会稳定的能力。

七是努力使全体人民共享改革发展的成果。要适应社会主义市场经济发展和社会结构深刻变化的新情况，深入研究社会管理规律，更新社会管理观念，推进社会建设和管理的改革创新，尽快构建适应我国社会发展要求和人民群众愿望、更加有效的社会管理体制。进一步增强决策的科学性、全面性、系统性。善于正确反映和兼顾社会各阶层的利益，努力使全体人民共享改革发展的成果。健全处理人民内部矛盾的方式方法，及时妥善处理人民内部矛盾，切实落实维护社会稳定的工作责任制，确保社会安定团结。

> 建设和谐社会，应努力使全体人民共享改革发展的成果。

本章小结

◎经济增长通常是指国民经济增长，即一国在一定时期内产品量和服务量的增加。决定经济增长的直接因素包括投资量、劳动量、生产率，这三种因素不是孤立地作用的，而是结合在一起共同发挥作用的。

◎科学技术是知识形态的生产力，它一旦加入生产过程，就转化为物质生产力。现代技术进步是通过两种途径推动经济增长的。只有依靠技术进步，才能持续、快速推动生产力的发展。发展中国家要实现技术进步和技术创新，必须在制度基础、国家支持、产业政策、人

◎力资源和外部环境等多方面满足条件。

◎经济效益是资金占用、成本支出与有用生产成果之间的比较，或者说投入与产出之间的比较。资金占用少，成本支出少，有用成果多经济效益就好，反之就是经济效益不好。

◎实现经济增长方式这一根本性转变的核心是依靠技术进步、经济效益和经济增长的质量。技术进步是推动经济增长的重要因素，也是经济增长方式转变的重要内容。

◎创新型国家的重要特征之一，就是经济社会发展主要依靠科技创新驱动，知识的生产、应用和扩散成为创造社会财富的主要手段，科技进步对经济发展贡献显著。

◎按生产要素密集度可将产业划分为劳动密集型产业、资金密集型产业、技术密集型产业，并相应将其产品划分为劳动密集型产品、资金密集型产品、技术密集型产品。

◎科学的发展观是以人为本，全面、协调、可持续的发展观，是促进经济社会和人的全面发展的发展观。科学发展观是全面建设小康社会的必然要求，是妥善应对我国经济社会发展关键时期可能遇到的各种风险和挑战的正确选择。

◎构建和谐社会，是中央提出的一项新的重大任务。构建和谐社会，着眼于实现我国经济社会协调发展、着眼于党和国家长治久安，实现前一种发展结果而避免后一种发展结果。

◎经济发展战略，是指关于经济发展中带有全局性、长远性、根本性的总的构想。包括经济发展的战略目标、战略重点、战略部署、战略措施等内容。

◎建设美丽中国：这是党的十八大报告又一新提法，也是党中央提出的新的奋斗目标。"必须树立尊重自然、顺应自然、保护自然的生态文明理念，把生态文明建设放在突出地位，融入经济建设、政治建设、文化建设、社会建设各方面和全过程，努力建设美丽中国。"

综 合 练 习

一、基本概念

1. 经济增长　2. 经济效益　3. 往后顺延　4. 产业结构　5. 基础产业
6. 支柱产业　7. 经济发展战略　8. 可持续发展　9. 知识经济

二、单项选择题

1. 经济发展战略的中心是（　　）。
   A. 战略目标　B. 战略重点　C. 战略措施　D. 战略部署
2. 提高生产率最关键的是（　　）。
   A. 技术进步　　　　　　　B. 管理水平的提高

C. 自然资源的合理利用　　　　　D. 资源的优化配置
3. 正确处理社会主义经济增长速度与经济效益的关系是（　　）。
A. 必须在提高经济效益的前提下，争取较快的增长速度
B. 经济增长速度越快，经济效益越好
C. 只要降低经济增长速度，经济效益就必然会好
D. 必须在较快的经济增长速度的前提下，争取较好的经济效益
4. 提高经济效益的核心问题是（　　）。
A. 产品符合社会的需要　　　　　B. 产量、产值的增加
C. 成本要低　　　　　　　　　　D. 占用资金要少
5. 在三次产业划分中第一产业是指（　　）。
A. 农业　　　　　　　　　　　　B. 工业和建筑业
C. 服务业　　　　　　　　　　　D. 主导产业
6. 在三次产业划分中第二产业是指（　　）。
A. 工业和建筑业　　B. 农业　　C. 服务业　　D. 饮食业
7. 建设美丽中国的目标要把（　　）。
A. 生态文明建设放在突出地位　　B. 经济建设放在突出地位
C. 物质文明建设放在突出地位　　D. 精神文明建设放在突出地位
8. 创新型国家的重要特征之一（　　）。
A. 经济社会发展主要依靠科技创新驱动
B. 经济社会发展主要依靠科技进步驱动
C. 经济社会发展主要科技驱动
D. 经济社会发展主要资金驱动

三、多项选择题

1. 经济发展包括（　　）。
A. 经济增长　　B. 社会结构的变化　　C. 经济结构的变化
D. 环境的治理和改善　　　　E. 收入分配的变化
2. 我国实现技术进步的途径有（　　）。
A. 从国情出发实施正确的科学技术发展战略
B. 着重发展关键技术
C. 改革科技体系推动科技创新体系建设
D. 合理利用自然资源
E. 不断增加产品的技术含量
3. 决定经济增长的直接因素是（　　）。
A. 投资量　　　B. 劳动量　　　C. 生产率
D. 大力发展服务业　　E. 加大基本建设的投资
4. 第一产业、第二产业与第三产业之间的关系是（　　）。
A. 第一产业、第二产业为第三产业的发展提供物质条件
B. 第三产业是在第一产业、第二产业发展的基础上发展起来的
C. 没有第一产业、第二产业的雄厚基础，第三产业是不可能大发展的

D. 第三产业是适应第一产业、第二产业和人民生活的需要而发展起来的

E. 第三产业是为第一产业、第二产业和人民生活服务的

5. 经济发展战略的特征（　　）。

A. 全局性　B. 长远性　C. 根本性　D. 局部性　E. 短期性

6. 科技工作分为三个层次（　　）。

A. 认识自然规律或事关国家安全、未来发展的重大问题的研究

B. 为发达地区生产和发展服务的研究与开发

C. 为企业生产和发展服务的研究与开发

D. 为落后地区生产和发展服务的研究与开发

E. 企业生产活动中的技术工作

7. 提高经济效益应具备的条件是（　　）。

A. 资金占用要少　　B. 资金占用要适度　　C. 成本支出要少

D. 成本核算中收支平衡　E. 有用成果多

8. 党的十八大报告又一新提法，也是党中央提出的新的奋斗目标（　　）。

A. 必须树立尊重自然

B. 顺应自然、保护自然的生态文明理念

C. 把生态文明建设放在突出地位

D. 融入经济建设、政治建设、文化建设、社会建设各方面和全过程

E. 努力建设美丽中国

四、判断正误题

1. 经济增长通常是指宏观经济增长，即一国在一定时期内产品量和劳务量的增加。（　　）

2. 经济发展是经济增长的基础。（　　）

3. 集约型经济增长方式消耗高、成本高、效益低。（　　）

4. 应当在争取较快的经济增长速度的前提下提高经济效益。（　　）

5. 科学技术加入生产过程，就转化为物质生产力。（　　）

6. 提高经济效益应具备的条件是技术进步。（　　）

7. 建设美丽中国应把生态文明建设放在突出地位。（　　）

五、问答与思考题

1. 如何理解经济增长的必要性与决定因素？

2. 技术进步推动经济增长有哪些途径？

3. 我国实现技术进步的具体途径是什么？

4. 我国实现技术进步的条件和实现技术进步的可能性是什么？

5. 为什么经济增长要以提高经济效益为前提？

6. 产业结构合理化的标志有哪些？

7. 我国经济发展战略的主要内容是什么？

8. 我国经济发展的战略重点与持续发展战略是什么？

9. 如何理解科学发展观、构建和谐社会与构建美丽中国的关系？

第十章

社会主义国民收入分配

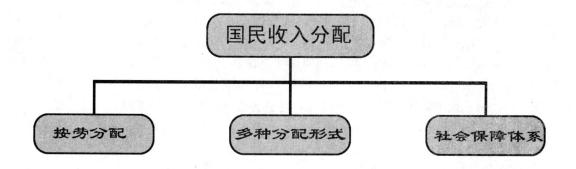

重点掌握
- 国民生产总值与国内生产总值的含义与区别
- 国民收入的分配过程
- 正确处理国家、企业、个人之间的分配关系
- 中央与地方财政收入的分配关系
- 个人收入分配调节的原则与重点
- 完善社会保障制度意义

一般掌握
- 按劳分配的客观必然性
- 社会保障制度的意义
- 多种分配形式

一般了解
- 积累与消费的比例关系与人均积累基金
- 中国居民消费结构的发展趋势
- 深化分配制度改革

本章导语

上一章我们学习了经济发展、经济增长、经济结构、技术进步等知识。在这个基础上，本章学习国民收入的分配和社会保障制度等内容。本章分析与介绍我国国民收入分配与我国按劳分配为主体的多种分配形式、个人收入分配的调节以及完善我国社会主义保障体系等内容。希冀通过本章教学，学习者对我国的分配制度有较为深刻的认识和思考。

第一节　国民生产总值和国民收入分配

美国著名的经济学家保罗·萨缪尔森："GDP 是 20 世纪最伟大的发现之一"。没有 GDP 我们就无法进行国与国之间经济实力的比较；贫穷与富裕的比较，我们就无法知道我国的 GDP 总量排在全世界的第二位；正如党的十八大报告指出："社会生产力、经济实力、科技实力迈上一个大台阶，人民生活水平、居民收入水平、社会保障水平迈上一个大台阶，综合国力、国际竞争力、国际影响力迈上一个大台阶，国家面貌发生新的历史性变化。"《统计公报》显示，2012 年我国国内生产总值达到 519322 亿元，比 2011 年增长 7.8%。相比 2011 年虽增长幅度继续有所回落，但仍明显快于世界主要国家或地区，对世界经济增长的贡献率继续上升。根据国际货币基金组织最新公布的预测数据，2012 年世界经济增速预计为 3.2%。其中美国为 2.3%，欧元区为 -0.4%，日本为 2.0%。在新兴和发展中经济体中，俄罗斯为 3.6%，印度为 4.5%，巴西为 1.0%，南非为 2.3%。2012 年末全国大陆总人口为 135404 万人，据此，2012 年中国人均 GDP 为 38354 元，截止 2012 年末，人民币兑美元汇率中间价为 6.2855，这就意味着 2012 年我国人均 GDP 达到了 6100 美元，为全面建成小康社会打下了坚实基础。

> 十年来我国的经济总量从世界的第六位跃居为第二位。

一、国民生产总值与国内生产总值的含义与区别

1. 国民生产总值与国内生产总值含义

国民生产总值（GNP）是指一国国民一年内所生产和提供的用货币表示的最终产品（包括物品和服务）的总和。或者说是一个国家国民一年内所生产物品和服务的增加值总和。国民生产总值是联合国承认的世界绝大多数国家采用的综合反映一个国家经济发展水平的总量指标。

> 如何理解国民生产总值？

GNP 中的最终产品是指最终供人们生产消费与生活消费而不再作为其他产品原材料、不需加工的产品，包括终端市场的生产资料和生活资料。对供投入生产使用的劳动对象，则属于待加工的中间产品，不是最终产品，因而不计入国民生产总值。比如，生产过程中的棉花、棉纱、棉布是中间产品。而服装，则有两种情况，家庭或居民使用的服装是最终产品，而医院医生使用的工作服则是中间产品，工厂工人用的工作服同样也是中间产品。

> 最终产品与中间产品的区别是什么？

对于既不生产产品又无营业收入的部门如学校、国家机关等，则是将其劳动者报酬、固定资产折旧计入 GNP。

国内生产总值（GDP）是按市场价格计算的国内生产总值的简称，它是一个国家（地区）所有常住单位在一定时期内生产活动的最终成果。

> 如何理解国内生产总值。

GDP 是国民经济核算的核心指标,也是衡量一个国家或地区经济状况和发展水平的重要指标。它包括本国与外国公民在本国(或地区)所生产的最终产品和提供劳务价值的总和。GDP 按国土原则核算,是一个地域概念。GDP 作为反映经济趋势最重要的指标,为我国的经济发展做出了重要的贡献。诺贝尔经济学奖获得者萨缪尔森和诺德豪斯在《经济学》教科书中把该指标称为 20 世纪最伟大的发明之一,它为衡量一个国家(或地区)的经济发展水平以及国家(或地区)之间经济实力的比较提供了依据。

2. 国民生产与国内生产的区别

在统计材料中常用的国内生产总值(GDP)这一指标代替国民生产总值。实际上两者是不完全相同的。

国民生产,是指本国国民在本国领土内的生产活动和在国外的生产活动,而不包括外国国民在本国领土内的生产活动。因此,国民生产总值是本国国民所有生产活动创造的增加值。

国内生产,是指所有在本国领土的生产活动,包国民在本国领土内的生产活动和外国国民在本国领土内的生产活动,但不包括本国国民在国外的生产活动。因此,国内生产总值是本国领土内所有生产活动创造的增加值。

国民生产总值等于国内生产总值加上本国国民在国外生产活动的增加值,减去外国国民在本国生产活动的增加值。

3. GNP 与 GDP 指标的优缺点

GNP 指标具有真实性、全面性的优点。GNP 指标只计算最终产品价值而不计算中间产品价值因而没有重复计算的部分,计算结果具有真实性。同时这个指标包含了物质生产部门和所有服务部门的增加值,比较全面地反映了现代产业结构以及教育、科学技术、金融等第三产业情况。因而国民生产总值被认为比较真实地、全面地反映了一个国家社会经济发展总体水平和整体实力的指标,而人均国民生产总值比较真实和全面地反映了一个国家劳动生产率水平和人民的生活水平。

但 **GNP 指标明显的缺点是指标计算范围过宽**,把一切社会活动都作为创造价值的生产活动,因而指标计算的范围过宽,从这个角度来说,这个指标同样具有重复计算的部分。

GDP 指标一般认为有 5 个方面的优点:一是 GDP 能够反映国民经济发展变化情况;二是为国家以及各个地区经济发展战略目标和宏观经济政策提供了重要工具和依据;三是 GDP 为检验宏观经济政策的科学性和有效性提供了重要的检测工具;四是 GDP 也是对外交往的重要指标,因为在世界上衡量一个国家的经济地位指标,与 GDP 有关,每年,联合国都要根据各国的"人均 GDP"进行排名,来提供反映一个国家经济实力的依据;五是 GDP 的统计比较容易,具有统计数据准确、重复计算少等优点,作为总量指标,它和经济增长率、通货膨胀率和失业率这三个主要的宏观经济运行指标都有密切关系，是国家制定宏观调控政策的三大指标中最基础性的指标。

总之，GDP能够提供一个国家经济状况的完整图像，帮助国家领导人判断经济是在萎缩还是在膨胀，是需要刺激还是需要控制，是处于严重衰退还是处于过热之中。甚至有人认为该指标像灯塔一样，能使政策制定者不会陷入杂乱无章的数字海洋而不知所措。

虽然说GDP有优点，但是任何事物都有其两面性，GDP也同样有缺点。随着各国经济的发展以及一些新的问题出现，依靠GDP指标也带来很多问题，各国开始采取新的指标。

GDP指标的缺陷一般认为有以下4点：一是GDP不核算家庭为自己提供的没有报酬的家务劳动，不能完全正确反映社会的劳动的成果；二是GDP不能反映经济增长对资源环境所造成的负面影响和资源消耗的代价；也就是说GDP无法衡量增长的代价，不能度量因环境变坏所付出的社会成本；三是GDP不能完全反映物质满足人们需求的普遍性；四是人均GDP还掩盖了收入差距的扩大，不能反映财富分配的公平性，不能综合反映人均生活质量，不能衡量快乐、幸福等价值判断。虽然，单纯利用GDP指标来衡量地方官员的政绩，有助于激励地方政府官员努力实现更多物质产出的积极性，但有可能会导致诸如生态环境和竭泽而渔的短期行为。

总之，目前我国的GDP核算，重心在经济增长的数量上的统计；难以度量经济增长的质量。另外，传统GDP核算只限于那些货币化的部门进行评价，而忽视了资源损耗与环境问题等，即其核算难以计量社会经济发展成本，不能反映一个国家和人民当前和将来净福利的变化。

二、社会主义国民收入分配过程

1. 国民收入与社会总产值

我国过去长期采用的国民收入概念是同社会总产值相联系的。**社会总产值是指一国物质生产部门在一年内所生产的用货币表示的物质产品的总和。**物质生产部门是指工业、农业、建筑业、运输业、商业、饮食业等。

国民收入是一国物质生产部门在一年内所创造的新价值。它由物质生产部门劳动者必要劳动创造的价值和剩余劳动创造的价值构成（$v+m$）。或者说是社会总产值中减去生产资料转移价值就是国民收入。国民收入指标的主要优点是它只计算了物质生产部门创造的新价值，没有计算生产资料的转移价值，因而其中没有重复计算的部分，能真实反映一国物质生产部门的生产总成果，反映一国的主要经济实力。人均国民收入指标则反映一国物质生产发展水平和物质生产部门劳动生产率水平及居民物质生活水平。它的主要缺点是没有计入教育、科技、金融等第三产业的成果，因而不能全面地反映一国经济和社会的发展水平及综合实力，也不能全面地反映居民的生活水平。

国民收入的价值构成是什么？

国民收入分配性质取决于生产资料所有制的性质，社会主义社会生产资料公有制度，决定了国民收入能够按照有利于广大人民的原则进行分配。国民收入分配用于满足消费者个人日益增长的物质文明需要和精神文明需要、用于扩大再生产和社会公共需要，都是为实现人民的长远利益和共同利益。国民收入的这种分配关系，把国家、集体和劳动者个人的利益以及劳动者的长远利益和目前利益结合起来，充分反映了国家、集体和劳动者个人之间的根本利益一致和取之于民、用之于民的社会主义生产关系本质。

> 国民收入分配性质取决于生产资料所有制的性质。

2. 国民收入的初次分配

社会主义国民收入是由生产部门创造出来的，因此，国民收入首先在生产领域进行分配，也称为初次分配。我国国民收入的初次分配主要是在国有制和集体所有制的生产企业内部与生产领域有直接联系的经济单位和社会成员中进行的。

> 国民收入的初次分配是在生产领域进行的。

我国生产资料公有制度决定了我国国有制企业的国民收入，在初次分配中分解为三部分。

第一部分，以税金或利润形式按规定上缴国家，作为国家集中性收入，由国家统筹安排，在全社会范围内合理使用。

第二部分，以企业基金形式留给企业，用于企业发展生产、举办集体福利事业和奖励先进职工。

第三部分，以工资形式分配给企业的职工，由职工个人支配。

我国社会主义城镇集体所有制企业创造的国民收入，在初次分配中分解为四部分。

第一部分，以税金形式上缴国家。

第二部分，以合作事业基金形式上缴集资单位或主管部门。

第三部分，以企业基金形式留给企业。

第四部分，以工资形式分配给企业职工。

我国农村集体所有制经济由于普遍实行家庭承包经营，所以，承包农民创造的国民收入，在初次分配中分解为三部分。

第一部分，以税金形式上缴国家。

第二部分，以公积金、公益金形式作为集体提留。

第三部分，以个人收入形式留归农民所有。

个体户的净产值主要分为两部分：即向国家交纳的税金和个人收入。

私营企业的净产值分为四部分：即国家交纳的税金、雇佣工人工资、企业主收入、私营企业公积金。

股份企业的净产值分为四部分：即向国家交纳的税金、股息和红利、企业积累，职工个人工资。

国民收入的初次分配，直接涉及国家，企业（集体）和个人的经济利益，必须采取各种正确的政策措施，统筹兼顾这三方面的利益，调节、平衡三者的利益关系。

3. 社会主义国民收入的再分配

为实现社会公平，满足非生产部门的需要，社会主义国民收入必须进行再分配。**国民收入的再分配是指在国民收入初次分配基础上，在全社会的范围内继续进行分配。**社会主义国民收入的再分配有其必要性。

第一，满足社会公共部门的需要。文化教育、科学卫生、体育、国防、行政管理等部门，不生产物质产品，没有或很少有营业收入，但它们是为社会公共需要服务的，是社会不可缺少的部门，它们的存在和发展所需的费用要通过国民收入的再分配来解决。

> 国民收入的再分配是在全社会的范围内进行的。

第二，满足国家经济建设的需要。由于市场经济的局限性，一些投资额大、投资回收期长与风险大的基础设施、基础工业、高技术产业的重大建设项目以及边远地区、少数民族地区等进行的重大项目建设，必须由国家来承担，这笔资金主要是通过国民收入的再分配来解决。

第三，建立社会保障基金的需要。对养老、医疗、失业、工伤、死亡等保险所需的费用，对生活困难的劳动者及其家属的救济，以及举办各种社会集体福利和优抚事业的费用，主要通过国民收入的再分配，设立社会保障基金来解决。

第四，建立社会后备基金的需要。为了应付各种突然事故和自然灾害，需要通过国民收入的再分配建立社会后备基金，来满足这方面的需要。

社会主义国民收入再分配的途径主要有国家财政预算与经济杠杆。

第一，国家财政预算。社会主义国民收入进行再分配的主要手段和途径是国家预算。国家预算是指社会主义国家制定的年度财政收支计划。即通过国家预算在国民收入初次分配过程中，国家以预算收入的形式，把各个部门上缴的税金和利润集中起来，然后以预算支出的形式，有计划地把国民收入再分配于各部门、各地区。

> 国家财政预算与经济杠杆是实现国民收入分配的手段。

第二，经济杠杆。经济杠杆有许多，这里主要讲银行信贷和价格体系这两种杠杆。

银行信贷作为调节经济的杠杆，对国民收入再分配的作用有以下两个方面。

一是存贷款本身。信贷把社会闲置的资金集中起来，然后向有资金需求的单位、企业或个人发放贷款，这就在不改变资金所有权的条件下改变了资金使用主体、使用方向、使用时间，从而对国民收入进行再分配。

二是利率。即信贷机构利用存款与贷款利率的差别以及对不同项目不同条件下的贷款利息率差别获得利润，用于充实信贷资金、信贷企业基金和支付职工工资的同时，通过存贷款的利率，影响存款者和贷款者的收入。这一部分国民收入分配是在工商企业、职工、居民之间进行再分配的。

> 利率是如何调节再分配的？

价格体系是政府实现再分配的重要杠杆,政府通过对价格的调整,影响交换双方的实际收入,引导一部分国民收入在各部门、各企业以及居民之间的再分配。提高农副产品价格和降低农用生产资料销售价格,从而影响国家财政收支和城乡居民收入,实现了国民收入在国家、企业、职工、农民之间的再分配。

价格是如何调节社会再分配的?

三、社会主义国民收入分配关系

1. 正确处理国家、企业、个人之间的分配关系

处理好国家、企业、个人之间的分配关系,是国民收入分配的核心问题。在一定时期,国民收入的数量是一定的,这方面分得多些,其他方面就分得少些。虽然国家、企业、个人三者的根本利益是一致的,国家是取之于民,用之于民,企业发展对社会和人民的也是有利的,但这三者当前的具体利益又是有差别、不完全相同。国家分得少了,财政收入就减少了;企业分得少,就会缺乏自我发展能力;个人分得少了,生活就不能改善。因此,必须正确处理好国家、企业、个人的分配关系。毛泽东主席曾经在 20 世纪 50 年代指出:"在分配问题上,我们必须兼顾国家利益、集体和个人利益"。❶ "兼顾三者的利益",今天仍然是我国在国民收入分配中应当坚持的原则。

如何理解国家、企业、个人之间的分配关系?国民收入分配的核心问题是什么?

调节国家与企业的分配关系的方式是实行税利分流,**税利分流是就是企业将盈利的一部分以税收的形式上缴国家,税后利润留给企业。**

国家与企业收入分配的方式,主要是指国家从企业盈利中取得收入的方式,或者说企业向国家上缴收入的方式,同时也包括国家向企业投入的方式。

2. 正确处理中央与地方财政收入的分配关系

分税制财政管理体制,简称分税制,是指将国家的全部税种在中央和地方政府之间进行划分,借以确定中央财政和地方财政的收入范围的一种财政管理体制。其实质是根据中央政府和地方政府的事权确定其相应的财权,通过税种的划分形成中央与地方的收入体系。它是市场经济国家普遍推行的一种财政管理体制模式。我国很多社会公共事务需要由中央政府来承担,同时为了保证国民经济的协调发展,需要中央政府实行强有力的宏观调控。因此,中央政府必须掌握足够的财政收入,才能较好地履行中央的职责。但是地方政府也必须具备一定的财力才能办好本地区的事情,如果中央财政集中过多,而地方财政财力过小,就不利于调动地方的积极性。应当坚持发挥中央政府与地方政府两个积极性的原则,既要保证中央财政的收入,又要使地方财政收入在经济发展基础上有所增加。

如何处理中央与地方财政收入的分配关系?

理顺中央财政与地方财政收入分配关系的方式是实行分税制。实行

---

❶ 毛泽东选集.第 5 卷.北京:人民出版社,1977:380.

分税制就是将税种划分为中央收入、地方收入、中央与地方共享收入。 划分税种的依据是财权与事权一致。具体分税如下：

（1）中央税系统　消费税，车辆购置税、关税、进口增值税，铁道部门、各银行总行、各保险总公司集中缴纳的营业税、所得税、城市建设维护税，中央企业缴纳的所得税、中央与地方所属企业、事业单位组成的联营企业、股份制企业缴纳的所得税，地方银行、非银行金融企业缴纳的所得税，海洋石油企业缴纳的所得税、资源税，外商投资企业和外国企业所得税，个人所得税中对储蓄存款利息所得征收的部分，中央税的滞纳金、补税、罚款。

（2）地税系统　营业税、城市维护建设税（不包括上述由国家税务局系统负责征收管理的部分），地方国有企业、集体企业、私营企业缴纳的所得税、个人所得税（不包括对银行储蓄存款利息所得征收的部分），资源税，城镇土地使用税，耕地占用税，土地增值税，房产税，城市房地产税，车船使用税，车船使用牌照税，契税，屠宰税，牧业税及其地方附加，地方税的滞纳金、补税、罚款。

（3）中央地方共享税　增值税中央75%；地方25%；企业所得税与个税，中央60%，地方40%；证券交易印花税，中央97%，地方3%。

3. 社会主义积累基金和消费基金

国民收入经过初次分配和再分配两次分配，最终按其用途分为积累和消费两个方面，形成了积累基金和消费基金。

积累基金是物质生产部门的劳动者所创造的国民收入中主要用于生产追加投资的资金，其物质形式主要表现为一年内新增加的生产资料总量。

积累基金由扩大生产基金、非生产性基本建设基金和社会后备基金这三部分构成。扩大生产基金主要用于工农业、交通运输业等生产部门的基本建设、技术改造和增加流动资金。其中，扩大生产基金是最主要的部分，在积累基金所占比例较大。非生产性基本建设基金主要用于文教卫生科研部门、国家行政部门和国防部门的基本建设以及工农业等生产部门的非生产性基本建设，如修建科教文卫的设施、办公用房等。社会后备基金主要用于原材料、燃料和粮食等重要物资的储备，它是为了应付突然事变，意外事件和自然灾害等而建立的，在积累基金中所占比例较小。

消费基金是物质生产部门的劳动者所创造的国民收入中用于满足劳动者个人消费及社会消费需要的那部分资金，其实物形式主要表现为一年内用于个人消费和社会消费的消费资料总和。

消费基金由社会消费基金和个人消费基金两部分构成。

社会消费基金分为国家管理基金、文教卫生基金、社会保障基金三个部分。国家管理基金包括国家行政管理费用和国防费用；文教卫生基金包括用于科学、教育、文化艺术、体育卫生等事业方面的费用；社会

国民收入经过初次分配和再分配两次分配，最终按其用途分为积累和消费两个方面，形成了积累基金和消费基金。

保障基金是国家和企业用于社会救济、劳动保险、抚恤补助、退休养老等方面的费用。

个人消费基金包括物质生产部门和非物质生产部门劳动者的劳动报酬基金。但非物质生产部门劳动者的劳动报酬基金，实际上已经包括在社会消费基金的有关项目中，如国家行政管理部门工作者的劳动报酬基金，已经包括在国家行政管理费用中。非物质生产部门劳动者的劳动报酬基金，按其性质来说，属于个人消费基金。

个人消费基金和社会消费基金的比例受社会经济发展水平的制约，目前我国生产力水平较低、经济发展水平不高，生活水平较低，因而在消费基金中，个人消费基金占的比例大，社会消费基金占的比例较小。

4. 积累与消费的比例关系与人均积累基金

积累和消费的比例关系是国民经济中的基本比例关系之一。一定时期的国民收入是一个常数，积累多，消费就少；消费多，积累就少。积累和消费比例适当，不仅是扩大再生产顺利进行的条件，也是保证货币正常流通的重要因素，必须处理好积累与消费的比例关系，才能保证国民经济健康地发展。那么，在国民收入的分配中，积累和消费各占多大比例合适呢？应该说这种比例关系不是一个固定的数值，每个国家的情况不一样，这种正常的或合理的比例关系也不同；在一个国家内不同时期的正常比例关系也会不同。结合我国家几十年经济建设的经验和发达国家的经验，积累率占国民收入分配的 25% 左右比较合适，一般不应高过 30%；消费率占 75% 左右比较合适，一般不要低于 70%。积累率凡是超过 30% 的时期，国民经济发展都不太正常；而积累率低于 30%，在 25% 左右时，国民经济发展就较快。

<blockquote>如何处理积累和消费的比例关系？</blockquote>

四、中国居民消费发展趋势

1. 中国居民消费水平的发展趋势

消费水平是指按人口平均计算的消费品的数量，反映人们物质文化需要实际满足的程度。它可以用货币表现，如人均消费额多少元，消费支出多少元等；也可以用实物表现，如人均消费粮食、肉类产品、奶类产品、禽类产品、蔬菜、水果多少等。这是狭义的消费水平。

广义的消费水平，不仅包括消费品的数量，而且包括消费质量，包括消费者与消费客体、消费环境相结合的规定性在内因素。消费质量高，反映消费水平达到了较高的层次。因此，消费质量，是消费水平的内容之一。消费水平，是一个综合指标，最终表现为人们的健康水平、科学文化水平和生活享受水平，反映人们物质文化需要的满足程度。

随着经济的发展，人们消费商品的品种大大丰富，消费品不限于目前的主食副食、荤素、水果蔬菜，也不限于碳水化合物、蛋白质、脂肪及微量元素，空气、水、阳光、超声、宇宙射线、激光、宇宙新物质等都成为消费对象。休闲、冒险、刺激、求新、求异、求变、求美也进入

<blockquote>我国居民消费水平变化趋势如何？</blockquote>

消费领域。

积累与消费的比率也影响消费水平。新中国成立初期一穷二白，百废待兴，积累率曾高达30%以上，消费水平大受影响。改革开放以来，发展轻工业、农业、服务业，国民消费水平大大上升。从投资、消费和净出口三大需求结构看，2012年最终消费对经济增长的贡献率为51.8%，资本形成对经济增长的贡献率为50.4%，最终消费对经济增长的贡献率比资本形成高1.4个百分点，内需仍然是经济增长的主要动力。

> 投资、消费、净出口为拉动经济的"三驾马车"。

积累基金内部的非生产性积累将大大增加，比如农业、轻工业、服务、信息、休闲、文化、娱乐、体育教育的生产积累会进一步增加。积累基金中直接消费比例提高。消费基金中非生活性将减少，这意味着人们文明程度的提高。社会公共消费基金会进一步减少，个人自主的消费基金会进一步增加，之后二者会交替增减。

从质的方面看，未来我国居民消费更符合科学的标准和要求，符合人的全面发展所必要的生活条件和环境，以确保劳动力的体力和智力的提高。量的方面更加科学、合理。质和量的统一、文化设施、精神消费品会进一步增加。

2. 中国居民消费结构的发展趋势

消费结构是指在一定的社会经济条件下，人们在消费过程中所消费的各种不同类型的消费资料的比例关系。消费结构的实物形式是人们在消费中，消费了什么样的消费资料以及它们各自的数量。比如，人们为了满足吃、穿、用等的需要，消费了什么样的食品、服装、日用品或高档耐用消费品和数量。人们为了满足自身生存、发展、享受的需要，又消费了一些什么样的消费资料以及它们各自的数量。

消费结构可分为吃、穿、住、用、行等具体形式，也可以分为生存资料的消费、享受资料的消费和发展资料的消费，也可分为实物消费和劳务消费，还可划分为自给性消费和商品性消费，满足物质需要的消费与满足精神文化需要的消费等。

随着收入水平的提高，衣、食、住、行、用占消费品的比例将增加。收入水平提高后，食物数量增加，质量提高，品种增多，食物支出增加。由于食品加工业的发展，人们食用加工食品的数量增加，而加工食品的价格较高，因而人们对食品的支出也增加。农产品价格的调整，人们在食物消费方面的支出增加。所有这些，都使食物消费在消费支出总额中的比例提高，使恩格尔系数上升。但这只是一定时期、一定年度的现象，并不是对"恩格尔定律"的否定，并不是"恩格尔定律"在我国不适用。从较长时期来看，"恩格尔定律"还是适用的。在人们的生活消费中，吃的方面总要受生理界限的限制，因而随着人们收入水平的提高，食物支出在消费支出中的比例会逐步下降，这是消费结构变化的必然趋势。2011年，我国城乡居民家庭恩格尔系数分别为36.3%和40.4%。

> 用恩格尔定律（随着家庭和个人收入增加，收入中用于食品方面的支出比例将逐渐减小。）分析我国居民收入与消费。

> 恩格尔定律用恩格尔系数来表示：恩格尔系数=食品支出在总收入中所占的比例。

随着社会经济的发展，人们对劳务消费的需求会逐步增加。与人们日常生活相关的为基本生活服务的劳务,将会随着人们追求生活的方便、舒适而增加。诸如维修服务、购物服务、洗涤及整理室内服务等。同时,高档耐用消费的普及,知识密集型用品进入家庭,也会越来越要求消费者掌握更多的消费知识,需要社会提供更多的服务活动。

值得注意的是,人们越来越追求自身素质的提高,对精神文化服务、科技信息服务的需求越来越高。特别是进入知识经济时代,人们会越来越重视知识、文化、科技、信息在社会发展和自身发展中的作用,人们的消费是要提高自己的需求满足程度,提高自己素质,促进自身的全面发展。人们在教育方面的投入会逐步增多。

经济体制改革还会使教育、医疗、保健服务、保险服务及其他相关服务逐步进入个人支出的范围,人们在这方面的支出会增加。

从总体来说,尽管实物消费的绝对量会大大增加,但从其比例来说,在人们的消费总支出中,实物消费的比例会呈下降趋势,而劳务消费的比例会逐步呈上升趋势。

第二节 个人收入的分配

一、按劳分配的客观必然性与实现形式

1. 按劳分配的客观必然性

在我国社会主义公有制经济范围内,对个人消费品实行按劳分配原则。**按劳分配是指社会在对社会总产品作了必要的扣除之后,按照劳动者向社会提供的劳动量来分配个人消费品,等量劳动取得等量报酬。**也就是指社会和集体根据劳动者付出劳动的数量和质量为尺度分配个人消费品。按劳分配是由生产资料的社会主义公有制和人们在生产过程中的相互关系所决定的,归根结底,是受社会主义社会生产力发展状况所制约。

> 在我国社会主义公有制经济中,对个人消费品实行按劳分配原则。

第一,社会主义生产资料公有制是实行按劳分配的经济前提。

生产资料公有制度决定了劳动者是生产资料的共同所有者,因而劳动产品属于全体劳动者共同所有,在劳动者内部进行分配。对于社会主义公有制度的分配,马克思指出:"除了自己的劳动,谁都不能提供其他任何东西,另一方面,除了个人的消费资料,没有任何东西可以转为个人的财产[1]。"也就是说,生产资料不是任何人的私人财产,谁也不能凭借它来占有消费品,只有依靠自己向社会提供的劳动取得个人消费品。因此,劳动者共同占有生产资料是实行按劳分配的前提。

第二,劳动仅仅是个人谋生的主要手段,是实行按劳分配的直接原因。

---

[1] 马克思恩格斯选集. 第3卷. 北京:人民出版社,1995:304.

由于社会分工的存在和劳动者的知识水平、劳动技能、就业状况的不同，人们的劳动也就存在着体力劳动和脑力劳动的差别、简单劳动和复杂劳动等重大差别。同时，由于社会主义社会劳动还没有成为人们生活的第一需要，而仅仅是人们谋生的手段。因此，社会分工体系中，劳动者把劳动作为个人谋生的手段来参加生产过程，通过参加生产劳动取得物质生活资料，也就是要以劳动为尺度来分配个人消费品。劳动者向社会提供的劳动存在着差别，因而不同的劳动者在分配消费品的数量上也必然存在着差别。这就意味着劳动者取得生活资料数量的多少，同他们付出的劳动有着必然的内在的数量依存关系，多劳多得，少劳少得，即实行按劳分配。

第三，生产力发展水平是决定按劳分配的终极原因。

生产力发展水平决定着社会产品满足社会需要的程度，只有社会生产力高度发达，社会产品极大丰富时，才能使社会需要得到充分满足，社会产品才能根据劳动者的实际需要进行分配，即实行按需分配。因此，在社会生产力没有达到高度发达以前，社会产品不能充分的满足社会需求，不具有实行按需分配的物质条件，只能以劳动为尺度实行按劳分配，才能体现社会公平。在社会主义公有制度条件下，个人消费品实行按劳分配的原则是由客观经济条件决定的，只要这些条件存在，按劳分配就具有客观必然性。

2. 按劳分配的实现形式

在我国现阶段公有制企业中，按劳分配的实现形式主要是工资、奖金和津贴。工资是基本形式，奖金和津贴是辅助形式。这三者都是根据劳动者向社会提供的劳动量作了必要的扣除之后，付给劳动者的劳动报酬。

第一，工资形式。我国阶段社会主义工资有计时工资和计件工资两种基本形式。

计时工资是按照劳动时间来支付的工资，即根据劳动者的技术熟练程度和劳动繁重程度确定工资等级，按日或按月发给固定的工资。计时工资以劳动时间作为计量单位，应用比较广泛，任何部门的工作和企业的劳动都可采用这一工资形式。

计件工资是以劳动产品数量和作业数量作为计量单位，就是按照劳动者完成的符合质量要求的劳动产品数量和作业数量支付劳动报酬。计件工资只在其适用的范围内并需要制订科学的劳动定额。目前，我国公有制企业除了实行上述两种基本工资形式以外，还实行浮动工资形式。浮动工资是相对固定工资而言的，它随着个人劳动成果、企业经济效益或上缴利税情况而变动。无论是计时工资还是计件工资，都不能完全准确地反映出劳动者实际付出的劳动量，所以，除基本工资形式外，还存在奖金、津贴等一些劳动报酬的补充形式。

第二，奖金形式。**奖金是对劳动者提供超额劳动的报酬或物质鼓励，**

> 通常我们把工资、奖金和津贴称其为"薪酬"。

> 按劳分配的实现形式有哪几种？

是实现按劳分配的补充形式。奖金分为以下两种。

一种是劳动者提供了超额劳动，直接增加了社会财富而给予劳动者的奖励，如增产节约奖、产量奖和质量奖等。另一种是劳动者为增加财富创造了有利条件而给予劳动者的奖励，如技术革新奖、发明创造奖等。奖金的特点是能够及时、灵活地反映劳动者向社会提供的劳动量变化的实际情况，可以弥补工资形式特别是计时工资形式的不足，是实现按劳分配的一种补充形式。奖金既是奖励先进，也是对超额劳动消耗的必要补偿。社会主义初级阶段的奖金制度，对调动劳动群众的积极性，推动技术革新和技术革命，提高劳动生产率有着重要的作用。

第三，津贴形式。**津贴也是贯彻按劳分配的另一种补充形式**。是对那些从事特别繁重、艰苦、复杂以及有损于健康的工种和部门的劳动者所给予的额外劳动报酬。津贴主要有岗位津贴、野外津贴、地区津贴、职务津贴等。其中岗位津贴是普遍采用的一种形式，如对高温、高寒、高空、水下或有毒、有害等环境中工作的劳动者，除发给工资外还应给予岗位津贴。津贴的数额根据劳动岗位的条件事先规定，劳动者只有在这种岗位上才能获得这种固定的岗位津贴，一旦离开这个岗位，津贴就随之取消。实行津贴体现了按劳分配的原则要求，是按劳分配的另一种补充形式。

> 我国国家机关、事业单位的工资形式主要是实行结构工资制。结构工资由基本工资、职务工资、工龄工资、奖励工资四个部分组成。

我国国家机关、事业单位的工资形式主要是实行结构工资制。结构工资由基本工资、职务工资、工龄工资、奖励工资四个部分组成，它突出了职务这一要素，其特点是把工资同职工担任的职务、责任大小和工作复杂程度以及职工付出的劳动量联系起来，使按劳分配原则得到更好的贯彻。

二、多种分配形式与实现

1. 多种分配方式并存及其原因

我国的个人收入包括劳动收入和非劳动收入。**劳动收入是指劳动者通过自己的劳动所获得的各种报酬**。如企业、机关、事业单位职工根据按劳分配原则获得的报酬等。

非劳动收入是指劳动收入以外的个人其他收入。合法的非劳动收入主要是指通过资本等生产要素按贡献大小参与分配获得的收入。如利息收入、股息收入、利润收入、租金收入、知识产权转让收入、转移支付收入、风险报酬等都是合法的个人收入。非劳动收入也有多种形式，个人收入的多样化，是个人收入分配制度改革的结果。

> 生产要素是如何参与分配的？

多种分配方式并存是与生产要素按贡献参与分配相联系的。生产要素的贡献是指劳动、资本、技术、管理、房屋、生产工具等这些要素投入生产所带来的收益。生产要素的投入者根据生产要素的贡献获得相应的报酬。没有生产要素的投入，劳动是不可能创造价值的。因此，社会鼓励生产要素所有者投入更多生产要素用于生产，让一切生产要素成为创造财富的源泉。由于各种生产要素对财富的创造和价值的创造作出了贡献，生产要素的投入者或所有者作为不同的产权主体，必然要求根据所投入生产要素的贡献参与收入的分配。

生产要素参与分配的具体形式很多，主要有资本要素参与分配的利息、股息、利润，土地等要素参与分配的租金，技术要素参与分配的技术转让费和技术贡献报酬等多种收入分配方式。

2. 个人收入的多种分配形式

第一，按资本分配。在各种非公有制企业中，投资者为开办企业投入货币资本用于购买生产资料等。投资人投入的资本要取得回报，必须在企业生产的产品出售后收回资本并带来一定的利润。虽然资本本身是物化劳动，不创造价值、不产生利润。但资本在生产过程中发生价值转移和价值增值，为资本的投入者按资本分配创造了价值基础，即利润。资本的投入者的收入就属于按资本分配收入。

第二，按资金分配。在社会主义市场经济中，企业筹集资金的方式多种多样，包括发行股票和债券等。凡是购买股票和债券的投资者，都凭借资金的所有权获得相应的回报，这就是按资金分配，如股息、红利和利息。劳动者获得的存款利息、债券利息、股票收入以及个体劳动者的投资收入，都属于按资金分配收入，属于合理的非劳动收入。

第三，租金收入。租金收入是固定资产的所有者暂时让渡和出租固定资产如土地使用权、建筑物、交通工具等使用权而获得的收入。其租金收入高低取决于出租资产的数量和质量，取决于出租的时间长短和出租时的价格。租金收入同样属于非劳动性收入。

第四，技术转让费。随着技术的进步、技术发明的增多和技术创新的加速以及知识产权的保护，获得技术专利权的个人和单位增多，同时社会和经济发展对技术进步的要求也在增大，技术转让必然越来越多，以投入技术要素而获得的收入也将增加。即使不发生技术转让，只要在技术上作出了贡献，并取得了良好的效益，其技术的拥有者和贡献者就应获得以适当形式支付的报酬，这就是技术转让费。

三、个人收入分配的调节

党的十八大报告指出："共同富裕是中国特色社会主义的根本原则，要坚持社会主义基本经济制度和分配制度，调整国民收入分配格局，加大再分配调节力度，着力解决收入分配差距较大问题，使发展成果更多更公平惠及全体人民，朝着共同富裕方向稳步前进。"随着社会主义市场经济体制的建立和发展，分配制度改革不断深化，分配关系逐步趋于合理。

1. 调节个人收入分配的原则

我国调节个人收入有以下两项原则，其调节的程度有所不同。党的十八大报告指出，要着力解决收入分配差距较大问题，使全体人民共享改革发展成果，朝着共同富裕方向稳步前进。

第一,鼓励一部分人先富,同时坚持全体人民共同富裕的方向。鼓励一部分人先富,就是鼓励一部分人依靠自己诚实劳动和各种投资富裕起来,这有利于充分调动人们劳动和经营的积极性,促进社会生产力发展。这要求以共同富裕为目标,改善分配结构,扩大中等收入者比重,提高低收入者收入水平,调节过高收入者的收入,形成"中部大、两头小"的分配格局,完善初次分配和再分配机制。调节初次分配也需要一定的行政手段,如政府规定最低工资标准,保证劳动者的最基本的生活需要。经过初次分配,存在收入差距的不尽合理的分配现象,要经过再分配对收入进行调节,这主要是通过宏观调控机制实现。

第二,处理好效率和公平的关系。"效率优先,兼顾公平"是我国一定时期收入分配的指导方针,而不是整个市场经济历史时期不变的法则。随着总量发展、经济效益问题逐步得到相对的解决,社会公平的问题会逐步上升为突出的问题。所以,我们必须从现在起进一步重视社会公平问题,调整效率与公平关系,加大社会公平的分量。"效率优先,兼顾公平"的口号逐渐淡出,向"公平与效率并重"过渡。胡锦涛同志在党的十七大报告中说:"初次分配和再分配都要处理好效率和公平的关系,再分配更加注重公平",以及"提高劳动报酬在初次分配中的比重"。与此前的收入分配主要原则———初次分配注重效率,再分配注重公平相比较,党的十七大报告首次提出在初次分配中也要处理好效率和公平的关系。收入分配改革在整个改革中处于核心部位。

> 如何处理效率优先、兼顾公平?

2. 个人收入分配调节的重点

对个人收入的调节,有国家调节、集体和社会团体调节,还有个人的自我调节。其中,国家的调节起着主要的作用。依据上述两个原则,对个人收入进行调节的重点,一是对个人的高收入加以调节;二是对收入低、生活困难的个人和家庭提供帮助。

第一,对个人高收入的调节。对于以合法手段获得高收入,则要加以保护。但社会对高收入要作适当调节,即使个人可以获得较高收入,又使其向社会多作一份贡献。对高收入的调节,主要是由国家通过税收来进行。我国现行的个人所得税法,规定对个人的工资、经营等所得实行超额累进税率,收入越高交税比例越大,可以起到对个人的高收入作适当调节的作用。此外还包括财政补贴和转移支付以及社会福利政策或社会保障制度、个人收入应税申报制等调节手段。

第二,对低收入的个人和家庭实行最低收入保障。如国家制订最低工资标准,保护在各类企事业单位工作的职工最低收入。对城镇困难居民实行保障基本生活的政策,对农村贫困人口,国家从多方面采取措施,加大扶贫攻坚力度,解决基本生活需要问题。总之,通过对个人收入分配秩序的规范和强化,使收入差距趋向合理,防止两极分化。

四、增加居民收入

2013年春节前夕国务院批转的《关于深化收入分配制度改革的若干意见》，提出收入倍增的目标，强调中低收入增长要更快一些；提出有效缓解城乡、区域之间收入差距问题，明显提升民生支出占财政支出比例，扩大中等收入，形成橄榄型的分配结构；提出明显改善收入分配秩序，合理调节过高收入，形成合理的收入分配格局。

（一）我国收入分配中存在的问题

> 收入分配中存在的问题有哪些？

改革开放以来，我国收入分配制度改革不断深化，打破传统经济体制下平均主义"大锅饭"体制，确立按劳分配为主体、多种分配方式并存的分配制度，实现了收入分配制度向适应社会主义市场经济体制的转变。实践证明，我国收入分配制度改革方向是正确的，极大地激发了全体人民的积极性、主动性和创造性，解放和发展了社会生产力，促进了经济持续快速发展，城乡居民收入不断增加，生活水平不断改善。没有收入分配制度的改革，就没有充满活力的社会主义市场经济，就没有蓬勃发展的中国特色社会主义事业。

但是我们也要清醒看到，由于收入分配及相关领域体制改革还不到位，特别是经济社会发展进程中不断出现新情况新变化，收入分配领域逐渐积累了一些突出问题。一是居民收入差距扩大的趋势没有根本扭转。城乡之间、不同地区之间、不同行业之间收入差距还比较大。二是在国民收入分配格局中居民收入呈下降趋势。居民收入在国民总收入中的比重、劳动报酬在初次分配中的比例下降。根据国家统计局2000~2010年资金流量表数据，劳动报酬在初次分配中的比例由53.3%下降到47.8%，在国民收入中，政府收入占比由14.5%提高到18.0%，企业收入占比由17.9%提高到21.6%，居民收入占比由67.6%下降到60.4%。三是收入分配秩序不规范。部分行业企业高管人员收入畸高，与一般员工收入差距过大。一些领域法律不健全、政策不规范、管理不严格，各种隐性收入大量存在。在自然资源开发、房地产开发、资本市场、国有企业改制等领域，通过内幕交易、操纵市场、商业贿赂等违法活动谋取非法利益问题比较严重。另外，腐败现象还没有得到根本遏制。一些权力比较集中的公共管理领域和国有企事业单位，以权谋私、权钱交易问题依然突出，有些腐败案件涉案金额巨大，人民群众强烈不满。

对收入分配领域的这些问题及其成因，我们要有清醒认识。一方面要看到，作为一个发展中的大国，在由计划经济向社会主义市场经济转变过程中出现这些问题，一定程度上很难避免，也反映了我国发展的阶段性。一是我国区域之间自然条件不同，资源禀赋差异很大，客观上存在发展不平衡问题。二是我国城乡二元结构明显，在工业化、城镇化快速发展中，一定时期内城乡收入差距扩大有其客观必然性。三是长期以来我国劳动力供大于求，资本、技术、管理等要素相对短缺，在市场机制作用下，容易形成这些要素收益挤占劳动报酬现象。四是我国在国际分工中总体上处于产业链中低端，激烈的国际竞争也使提高劳动报酬面临较大压力。五是在体制转轨过程中，由于各种主观和客观原因，一部分人的财富较快积累，使居民财富差距扩大。这也是世界各国工业化、现代化初期经济快速发展过程中的普遍现象。

另一方面也要看到，收入分配领域的一些突出问题，很大程度上也是改革滞后、政策不完善造成的。一是经济领域改革滞后，市场机制不健全。资源价格形成机制不合理，一些资源性行业企业以低成本甚至无偿使用公共资源。国有企业改革不到位，就业市场化和要素流动不充分。一些行业竞争不充分，一些企业依靠垄断获取超额利润。一些行业门槛过高，限制社会资本进入参与竞争，固化了行业收入差距扩大趋势。二是收入分配制度改革滞后，工资制度不完善。企业工资决定机制不健全，最低工资标准偏低，随意性大，强制性不够。机关事业单位工资制度改革滞后，还没有建立体现同地区同岗位同工同酬和不同地区不同岗位差异的工资决定及调整机制。三是再分配领域改革滞后，调节机制不完善。税制改革滞后，调节收入分配功能较弱。现行个人所得税难以充分发挥调节作用，调节居民财富的税制不健全，不能发挥对存量财产调节作用。财政支出用于基本公共服务的比例偏低，均衡性转移支付比例较低。社会保障体系不健全，城乡和不同社会群体之间的保障水平差别较大。我们要认识到，这些问题都不是改革和社会主义市场经济本身的问题，而是改革不到位和发展过程中的问题，因此必须用改革发展的办法去解决。

（二）主要目标和重点任务

党的十八大报告指出，到2020年实现国内生产总值和城乡居民人均收入比2010年翻一番。这是我们党根据我国经济社会发展的新形势，着眼于全面建成小康社会确定的重要目标。实现这一目标，必须坚持以经济建设为中心，推动经济持续健康发展，不断增加社会财富；在此基础上，坚持走共同富裕的道路，进一步完善按劳分配为主体、多种分配方式并存的分配制度，以千方百计增加居民收入为重点，合理调整收入分配关系，解决好收入分配差距较大问题，实现发展成果由人民共享。

1. 深化收入分配制度改革

要切实扭转居民收入在国民总收入中的比例、劳动报酬在初次分配中的比例下降趋势，合理调整国民收入分配格局。努力实现居民收入增长和经济发展同步，劳动报酬增长和劳动生产率提高同步，提高居民收入在国民收入分配中的比例，提高劳动报酬在初次分配中的比重。初次分配和再分配都要兼顾效率和公平，再分配更加注重公平。建立公共资源出让收益合理共享机制。建立健全公共资源有偿使用制度和公平、公正、公开的出让机制。完善国有资本收益分享机制，建立健全覆盖全部国有企业、国有资本经营预算和收益分享制度，合理分配和使用国有资本收益。扩大国有资本收益上缴范围，提高上缴比例。建立健全公共资源和国有资本收益主要用于公共支出的机制，重点用于保障和改善民生。

2. 完善劳动、资本、技术、管理等要素按贡献参与分配的初次分配机制

处理好按劳分配为主体与资本、技术、管理等生产要素按贡献参与分配的关系。第一，要加大劳动报酬保护力度，以体现按劳分配在基本分配制度中的主体地位。加快改革完善工资制度，缓解初次分配领域不公平的问题。建立规范的最低工资制度，有效保证普通劳动者工资收入随国民经济、社会平均工资同步增长，随着物价水平变动及时调整。深化企业和机关事业单位工资制度改革，推行企业工资集体协商制度，形成反映劳动力市场供求关系和企业经济效益的工资决定机制和正常增长机制。第二，完善资本、技术、管理等生产要素按贡献参与分配机制。进一步促进生产要素市场化改革，打破垄断和条块分割，推动生产要素自由流动。建立规范的要素市场，更好发挥市场在要素价格形成中的基础性作用，形成主要由市场决定要素价格的机制。加强知识产权保护，保障技术成果在收入分配中的应得份额。健全相关制度和政策措施，防止资本、管理等要素超额分配，防止非市场因素参与分配。

3. 加快健全以税收、社会保障、转移支付为主要手段的再分配调节机制

健全的再分配调节机制，对于调节收入分配关系，缩小城乡、区域和社会成员之间收入差距，促进收入分配公平具有重要作用。一是加大对城乡贫困人口的转移支付力度。调整财政支出结构，集中更多财力用于保障和改善城乡贫困群众的基本生活。要大力促进城乡基本公共服务均等化。大幅增加对"三农"的转移性支出，提高农村居民收入。大幅度增加扶贫开发投入，对不具备生存和致富条件的地区，加大移民扶贫力度。二是进一步深化税制改革。逐步提高直接税在税收中的比例。改革个人所得税制，研究推进综合和分类相结合的个人所得税制度，切实减轻中低收入者纳税负担，有效调节过高收入。建立健全调节存量财富的税收制度。三是加快健全社会保障体系。按照全覆盖、保基本、多层次、可持续的要求，加快推进覆盖城乡居民的社会保障体系建设。完善最低生活保障制度，保障好城乡贫困人口的基本生活。健全覆盖城乡居民的基本养老、基本医疗保险制度，保障全体人民老有所养、病有所医。促进慈善事业发展，发挥慈善事业在调节收入分配和作为社会保障制度重要补充的作用。

4. 多渠道增加居民财产性收入

要进一步深化改革、加强立法、完善制度，有效保护居民的合法财产和财产收益。一是适度扩大存贷款利率浮动范围，逐步缩小存贷款利差，保护存款人权益。加强上市公司监管，明确和落实分红制度，持续回报股东。支持社会保险基金积极稳妥地进入资本市场，并将投资收益划入统筹基金和个人账户，实现保值增值。二是在加强市场监管和风险

防范基础上，拓宽居民投资渠道。鼓励商业银行等金融机构研发大众化理财产品，丰富债券基金、货币基金等基金产品。发挥机构投资者专业理财的优势和作用。促进创业投资规范发展。鼓励居民金融资产投向实体经济，支持有条件的企业实施员工持股计划。三是依法保障农民对承包土地占有、使用、收益等权利。按照依法自愿有偿原则，允许农民以转包、出租、互换、转让、股份合作等形式流转土地承包经营权，确保农民分享土地承包经营权流转收益。改革征地制度，缩小征地范围，提高征地补偿标准，逐步实现农村集体建设用地与国有建设用地同权同价。四是鼓励有条件的地方推进农村集体经济组织产权制度改革。积极发展农村土地股份合作以及社区合作、专业合作等合作形式，鼓励农户利用土地承包经营权、农用设备、技术、资金等入股，拓宽农民租金、股息、红利等财产性收入渠道。

5. 规范收入分配秩序

加强收入分配领域的法制建设，建立公正合理的收入分配秩序，切实保护合法收入、增加低收入者收入、调节过高收入、取缔非法收入。一是健全工资保障机制。针对容易发生拖欠的行业企业，完善工资保证金制度，建立健全打击恶意欠薪制度。完善劳动争议处理机制，加大劳动保障监察执法力度，切实维护劳动者权益。二是规范机关事业单位和国有企业工资外收入、非货币福利。完善部门预算制度和国库集中收付制度，在各级机关及直属事业单位全面推行公务卡支付结算。加强事业单位创收管理，严格控制国有及国有控股企业高管人员职务消费。加强监督检查，严肃查处违规违纪行为。三是加大廉政建设和反腐败工作力度。严格执行领导干部收入、房产、投资、配偶子女从业等情况定期报告制度。探索实施领导干部报告个人有关事项在一定范围内公开制度。严厉打击非法收入。加强国企改制、矿产资源开发、土地出让、工程建设、资本市场等重点领域的监督管理，深入治理商业贿赂；依法严肃查处以权谋私、权钱交易、行贿受贿、操纵股市、内幕交易、偷税漏税、走私贩私等违纪违法行为。❶

第三节 社会保障制度

一、我国社会保障制度沿革

社会保障一词源于英文 Social Security，本意为社会安全。在不同国家和不同时期，社会保障一词曾有着不尽相同的解释，但其基本内容、性质、目的、宗旨却大体相同。现代国家，社会保障体系以社会安全网络的形式出现，起到安定社会生活的作用。我国根据发达国家及国际劳

---

❶ 十八大报告辅导读本. 北京：人民出版社，2012：302～305.

工组织关于社会保障体系框架的设计,结合我国实施社会保障的实践,逐步建立起具有中国特色的社会保障体系,但尚存在覆盖面小、实施范围窄、统筹层次低的问题。《中共中央关于构建社会主义和谐社会若干重大问题的决定》中提出:到2020年"覆盖城乡居民的社会保障体系基本建立",这是构建社会主义和谐社会的目标和主要任务之一。

党的十七大报告指出:"加快建立覆盖城乡居民的社会保障体系",并且第一次在党的重要文献中提出了三个基础、三个重点和两个补充的发展新思路,即"要以社会保险、社会救助、社会福利为基础,以基本养老、基本医疗、最低生活保障制度为重点,以慈善事业、商业保险为补充,加快完善社会保障体系。"根据社会保障的理论和实践,社会保障主要由社会保险、社会救助、社会福利组成,并且这些组成部分具有由政府强制实施、覆盖广泛、保障基本生活等特点,建立社会保障体系当然应以此为基础。慈善事业对社会保险、社会救助、社会福利都可以捐助,商业保险通过投保人的自愿投保满足更高层次和多样化的需求,两者对社会保障都是有益的补充。社会保障体系是社会的"安全网",它对社会稳定、社会发展有着重要的意义。

党的十八大报告进一步提出:"统筹推进城乡社会保障体系建设。社会保障是保障人民生活、调节社会分配的一项基本制度。要坚持全覆盖、保基本、多层次、可持续方针,以增强公平性、适应流动性、保证可持续性为重点,全面建成覆盖城乡居民的社会保障体系。改革和完善企业和机关事业单位社会保险制度,整合城乡居民基本养老保险和基本医疗保险制度,逐步做实养老保险个人账户,实现基础养老金全国统筹,建立兼顾各类人员的社会保障待遇确定机制和正常调整机制。扩大社会保障基金筹资渠道,建立社会保险基金投资运营制度,确保基金安全和保值增值。完善社会救助体系,健全社会福利制度,支持发展慈善事业,做好优抚安置工作。建立市场配置和政府保障相结合的住房制度,加强保障性住房建设和管理,满足困难家庭基本需求。坚持男女平等基本国策,保障妇女儿童合法权益。积极应对人口老龄化,大力发展老龄服务事业和产业。健全残疾人社会保障和服务体系,切实保障残疾人权益。健全社会保障经办管理体制,建立更加便民快捷的服务体系。"这一重要方针的提出,是基于对我国现阶段经济社会发展基本国情和实现全面建成小康社会目标的科学判断,必须完整准确地理解和把握。

二、完善社会保障制度的意义

完善的社会保障体系是社会主义市场经济体制的重要支柱,关系改革、发展、稳定的全局。实行社会保障制度,对社会主义制度下经济和社会的发展具有重要的意义。

第一,调节分配关系,保障人民的基本生活需要。我国目前个人收入分配制度和分配方式,对满足人的基本生活需要来说,都会有缺陷,都不是最完善、最完美的。比如说实行按劳分配制度就能充分满足和保障能失去劳动能力的人和失业者的生活需要。又如，能依靠按资本的贡献分配收入全面满足生活需要的人总是少数，而缺乏资本的人则很多。个人收入分配方式的这些缺陷和不足，必须依靠社会保障制度对国民收入进行再分配来克服和弥补，才能使全体人民的基本生活获得保障。

第二，缓解社会经济生活中的矛盾，为社会提供安全保护。在市场化经济发展的过程中，各种矛盾会不断产生和出现的，并且这些矛盾必然为社会带来一些后遗症，影响社会的长治久安。比如许多发展中国家都为失业问题、贫困问题所困扰，这些问题如果不恰当解决，就会危及社会安定、政治稳定和经济发展。建立和健全社会保障制度，能对社会中的各种矛盾起缓解作用、化解作用，从而为社会提供安全保护。

第三，有利于企业经营机制的转换。建立健全社会保障体系，可以使企业摆脱职工养老、医疗、失业等负担，有利于企业优化劳动组合与人才合理流动，增强企业活力和转换企业经营机制，从而有利于企业作为市场主体集中精力从事生产经营，提高效率和效益。

第四，有利于政府精简机构和减轻负担。社会保障体系的发展，可以把社会保险、救济、福利、优抚等方面的某些事业，由专门的社会保障机构承担，使政府摆脱这些社会问题的困扰，减轻费用和负担，有利于政府精简机构，提高工作效率。

第五，有利于引导合理消费。随着社会保障事业的发展，通过政府、企业、个人共同负担和筹集社会保障费用，可以使劳动者个人收入的一部分以社会保障基金的形式，用于养老、医疗、失业以及防止各种意外事故，从而使劳动者的消费结构趋于合理化。

社会保障体系是市场经济发展的推进器，也是社会稳定和谐的安全网和减震器。我国正处在经济体制深刻变革和经济结构重大调整的过程中，完善社会保障体系，不仅是重大的经济问题，也是重大的政治问题。建立健全同经济发展水平相适应的社会保障体系，是社会稳定和国家长治久安的重要保证。

> 完善社会保障体系，不仅是重大的经济问题，也是重大的政治问题。建立健全同经济发展水平相适应的社会保障体系，是社会稳定和国家长治久安的重要保证。

三、社会保障制度的内容

社会保障制度是在政府的管理之下，通过国民收入的再分配提供物质帮助和服务的制度。**具体包括社会保险、社会福利、社会救济、社会优抚、社会互助。**社会保险在社会保障体系中居于核心地位，它是社会保障体系的重要组成部分，是实现社会保障的基本纲领。一是社会保险目的是保障被给付者的基本生活需要，属于基本性的社会保障；二是社会保险的对象是法定范围内的社会劳动者；三是社会保险的基本特征是补偿劳动者的收入损失；四是社会保险的资金主要来源于用人单位（雇主）、劳动者（雇员）依法缴费及国家资助和社会募集。目前，我国的社会保险包括：养老保险、医疗保险、生育保险、失业保险和工伤

> 我国社会保障制度的基本内容。

保险。

社会救助属于社会保障体系的最低层次,是实现社会保障的最低纲领和目标。一是社会救助的目的是保障被救助者的最低生活需要;二是社会救助的对象主要是失业者、遭到不幸者;三是社会救助的基本特征是扶贫;四是社会救助的基金来源主要是国家及社会群体。

社会福利是社会保障的最高层次,是实现社会保障的最高纲领和目标。它的目的是增进群众福利,改善国民的物质文化生活,它把社会保障推上最高阶段;社会福利基金的重要来源是国家和社会群体。

社会优抚安置是社会保障的特殊构成部分,属于特殊阶层的社会保障,是实现社会保障的特殊纲领。社会优抚安置目的是优待和抚恤;社会优抚的对象是军人及其家属;社会优抚的基本特征是对军人及其家属的优待;社会优抚的基金来源是国家财政拨款。

四、社会保障制度改革的基本方针和具体举措

党的十八大报告明确提出,要统筹推进城乡社会保障体系建设,把社会保障全民覆盖作为全面建成小康社会的重要目标,明确了推进社会保障制度改革和事业发展的基本方针和重大举措。

我国发展社会保障制度的基本方针。

1. 坚持全覆盖、保基本、多层次、可持续方针

党的十八大报告提出的社会保障体系建设的这一重要方针,是基于对我国现阶段经济社会发展基本国情和实现全面建成小康社会目标的科学判断,必须完整准确地理解和把握。全覆盖就是要根据社会保障制度的类型实现最广泛的覆盖,其中基本养老和基本医疗保障制度要覆盖城乡全体居民,工伤、失业、生育保险制度要覆盖城镇所有职业群体,实现人人享有基本社会保障的目标;保基本就是要坚持尽力而为、量力而行的原则,根据我国经济社会发展状况合理确定社会保障待遇水平,保障基本的生活需求;多层次就是要以社会救助为保底层、社会保险为主体层,积极构建以企业(职业)年金等补充社会保险和商业保险为补充层的多层次社会保障体系;可持续就是要立足制度的长远发展,统筹协调,探索建立长效机制,实现社会保障制度长期稳定运行。

社会保障制度由"广覆盖"改为"全覆盖"。

2. 统筹推进城乡社会保障制度改革

党的十八大报告提出,要以增强公平性、适应流动性、保证可持续性为重点,全面建成覆盖城乡居民的社会保障体系。增强公平性就是要实现各类群体的全覆盖,着力缩小城乡差距和地区差距,坚持公平与效率、权利与义务、统一性与灵活性相结合,增强制度的激励约束功能,明确政府、用人单位、个人和社会的责任。适应流动性就是要适应市场经济条件下人们在城乡、地域、行业间的流动性日益增强的新要求,通过提高社会保险统筹层次、整合城乡社会保障体制、实现社会保险关系的顺利转移衔接,实现社会保障的城乡统筹和区域统筹,促进人力资源的合理流动。保证可持续性就是要在着力解决现实突出问题和历史遗留

问题的同时，着眼长远，统筹协调，实现社会保障制度长期、稳定运行。今后一个时期我国社会保障制度改革的重点任务：一是改革和完善企业和机关事业单位社会保险制度，在推进事业单位分类改革的基础上，同步推进机关事业单位社会保险制度改革，实现企业与机关事业单位各项社会保险制度的有效衔接，实现新老制度的平稳过渡；二是整合城乡居民基本养老保险和基本医疗保险制度，建立城乡居民基本养老保险制度和城乡居民基本医疗保险制度，实现城乡居民在基本养老保险和基本医疗保险制度上的平等和管理资源上的共享；三是逐步做实养老保险个人账户，实现基础养老金全国统筹，更好地体现我国养老保险社会统筹和部分积累相结合的制度要求；四是建立兼顾各类人员的社会保障待遇确定机制和正常调整机制，合理确定社会保障水平，实现社会保障待遇与经济社会发展相联系的持续、有序、合理增长；五是完善社会救助体系，健全社会福利制度，支持发展慈善事业，做好优抚安置工作；六是建立市场配置和政府保障相结合的住房制度，加强保障性住房建设和管理，满足困难家庭基本需求。

3. 确保社会保障基金安全和保值增值

党的十八大报告提出，要扩大社会保障基金筹资渠道，建立社会保险基金投资运营制度，确保基金安全和保值增值。扩大社会保障基金筹资渠道，就是要着眼于社会保障基金的长期平衡，抓住经济平稳较快发展的有利时机，开辟新的社会保障资金筹集渠道，进一步充实已经建立的全国社会保障战略储备基金。建立社会保险基金投资运营制度，就是要在确保当期养老金发放和保证基金安全的前提下，积极稳妥推进基金投资运营，适当拓宽基本养老保险基金投资渠道，探索新的投资运营方式，切实加强基金监管，努力实现保值增值。

4. 健全社会保障经办管理体制

党的十八大报告提出，要健全社会保障经办管理体制，建立更加便民快捷的服务体系。随着我国社会保障事业的快速发展，社会保障经办管理体制不顺和服务能力不足的矛盾日益突出。健全社会保障经办管理体制，就是要进一步理顺社会保障行政管理体制，着力整合管理资源，加强基层社会保障服务平台建设，切实提高管理服务效率。建立更加便民快捷的服务体系，就是要加强社会保障规范化、信息化、专业化建设，建立标准统一、全国联网的社会保障管理信息系统，逐步建立覆盖全民的社会保险登记制度。特别是要加大社会保障卡发行力度，全面推行社会保障"一卡通"，努力实现为参保人员"记录一生，保障一生，服务一生"的目标。❶

五、我国社会保障取得的成效

社会保障是保障人民生活、调节社会分配的一项基本制度，关系人

> 我国社会保障制度成效显著。

---

❶ 十八大报告辅导读本．北京：人民出版社，2012：293～296．

民幸福安康和社会公平和谐。党的十六大以来的10年,党中央、国务院作出一系列重大决策部署,加快推进社会保险制度建设,加大政府财政补助力度,逐步妥善解决历史遗留的突出问题,社会保障制度改革取得突破性进展,成为我国社会保障事业加速发展的重要时期。

一是制度建设取得突破性进展。社会保险法颁布实施,城镇居民基本医疗保险、新型农村社会养老保险和城镇居民社会养老保险等重要制度先后建立,实现了由单位和家庭保障向社会保障、由覆盖城镇职工向覆盖城乡居民、由单一保障向多层次保障的根本性转变。

二是覆盖范围迅速扩大。2011年,全国城镇职工基本养老保险、城镇基本医疗保险、失业保险、工伤保险、生育保险的参保人数分别达到2.84亿人、4.73亿人、1.43亿人、1.77亿人、1.39亿人,比2001年分别增长100.2%、549.8%、38.3%、327.2%、302.1%;新农保和城镇居民养老保险参保人数达到3.32亿人,新农合参保人数达到8.32亿人。

三是保障水平稳步提高。2005~2012年连续8年调整企业退休人员养老金,2012年全国企业退休人员月人均基本养老金达到1721元,是2002年的2.8倍。逐步提高基本医疗保险报销比例和最高支付限额,失业、工伤、生育保险待遇明显提高。

四是社会保险基金规模不断扩大。2011年,城镇5项社会保险基金总收入、总支出和累计结余规模分别达到2.4万亿元、1.81万亿元和2.9万亿元,分别比2001年增长6.7倍、5.5倍和16.8倍。

五是城乡社会救助体系全面建立。城市居民最低生活保障实现了动态管理下的应保尽保,农村居民最低生活保障制度实现了从试点探索到全面建立的历史性跨越,农村五保供养制度完成了从农民互助共济到政府保障为主的重要转变,城乡医疗救助制度普遍实施,经常性社会救助对象达到8000多万人,城乡困难群众基本生活得到有效保障。❶

在看到成绩的同时,我们也清醒地认识到,我国社会保障体系建设还面临着城镇化和人口老龄化带来的巨大挑战,有许多体制性、制度性的重大问题亟待解决,改革和发展的任务十分艰巨。《统计公报》显示,2012年末,60周岁及以上人口达到19390万人,占总人口的14.3%,比2011年末增加了891万人,提高了0.59个百分点;其中,65周岁及以上人口达到12714万人,占总人口的9.4%,比2011年末增加了427万人,提高了0.27个百分点。人口老龄化使老年人的养老、医疗、社会服务等问题更加突出。老龄化提前到来,意味着"未富先老",中国社会保障制度面临着养老负担重、筹集资金难和医疗费用大等诸多挑战。

党十八届三中全会指出:"健全社会保障财政投入制度,完善社会保障预算制度。加强社会保险基金投资管理和监督,推进基金市场化、多

---

❶ 十八大报告辅导读本. 北京:人民出版社,2012年:292~293.

元化投资运营。制定实施免税、延期征税等优惠政策，加快发展企业年金、职业年金、商业保险，构建多层次社会保障体系。积极应对人口老龄化，加快建立社会养老服务体系和发展老年服务产业。健全农村留守儿童、妇女、老年人关爱服务体系，健全残疾人权益保障、困境儿童分类保障制度。"

本章小结

◎国民生产总值（GNP）是指一国国民一年内所生产和提供的用货币表示的最终产品（包括物品和服务）的总和。国民生产总值是联合国承认的世界绝大多数国家采用的综合反映一个国家经济发展水平的总量指标。

◎国内生产总值（GDP）是按市场价格计算的国内生产总值的简称，它是一个国家（地区）所有常住单位在一定时期内生产活动的最终成果。GDP是国民经济核算的核心指标，也是衡量一个国家或地区经济状况和发展水平的重要指标。

◎国民收入分配性质取决于生产资料所有制的性质，社会主义社会生产资料公有制度，决定了国民收入能够按照有利于广大人民的原则进行分配。国民收入首先在生产领域进行分配，也称为初次分配。为实现社会公平，国民收入必须进行再分配。国民收入的再分配是指在国民收入初次分配基础上，在全社会的范围内继续进行分配。

◎国家、企业、个人之间的分配关系是国民收入分配的核心问题，调节国家与企业的分配关系的方式是实行税利分流。中央与地方的收入分配关系主要是指把国家财政收入划分为中央财政收入与地方财政收入的分配关系。理顺中央财政与地方财政收入分配关系的方式是实行分税制。

◎国民收入经过初次分配和再分配两次分配，最终按其用途分为积累和消费两个方面，形成了积累基金和消费基金。

◎在我国社会主义公有制经济范围内，对个人消费品实行按劳分配原则。在我国现阶段公有制企业中，按劳分配的实现形式主要是工资、奖金和津贴。

◎生产要素参与分配的具体形式很多，主要有资本要素参与分配的利息、股息、利润，土地等要素参与分配的租金，技术要素参与分配的技术转让费和技术贡献报酬等。

◎党的十八大报告又进一步指出：全覆盖、保基本、多层次、可持续的社会保障工作方针，把"广覆盖"调整为"全覆盖"，要求实现人人享有基本社会保障的目标。首次提出以增强公平性、适应流动性、保证可持续性为重点的社会保障制度改革原则，具有很强的针对

◎ 社会保障制度是在政府的管理之下，通过国民收入的再分配而提供物质帮助和服务的制度。完善社会保障体系，不仅是重大的经济问题，也是重大的政治问题。建立健全同经济发展水平相适应的社会保障体系，是社会稳定和国家长治久安的重要保证。

◎ 我国社会保障体系建设还面临着城镇化和人口老龄化带来的巨大挑战，有许多体制性、制度性的重大问题亟待解决，改革和发展的任务十分艰巨。人口老龄化使老年人的养老、医疗、社会服务等问题更加突出。老龄化提前到来，意味着"未富先老"，中国社会保障制度面临着养老负担重、筹集资金难和医疗费用大等诸多挑战。

综 合 练 习

一、基本概念

1. 国民生产总值　　2. 国内生产总值　　3. 国民收入　　4. 分税制
5. 按劳分配　　　　6. 社会保障制度　　7. 社会保险

二、单项选择题

1. 国民生产总值是指（　　）。

A. 一国物质生产部门在一年内所生产的用货币表现的物质产品的总和

B. 社会总产值减去生产资料的消耗

C. 一国国民一年内所创造的新价值

D. 一国国民一年所生产和提供的用货币表现的最终产品的总和

2. 国民收入就是指（　　）。

A. 国民生产总值

B. 一国物质生产部门在一年内创造的新价值

C. 一年内生产的最终产品的总和

D. 全社会劳动者创造的新价值

3. 国民收入的初次分配是在（　　）。

A. 生产部门中进行的　　　　B. 非生产部门中进行的

C. 整个社会范围内进行的　　D. 国有企业、机关事业单位进行的

4. 国民收入经过初次分配和再分配最终用于（　　）。

A. 积累和投资　　　　　　　B. 生产和流通

C. 消费和投资　　　　　　　D. 储蓄和消费

5. 下列属于国民收入再分配行为的是（　　）。

A. 物质生产单位发放的工资　B. 物质生产单位上缴的税利

C. 物质单位的留利　　　　　D. 国家预算拨款

6. 调整国家与国有企业的分配关系，要求实行（　　）。

A. 税利分流　　　　　　　　B. 税利合一

C. 利改税 D. 实行统收统支

7. 调整中央与地方财政收入分配关系的方式是实行（ ）。

A. 分税制 B. 利改税

C. 税利分流 D. 统收统支

8. 正确处理消费与投资关系的原则是（ ）。

A. 先生产、后生活 B. 投资与消费要兼顾

C. 优先考虑投资的原则 D. 优先考虑消费的原则

9. 按劳分配通行的原则是（ ）。

A. 等量劳动相交换的原则 B. 平均分配的原则

C. 共同富裕的原则 D. 同步富裕的原则

10. 实行按劳分配的前提是（ ）。

A. 市场经济的存在 B. 社会主义阶段生产力水平还较低

C. 生产资料公有制 D. 劳动还主要是谋生手段

11. 在社会主义制度下，根据按劳分配原则，劳动者所创造的全部产品应该（ ）。

A. 不折不扣地分配给劳动者

B. 按照劳动者向社会提供的劳动不折不扣地分配给劳动者

C. 在社会作了必要的扣除后，按照劳动者的人数分配给劳动者

D. 在社会作了必要的扣除后，按照劳动者向社会提供的劳动量分配给劳动者

12. 我国对高收入的调节，主要是通过（ ）。

A. 国家税收来进行的 B. 国家制订消费税

C. 没收一部分收入 D. 国家对银行的利息调整来进行

三、多项选择题

1. 国民生产总值指标的主要优点在于（ ）。

A. 它只计算了最终产品的价值，没有计入中间产品的价值

B. 它只计算了最终产品的价值，包括中间产品的价值

C. 它不仅计入了物质生产部门的增加值，也计入所有服务部门的增加值

D. 只计入了物质生产部门的增加值，没有计入所有服务部门的增加值

E. 全面反映物质生产部门创造的财富

2. 各国计算的国民生产总值存在一些不可比因素，主要是（ ）。

A. 各国的生活习惯不同 B. 各国市场价格有差别

C. 汇率有偏差 D. 各国的历史和文化的差别

E. 各国的生产力水平的差别

3. 从全社会范围来说，消费结构主要取决于（ ）。

A. 人均国民收入水平和产业结构的状况

B. 归根到底是由社会生产力发展程度决定的

C. 人民消费水平的提高

D. 物质生产部门创造的财富

E. 服务部门的服务水平

4. 消费结构的变化趋势是（ ）。

A. 消费资金的比例上升

B. 食品消费的比例上升

C. 生存资料消费的比例将下降，发展资料和享受资料的比例将上升

D. 物质产品消费比例将下降，生活服务消费比例将上升

E. 消费质量将不断提高，高档次商品进入普通群众的消费范围

5. 属于非劳动收入的主要有（　　）。

A. 机关、事业单位职工的劳动报酬　　B. 利息收入

C. 股息收入　　D. 租金收入　　E. 各类人员的劳务报酬

6. 在社会主义公有制的范围内，个人收入主要实行按劳分配是由以下条件共同决定的（　　）。

A. 生产资料公有制　　B. 社会主义阶段生产力水平还较低

C. 劳动者还主要是谋生的手段　　D. 劳动者的劳动直接表现为社会劳动

E. 多种所有制并存

7. 生产要素按贡献参与分配是由以下客观经济条件决定的（　　）。

A. 两种公有制同时存在　　B. 多种所有制经济并存

C. 生产要素的作用　　D. 自然经济还占相当大的比例

E. 人口众多、劳动力资源丰富

8. 生产要素参与分配的具体形式很多，主要有（　　）。

A. 利息　B. 股息　C. 利润　D. 租金　E. 技术转让费

9. 我国调节个人收入的原则是（　　）。

A. 取消个人收入的差别　　B. 效率优先、兼顾公平

C. 使全国人民同步富裕　　D. 拉大差距鼓励高收入

E. 鼓励一部分人先富，同时坚持全体人民共同富裕的方向

10. 在我国实行社会保障制度的作用具体表现在（　　）。

A. 调节分配关系，保障人民的基本生活需要

B. 缓解社会经济生活中的矛盾，为社会提供安全保护

C. 排除障碍，增强企业特别是国有企业的活力

D. 符合社会主义的本质要求，体现社会主义的优越性

E. 社会化大生产发展的必然结果

11. 社会保障制度改革原则是（　　）。

A. 增强公平性　　B. 适应流动性　　C. 保证可持续性

D. 提倡合理性　　E. 增强有效性

四、判断正误题

1. 国民生产总值是联合国承认的世界绝大多数国家采用的综合反映一个国家经济发展水平的总量指标。（　　）

2. 国民生产总值指标不具有真实性、全面性的优点。（　　）

3. 国民收入分配性质取决于生产资料所有制的性质。（　　）

4. 中央与地方的分配关系，是国民收入分配的核心问题。（　　）

5. 调节国家与企业的分配关系的方式是实行分税制。（　　）

6. 理顺中央财政与地方财政收入分配关系的方式是实行税利分流。（　　）
7. 在我国社会主义公有制经济范围内，对个人消费品实行按劳分配原则。（　　）
8. 在我国社会主义现阶段，劳动是个人谋生的主要手段。（　　）
9. 在我国现阶段公有制企业中，按劳分配的实现形式主要是工资、奖金和津贴。（　　）
10. 多种分配方式并存是与生产要素按贡献参与分配相联系的。（　　）

五、问答与思考题

1. 国民生产总值与国内生产总值的含义与区别是什么？
2. 国民收入是如何进行分配的？
3. 如何正确处理国家、企业、个人之间的分配关系？
4. 如何理解中央与地方财政收入的分配关系？
5. 个人收入分配的调节原则与重点是什么？
6. 我国社会保障制度改革的原则是什么？
7. 党的十八大报告又进一步指出："全覆盖、保基本、多层次、可持续的社会保障工作方针"，把"广覆盖"调整为"全覆盖"有什么意义？

第十一章

社会主义国家的对外经济关系

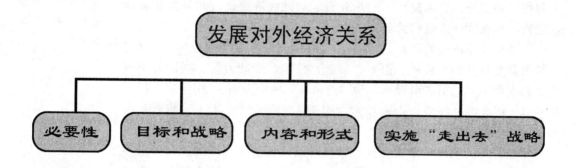

重点掌握
- 发展对外经济关系的目标和战略
- 引进技术的原则和作用
- 我国发展对外贸易的基本思路
- 实施"走出去"的战略意义和基本思路

一般掌握
- 引进外资的作用
- 全面提高对外开放水平
- 影响我国企业"走出去"的因素

一般了解
- 我国对外开放的格局
- 实施"走出去"战略的形式

本章导语

本章学习我国社会主义对外经济关系的基本内容和基本知识,通过学习本章,要求学习者对我国发展社会主义对外经济关系的必要性、目标和战略、引进技术的原则和作用、发展对外经济关系的内容和形式、发展对外贸易的基本思路、"走出去"的战略意义和基本思路、我国实施"引进来"、"走出去"战略意义以及全面提高对外开放水平等问题有进一步的认识和思考。

第一节 我国发展对外经济关系的必要性

一、发展对外经济关系是抓住经济全球化发展机遇的需要

对外经济关系是一个国家同其他国家和地区间各种经济联系的总称。它包括对外贸易、技术交流、利用外资、对外经济援助、对外投资和跨国经营、承包国外工程和劳务合作等。

> 经济全球化为发展对外经济关系提供了什么机遇?

发展对外经济关系,就是同国外在发展商品和生产要素方面的交流。包括消费资料、生产资料、服务、资金、技术、劳动力等。同国外交流商品和生产要素包括"引进来"和"走出去"两个方面。"引进来"指商品进口、吸收国外投资、引进技术和引进人才等。"走出去"指商品出口、对外投资、技术出口、输出人才和劳动力等。

随着科学技术和国际社会分工的发展以及社会化程度的提高,世界各国、各地区的生产、贸易、投资、金融等经济行为、经济活动越来越超出一国和地区范围而相互联系和密切结合形成经济全球化,经济全球化是生产要素的全球配置与重组和世界各国经济高度相互依存和融合的表现,是生产社会化和经济关系国际化发展的趋势。这种发展趋势,有利于促进资本、技术、知识等生产要素在全球范围内的优化配置。它为全球经济和社会发展打开了广阔的前景,提供了前所未有的物质技术条件,为各国各地区提供了新的发展机遇。在这个发展进程中,新科技革命和生产的高度社会化为经济全球化提供了物质条件,国际贸易的高度发展为经济全球化提供了现实基础,国际金融的迅速发展成为经济全球化的重要推动力,国际间相互投资的发展加速了经济全球化的进程。进入20世纪80年代以后,经济全球化的进程进一步加快,其范围和规模大大扩展。我国2012年"开放型经济达到新水平,进出口总额跃居世界第二位。"

党的十八大报告指出:"进入新世纪新阶段,国际局势风云变幻,综合国力竞争空前激烈,我们深化改革开放,加快发展步伐,以加入世界贸易组织为契机,变压力为动力,化挑战为机遇。"对发展中国家而言,经济全球化则既是机遇,又是挑战。它们面临发达国家经济技术优势的压力,经济主权和经济安全也受到挑战。经济力量较强、政策措施运用得当的国家,能较好地适应并利用全球化带来的有利条件发展本国经济,经济弱小的国家则发展较为困难。它给发达国家和发展中国家带来的是不均等的竞争机会,包括中国在内的广大发展中国家处于相对不利的地位。因为发展中国家与发达国家在经济上存在巨大差距,发达国家占有资本、技术、管理上的优势,发展中国家在竞争中则处于劣势。在经济全球化要求的贸易自由化、投资自由化的压力下,发展中国家的民族产

> 开放型经济达到新水平,进出口总额跃居世界第二位。(党的十八大报告)

业受到外部的强烈冲击。面对经济全球化，我国应当紧紧抓住这一历史机遇，积极发展对外经济关系，参与国际市场竞争、迎接挑战，在国际市场竞争发展自己，壮大自己，提高自己的国际竞争力和水平。

二、发展对外经济关系，实行对外开放是我国一项基本国策

从封闭半封闭经济到实行开放经济的转变，是我国社会主义经济建设的重要战略转移。发展对外经济关系，坚持对外开放是我国一项长期的基本国策。

> 如何理解发展对外经济关系是我国的一项基本国策？

第一，有利于充分利用国内外资源优势。发展社会主义经济，主要是依靠自己的力量，自力更生，合理地配置和利用本国资源。同时，通过发展对外经济联系，加强内外交流，调剂产品和资源的余缺，充分利用国内外资源，出口优势资源和产品，进口劣势产品和资源，从而有助于协调国民经济发展过程中出现的一些不平衡。

第二，有利于利用国际分工节约社会劳动。发展对外经济有利于扬长避短，多生产本国生产的优势产品，以便用较少的劳动耗费取得最大的经济效益，然后，用这些产品去和别的国家交换自己所需要的产品，充分利用国际分工，大大节约本国的社会劳动。

第三，有利于促进科学技术进步。任何一个国家不可能在一切科学技术领域都居于领先地位，各国之间有必要在科学技术上加强交流，吸收其他国家的先进科学技术成果，以利于较快地提高本国的科学技术水平。与发达的国家相比，我国生产力水平较低，在这种前景下，要使我国经济的增长速度高于发达国家经济平均增长速度，除了依靠本国的力量外，重要的一环是要重视发展对外经济关系，实行对外开放，充分利用国外的资金、技术、科学管理经验和灵敏的信息网络，利用战后生产国际化进一步发展的有利时机和较好的国际环境，加快我国经济发展。

第四，有助于增强与各国人民的友好往来和互相了解，为维护世界和平作出自己应有的贡献。

三、发展对外经济关系是我国社会主义现代化建设的需要

第一，发展对外经济关系，能从国际分工中获得很多益处。

各个国家发展经济的技术和文化发展水平不同，但在国际分工中互有优、劣势，只要从本国实际情况和本国的需要出发参与国际分工，其优、劣势就可转化与互补，并从中获得很多利益。

其一，获得绝对利益。从使用价值方面各国输出本国不需要的产品或剩余的产品，可维持甚至增加本来应当缩减的产品生产；从国外输入本国短缺的资源，可增强满足本国市场需求的能力。而从价值方面，一个国家生产某种产品其成本低于其他国家，生产另一种产品其成本高于其他国家。那么，该国就应多生产成本低的产品，通过国际市场与其他国家交换，从中获得的就是绝对利益。

> 注意区别绝对利益、比较利益、比较优势。

其二，获得比较利益。如果一个国家生产所有产品的成本都高于国际市场，但它可以专门生产或更多生产成本相对较低的产品，然后与其他国家交换，从而获得比较利益。如果一个国家生产所有产品的成本都低于国际市场，但它可以专门生产或更多生产成本相对较低的产品，然后与其他国家交换，从而获得比较利益。

其三，利用比较优势。不同国家所拥有的资源的品种、数量是不同的。有的国家资源品种和数量比较多，其价格也就较低；有的国家资源品种和数量较少，其价格也就较高。因此，不同的国家进行生产时应多使用各自相对丰饶的资源，而少使用相对短缺的资源，使资源达到优化配置，这就是利用比较优势。

第二，发展对外经济关系，能获得后发性利益。我国与发达国家在经济技术上存在着较大的差距，我们可以通过发展对外经济关系缩小和弥补这个差距，尽量利用外国已有的成果来发展自己。

什么是后发性利益？

在资本方面，西方发达国家经历了很长时间经济发展和积累资本，现有足够的资本，我们付出一定代价将它引进国内，可以弥补我国资金的不足。

在科学技术方面，西方国家掌握着世界上最新、最多的科技成果，而且是可以转让的，我们把它引进过来，就可以免除自行开发、节约时间、节约费用、避免风险。

在管理方面，西方发达国家创造了很多有效、有用的管理方法和积累了很多科学的管理经验，这都是我们可以借鉴和必须借鉴的科学管理方法。我们也可以利用国外的条件，加快人才培养。

总之，发展对外经济关系，能获得后发性利益，较快地缩短与发达国家的差距，用较短的时间达到现代化的要求。

四、发展对外经济关系必须坚持独立自主、自力更生

独立自主，是指自己拥有处理本国事务（包括经济事务）的权利，**不受任何外来的干涉**。我国社会主义现代化建设的道路和方法由我国人民自主地选择和作出决策，不听凭别国支配。只有坚持独立自主，才能使社会主义现代化建设的道路和方法符合本国的实际情况，才能适应本国发展的需要，才能维护国家经济安全。

对外开放与独立自主、自力更生有什么关系？

自力更生，就是我国社会主义现代化建设主要依靠本国的力量，**不能期待别国的施舍**。中国是一个人口众多的国家，解决吃饭问题不能靠外国，不能单靠从外国进口粮食，而必须主要依靠自己的力量，这就是自力更生。

邓小平同志在中国共产党第十二次全国代表大会的开幕词中强调："中国的事情要按照中国的情况来办，要依靠中国人民自己的力量来办。独立自主，自力更生，无论过去、现在和将来，都是我们的立足点。"我们在社会主义建设的每项事业中，都要坚定不移地贯彻独立自主、自力

更生的方针。

实行对外开放，发展对外经济关系，必须处理好对外开放与独立自主和自力更生的关系。两者不是矛盾的、对立的，而是相辅相成、相互促进的。独立自主、自力更生发展本国经济是实行对外开放、发展对外经济关系的基础；而发展对外经济关系又有利于增强独立自主、自力更生地发展本国经济的实力。

但是，坚持独立自主、自力更生，绝不是闭关锁国、故步自封、关起门来搞建设、盲目地排斥同外国进行平等互利的经济合作和技术交流。恰恰相反，只有在坚持独立自主、自力更生的基础上，实行对外开放，发展对外经济关系，积极参与国际经济合作和竞争，充分利用国内和国际两种资源、两个市场，才能有效地促进本国经济的发展，增强自力更生的能力。

具体来说，发展对外经济关系必须坚持独立自主，自力更生的方针，具体原因如下。

第一，世界各国情况千差万别，发展对外经济必须从自己国家的实际情况出发，确定自己的方针政策、发展方向、重点、规模等，才能成功的实行对外开放。如果采用一种模式，或者完全照搬照抄别国的经验往往是失败者多。

第二，各国的经验和我国的实践都说明，对外经济的发展状况和效用如何，取决于本国的出口能力和掌握消化能力，取决于国内的工作。国内的工作跟不上，内因不发挥作用，没有一定的外汇和能力，再好的东西也买不进来，再优惠的外资，不能及时发挥经济效益；再好的技术，自己掌握不了、应用不了。

第三，世界各国、各民族独立、解放的历史和我国的实践都证明，在经济上依靠外力，不能真正独立，就难以保证政治上的完全自主，自己的命运就会受人摆布，不可能建立起真正富强的国家。对此，我国有正反两方面的经历。

第四，我们这样的人口大国，不可能成为出口导向型的国家，更不可能依靠外国实现现代化。必须主要依靠自己的资金积累、本国的资源和市场，依靠全体人民的智慧和创造力，来建设繁荣富强的国家。

在发展对外经济关系中坚持独立自主、自力更生的方针主要体现在以下几个方面。

第一，我国的涉外经济法律、规定，对外签订的协议、合同，都要符合我国的法律规定的原则，维护我国的主权和独立，维护国家的根本利益，在此基础上充分考虑国际上通用的规范、准则。

第二，根据国家经济发展战略和规划，从国内需要和可能、国际市场的实际情况出发，按照既积极而又量力而行的原则，合理制订对外经济发展的规划，确立适宜的发展速度和规模。

第三，把扩大出口创汇放到各项经贸工作的首位，根据国家的国际支付能力,本着"量入为出,略有结余"的原则,全面发展各项对外经济业务。

第四,对外经济关系发展要符合国家的产业政策,有力地配合产业政策的贯彻实施。根据效益和统筹兼顾、发挥优势的原则安排和调整进出口商品结构。

第五,在进口成套和关键设备时,要购买制造技术和工艺技术,抓紧消化创新,加快国产化进程。

第六,借用外债规模要控制在国家的偿还能力和配套能力之内,关系国计民生的重要项目主要依靠自己的资金来建设;严禁外商设立有碍国家安全和损害人民身心健康的企业和事业。总之,经济命脉必须掌握在我们自己手中,防止国内产业和市场被外国垄断。

第二节　发展对外经济关系的目标和战略

一、发展对外经济关系的目标

发展对外经济关系,进行商品和生产要素的交流,输出、输入什么商品和生产要素,形成怎样的市场格局,是由本国和世界的经济发展实际情况决定的。我国现阶段的实际情况如下。

如何确定我国发展对外经济目标?

第一,我国生产力不发达。目前我国技术水平低、技术装备程度低、管理水平低,劳动生产率低。虽然我们经过多年的努力,某些技术领域已达到世界先进水平,但总的技术、管理水平仍然落后于世界先进水平。特别是以原子能、电子计算机、新型材料、遗传工程、激光技术、航天技术、海洋工程等为主要内容的新技术革命的蓬勃兴起,推动了生产力的巨大发展,我们如不加倍努力,还将进一步拉大差距。

第二,人均自然资源有限且开发利用不够。我国虽然地大物博,但人均占有耕地面积仅为世界人均耕地面积的 1/3。人均占有水资源量仅为世界人均占有量的 1/4,是世界上 40 多个严重"缺水户"之一。我国现已发现矿产 162 种,探明矿产储量的矿产 148 种,年产矿石量 17 亿吨,探明矿产储量的潜在价值和生产量均居世界第三位。从矿产资源总量上看是世界的资源大国,但人均资源拥有量却不及世界平均水平的一半,居世界第 80 位。而且资源的破坏和浪费相当严重,据典型调查,资源总回收率比发达国家低 10%～20%。现有资源不能满足现代化建设需要。

第三,经济效益低,资金积累有限。这是我国现代化建设面临诸多矛盾的一个焦点。我国的劳动生产率仅为发达国家的 1/4,单位国民生产总值能源消耗是日本的 5 倍,是美国的 2.6 倍,是德国的 3.6 倍,甚至比印度多 1 倍;每万美元国民生产总值原材料投入与发达国家相比,钢材是 2.4 倍,水泥是 2.11 倍,化肥是 2.13 倍;社会最终产品仅占原材料总投入的20%~30%，大量原材料和能源变成"三废"，污染了环境。我国饲养了世界上42%的生猪，却只产出国际市场28%的猪肉。饲养了世界上6%的肉牛，只产出占世界1%的牛肉。这些事实说明，我们经济发展基本还处在一个高投入、高消耗、低效益的粗放型扩张状态。

第四，经济发展情况不同于其他发展中国家。我国已建立了门类比较齐全的工业体系，生产力是多层次的，既有劳动密集产业、资金密集产业，也有一部分技术密集产业。我国大多数劳动者的素质还不高，但已有一批有一定水平的技术人才和管理人才。这与许多发展中国家的情况又是有差别的。

随着我国现代化建设的进展和技术进步，高技术产品的出口将增加，技术输出、对外投资也将逐步增加。到我国基本实现现代化的时候，不论是高技术产品还是原材料、机器设备、消费品，不论是资金、技术还是人才，我国与国外基本上都将是进行双向交流，实现较高水平的平等的对外经济关系，这是我们要努力创造条件实现的对外经济关系发展目标。

二、进口替代和出口导向战略

（一）进口替代和出口导向的含义

一个国家的对外经济战略，一般而言可以分为封闭型战略或进口替代型战略、出口导向型战略或开放型战略。

进口替代是指发展本国的工业，以本国自己生产的产品在国内市场上替代需要进口的产品，经济的发展主要由国内市场来推动。但是，如果长期将资源用于生产进口替代产品最终将减少用于生产出口产品的投入，进口的减少在长期中通常都会使出口随之减少。进口替代模式将降低整个对外贸易占一国GDP的比例，削弱对外贸易的作用。进口替代是一种比较内向型的经济发展模式。

与进口替代相对立的是出口导向型经济发展。**出口导向是指以生产出口产品来带动本国经济的发展，经济的发展主要由国际市场来推动，即主要以出口的增长来带动整个经济的发展。**在长期中，一国出口的大幅度增加必将导致进口最终增加。结果是出口带动的经济增长必将提高整个对外贸易占一国GDP的比例，从而形成名副其实的外向型经济增长模式。

一个国家选择什么样的对外经济战略，受三个方面的客观因素所影响，即国际环境、国内体制和国内经济发展的基础与战略目标，或简称为国情。

国际环境包含某一时期一国所处的国际政治与安全环境、国际经济关系的发展趋势以及国际经济关系的理论与学说等。国内体制主要指一国经济体制的现状，以及变动的趋势与目标。国情则包括一国的资源禀赋、经济发展阶段与水平、经济结构、经济发展的战略目标等。

> 分析进口替代与出口导向的概念、区别、意义和作用。

在制定经济发展战略时，应综合考虑上述因素。同时对外经济战略的实施会反过来影响上述三个因素，在这种不断的反馈过程中，需要经常对经济发展战略进行调整。

(二) 进口替代和出口导向的利弊

对发展中国家来说，在先行工业化国家强有力的竞争面前，要建立自己的民族工业，仅仅依靠私人资本是不够的，必须利用国家政权的力量，通过关税和其他手段，对本国的幼小工业实行有效保护。进口替代模式及其所实行的相应政策，对这些国家工业化的发展起到广泛的推动作用。

如何认识进口替代和出口导向的利弊？

第一，突破传统的比较优势理论对欠发达国家的束缚。按照比较优势理论，发达国家在资金、技术、管理等方面拥有优势，因而在国际分工中应主要从事制成品生产，而欠发达国家则在自然资源和劳动力方面拥有优势，因而在国际分工中应主要从事初级产品的生产。进口替代模式则主张欠发达国家大力发展本国的制造工业，通过替代制成品进口带动经济增长，加速实现工业化，从而为欠发达国家提出了一个新的发展模式。

第二，进口替代奠定了欠发达国家的工业基础。进口替代极大地促进了欠发达国家民族工业的建立和发展，为这些国家的工业化奠定了基础并加快了这些国家工业化的进程，使得在一些欠发达国家出现了多样化的工业生产，形成了相对完整的工业体系。到 20 世纪 70 年代后期，不少欠发达国家的工业产值在 GDP 中所占份额超过 30%，达到或超过了先进工业国家的平均水平，并被称为半工业化国家或新兴工业国。

第三，进口替代促进了欠发达国家经济结构的合理化调整。进口替代的实施，使欠发达国家过去那种落后的经济结构开始有了改变。即在 GDP 中，工业特别是制造业的比例上升很快，而农业的比例相对下降。同时，在制造业内部，侧重于基础工业进口替代的国家，重工业的增长速度大大快于轻工业。

但是，随着进口替代的深入，实施单一的进口替代模式也暴露出一些问题，并对欠发达国家的工业化产生一些消极的影响。主要表现在以下方面。

第一，降低了本国产品的竞争能力。由于在对国内市场实施长期的、全面的和高度的保护，从而导致国内生产的高成本，降低了本国产品的竞争能力。

第二，造成了资源配置的不合理。进口替代部门以损害农业和出口工业为代价来发展进口替代工业，造成了资源配置的不合理。同农业相比较，进口替代部门的资本系数往往较大，对技术的要求也较高，而加快农业的发展，则更易于发挥欠发达国家的优势。

第三，可能引起国际收支恶化。在对外贸易和国际收支方面，进口替代的实施，使国外工业消费品的进口大大减少，但是机器设备、中间产品和原材料的进口却急剧上升。同时，由于进口替代的保护政策，一方面使工业产品出口因成本高、质量低而缺乏竞争力；另一方面传统的初级产品出口也因本国币值高估而受到影响。结果是单一的进口替代模式促使国际收支日渐恶化。

尽管进口替代模式存在着上述局限，但其毕竟是发展中国家在工业化初期所不得不采取的发展模式。只有在进口替代发展到一定阶段之后，才可能选择出口导向战略。

由于在实施进口替代过程中暴露出来的矛盾，影响了工业化发展的进程，因此，日本等一些国家在20世纪60年代在实行一个短期的进口替代之后，很快转向"面向出口"的发展模式，利用自身的劳动力资源优势，通过积极引进外国资本和技术，进口国外廉价的原料和能源，发展制成品制造工业或加工装配工业，并通过出口来带动经济的增长，缓和国际收支的严重压力。拉美地区的巴西、墨西哥，东南亚的马来西亚、泰国等，也先后程度不同地采用出口导向战略，或进口替代和面向出口相结合的战略模式。

实施出口导向战略，关键是提高出口商品的竞争能力，打开国际市场的销路。为此，采用出口导向战略的国家相应采取了一系列不同于进口替代的政策，其中最主要的如下。

第一，大力鼓励出口。对产品出口提供信贷和保险，对出口制成品减免关税、外销退税和给予出口补贴，对出口部门所需的原材料、零配件和机器设备进口，减免关税或减少进口限制；给出口商提供一定比例的进口限额和许可证等。

第二，实行货币贬值。为鼓励出口，在外汇和汇率政策上，除给出口企业和出口商优先提供外汇或实行"外汇留成"、"出口奖金"等制度外，最主要的措施是拟订合理的汇率，以改变汇率高估、不利于本国产品出口的情况。为此，许多实施出口导向模式的国家在此期间都实行了货币贬值。

第三，实施出口税收优惠。在投资政策上，对面向出口的企业提供减免企业所得税、营业税和印花税等方面更大的优惠。此外，一些国家对出口工业还规定加速折旧。国家对这些企业也优先提供原材料、土地、基础设施和其他服务等。

第四，对外资实行国民待遇。为解决资金和技术的缺乏，吸收外国先进管理经验，打开国际市场的销售渠道，大部分实施出口导向战略的国家先后颁布和实行了有吸引力的鼓励外国投资的政策，给外国投资者提供各种优惠和方便。如享受"国民待遇"，放宽利润和资本汇出，放宽持股比例和投资部门的限制，享受税收和信贷方面的优惠，优先提供基础设施和公用事业服务，简化投资审批手续，给外国投资者及其家属以居住的方便等。一些国家还与投资国签订了投资保证协定和避免双重税收协定，设立出口加工区等各种类型的特别经济区。所有这些，目的是

实施出口导向战略，关键是提高出口商品的竞争能力。

鼓励外国资本向出口制造业和技术要求较高的部门投资。

世界各国工业化的实践证明，出口导向模式对促进和加快工业化进程具有重要意义。

第一，充分发挥了对外贸易在一国经济发展中的重大作用。面向国际市场，积极发展外向型经济已成为一股不可阻挡的潮流。因此，大力发展对外经济关系和经济合作，充分利用国内和国外两种资源，积极参与国际分工，加快外向型经济发展的步伐，对发挥各国的比较优势，促进经济发展具有十分重要的意义。

第二，有利于摆脱了进口替代所导致的困境。出口导向战略为摆脱实施单一的进口替代模式所造成的困境提供了一条出路，成为经济发展模式的新选择。以国际市场为目标，积极发展国内主导产业的产品出口，带动了关联产业和整个经济的发展，改善了经济结构，提高了经济效益，增强了竞争能力，在一定程度上摆脱了进口替代模式所导致的困境。

第三，对工业化具有明显的推动作用。欠发达国家利用国外资金和技术，促进了本国劳动密集型制成品的出口，为资金积累提供了条件，使增加国外机器设备及原材料的进口成为可能，同时也直接促进了与出口工业有关的其他工业部门的发展。

但应看到，出口导向模式也存在着一定的局限性。

第一，国内生产受国际市场影响较大。在面向出口模式下建立起来的工业，主要是为了出口，因此造成国家的经济严重依赖于国际市场尤其是发达国家的市场，一旦国际市场出现波动，就会对这些国家的国民经济造成重大影响。

第二，影响非出口产业的资源投入。出口导向模式由于突出和强调出口产业的发展，常常导致其他产业所需要的资金和资源流向出口产业，造成其他产业投入的不足，直接影响到这些产业的发展。

第三，影响国内市场商品供给。在片面追求出口增长的冲动下，容易忽视国内消费，造成国内消费品短缺，并由此加剧通货膨胀。

（三）进口替代和出口导向的关系

第一，两者具有一定内在联系。进口替代和出口导向这两种模式并无实质上的对立，而是具有一定内在联系的。利用出口的外汇收入，进口生产资料，引进先进技术，从而提高进口替代工业的层次，使进口替代由低层次向高层次转变，即由主要替代一般工业消费品的进口，发展到主要替代一般设备和中间产品的进口，再发展到主要替代先进设备和耐用消费品的进口。这种战略如果实施成功，将不仅推动原有替代产业部门的发展，而且促进新的产业部门的建立和发展，可以带动相关产业和进口替代产业的成长，带动所有产业的技术进步。出口的增长又增加收入和提高购买力，从而有助于扩大国内市场规模，促进新的产品市场的出现，降低生产成本，使得本国产品同进口产品相比具有较强的竞争力。出口导向和进口替代的同时并存是完全可能的。

第二，两者具有因果关系。出口导向和进口替代两者可同时互为因果和相互促进，通过进口替代工业的发展，增加可供出口的产品，并用进口替代所节省的外汇进一步支持出口工业，从而扩大出口和提高出口工业的层次，使出口由低层次向高层次转变，由主要出口初级产品发展到主要出口劳动密集型产品，再发展到出口资本密集型产品。因此，一国通过进口替代提高了本国的生产能力，这也意味着该国的出口能力有了提高，因为新增的生产能力可被用来增加出口生产。同样，出口的增长也可有助于更有效地实施进口替代。

> 进口替代和出口导向的关系如何？

第三，两者具有相继性、替代性和互补性。事实上，初级产品的出口为最终消费品和其他一些产品的进口替代提供了市场，更高层次的进口替代即中间产品和机器设备的进口替代，直接地或间接地通过出口制成品的生产获得，而不同层次的进口替代又为出口制成品的生产奠定了基础。一国的发展水平和发展阶段的不同，出口导向和进口替代两者之间的关系可表现为相继性、替代性和互补性。应当将进口替代战略与出口导向战略结合起来。两者的结合，可以是前后交替，也可以是同时实行，使它们互相支持，互相推进。

（四）我国应实施进口替代和出口导向相结合的战略

从20世纪中叶开始，我国实施计划经济体制，经济发展战略也经历了与计划体制相联系的封闭模式经济发展战略，在1953年开始进入了国民经济建设时期以及特定的国内外因素影响下，我国开始走上一条以"进口替代"战略实现工业化的道路。

> 我国为什么要实施进口替代和出口导向相结合的战略？

在这一战略下，我国实现了初步的工业化，建立了较完整的工业体系。但是，与同处东亚的日本及新兴经济国家相比，我国错失了"二战"后世界经济繁荣与贸易发展带来的重大机遇，几十年来发展速度远远低于这些国家，最大的问题是在高度保护下发展起来的我国工业，国际竞争力低下，出口创汇能力不足，直接制约了引进先进设备的能力。致使我国贸易占全球贸易的比例，从1953年的1.5%下降到了1977年的0.6%。

1979年，中国开始实施对外开放、对内改革的方针，实行了进口替代与出口导向相结合的战略，即在中国具有比较优势的劳动密集型产业内，通过引进外资等一系列增强竞争力的措施，采取鼓励出口的政策，而在不具比较优势的资本技术密集产业，则继续实行进口替代的战略。这种战略的转型，也是由当时特定的国内外形势决定的。

对中国来说，实行进口替代与出口导向相结合的战略更是必要的。虽然我国是一个大国，人口众多，国内市场广大，但单纯实行进口替代战略是不可取的，单纯或主要实行出口导向战略也是不可能的。我国工业的发展从总体来讲主要应当面向国内市场，满足国内市场的大量需求，国民经济发展主要由国内需求来推动。不可能把我国的全部工业和整个经济都纳入出口导向轨道。在我国不仅大规模的出口是无法实现的，而且通过大规模进口满足十几亿人的所有需求更是不可能的。当然，这不是否定出口导向，没有出口导向，不可能扩大出口，进口替代也不可能成功。我国需要在部分地区、部分产业部门和部分企业实行出口导向战略，建立出口导向的经济，即外向型经济。

搞进口替代也不等于闭关自守，而是要充分利用国际经济条件，即通过出口取得外汇，进口先进技术和设备，生产替代进口的产品供应国内市场。

三、我国对外开放的格局

中国政府在1978年决定进行经济体制改革的同时，即有计划、有步骤地实行对外开放政策。形成了沿海、沿江、沿边、内陆地区相结合的全方位、多层次、宽领域对外开放的格局。"全方位"就是既对发达国家开放，也对发展中国家开放，对世界所有国家开放。"多层次"就是根据各地区的实际和特点，通过经济特区、沿海开放城市等不同开放程度的各种形式，形成全国范围内的对外开放。"宽领域"不仅在经济领域，也涉及保险、邮电、通信等服务贸易以及环保、科技、医疗卫生、体育、文化、教育等领域的开放。

分析我国对外开放的格局。

加快沿边开放步伐，允许沿边重点口岸、边境城市、经济合作区在人员往来、加工物流、旅游等方面实行特殊方式和政策。建立开发性金融机构，加快同周边国家和区域基础设施互联互通建设，推进丝绸之路经济带、海上丝绸之路建设，形成全方位开放新格局。

由于我国幅员辽阔，各地区地理资源差异很大，经济发展不平衡，交通、文化、风俗等也各不相同。我国社会主义现代化建设主要靠国内力量，引进的外国资金和先进技术只能是总投资中的一个次要部分，只能选择在最必需最有效的地区和项目中使用。因此，不同地区对外开放的先后、程序和优惠政策灵活程度会有所不同。我国对外开放的进程总体分为三个发展阶段。

第一阶段（1979~1983年）为我国对外开放的起步阶段。在这一阶段，我国实施了对外开放的第一个重大步骤，即建立经济特区。自1979年7月15日中共中央、国务院批转广东、福建两省省委报告，到1989年3月25日至4月12日举行的第七届全国人民代表大会第一次会议决议，中国先后建立了深圳、珠海、汕头、厦门和海南5个经济特区。其后在经济特区和开放城市的部分地区还建立了一批对进、出口货物免征关税的保税区，以吸引外商前来投资，发展当地经济。建立经济特区的经验为进一步扩大开放地域创造了条件。特区的开创性实践取得了重大成就，在引进技术、吸引外资、培养人才、促进经济发展等方面起着试验的作用。经济特区成为技术、知识、管理和我国对外开放的窗口。

第二阶段（1984~1991年）为我国对外开放的逐步扩大阶段。在这一阶段，我国又采取了一系列重大步骤，使对外开放进一步扩大。

第一，批准沿海开放城市。从 1984 年 9 月国务院批准大连建立第一个国家级经济技术开发区起到 1988 年 6 月，共批准沿海开放城市建立国家级经济技术开发区 14 个。包括大连、秦皇岛、天津、烟台、青岛、连云港、南通、上海、宁波、温州、福州、广州、湛江、和北海。

第二，批准沿海经济开放区。1985 年 2 月 18 日，中共中央、国务院决定在长江三角洲、珠江三角洲和闽东南三角地区开辟沿海经济开放区，以后又开辟了环渤海（辽东半岛和胶东半岛）经济开放区。1988 年 3 月 18 日，国务院印发了《关于进一步扩大沿海经济开放区范围的通知》，决定将 40 个市、县，其中包括杭州、南京、沈阳 3 个省会城市，划入开放区。

第三，1988 年批准海南设省并成立特区。

第四，开发、开放上海浦东新区。1990 年 4 月 18 日，中共中央、国务院同意上海市在浦东实行经济技术开发区和某些经济特区的政策，其后上海市宣布了开发开放浦东新区的政策规定。以尽快促进上海成为国际性的经济、贸易、金融、航运中心，进而带动长江三角洲及整个长江流域的经济起飞。

经过以上一系列对外开放的重大步骤，到 1991 年底，初步形成了沿海开放格局。

第三阶段（1992 年以来），这是我国对外开放的全面铺开阶段。1992 年国务院又批准海南省开发建设洋浦经济开放区，以后还批准建设了苏州工业园区。1992 年 8 月，国务院决定以上海浦东为龙头，开放重庆、岳阳、武汉、九江、芜湖等 5 个沿江城市，同时开放哈尔滨、长春、呼和浩特、石家庄等 4 个边境、沿海地区的省会城市以及太原、合肥、南昌、郑州、长沙、成都、贵阳、西安、兰州、西宁、银川等 11 个内陆省会城市。以后几年，又陆续开放了一大批较符合条件的内陆市县，从而极大地促进了各地外向型经济的发展。此外，全国大陆所有地区都对外开放旅游市场，甚至西藏拉萨也对外国记者和普通旅客开放。

20 世纪 90 年代以来，扩大了对外开放的范围，拓宽了对外开放的领域。我国的对外开放地域已从经济特区到沿海开放城市，进而扩大到沿边、沿江地带直至内陆省会城市、地区，从东部到中部、西部形成了"经济特区—沿海开放城市—沿海经济开放区—沿江、沿边和内地"这样一个全国范围的全方位、多层次、宽领域的对外开放格局。

21 世纪以来我国加快了对外开放的步骤，加快沿边开放步伐，允许沿边重点口岸、边境城市、经济合作区在人员往来、加工物流、旅游等方面实行特殊方式和政策。建立开发性金融机构，加快同周边国家和区域基础设施互联互通建设，推进丝绸之路经济带、海上丝绸之路建设，形成全方位开放新格局。

> "经济特区—沿海开放城市—沿海经济开放区—沿江、沿边和内地"这样一个全国范围的全方位、多层次、宽领域的对外开放格局。

第三节 我国发展对外经济关系的内容和形式

对外经济关系的内容很丰富，形式也很多，并且都在不断地发展以至出现新的形式，产生新的内容，结合我国现阶段的实际情况和对外经济关系的重点，这里仅介绍对外贸易、引进技术、引进外资、发展旅游等形式和内容。党的十八大提出："坚持出口和进口并重，强化贸易政策和产业政策协调，形成以技术、品牌、质量、服务为核心的出口竞争新优势。"

一、发展对外贸易

1. 对外贸易的作用

对外贸易是指一个国家或地区同其他国家或地区的商品交换关系，是一个国家对外经济活动的主要构成部分，也是发展对外经济关系的最主要形式。对外贸易包括进口和出口两个方面，所以又称进出口贸易。世界上没有一个发达国家是闭关自守的，他们都在经济上与其他国家相互依靠，美国是这样，日本是这样，欧洲国家是这样，其他发达国家也都是这样，这些国家在经济上都在影响别国和受别国影响，而这种影响和被影响的相互依靠现象则正是通过国际贸易这个"传递"渠道得以实现的。具体来说对外贸易有如下作用。

第一，调节国民经济发展中出现的不平衡。我国现代化经济建设所需要的大量技术设备和原材料，有的国内不能生产，有的虽能生产，但数量不足，远远不能满足需要。此外，由于种种原因，会造成某些重要的物资一时短缺。而某些我国具有资源、技术等优势的产品生产，又会出现自给有余。于是，在国民经济发展过程中就会出现不平衡。通过国际间的商品交换，可以及时出口多余物资，进口短缺物资，因而有利于实现物资平衡，有利于调剂国内市场的供应，促进社会主义再生产的顺利发展。

第二，外贸将促进国民经济持续稳定增长。党的十一届三中全会把改革开放定为一项基本国策以来，我国的对外贸易发展很快。2011年中国的进出口贸易总额为3.6万亿美元，高居世界第二。2012年中国外贸进出口总值38667.6亿美元，比2011年增6.2%，其中，出口20489.3亿美元，增加7.9%；进口18178.3亿美元，增加4.3%，中国对外贸易额总量为3.87万亿美元，位居世界第一。对外贸易的扩大，使国内众多产品拥有更广阔的市场，带动国内产业和企业的发展，还通过进口机器设备、中间产品等硬件技术的转移，并伴随技术服务咨询、技术人才培训、组织管理技能和企业家精神培养等软技术的渗透和扩散，使国内企业在获得技术效应、学习效应的同时，注重技术开发和创新机制的动态培育，带动全要素生产率的不断提高，从而推动国民经济持续稳定增长。

美国对外贸易额总量3.82万亿美元，居世界第二位。德国对外贸易额总量2.70万亿美元，居世界第三位。

第十一章 社会主义国家的对外经济关系

第三，外贸将加快国民经济结构调整与优化。经济全球化要求我们要走新型工业化道路，要立足于国内外两个市场，使国民经济结构的调整与优化的方向符合国际分工发展的客观要求，以保持我国国民经济结构在国际上的先进性。通过对外贸易，可以及时获取国际市场发展变化的信息，对我国出口商品结构、消费结构和产业结构的调整、升级产生积极能动的导向作用。

第四，外贸将为我国提供大量就业岗位。国务院发展研究中心课题组测算，如果其他因素不变，外贸每增长一个百分点，就业将增长 1.48 个百分点。随着对外贸易与产业的日益融合，使对外贸易与上下游产业关联度变大，产业链条加长，这就更加突出了对外贸易在扩大就业方面的作用。我国对发达国家市场出口仍然主要是相对劳动密集型产品，进口主要是相对资本和技术密集型产品。对发展中国家市场出口主要是相对资本和技术密集型产品，进口主要是资源密集型产品。这种基本上按照国际比较优势形成的贸易结构，有利于发挥我国人力资源丰裕的竞争优势，随贸易成长创造出更多的新就业机会。

> 对外贸易是解决"三农"问题的有效途径。

第五，外贸将是解决"三农"问题的有效途径。我国的农村人口占全国人口近七成，"三农"问题是国民经济和社会发展的全局问题。大力发展出口创汇型农业、订单农业以及公司加农户的农业外向型产业化模式，具有比较优势的水果、蔬菜、花卉、杂粮、畜牧产品、水产品等各类农产品的出口将为发展农村经济、增加农民收入、解决"三农"问题发挥重要作用。

> "三农"即农村、农业、农民。

第六，增加外汇收入。通过出口贸易，可以增加外汇收入，为我国经济建设积累资金。

2. 我国发展对外贸易的基本思路

第一，把外贸发展作为推动经济增长的第一要务来抓。一种观点认为我国出口依存度太高，会影响我国经济安全或造成出口贫困化增长。其实，合理的出口依存度界限，要看出口效益，如果出口企业不亏损，国家也不补贴，国际市场有需求，我们就应当鼓励多出口，这样不会影响国家的经济安全或造成出口贫困化增长。另一种观点是只强调扩大内需而忽视外需的作用。在开放经济条件下，在任何时候都不应忽视国际市场对经济增长的拉动作用，应始终如一地坚持投资、消费、出口需求的推动作用。

第二，积极发展高新技术产业的对外贸易。高新技术产业贸易反映了动态国际贸易发展的趋势，有利于提升一个国家的贸易结构。应加大知识技术及人力资本等要素的投入，使其增长速度快于实物资本及劳动力普通要素。高新技术产业已成为发展中国家推行工业化战略中优先考虑发展的产业之一，一个国家的对外贸易优势转向高技术产业后，国内围绕该产业的相关行业的成长发展和市场的扩大，加之要素积累都会更有利于其发展，从而带来产业发展的良性循环。

> 如何理解我国发展对外贸易的基本思路？

第三,扩展贸易空间,加强对发展中国家市场的开拓。国际进口市场主要集中在发达国家和地区,发达国家和地区市场与我国有较强的互补性,尽管竞争激烈,我国仍然有较大发展空间,深层次开拓发达国家市场不仅使我们能够得到较多贸易利益,而且有利于我国产业结构调整和技术升级。与发展中国家和新兴工业化国家及地区的贸易对手比,我国具有相对竞争优势。发展中国家中那些经济发展较快,贸易环境相对稳定,市场潜力巨大或具有战略前景的市场是我们今后应特别关注和加大开拓力度的市场,也是国家政策应重点支持的市场。虽然发展中国家市场相对容量小、不成熟,但其中一些有发展潜力的市场所表现出来的发展潜力和前景,特别是在世界经济动荡中所表现出的良好经济增长,是应该引起我们高度重视的。

企业是市场竞争的主体,深化国有外贸企业的改革,是搞活进出口的关键。

第四,要创造竞争优势,重视企业制度创新。开拓国际市场归根结底靠的是企业的竞争力。鼓励各类企业积极参与国际竞争,在竞争中不断提高实力,是市场多元化战略能否成功的关键。政策的制定和实施都应该围绕是否能够调动企业开拓国际市场的积极性,是否能够帮助企业提高国际竞争力等问题来研究。在未来几年,对外贸易战略应把侧重点从主要依靠政府财政支持和政策优惠,转向大力提高企业国际竞争力,从根本上解决开拓国际市场能力的问题。企业是市场竞争的主体,深化国有外贸企业的改革,是搞活进出口的关键。

世界贸易和投资中起主导作用的是跨国公司。而我国外贸企业结构迄今以中小型企业为主,存在着缺乏主导产业、无长远规划、缺乏开拓新市场的能力等缺点,发展潜力极为有限。因此,要大力发展我国的外贸事业,必须使外贸企业向大型化、实业化方向发展。

第五,要增强环保意识,努力占领国际绿色市场。政府与企业应把环境成本纳入企业效益评价体系之中,采用社会经营决策,统筹协调企业经济效益、社会效益与环境效益之间的关系。应认真研究各种重要的国际标准并加以宣传、推广,保证我国出口商品在技术、安全、卫生、环保各方面接近或达到国际标准的要求,减少贸易摩擦。要大力开拓环保市场,努力提高环保技术、不断开发绿色产品,同时避免绿色贸易壁垒的不利影响,从而使我国的对外贸易得到可持续的、长远而健康的发展。

第六,稳妥解决国内出口欠退税问题。随着我国外贸出口的快速增长,出口退税政策也面临一些问题,尤其是欠退税问题日益严重,使中央财政背上沉重负担。欠退税规模和欠退税现象的不断扩大,对经济社会发展带来明显的负面影响。出口退税机制已经不利于深化外贸体制改革,出口退税结构不能适应优化产业结构的要求,与外贸经营体制改革要求不适应。随着出口退税规模的不断扩大,中央财政的压力随着出口退税资金需求扩大而不断加大。解决出口欠退税问题,既要有利于保持出口和国民经济的稳定增长,又不能影响财政预算的完成;既要坚持依法行政,做到应退税尽退税,又要加强出口退税管理。

第七,实行"出口领先"的原则。发展对外贸易的关键是扩大出口,要提高出口创汇能力,实行"出口领先"的原则。出口是进口的基础,出口的规模和增长速度,决定着进口的规模和增长速度。出口创汇能力的大小,在很大程度上决定着我国对外开放的程度和范围,影响着国内经济建设的规模和进程。必须根据国际市场的需要和我国的比较优势,积极发展具有竞争力、见效快、效益高的出口产品的生产,大力提高出口商品的质量、档次和附加价值,合理安排出口商品结构,采取灵活多样的贸易方式,多方位地开拓国际市场,以争取出口贸易较快地持续增长。要把进口的重点放在利用国外资源和引进先进技术以及关键设备上。凡是适宜于国内生产的重大设备和其他产品,要立足于国内发展替代进口产品的生产,加快国产化进程。同时,要坚持统筹兼顾,适当安排的原则,处理好内销和外销的关系。

二、对外技术交流

1. 引进技术的作用

对外技术交流,是指国家之间对先进技术的引进和输出,也是发展对外经济关系的一项重要内容。 科学技术特别是高新技术在经济发展中起着越来越重要的作用。当今世界的经济大国,必须首先是科技大国。科学无国界,一切科学技术的成果都是人类智慧和劳动的结晶。而世界各国科技发展不平衡,国家间的技术引进和输出就显得十分必要。因此,发展对外经济技术交流和合作,是我国加速实现和发展现代化的必经途径。

> 引进技术有什么作用?

我国的科技水平与发达国家相比有很大距离,为了尽快缩短这种距离,我们必须积极跟踪世界新技术革命的进程,善于学习和引进已有的外国先进技术,特别是西方发达国家的先进技术和关键性设备,以取人之长,为我所用。这样可以省去研究、试制过程,可以节省科研经费,收到事半功倍之效,促进我国科技水平和管理水平的提高。

2. 引进技术的原则

第一,要有利于提高经济效益。

提高经济效益是引进技术的目的,对引进的技术项目要进行可行性研究,充分论证,使引进技术符合和兼顾先进性、适用性、经济合理性要求。

> 引进技术有原则是什么?

先进性,就是指引进的技术不仅同国内已有技术相比是先进的,而且在国际上也要是先进或比较先进的。

适用性,就是指技术经引进以后就能消化、吸收、利用、创造效益。如果所引进的技术脱离了我国的实际条件,或国内缺乏必需的原材料,或缺乏配套条件,或缺乏必要的技术力量,对我国就不适用。

经济合理性,就是要讲究经济效益,力求引进技术的成本低,而收益大，运用到生产上，重点要放在能增加品种、提高产品质量、减少物质消耗。

第二，要将引进与独创结合起来。

对于引进的技术，应该在学习、消化的基础上，结合本国的实践，加以改进，不断研究、开发和创新，这样才推进我国技术水平的提高。

3. 引进技术的方式

从国外引进技术的基本方式可分为两种：第一种方式是购买硬件，即购买设备。这是我们以往引进技术的主要方式。其中又有以下两种不同的做法。

一是引进成套的设备。在我国工业生产基础十分薄弱时，国内制造配套设备有困难，较多引进成套设备是必要的。当国内已经具备工业制造设备的能力的时候，过多引进成套设备，就不仅浪费了外汇，而且不利国内机械工业的发展。二是只引进关键设备。即国内能够制造其他设备配套的就不进口成套设备，只引进关键设备。根据我国目前的情况，引进设备时，一般只应引进关键设备。只有在成套设备无法分解或国内不能制造配套设备的时候，才适宜引进成套设备。

第二种方式是购买软件。即购买设计图纸、配方、工艺方法、操作规程等。引进技术要提倡购买软件的方式，控制购买硬件的方式。这样既能节省大量外汇，又能促进本国产业技术水平较快提高。

4. 创造条件，出口技术

虽然我国科学技术总体水平不高，但也不乏处于领先地位的某些领域。我国在引进技术的同时，技术出口方面也应有较大的进展。我国占据世界领先地位的科研成果越来越多，从基础理论到工农业实用技术，从航天、超导等尖端科技领域到民用消费品，各层次的科研成果不断涌现，为今后对外输出技术的进一步发展奠定了坚实的基础。

三、国际资金往来

1. 我国利用外资的必要性与可能性

国际资金交流是国与国之间的信贷活动和生产经营的投资活动，包括资金输出和输入两个方面。对我国来说，目前与今后较长时期内主要是资金输入。

我国是一个发展中的社会主义国家，在实现现代化过程中的资金需要主要应靠自己积累。但由于我国在长时期内都将存在建设资金短缺问题，有必要在平等互利原则下，积极有效地利用外资，以满足我国经济发展对资金的需要。

同时，我国利用外资也具有可能性，经过几十年的经济发展，我国已具有一定的科技力量和专业化的配套能力，利用外资已积累了一定的经验，有广阔的投资市场，政局稳定，偿还债务能力增强，国际信誉良好。

2. 我国利用外资的形式

中外合资经营企业，由外商和我方企业共同投资，共同管理，共担风险，共负盈亏，双方按股份比例分配收益。 双方可以现金、实物、技术专利等作投资，投资股份要以货币计算。在合资企业中，外商要担风险、负盈亏，有利于引进先进设备和技术。双方共同经营管理，有利于培养中方的技术人才和管理人才。举办合资企业，我方除可按股份比例得到收益，还可收土地使用费、税收和各种服务收费如水、电、通信等费用等。

中外合作经营企业，由外商和我方企业投资或提供合作条件，双方共同管理，收益双方分成，风险和亏损双方分担。 中外合作经营企业的一般作法是由外商提供资金，我方则提供土地使用权及可利用的设施和设备，不以货币计算股份，收益也不是按股份比例分配，而是由双方约定分成比例。合作经营的项目比较宽，如建宾馆、住宅、厂房、经营种植业和养殖业、开办工厂等。

外资企业或外商独资企业，由外商单独投资，我方有偿提供各种条件，如土地、基础设施等，盈亏由外商单独负责。 外商在我国兴办独资企业，对我国经济发展是有很多好处的，可以引进先进技术和设备，我方不但风险、不负亏损责任的情况下可取得一定的收入，如土地使用费、税收和各种服务收费，可以带动相关产业的发展，可以解决部分就业问题等。

除以上三种形式外，来料加工或来件装配、来图加工也具有外商直接投资的性质。

第一，吸引外资，关键是要创造良好的投资环境，包括硬环境和软环境。硬环境主要指基础设施完备，如供水供电充足，交通运输方便，通讯设施先进等。我国吸引外商投资的着重点应当放在进一步创造良好的投资环境上面，特别是放在健全法制、高效管理、有吸引力的市场上面。在为外商投资创造良好的投资环境的同时，要加强对外商投资的引导和管理。管理不是干预企业内部事务，而是为了保证企业正常经营，维护我国权益。

第二，国外贷款。我国接受国外贷款，借用外债应注意处理好外债规模、外债结构、外债的使用方向三个问题。

首先是确定外债的合理规模问题，外债的合理规模取决于以下3个条件。

一是本国经济发展对外债的需求；二是本国对外债的承受能力，即偿还能力和消化吸收能力；三是国际资本的资金供求状况，既影响借债数额，也影响筹资成本。其中关键的是对外债的偿还能力。借用外债是要还本付息的，而且要用外汇偿付。因此，外债的规模必须同偿还能力相适应，主要是同出口能力相适应。

国际上公认的外债合理规模指标有两个：一是债务率，即外债余额

> 外商直接投资的形式，主要有中外合资经营企业、中外合作经营企业、外资或外商独资企业等。

> 我国接受国外贷款，借用外债应注意处理好外债规模、外债结构、外债的使用方向三个问题。

与当年商品和服务出口外汇收入之比小于100%;二是偿债率,即中长期外债还本付息额加短期外债付息额之和与当年商品和服务出口外汇收入之比小于20%。

如果外债规模超过了这两个界限,就说明外债规模过大厂。如果外债规模过大,不能如期还本付息,不仅影响国家信誉,给继续利用外债造成障碍,而且还会造成国民经济的紊乱。

其次是选择外债的合理结构问题。对外债结构的选择,涉及贷款条件、债务偿还、金融风险等问题。合理的外债结构,对于保护和争取本国的利益,具有重要的作用。

我国利用的国外贷款,主要有国际金融组织贷款、外国政府贷款、国外商业银行贷款。前两种贷款,条件比较优惠,利率较低,偿还期较长,具有一定的援助性质,其贷款一般用于特定的项目。国际金融组织的贷款,主要用于对国计民生有重大影响的项目,如农业、交通、能源等。外国政府贷款的使用范围往往同该国的利益(如有利于出口)有关。商业银行贷款,一般来说利率较高,偿还期较短,但自由外汇较多。

我国要多争取国际金融组织和外国政府的贷款,对商业银行的贷款则应保持谨慎的态度。在长期、中期、短期的贷款项目中,我们要力求均衡安排不同期限的贷款,保持中长期贷款为主,控制短期贷款。

由于国际货币汇率的变动,且不同币种变动的方向和幅度不同,如果所借外债集中于某种货币,偿还时它升值了,我们的债务负担就加重了。为了避免和减少汇率变动带来的风险,要求外债的币种多样化,到偿还的时候,这种货币升值了,那种货币贬值了,它们的影响就可以互相抵消。同时,还要优化外债的利率结构,尽量争取优惠利率,恰当选择固定利率或浮动利率。

再次是外债的使用方向问题。外债一般不应用于弥补财政赤字和外贸逆差,而应用于建设投资和技术改造投资。即把外债首先应用在出口商品生产和替代进口商品的生产方面,以扩大出口创汇,增加偿还能力,而且还能通过利用外债引进先进技术,提高生产技术水平和经济效益。同时,将外债用于能源、原材料、交通运输等基础工业和基础设施,能增加经济发展后劲,但它不能直接增加出口商品和偿还能力,外债用于这个方面要掌握适当的限度。对于用来满足国内市场需求的商品生产,只有市场十分短缺的产品或是能带来良好经济效益的产品,才可适当使用外债。一般的商品生产,则不宜使用外债,因为它既不能创汇,也不能顶替用汇,使用外债过多将发生偿还困难。

我国在引进外资时,必须遵循平等互利、外汇收支平衡、合理安排外资的投向和结构、重视利用外资的综合效益等原则。

四、国际劳务合作和国际旅游业

随着国际经济关系的发展,国际劳务合作已成为各国经济交流的重要途径。国际劳务合作的形式，目前主要有以下几种。

一是通过海外承包工程进行劳务合作；二是通过第三国的承包商，分包一部分国外的工程项目；三是采取承建制的劳务合作；四是通过政府和有关机构聘请高级劳务人员。

大力开展对外劳务合作，对我国的经济建设具有重要作用：一是缓解劳动就业压力，并为国家赚取更多的外汇；二是直接或间接地吸收国外的先进科技和管理经验；三是可以带动商品的出口；四是可以提高我们的声誉，为发展对外经济关系创造良好的国际环境。

我国对外劳务合作的方针是：守约、保质、薄利、重义。目前，我国的对外劳务合作还刚刚起步，我们要发挥劳动力资源丰富的优势，继续拓宽市场，促进对外劳务合作的发展。旅游业是一种新兴的行业，已成为继能源、原材料、钢铁、纺织业之后的第五大出口行业。发展国际旅游业也是对外开放的一个重要方面。

发展国际旅游业，对于一个国家的经济发展有着重要作用：一是可以推动和促进国民经济各部门的发展；二是可以增加外汇收入；三是可以带动商品出口；四是可以增加就业；五是可以扩大本国在国际上的影响，有利于推动与各国经济、文化等各方面的交往。

第四节　实施"走出去"战略

一、实施"走出去"的战略意义和基本思路

（一）实施"走出去"的战略意义

第一，实施"走出去"战略，是实现国民经济可持续发展的需要。我国的石油、天然气以及许多重要矿产资源、森林资源、渔业资源等蕴藏量不足，人均资源有限，而我国劳动力资源丰富，有相当的工业基础，在经济全球化加速发展的新形势下，我国必须借鉴其他国家的经验，利用国内外两种资源，实现优势互补，趋利避害。"走出去"到国外投资办企业开发我国需要的重要资源，加强境外资源开发合作与综合利用，既可以解决某些资源不足，又可以降低某些出口产品的成本，还有利于双边贸易的平衡发展，为我国经济持续发展提供相对稳定的资源。

第二，实施"走出去"战略，是优化产业结构和产业升级的需要。我国进行经济结构调整，应放在国际国内两个市场中进行布局，这样才有更广阔的发展空间。我国有比较优势的一些产业到国外投资办企业，有条件的企业以成熟技术和设备开展对外投资合作，不仅可以带动我国某些产品、设备的出口，加强我国产品在国际市场的售后服务，有利于促进我国经济结构调整和产业升级以及集中力量发展高新技术产业和新兴产业，还有利于冲破贸易保护主义的限制，也有利于对方经济发展、技术水平的提高。

第三,实施"走出去"战略,是开拓国际市场的需要。我国加入世界贸易组织,在向其他成员国开放市场的同时,其他成员国也向我国开放市场。我们要抓住加入世界贸易组织的机遇,挺进国际市场,共享成员国的权利,实现权利和义务平衡。为此,我们应加快"走出去",扩大货物、技术和服务出口,提高国际市场占有率,在国际分工与合作中取得有利地位。

第四,实施"走出去"战略,是深化国际经济合作的需要。我国经济的快速发展,使越来越多的国家和地区希望加强同我国开展多种形式的贸易投资合作和其他经济技术合作。我国优势企业到这些国家和地区投资,在一些重要的市场设立设计研究开发中心,可增强我国产品的开发能力和竞争力。同时,通过我国对外援助渠道在有关国家办企业,使有关方面实际了解我国的技术水平和产品的质量,也是一种有效的推广宣传,为我国产品特别是成套设备的后续出口也会起重要作用。这也有利于增加当地的就业和税收、促进当地经济发展,进一步深化我国与这些国家和地区的团结合作。

第五,实施"走出去"战略,是培育我国跨国公司的需要。如果不推动我国企业"走出去"进入向国际市场,我们就不可能培育具有国际竞争力的中国跨国公司。我国企业要在经济全球化加速发展的进程中更好地参与国际竞争与合作,就必须面向世界,"走出去"开展跨国经营,在全球范围内优化配置资源,到国际市场谋求发展。

(二)实施"走出去"战略的基本思路

第一,我国已经初步具备"走出去"的条件。我国国民经济持续快速发展和30多年"引进来"积累的丰硕成果,为加快实施"走出去"战略提供了重要的物质基础和经验。过去我国外汇短缺,产品技术和质量不高。现在,我国经济总量、对外贸易、吸收外资和外汇储备均居世界前列,在国内外市场竞争中形成了一些具有明显比较优势的产业和产品,掌握了一批先进适用技术和部分世界领先技术,对外投资能力逐步增强。许多企业为在更大空间中加快自身发展,"走出去"的愿望日益迫切。

第二,建立良好的协作机制,形成支持企业"走出去"的合力。由外经贸部门建立信息服务网络系统,扩大信息采集渠道,提供境外经营环境、政策环境、项目合作机会、合作伙伴资质等信息。配合高层互访,组织各种形式的国内外企业投资贸易洽谈活动,宣传推介企业,提高企业知名度,帮助企业承揽业务。发挥驻外经商机构、各行业商会和各类中介组织的作用,为企业提供信息、法律、财务、知识产权和认证等方面的服务,加强对驻在国(地区)中资企业的指导、协调和管理。加强政策培训和人才队伍建设,帮助企业培养一支能够开展跨国经营的高水平企业家和管理人员队伍。鼓励在境外属地化经营,利用当地智力资源,满足跨国经营对人才的需要。

第三,加快转变政府职能,大力推进对外投资合作便利化。按照建

> 我国国民经济持续快速发展和30多年"引进来"积累的丰硕成果,为加快实施"走出去"战略提供了重要的物质基础和经验。

立和完善社会主义市场经济体制的要求，转变政府职能，加快投融资体制改革，推进政企分开、政事分开。加快改革行政审批制度，简化和规范审批程序，提高行政效率，废除不适应形势发展的行政审批。加强部门之间合作，简化人员出入境手续，在贷款、保险、担保、外汇、退税以及境外施工设备、生活物资在通关、检验检疫等方面提供便利，促进境外投资合作发展。

第四，完善促进措施，推动企业"走出去"。借鉴国际经验，抓紧制定财政、金融、保险、税收、外汇、外经贸、海关、检验检疫等各种新的促进政策措施，充分发挥商业贷款、优惠贷款、无息贷款和发展援助的作用，鼓励企业带资承包，在境外承揽大项目，促进扩大出口。支持、鼓励与推动企业"走出去"。应研究探讨允许具备条件的企业在国内外资本市场融资，利用国际商业贷款，增加资本金。

第五，建立保障机制，维护企业合法权益。充分运用我国在世贸组织中的权利，加强多双边经贸磋商，减少和排除境外各种贸易投资壁垒。抓紧签订投资保护协定、避免双重征税协定、司法协助协定、经济合作协定、贸易投资协定、社会保险协定等政府间协定。继续积极参与区域经济合作和国际多边投资框架（MFI）的谈判，创造良好的外部投资环境。完善法律法规，加快境外投资、对外承包工程、对外劳务合作等方面的立法，建立危机应急工作机制，制定境外企业和人员保护实施办法，维护我国境外企业和人员的合法权益，在推进贸易投资自由化、便利化进程中维护我国利益。

第六，加大监管力度，促进稳步发展。政府职能部门要建立以外汇、税收和国有资产安全为核心的符合我国国情的监管体制。建立科学的统计制度和国家数据库，实施预警机制。严格税收管理和外汇管理，严厉打击偷税、逃税、逃汇、套汇、骗汇等违法违规行为。对不同类型的境外企业实行分类管理，建立年审制度。

第七，充分调动各方面因素，促进"走出去"项目上档次。充分调动各地区、各部门的积极性，采取各种切实措施，推动和促进境外投资、对外承包工程、对外劳务合作等各项经济合作业务上规模、上档次，提高对外经济关系的水平，为促进我国与世界各国和地区经贸关系的发展做出积极的贡献。

第八，完善投资主体内部机制。企业作为投资主体，要建立对境外机构负责人在资金调拨、境外融资、股权和其他权益转让、再投资及担保等方面的权力制约机制。已经或准备开展跨国经营的企业要深化企业改革，建立科学高效的决策机制、管理机制和经营机制，制定境外企业国有资产管理办法，适应跨国经营的需要，发挥"走出去"的主体作用，做"走出去"的成功者。企业"走出去"要积极、稳妥，避免一哄而上，切忌盲目性。"走出去"一定要务实、讲效益、求发展。

二、实施"走出去"战略的形式

(一) 对外直接投资

实现走出去的战略目标,以对外直接投资最为重要。对外直接投资,也就是国际直接投资,是指投资者把货币资本或实物资本直接投资于本国以外的国家或地区的经济领域或经济活动中。对外直接投资的特征是投资者直接与所投资的企业控制权、经营管理权相联系。对外直接投资不仅仅是国际资本的一般性流动,更主要表现为生产设备、关键材料、专门技术、管理方法、商标专利等要素的转移或转让,是投资企业的技术水平、管理能力和经济实力的综合反映。

> 实现走出去的战略目标,以对外直接投资最为重要。

对外直接投资一般有三种形式:其一,创办新企业,包括独资子公司、分支机构、附属公司、合资企业等;其二,购买外国企业股票,并达到一定的数量比例,从而拥有实际控制权;其三,以投资利润进行再投资。

对外投资的企业、投资的行业、投资的地点,主要根据中国的特点来进行选择。为此,发展我国对外直接投资,必须遵循以下原则。其一,效益最大化原则。这里所说的效益,首先是企业对外投资应取得利润,这是企业投资的原动力。其次企业的对外投资行为能给国家带来社会效益和长远效益。企业在制定对外投资策略时,应兼顾目前利益和长远利益,更注重于企业的长远发展。其二,扬长避短原则。充分发挥我国企业经济基础技术的比较优势,认真做好各种投资选择,力争取得良好的投资效果。其三,稳健推进原则。企业在制定对外投资战略时,应进行科学的投资可行性论证,作出对外投资的整体规划,制定对外投资的各项管理制度等。

> 发展我国对外直接投资,必须遵循什么原则?

对外投资的产业是同国内产业结构相联系的,适宜以投资于我国具有技术和经营比较优势的劳动密集型产业为主,从事能源、矿业、森林、渔业的开发,从事轻工纺织、家用电器等的生产和销售,从事中餐馆、建筑等服务。有条件的大企业可涉足资金密集、技术密集型产业的研发和经营。

投资形式可以多种多样,根据自身的特点和投资所在地的情况,既可以从事加工贸易,也可以投资办厂(合资、独资),跨国兼并等。

投资的地点,既要重视发达国家,也要重视发展中国家。我国同发达国家产业结构互补性强,到高端产品为主的国家经营低端产品也是可以找到发展空间的,进入竞争激烈的发达国家市场,对企业自身的成长和国家经济实力的壮大都是有益的。到发展中国家投资,尤其是到经济上比我们稍逊的发展中国家投资,则有另一种互补性,能够取得良好的社会效益和经济效益。

(二) 对外承包工程

国际承包工程是指一国的承包单位,接受外国业主提出的筹建工程项目的要求与条件，同意承担某项工程的建设，并取得相应报酬的一种劳务合作活动。

国际承包工程是国际劳务合作的高级形式，其业务范围包括工业、农业、商业、服务项目；有民间项目，也有官方的、军事上的项目；有成套设备工程项目，也有单项工程或单项技术服务等，几乎涉及国民经济所有部门，包括工程设计、提供技术、供应机器设备、施工安装、人员培训等方面。

目前，国际上通用的承包工程形式有以下3种。

一是独立承包某项工程。即该项工程的所有建设任务由承包单位负责，这种承包形式风险相对较大。二是国际工程项目分包。这是由于某一工程或项目过于庞杂，需要多家企业、多种专门技术才能完成，所以把该工程或项目分解承包，这种承包形式风险相对较小。三是劳务承包。工程或项目实施过程还包括各种劳务活动，即对各种劳务人员的需要，劳务承包就是提供相应的劳务，当企业在短期内需要大批某种专业劳动力时，常用此法。

目前，国际上通用的承包工程有哪3种形式？

开展对外承包工程和劳务合作，对我国具有积极作用，我国应积极发展对外承包工程和劳务合作。我国对外承包工程已具备相当实力，如再进一步加强我国对外咨询、设计等方面的合作，更好地带动我国产品特别是成套设备的出口具有巨大潜力，也有利于提高外贸出口和承包工程的综合效益。无论是政府主管部门宏观调控，还是企业的经营决策，都要有意识地把这些业务有机结合起来，实行综合管理，综合经营，有效促进外贸发展，提高对外经济贸易的整体水平和效益。

（三）对外经济援助

对外经济援助，是我国发展对外经济关系的重要组成部分。虽然我国是一个发展中国家，经济比较落后，技术实力也不强。但对发展中国家中经济上比较困难的国家提供力所能及的经济援助，是我们义不容辞的责任。

我国向国外提供经济援助的目的，是为受援国家发展经济。因此，我国的对外经济援助应遵守四项原则：平等互利，讲求实效，形式多样，共同发展。

我国的对外经济援助应遵守四项原则：平等互利，讲求实效，形式多样，共同发展。

我国的对外经济援助采取以下两种方式。其一是参加国际多边经济援助。这主要是通过向联合国发展机构贷款或认捐来进行。其二是双边援助这就是根据我国的实际可能和受援国的需要，采取不同的形式提供援助，有的提供无偿援助，有的提供优惠贷款，利用援外资金主要是开展境外加工贸易，推动我国企业到受援国发展企业间的直接合作，帮助受援国发展当地有需要又有资源的中小型生产性项目，实现资金更大的经济效益。

三、完善互利共赢、多元平衡、安全高效的开放型经济体系

当前,我国已进入全面建成小康社会决定性阶段,世情、国情正发生深刻变化,机遇和挑战并存。要实现全面建成小康社会的宏伟目标,必须紧紧抓住可大有作为的重要战略机遇期,进一步扩大对外开放,不断完善开放型经济体系,充分发挥对外开放的强大动力。

(一)充分认识完善互利共赢、多元平衡、安全高效的开放型经济体系的必要性和紧迫性

从国际看,今后一个时期,世界经济可能陷入长期低迷,外需疲弱很可能常态化,各种形式的保护主义上升,经贸摩擦将进入高峰期。各国围绕市场、资源、人才、技术、规则、标准等方面的竞争更加激烈,我国在传统优势产业与发展中国家竞争加剧,在中高端产业与发达国家竞争也在增多,我国发展面临的外部环境更加复杂。主要经济体纷纷加快科技创新和产业结构的战略性调整,美国推出"再工业化战略",欧洲推出"2020战略",日本推出"重生战略",俄罗斯推出"创新俄罗斯—2020",巴西推出"壮大巴西计划",旨在重塑各自未来竞争新优势。国际经贸关系发生深刻调整,各国在多哈谈判受阻情况下,加快推进自贸区战略,强化区域次区域合作。美国力推跨太平洋伙伴关系协议,将未来开放的重点聚焦到服务贸易和投资领域,全力打造新一代国际投资贸易规则。

从国内看,经过加入世界贸易组织10余年的发展,我国的社会生产力、综合国力、人民生活水平大幅度提升,形成了相对完备的产业体系,参与国际竞争与合作的能力增强,已经具备了进一步扩大开放、提升开放水平的基础和条件,国外对我国承担更大国际责任也寄予更高期望。同时,开放型经济发展方式粗放,资源环境约束强化,传统优势被削弱,新优势尚未建立,转变发展方式和优化结构的任务艰巨,制约开放型经济发展的体制机制障碍仍然较多,对外开放面临的风险增大,开放的层次、水平和效益亟待提高,与全面建成小康社会的要求相比还有较大差距。

国内外形势的深刻变化,对新时期开放型经济发展提出了新的更高要求。我们必须切实转变观念,大胆探索,勇于创新,不断完善互利共赢、多元平衡、安全高效的开放型经济体系,才能在激烈的国际经贸格局变化中争取主动,才能解决开放型经济发展中不平衡、不协调、不可持续的问题,才能提升开放型经济发展质量和水平,增强全面建成小康社会的物质基础。

(二)准确把握完善互利共赢、多元平衡、安全高效的开放型经济体系的基本内涵

互利共赢,就是对外开放中要坚持共同发展,坚持通过合作促进世界经济强劲、可持续、平衡增长。在着眼于自身利益的同时,尊重和支

持对方利益，最大限度地寻找利益交汇点。互利共赢是我国和平发展战略的必然选择。在开放型经济建设过程中，要更加自觉地把互利共赢理念落到实处，从国家全局和长远利益出发，坚持以开放换开放，不断拓展经济发展外部空间和良好国际环境。

多元平衡，就是对外开放中要坚持统筹协调，注重良性互动，实现多元发展、平衡发展。在提升制造业开放层次的同时，也要重视扩大服务业和农业开放；在扩大出口和吸引外资的同时，也要重视增加进口和对外投资合作；在巩固发达国家传统市场的同时，也要重视开拓发展中国家市场；在做强一般贸易的同时，也要重视提升加工贸易附加值；在加强自主创新的同时，也要重视参与全球化分工合作；在提升沿海开放水平的同时，也要重视加快内陆和沿边开放，不断增强开放型经济发展的平衡性、协调性和可持续性。

安全高效，就是对外开放中要坚持转变对外经济发展方式，培育开放型经济发展新优势，提高开放型经济的综合效益，增强抵御外部冲击和国际风险的能力。按照完善社会主义市场经济体制的要求，加快改革涉外经济管理体制，建立统一高效的对外开放决策、协调、管理和评估机制，完善开放条件下的对外经贸促进体系和风险防范机制，提高开放型经济对国民经济的贡献，增强风险防控水平。加强战略谋划，增进外交与经济紧密互动，全力维护国家和产业核心利益，切实保障经济安全。

四、加快转变对外经济发展方式，全面提高开放型经济水平

党的十八大报告指出，要坚持以科学发展为主题，以加快转变经济发展方式为主线，着力培育开放型经济发展新优势。我们要主动适应世情、国情的新变化，把推动发展的立足点切实转到提高质量和效益上来，加快转变对外经济发展方式。既要牢牢把握对外开放的主动权，坚持自主开放，也要善于运用以开放换开放的策略，推动与经贸伙伴在货物贸易、服务贸易与投资等领域的相互开放，营造有利于自身发展的良好外部环境。

（一）加快转变对外经济发展方式，推动开放朝着优化结构、拓展深度、提高效益方向转变

不断优化开放结构。从外贸看，重点是扩大自主品牌和高附加值产品出口，提升对发展中国家出口比重，推动服务贸易与货物贸易协调、互动发展，促进进出口基本平衡。从利用外资看，重点是引导外资更多投向现代农业、高新技术、先进制造、节能环保、新能源、现代服务业等领域，更多投向中西部地区。从对外投资看，重点是加快发展步伐，使金融投资与实体经济投资更加协调，使走出去与引进来更趋平衡。从区域角度看，重点是加快内陆和沿边开放。

不断拓展开放深度。要切实消除部分开放领域"玻璃门"、"弹簧门"现象，提高开放透明度，形成更加适应转变对外经济发展方式的制度、

规则和标准。深化货物贸易开放，进一步降低关税水平，减少非关税措施。扩大服务领域开放，增加多样化服务供给，提高服务业市场化、国际化水平。认真研究国民待遇、准入清单等国际投资规则的通行做法，深化涉外投资体制改革，营造更加稳定、透明、高效的投资环境。

不断提高开放效益。要提高开放的经济效益，提升国际分工地位，提高对外开放的经济附加值。要提高开放的社会效益，通过开放提供更多的就业岗位，推动体制机制完善和思想观念进步。要提高开放的外溢效益，主动承担与我国综合实力相匹配的国际责任，积极为世界经济强劲、可持续、平衡增长作出更大贡献。

（二）创新开放模式，完善全方位的对外开放新格局

促进沿海内陆沿边开放优势互补。深化沿海开放，推动开放型经济率先转型升级。扩大内陆开放，加快培育全球重要的加工制造基地。加快沿边开放，实行特别开放政策，加强与周边地区合作。通过创新开放模式，协同推进沿海内陆沿边开放，打造分工协作、优势互补、均衡协调的区域开放新格局。

形成引领国际经济合作和竞争的开放区域。巩固东部沿海地区和全国特大城市的开放先导地位，推进科技研发基地建设，重点引进前沿高端产业，加快从全球加工装配基地向研发、先进制造基地转变。大力发展现代服务业，推进服务业开放的先行先试。发挥长江三角洲、珠江三角洲、环渤海地区对外开放门户的重要作用，建设若干全国乃至国际性的经济、贸易、航运、金融中心和次中心。

培育带动区域发展的开放高地。完善内陆开放布局，支持重点区域开放开发。鼓励东部地区与内陆地区共建开发区，在长江、陇海、京广、京九等交通干线沿线，形成若干国际加工制造基地和外向型产业集群。加快推进东北三省和内蒙古向东北亚开放、新疆向西开放、广西和云南向东盟和南亚开放，加快重点口岸、边境城市、边境（跨境）经济合作区建设，加强基础设施与周边国家互联互通，大力发展特色产业，不断增强对外开放对区域发展的带动作用。

（三）坚持出口与进口并重，形成以技术、品牌、质量、服务为核心的出口竞争新优势

加快培育出口竞争新优势。鼓励企业出口从传统的生产成本优势向技术、品牌、质量、服务为核心的新优势转化，促进"中国制造"向"中国创造"和"中国服务"跨越。支持外贸转型升级示范基地、贸易平台、国际营销网络建设，完善贸易、产业、财税、金融、知识产权政策，强化政策协调，增强企业技术创新、自我转型的内生动力。大力培育出口品牌，提高出口产品附加值。

促进加工贸易转型升级。提高加工贸易的国内配套能力，促进加工贸易从组装加工逐步向研发、设计、核心元器件制造、物流营销等产业链高端拓展，向东部欠发达地区和中西部重点开发区域有序转移。完善海关特

殊监管区域的政策和功能,引导加工贸易逐步向海关特殊监管区域集中。

发展服务贸易。建立健全服务贸易促进体系,努力扩大文化、技术、中医药、软件和信息服务、商贸流通、金融保险等新兴服务出口,扩大研究与开发、技术检测与分析、管理咨询和先进环保污染治理技术等领域的服务进口。积极发展服务外包,完善支持服务外包示范城市发展服务外包产业的政策措施。

推动对外贸易平衡发展。坚持进口和出口并重,在稳定出口增长的同时,不断优化进口结构,积极扩大先进技术、能源资源、关键设备和零部件进口,适度扩大消费品进口。完善进口管理体制和调控体系,提高进口议价能力。推动发达国家放宽对我国高技术产品出口管制,提高进口便利化程度。拓宽进口渠道,促进重要商品进口来源地多元化。健全产业损害预警和进口贸易救济机制,维护重点产业安全。

(四)提高利用外资综合优势和总体效益,推动引资、引技、引智有机结合

提高利用外资综合优势。切实把利用外资从主要依靠生产成本优势转到主要依靠人才、环境、市场上来。抓紧完善利用外资法律法规,推进投资环境透明化和便利化。深化外商投资管理体制改革,简化审批程序。加强知识产权保护,健全市场信用体系,切实保护投资者合法权益。完善外资并购安全审查机制,依法实施反垄断审查。

推动引资、引技、引智有机结合。鼓励跨国公司在华设立地区总部、研发中心、采购中心、财务管理中心等功能性机构,与国内科研机构和企业联合开展技术研发和产业化推广。鼓励外资投向科技中介、创新孵化器、生产力中心、技术交易市场等公共科技服务平台建设。大力引进技术研发人才和经营管理人才,在重点地区建设一批留学人员创新创业基地。推动各类产业聚集园区转型升级和有效整合,成为提高利用外资综合效益的重要载体。建立利用外资科学评价体系,引导利用外资从注重规模向提高质量和综合效益转变。

(五)加快走出去步伐,增强企业国际化经营能力

积极扩大对外投资合作。加强对走出去的宏观指导和服务,实现政策促进、服务保障和风险控制的系统化和制度化。充分发挥我国轻纺、服装、机械、家电等行业比较优势,鼓励企业到境外投资设厂。鼓励重化工业到境外能源资源产地建立生产基地。深化国际能源资源开发和加工互利合作,拓展农业国际合作。支持有条件的企业积极开展境外基础设施建设和投资。创新境外经贸合作区发展模式,引导国内企业集群式走出去。提升对外承包工程和劳务合作的质量,培育"中国建设"和"中国劳务"国际品牌。

增强企业国际化经营能力。支持国内大型企业在全球范围通过跨国并购、股权置换、境外上市、联合重组等方式,开展资源和价值链整合,在研发、生产、销售等方面开展国际化经营,提高跨国经营管理水平,

逐步提高海外营业收入和海外雇员比重，积极履行社会责任，形成一批具有国际知名度和影响力的跨国公司。注重发挥民营企业和中小企业优势，支持其联合开展对外投资。增强应对对外投资合作风险和突发事件的能力，充分保障境外企业和人员的合法权益。

（六）统筹双边、多边、区域次区域开放合作，加快实施自由贸易区战略

全面深化双边经贸关系。创新与发达国家的合作模式，完善合作机制，拓展合作领域，加强政策协调，增进开放互信。深化与新兴市场国家和发展中国家的务实合作，实现优势互补、错位竞争，维护共同利益。推动同周边国家互联互通，向最不发达国家提供减免关税待遇。进一步加强和改进援外工作，优化对外援助结构，创新对外援助方式，着力增强受援国自主发展能力，实现共同发展。

积极支持多边贸易体制。坚持世界贸易组织推动全球贸易投资自由化、便利化的主渠道地位，推进多哈回合谈判。始终高举自由贸易大旗，坚决反对任何形式的保护主义，减少和消除贸易投资壁垒，通过协商妥善解决经贸分歧，加强与主要经济体的协调与合作，积极推动建立均衡、共赢、关注发展的多边经贸体制。切实提高各级政府和广大企业了解、掌握和有效运用多边贸易规则的能力，更好地依托世界贸易组织平台拓展发展空间，维护开放利益。积极参与全球经济治理，主动参与国际经贸规则制定，促进国际经济秩序更加公正、合理，营造于我有利的制度环境。

加快实施自由贸易区战略。适应区域经济合作发展的新趋势，在统筹扩大对外开放与维护国内产业安全的基础上，积极推进自由贸易区战略，形成东西呼应、区域协调、布局合理的自由贸易区格局。提高自由贸易区开放水平，在深化货物贸易合作的同时，着力提高投资、服务贸易合作水平。深化中韩、中日韩、中国与东盟、上海合作组织、金砖国家、亚太经济合作组织、东亚峰会、亚欧会议、中国与中东欧、中国与加勒比等区域合作机制，推进大湄公河、中亚、大图们倡议等次区域合作。

本章小结

◎发展对外经济关系，就是同国外在发展商品和生产要素方面的交流。包括消费品生产资料、服务、包括生产资料外、资金、技术、劳动力等。对发展中国家而言，经济全球化则既是机遇，又是挑战。它们面临发达国家经济技术优势的压力，经济主权和经济安全也受到挑战。

◎一个国家的对外经济战略，一般而言可以分为封闭型战略或进口替代型战略、出口导向型战略或开放型战略。发展对外经济关系，进行商品和生产要素的交流，输出、输入什么商品和生产要素，形成

怎样的市场格局，是由本国和世界的经济发展实际情况决定的。

◎对于我国来说，实行进口替代与出口导向相结合的战略更是必要的。虽然我国是一个大国，人口众多，国内市场广大，但单纯实行进口替代战略是不可取的，单纯或主要实行出口导向战略也是不可能的。

◎对外贸易是国内商品流通的补充和纽带，是联结国际分工参与国的共同纽带。一个国家的经济外向度高，对外贸易发达，出口额占国民生产总值的比重大，就标志着这个国家在国际分工和国际市场上的参与性、竞争性强，从中可能得到的绝对利益和比较利益也就多。

◎我国政府高度重视实施"走出去"战略，近年来陆续出台了一系列支持鼓励政策和便利化措施，有效地促进了"走出去"各项业务的发展。"走出去"的领域不断拓宽、层次和水平不断提升。

◎从国际市场发展趋势看，国际产业结构加快调整，跨国公司加紧进行全球布局调整，这些都将为我国加快实施"走出去"战略，推动我国企业对外投资创造了良好的外部环境。

◎全面提高对外开放水平，就是要适应经济全球化和加入世贸组织的新形势，在更大范围、更广领域和更高层次上参与国际经济技术合作和竞争，充分利用国际国内两个市场，优化资源配置，拓宽发展空间，以开放促改革促发展。

◎ 党的十八大报告提出，要"适应经济全球化新形势，必须实行更加积极主动的开放战略，完善互利共赢、多元平衡、安全高效的开放型经济体系。""要加快转变对外经济发展方式，推动开放朝着优化结构、拓展深度、提高效益方向转变"、"提高利用外资综合优势和总体效益，推动引资、引技、引智有机结合"、"加快走出去步伐，增强企业国际化经营能力，培育一批世界水平的跨国公司"、"统筹双边、多边、区域次区域开放合作，加快实施自由贸易区战略，推动同周边国家互联互通"、"提高抵御国际经济风险能力"。

综合练习

一、基本概念
1. 对外经济关系 2. 进口替代 3. 出口导向 4. 绝对利益 5. 比较利益
6. 比较优势 7. 对外贸易 8. 对外技术交流

二、单项选择题
1. 我国的对外经济援助应遵守的原则是（　　）。
A. 平等互利，讲求实效
B. 平等互利，形式多样，共同发展
C. 平等互利，讲求实效，形式多样，量入为出

D. 平等互利，讲求实效，形式多样，共同发展
2. 我国发展对外经济关系，应实施（　　）。
A. 进口替代和出口导向相结合的战略　　B. 进口替代战略
C. 出口导向战略　　D. 走出去战略
3. 我国以往引进技术的主要方式是（　　）。
A. 引进软件　　B. 购买硬件，即购买设备
C. 成套引进　　D. 分批引进
4. 我国对外开放的主要渠道或两大基本形式是（　　）。
A. 对外贸易和引进技术　　B. 引进技术和利用外资
C. 对外贸易和利用外资　　D. 引进技术和引进人才
5. 实行对外开放，发展对外经济关系是（　　）。
A. 我国一项短期的国策　　B. 我国一项长期的基本国策
C. 我国一项临时的策略　　D. 一项应急措施
6. 党的十八大报告指出，要坚持以科学发展为主题，以加快转变经济发展方式为主线（　　）。
A. 着力培育经济发展新优势
B. 着力培育市场经济新优势
C. 着力培育开放型新优势
D. 着力培育开放型经济发展新优势
7. 提高利用外资综合优势和总体效益（　　）。
A. 推动引资、引技、引智有机结合
B. 推动经济、贸易、引智有机结合
C. 推动贸易、引技、引智有机结合
D. 推动引资、引技、金融有机结合

三、多项选择题

1. 发展对外经济关系，能从国际分工中获得很多益处（　　）。
A. 绝对利益　　B. 比较利益　　C. 企业盈利
D. 企业的外部环境　　E. 比较优势
2. 引进技术的原则是（　　）。
A. 要有利于提高经济效益　　B. 要将引进与独创结合起来
C. 发展工业　　D. 增加就业　　E. 引进硬件
3. 我国从国外引进技术的基本方式可分为两种，即（　　）。
A. 购买硬件　　B. 引进软件　　C. 引进大件
D. 我国一项临时的策略　　E. 一项应急措施
4. 我国吸收和利用外资的主要形式是（　　）。
A. 外商直接投资　　B. 对外直接投资　　C. 只在国内利用
D. 政企分开　　E. 接受外国贷款
5. 我国实行对外经济援助应遵守的原则有（　　）。
A. 平等互利　　B. 讲求实效　　C. 形式多样

D. 共同发展　　　E. 自力更生

6. 对外贸易包括（　　）。

A. 进口贸易　　B. 出口贸易　　C. 又称进出口贸易

D. 是国内商品流通的补充和纽带

E. 是联结国际分工参与国的共同纽带

7. 从利用外资看，重点是引导外资更多投向（　　）等领域。

A. 现代农业　　B. 高新技术　　C. 先进制造

D. 节能环保、新能源　　E. 现代服务业

8. 党的十八大报告提出，要适应经济全球化新形势，必须实行更加积极主动的开放战略是（　　）。

A. 完善互利共赢　　B. 多元平衡　　C. 安全高效

D. 开放型经济体系　　E. 以上都正确

四、判断正误题

1. 发展对外经济关系，实行对外开放是我国的一项临时国策。（　　）
2. 对外经济关系是一个国家同其他国家和地区间各种经济联系的总称。（　　）
3. 同国外交流商品和生产要素包括"引进来"和"走出去"两个方面。（　　）
4. 我国应实施进口替代和出口导向相结合的战略。（　　）
5. 我国国民经济持续快速发展和20多年"引进来"积累的丰硕成果，为加快实施"走出去"战略提供了重要的物质基础和经验。（　　）
6. 我国政府高度重视实施"走出去"战略，近年来陆续出台了一系列支持鼓励政策和便利化措施，有效地促进了"走出去"各项业务的发展。（　　）

五、问答与思考题

1. 如何理解发展对外经济关系是紧紧抓住经济全球化发展机遇的需要？
2. 我国发展对外经济关系的目标和战略是什么？
3. 如何认识发展对外经济关系的内容和形式？
4. 引进技术的作用和形式有哪些？
5. 我国利用外资的形式有哪些？
6. 如何理解党的十八大报告提出，要"适应经济全球化新形势，必须实行更加积极主动的开放战略，完善互利共赢、多元平衡、安全高效的开放型经济体系"。

第十二章

社会主义宏观经济管理与调控

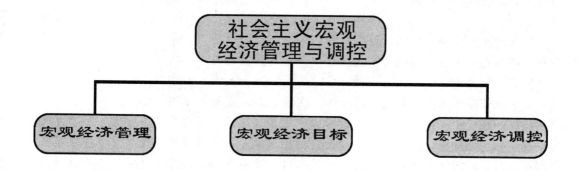

重点掌握
- 宏观经济管理的必要性
- 宏观经济调控的主要目标
- 宏观经济调控的主要手段

一般掌握
- 宏观经济管理的性质和内容
- 宏观经济调控的任务
- 宏观经济调控的政策

一般了解
- 实现宏观经济管理的科学化

本章导语

本章学习与掌握我国社会主义宏观经济管理与宏观经济调控的基本知识和基本内容，希冀通过本章教学，学习者能对我国社会主义宏观经济层面及其宏观经济政策和手段有进一步的认识和思考。并要求重点掌握好我国加强宏观经济管理的必要性、宏观经济调控的主要目标和主要手段等问题。

第一节 宏观经济管理

经济体制改革是全面深化改革的重点,核心问题是处理好政府和市场的关系,使市场在资源配置中起决定性作用和更好发挥政府作用。市场决定资源配置是市场经济的一般规律,健全社会主义市场经济体制必须遵循这条规律,着力解决市场体系不完善、政府干预过多和监管不到位问题。❶

宏观调控亦称国家干预,是政府对国民经济的总体管理,是一个国家政府特别是中央政府的经济职能。它是国家在经济运行中,为了促进市场发育、规范市场运行,对社会经济总体的调节与控制。宏观调控的过程是国家依据市场经济的一系列规律,实现宏观(总量)平衡,保持经济持续、稳定、协调增长,而对货币收支总量、财政收支总量、外汇收支总量和主要物资供求的调节与控制。运用调节手段和调节机制,实现资源的优化配置,为微观经济运行提供良性的宏观环境,使市场经济得到正常运行和均衡发展的过程。政府的宏观调控主要表现为:国家利用经济政策、经济法规、计划指导和必要的行政管理,对市场经济的有效运作发挥调控作用。

一、宏观经济管理的必要性

宏观经济是指总量经济活动,即国民经济的总体活动。如国内生产总值和国民收入的生产、分配、使用,各产业部门之间的协调,社会总供给与社会总需求,货币供应量与货币需求量,劳动力的供给与需求,进口与出口等,都是涉及国民经济全局的经济活动。

什么是宏观经济、微观经济?

宏观经济是相对于微观经济而言的,两者有着密切的联系,**微观经济是指个量经济活动或单个经济单位即企业或居民的经济活动。**宏观经济与微观经济有着密切的联系,微观经济是宏观经济的基础,良好的宏观经济状况是微观经济活动得以顺利进行的必要条件。

宏观经济管理就是对全社会的经济活动从总体上进行控制和调节,促进整个国民经济持续、协调、平稳、健康的发展,为微观经济活动创造必要的条件。其管理的主体是社会主义国家与政府,管理的客体是整个国民经济活动。

第一,加强宏观经济管理是生产社会化的要求。在生产社会化的条件下,各个部门、各个地区、各个企业和居民的经济活动以及社会再生产的各个环节、国内市场与国际市场都是互相联系、互相影响、互相依赖、互相影响、互相制约的。生产社会化条件下的经济关系,使国民经

为什么要加强宏观经济管理?

---

❶ 中国共产党十八届三中全会报告。

济形成一个十分复杂的有机整体。加强宏观经济管理，使国民经济在总体上保持符合各项经济活动和经济关系内在要求的良好状态，是保证微观经济正常运行和发展的必要条件，也是国民经济本身正常运行和发展的必要条件。

第二，加强宏观经济管理是发展社会主义公有制的需要。社会主义经济制度的基础是社会主义公有制，社会主义公有制度条件下各个部门、地区、企业之间根本利益的一致性关系，为国民经济的宏观管理创造了良好的前提条件，使社会主义国家完全有可能实现对国民经济的全面管理。同时，社会主义公有制度的主体地位决定了整个国民经济的主体结成为一个统一的有机整体，这个统一的有机整体的正常运行，需要通过国家的宏观管理，把社会主义公有制的各个经济部门、经济地区、经济单位有机地联系起来，将劳动者个人、企业和国家的利益统一和结合起来，为劳动者的共同利益服务。也就是通过宏观管理把人民的当前利益与长远利益、局部利益与整体利益结合起来，以巩固和发展社会主义公有制度。

第三，加强宏观经济管理保证社会主义市场经济有效运行。社会主义市场经济体制的建立与完善，为实现资源的优化配置，促进国民经济整体素质的提高，起着强有力的推动作用。但是市场不是万能的，市场经济有其自发性、盲目性和滞后性的弱点和消极方面，如各个市场主体的多元性和分散作出的投资和生产经营决策难免带有盲目性，更多考虑局部利益而忽视社会整体利益，与国民经济的整体要求往往存在差距，由此而容易引起国民经济比例失调、经济波动、资源浪费、影响总供给和总需求的平衡。此外，市场自发调节具有短期行为，不利于社会资源的中长期合理配置，难以自发实现公用事业、基础设施的发展和产业结构的优化，市场不能自发地实现社会公平，自发竞争容易导致贫富差别扩大等。为了弥补"市场失灵"，在总体上发挥市场机制对资源配置的基础性作用的同时，必须加强和改善政府对经济总体的宏观管理，有目的地影响国民经济运行，使市场经济在充分保证其微观效率的基础上，实现符合社会整体要求的宏观发展目标，从而使我国的市场经济正常、高效运转。

第四，加强宏观管理是协调宏观与微观经济运行的需要。宏观经济与微观经济存在着密切的联系，微观经济活动构成宏观经济的基础，宏观经济是微观经济的有机总和。但宏观经济与微观经济也存在不协调的一面，在市场经济和微观条件下，经济活动是根据各市场主体自己的需要从事生产和经营，追求自身利益的最大化，因而它们的经济活动不可能自发地同宏观经济的整体利益和需要相互协调，为了解决这个矛盾，必须加强国家的宏观经济管理，把企业的生产经营目标同社会的宏观发展战略目标相互统一和衔接起来。通过宏观管理，指导微观经济主体的行为，使其与宏观经济运行的要求相适应，保证国民经济协调、平稳运行和发展。

二、宏观经济管理的性质和内容

(一) 宏观经济管理的性质

宏观经济管理既是同生产社会化相联系的，又总是同一定的社会经济制度，同一定性质的国家相联系。由于同生产社会化相联系，决定了不同社会经济制度下的宏观经济管理从其内容到管理方法都具有其共性。由于社会经济制度不同，国家性质不同，决定了不同社会经济制度下的宏观经济管理具有不同的特殊性。

宏观经济管理具有两重性质。一方面，作为同生产社会化相联系的宏观经济管理，在不同的社会形态，它们有共性。社会主义国家搞市场经济可以借鉴也应该借鉴资本主义国家长期在市场经济条件下进行宏观经济管理的有益经验和成功方法。另一方面，作为同社会经济制度相联系的宏观经济管理，社会主义国家与资本主义国家有着本质上的区别，社会主义国家不可能也不应当完全照搬资本主义国家的做法，要在宏观经济管理中坚持社会主义的原则和方向。

(二) 宏观经济管理的内容

我国社会主义国家宏观经济管理的主要有以下五项内容。

第一，确定国民经济和社会发展目标，指导社会经济的发展。国民经济和社会发展的目标，是国民经济运行的基本依据，也是国家进行宏观经济管理的基本依据。国家通过确定国民经济和社会发展目标，指导经济和社会的发展。国民经济和社会发展目标不是单一的，而是多重的，有经济增长目标、经济效益目标、技术进步目标、人口增长目标、就业目标、文化教育目标、国防建设目标、长期目标、中期目标、短期目标等。这些发展目标要求各级政府根据国内外经济政治形势和当时当地的实际条件提出，经过一定的民主程序加以确定。

第二，调控经济运行，促进国民经济协调发展。政府作为国民经济运行的宏观调控者，主要承担统筹规划、掌握政策、制定方针、组织协调的职能，制定经济和社会发展战略、计划、方案和政策，调整产业结构和规划区域经济布局，协调地区、部门、企业之间的经济关系，搞好宏观经济综合平衡，从宏观上调节资源的配置，引导和调节国民经济的发展，推进经济增长与人口、资源、环境相协调，实现国家的社会和经济发展目标。国家通过有计划地运用各种手段、政策和措施，拨正经济运行的偏差，促进国民经济正常运行。

第三，承担公共部门和基础设施的建设与管理。在经济和社会发展中，需要对公共部门如教育、文化、科学，卫生、气象预报等提供越来越多的服务，需要增加大量的基础设施如水利工程、铁路、公路、邮政、电信建设等。发展公共部门和建设基础设施，是发展经济、提高人民生活水平不可缺少的条件。但由于这些项目投资大、投资回收期长，依靠

> 国民经济和社会发展的目标，是国民经济运行的基本依据，也是国家进行宏观经济管理的基本依据。国家通过确定国民经济和社会发展目标，指导经济和社会的发展。

市场调节难以建设和发展,需要由政府投资或由政府组织来进行建设。此外,一些大型骨干工业建设项目,也需要政府进行投资与组织。

第四,创造良好的经济发展环境。政府作为社会管理和市场监管者,应培育和完善社会主义市场体系,建立比较完善的市场规则和法律制度,监督市场运行,维护平等竞争和社会经济秩序,及时、合理地弥补市场的功能缺陷。建立和完善社会保障制度,汇集和传播经济信息,保护生态环境和自然资源,为企业的发展提供多方面的服务,并检查监督国家法律、法规的执行,保证各项行为规则得到遵守。要控制人口增长,保护自然资源和生态环境等。所有这一切,都是为了创造有利于经济和社会发展的良好环境。

第五,管好用好国有财产。政府作为国有资产所有者与管理者,应建立有效的国有资产管理、监督和营运机制,坚持公有制的主体地位,确保国有经济控制国民经济命脉,对经济发展起主导作用,增强国有经济的控制力和竞争力,提高国有资产的整体质量,保证国有资产的保值与增值,防止国有资产流失,并协调国有资产内部所有者、经营者和生产者的相互关系,管好用好国有资产收入。

三、实现宏观经济管理的科学化

宏观经济管理科学化就是遵循客观规律,对国内外形势做出符合实际的分析和判断,抓住主要矛盾和主要问题,实施正确的有效的宏观经济管理,以促进国民经济持续快速健康发展和社会全面进步。实现宏观经济管理的科学化,必须坚持解放思想,实事求是,一切从实际出发的思想路线,深入调查研究,总结实际经验,不断深化对社会主义市场经济规律的认识,并采用先进的思想方法和科学的管理方法,提高宏观经济管理的科学化水平。

宏观经济管理的成效,直接关系到国民经济的发展方向和实际成效,关系到改革发展和稳定的大局,关系到企业发展的宏观经济环境和广大人民群众的利益。未来将是我国经济和社会发展极为重要的时期,是进行经济结构战略性调整的重要时期,也是完善社会主义市场经济体制和扩大对外开放的重要时期。宏观经济管理将面临着许多新情况、新矛盾、新问题,要求我们进一步提高宏观经济管理的科学化水平,特别是在参与经济全球化进程中如何从战略上把握主动权,在策略上灵活应对,善于趋利避害,更好地发展自己。在逐步完善社会主义市场经济体制的深层次改革攻坚和经济结构战略性调整过程中,如何妥善处理改革、发展、稳定的关系,恰当把握好改革的力度、发展的速度和社会可承受的程度,在加快现代化建设进程中,如何实现经济、社会与人口、资源、环境的协调和可持续发展,都会遇到许多复杂的矛盾和问题,迫切需要进一步提高宏观经济管理科学化水平。

要加强调查研究,总结经验教训,在实践中不断深化对客观规律的

为了保证宏观经济决策的正确,避免可能出现的失误,必须建立一套科学的决策程序和管理制度,使决策能最大限度地符合实际情况,符合客观规律,以取得较好的预期效果。

认识。宏观经济管理科学化的实质是遵循客观规律,以科学态度办事。而要认识和掌握客观规律,除了在一些问题上可以借鉴国外经验外,最主要的是从中国的国情出发,在实践中探索和深化对客观规律的认识。加强对实际情况的调查研究和认真总结实践经验,是认识客观规律行之有效的方法。为了保证宏观经济决策的正确,避免可能出现的失误,必须建立一套科学的决策程序和管理制度,使决策能最大限度地符合实际情况,符合客观规律,以取得较好的预期效果。

第二节　宏观经济调控的目标和任务

> 什么是宏观经济调控?

一、宏观经济调控的主要目标

宏观经济调控,是指一个国家的中央政府遵循自然规律和经济规律,运用经济、法律和必要的行政手段,从系统、综合和全局的角度,对经济运行状况和发展趋势进行总体指导和调节,以保持经济总量平衡,促进经济结构的优化,提高宏观经济效益,实现可持续发展,推动社会全面进步。我国宏观经济调控的主要目标促进经济增长,增加就业,稳定物价,保持国际收支平衡。

第一,促进经济增长。

经济增长是经济和社会发展的基础,持续快速的经济增长是实现国家长远战略目标的首要条件,也是提高人民生活水平的首要条件。因此,促进经济增长成为宏观经济调控最重要的目标。促进经济增长是在调节社会总供给与社会总需求的关系中实现的。社会总供给是指社会能够提供的物质产品和服务的总和。从价值上来说,社会总供给就是国内生产总值的供给。社会总需求则是指社会的有效需求。

> 美国经济于20世纪80年代以来,出现了持续的高增长、高就业、低通胀的奇迹,为我国的宏观调控提出了新的研究课题。

社会主义国民经济的发展必须保持较快的增长速度,据测算,今后20年,我国年度经济增长率大体应保持在7%～8%,年度经济增长率的确定,主要依据中长期的调控目标,根据国际国内环境的变化以及其他临时性因素确定。而中长期经济增长率,主要依据发展战略的需要和我国中长期经济增长潜力的可能性来确定。

我国经济能否加快发展,不仅是重大的经济问题,而且是重大的政治问题,它既关系到我国综合国力的增强和人民物质文化生活水平的提高,又关系到社会主义制度的巩固、发展和国家的长治久安。适度快速的经济增长速度,实际上是就抓住有利时机和条件,调动各种积极因素,实现国力所允许的增长速度,这样的增长速度是比例结构协调、经济质量和经济效益较高的速度,从而能真正促进整个国民经济持续快速健康地发展。社会主义经济的快速增长必须以提高经济效益为前提。提高经济效益是社会主义经济建设的中心任务,坚持这个中心,宏观经济调控中要处理好速度和效益的相互关系,促进经济增长方式的转变。

> 提高经济效益是社会主义经济建设的中心任务,坚持这个中心,宏观经济调控中要处理好速度和效益的相互关系,促进经济增长方式的转变。

第二,扩大就业。

我国从1994年正式使用失业率概念,采用的是城镇人口登记失业率,并公布失业率和失业人数,但统计制度尚不完善。我国的城镇登记失业人员是指非农业人口,年龄在16岁以上以及男50岁以下、女45岁以下,有劳动能力、无业而要求就业者,并在当地就业服务机构进行求职登记的人。国外的登记失业率是全口径的,没有城镇和农村之分,同时对劳动年龄没有上限。2000年,我国城镇登记失业率为3.1%,2005年为4.2%,2010年为4.1%。为做好"十二五"时期就业工作,促进经济发展与扩大就业相协调,促进社会和谐稳定,根据《中华人民共和国国民经济和社会发展第十二个五年规划纲要》和《中华人民共和国就业促进法》,人力资源社会保障部、发展改革委、教育部、工业和信息化部、财政部、农业部、商务部制定《促进就业规划(2011~2015年)》。提出2015年我国城镇登记失业率小于5%。

在社会主义制度下,凡是有劳动能力并愿意工作的社会成员都应当能获得就业机会,使劳动力资源得到有效利用与合理配置,并使在岗的劳动者在法定工作时间内的工时得到充分有效的利用。但是,有的劳动者由于不愿意接受现有工资水平或工作岗位,会形成"自愿失业",有的劳动者由于经济结构和技术结构的调整,其技能不适应现有工作岗位要求,会形成"结构性失业",社会总供给大于总需求也会造成失业。我国经济体制改革的深化,也释放出大批城乡富余劳动力,人口的增长又不断成为新的劳动力。特别是随着企业改革的深化和企业优胜劣汰竞争机制的形成,以及随着技术进步和经济结构的调整,人员流动和职工下岗待业是难以避免的。

实现增加就业这一宏观调控目标,要求深化劳动制度改革,建立与社会主义市场经济相适应的劳动制度。培育和完善劳动力市场,改善创业环境,增加就业岗位,广开就业门路,积极发展有市场前景的劳动密集型产业,扶持中小企业发展,支持非公有制经济吸纳就业人员,促进城乡劳动力合理有序流动。推行灵活多样的就业形式,实行劳动者自主择业、市场调节就业、政府促进就业的方针。完善就业培训和服务体系,实行就业前和在岗职业培训制度,提高劳动者就业技能。建立失业预警机制和调控体系以及失业保险和社会救济机制,推进再就业工程,形成良好的就业环境和就业机制。坚持城乡统筹,建立健全城乡劳动者平等就业的制度,消除劳动者就业的城乡差别和就业歧视,创造公平就业环境。在当前切实做好高校毕业生和其他青年群体的就业工作。继续把高校毕业生就业放在就业工作的首位,积极拓展高校毕业生就业领域,鼓励中小企业吸纳高校毕业生就业。

第三,保持物价基本稳定。

一般认为,价格涨幅在3%~5%为温和的通货膨胀,涨幅在5%~10%属中度通货膨胀;涨幅在10%以上为严重通货膨胀,涨幅在100%以

> 实现增加就业这一宏观调控目标,要求深化劳动制度改革,建立与社会主义市场经济相适应的劳动制度。

上为恶性通货膨胀。我国是发展中国家,温和的通货膨胀有助于刺激经济增长,所以不少经济学家认为宏观经济调控目标应在3％～5％较为合理。

虽然市场经济条件下的价格形成机制是以市场形成价格为主,但政府必须建立完善而有效的价格调控体系,通过计划的、经济的、法律的各种手段,约束定价主体的定价行为,防止价格水平的剧烈波动,抑制物价的上涨,使物价上涨幅度低于经济增长率,同时也应防止物价的大幅下滑。物价大幅上涨或是大幅下滑,都会引起投资者和消费者对价格预期的混乱。我国宏观经济调控总的着眼点应在于保持物价总水平的基本稳定,使企业和个人在比较稳定的价格预期下进行生产和消费,促进经济健康、平稳增长。

第四,国际收支平衡。

国际收支平衡主要包括经常项目、资本项目、官方储备项目的平衡。 经常项目包括贸易收支、劳务收支、单方支付转移等。资本项目收支包括直接投资和金融借贷资本所形成的非直接投资等资本的输出和输入等。官方储备项目包括国家黄金、外汇储备的变动等。

在对外开放条件下,要保持总供给与总需求的基本平衡、国内外经济活动的平衡即进出口之间的平衡。如果国内供给大于国内需求,则经常账户出现盈余,反之出现赤字。从国际收支的平衡关系看,经常账户差额(出口减进口)等于国外净资产的变动。如果经常账户有赤字,则需要增加国外资本的流入或减少外汇储备加以弥补。由于我国扩大对外开放和国内投资环境改善,资本和金融账户顺差可能因外资流入而增加,保持外部平衡的重点应是调整国际收支结构。

社会主义国家的经济运行中,国际收支在经常项目和资本项目中无论出现顺差还是逆差,都需高度重视。国际收支顺差,有利于增加外汇储备,稳定币值,加强抵御金融风险的能力,但大量的外汇储备需要使之发挥经济效益,防止资金积压呆滞。而国际收支逆差则会减少外汇储备,影响币值和物价稳定,使投资环境恶化,削弱对金融风险的抵抗能力。从个别年份来看,受各种复杂的国内外因素影响,国际收支有时难免出现逆差,但从长时期来看,要通过宏观调控,尽量保持国际收支平衡,这样才能有利于币值和物价的基本稳定。

宏观经济调控的四大目标在一定时期内会有侧重点,这是为解决现实经济生活中的突出矛盾来确定的。这四个目标之间有相互制约的关系,具体的目标值必须相互协调。如要达到较高的经济增长,必然要求以较低的利率鼓励更多的投资,这就容易引起信贷膨胀,导致通货膨胀。如要把过高的经济增长率降下来,必然要提高利率抑制投资,这就容易导致通货紧缩和失业增加。因此宏观调控必须把经济增长率的高低控制在不会引起通货膨胀或通货紧缩为标准,而控制通货膨胀率,又必须不至于使经济增长率而过低导致失业率超过社会承受力为标准。

我国的宏观经济调控目标分为年度调控目标和中长期调控目标,前

> 国际收支平衡主要包括经常项目、资本项目、官方储备项目的平衡。

者体现在年度计划中，后者体现在五年计划中，例如"十五"计划纲要。调控目标的性质与计划经济条件下不同，计划经济条件下叫计划指标，是指令性的，现在叫宏观经济调控目标，是预期性、指导性的。目前，我们根据国情，在年度计划中的宏观调控预测性指标，除四大调控指标外，还使用了全社会固定资产投资增长率、中央财政赤字、货币供应量增长率和人口自然增长率等指标。

二、宏观经济调控的任务

宏观经济调控的任务，就是通过各种政策手段，加强需求管理，将促进经济增长、增加就业、稳定物价、保持国际收支平衡这四个目标控制在一定范围内，保持经济总量平衡，使国民经济既不出现萧条，失业率和通货膨胀率又在可承受的程度和区域内。因此，宏观经济调控在一定时期内要根据需要和可能确定经济增长率、失业率、通货膨胀率以及国际收支平衡计划。这与目前其他一般市场经济国家的宏观调控目标基本一致，说明我国的宏观经济调控在经济全球化趋势下发展的背景下正逐步与国际通行规则衔接。

（一）保持经济总量平衡

经济总量平衡是社会总供给与总需求的平衡，保持总供给与总需求的基本平衡，是宏观调控的基本任务。

社会总供给，是指社会在一定时期内（通常为一年）提供的进入市场可供购买的商品和劳务的总和。

社会总需求，是指在一定时期内（通常为一年）消费基金、积累基金和补偿基金所形成的社会购买力。在价值形式上表现为社会购买的商品和劳务的价值总额，即以有货币支付能力为前提的社会购买力总额。从实物形式上看，表现为有货币支付能力的社会所要购买的商品和劳务总量。

宏观调控目标所要实现的社会总供给与社会总需求的平衡，包括供需总量平衡和供需结构平衡两个方面。

供需总量平衡，是社会商品和劳务供给总量与市场对这些商品和劳务需求总量的平衡。社会商品和劳务供应量，是在一定时期进入市场的社会商品和劳务资源总量基础上形成的。商品和劳务的市场需求量，是一定时期内市场对商品和劳务有货币支付能力的社会购买力所形成的。

供给与需求的结构平衡，是指商品和劳务的供给结构与其需求结构的平衡关系。社会总供给中的生产资料与消费资料所形成的比例结构要与社会对生产资料与消费资料的需求结构和比例相一致。因而应保持生产资料供给总量与生产资料需求总量的基本平衡以及保持生产资料的供给品种结构与生产资料的需求品种结构的基本平衡，应保持消费资料供给总量与消费资料需求总量的基本平衡以及保持消费资料的供给品种结构与消费资料的需求品种结构的基本平衡。

> 宏观调控目标所要实现的社会总供给与社会总需求的平衡，包括供需总量平衡和供需结构平衡两个方面。

> 供需总量平衡和供需结构平衡是互相联系、彼此制约的，宏观调控要同时实现这两方面的平衡。总量平衡是结构平衡的前提，结构平衡是总量平衡的基础。

政治经济学

供需总量平衡和供需结构平衡是互相联系、彼此制约的，宏观调控要同时实现这两方面的平衡。总量平衡是结构平衡的前提，结构平衡是总量平衡的基础。只有在供需总量基本平衡的条件下，才能保持正常的市场秩序、基本稳定的价格和良好的市场供销环境，从而才有可能从资金、物资、技术等方面，有力地促进供需结构的调整与合理化。同时，只有在供需结构平衡的基础上，才有可能避免某些短线产品供不应求的同时，又存在着某些长线产品的供过于求，从而才能有利于实现与供需结构平衡相统一的供需总量平衡。

（二）促进经济结构的调整与优化

经济结构是指国民经济各部门、各地区、各企业、社会生产各个环节之间以及各种经济成分之间的构成及其相互关系。党的十八大报告再次重申了加快转变经济发展方式是关系我国发展全局的战略抉择，并重点指出要把推动发展的立足点转到提高质量和效益上来，关于速度的表述也被"持续健康"发展所取代，从这一点看，未来宏观调控的首要目标将逐步转向调结构。

> 党的十八大新提法：关于速度的表述也被"持续健康"发展所取代。

经济结构可划分为两个方面：一方面是国民经济运行结构，主要是经济运行方面的国民经济部门结构或产业结构、地区结构、企业组织结构、产品结构、供需结构、技术结构等等。另一方面是生产关系结构，主要是所有制结构、分配方式结构、交换结构、消费结构等。

我国社会主义宏观调控任务所要实现的经济结构优化，主要是从国民经济运行结构方面，依据国民经济发展结构变化的趋势和发展的规律性，保持合理的比例与构成，协调国民经济各方面的相互关系。如第一产业、第二产业、第三产业的比例关系，农业、轻工业、重工业的比例关系，基础工业与加工工业的比例关系，投资与消费的比例关系等，都要保持协调平衡发展。

此外，还要保持产业结构、地区结构、企业组织结构、产品结构、技术结构等等经济结构的合理与优化，才能使整个国民经济能够最协调、最有效地运行和增长，促进国民经济持续快速健康地发展。

根据我国经济发展现状和世界科学技术加快发展以及国际经济结构加速重组的趋势，着眼于对我国经济结构进行战略性调整，全面提高我国国民经济的整体素质和效益，增强综合国力和国际竞争力，这是国民经济发展的迫切要求和长期任务。

第三节 宏观经济调控政策

社会主义宏观经济调控目标，需要通过相应的财政政策、货币政策、收入政策和产业政策的实施来实现。对宏观经济运行来说，正确理解党的十八大报告提出的"健全现代市场体系，加强宏观调控目标和政策手段机制化建设"至关重要。

> 社会主义宏观经济调控目标，需要通过相应的财政政策、货币政策、收入政策和产业政策的实施来实现。

一、财政政策

财政政策是国家通过财政收入和财政支出，直接控制投资总量与消费总量，以实现预期的宏观调控目标的政策。财政政策一向是国家实行宏观调控的工具，并由财政收入、财政支出、预算平衡、国家债务等方面的政策构成财政政策调控体系，共同对宏观调控过程发挥作用。

财政收入政策的主要内容是由税种和税率所构成的税收政策，财政支出政策的主要内容是政府职能部门的各项预算拨款政策。财政收入政策和财政支出政策的主要任务，在于保持总供给和总需求的平衡和促进经济增长。

按照财政政策在调节总供给与总需求方面的各种功能，财政政策可具体分为平衡财政政策、紧缩财政政策、扩张财政政策、赤字财政政策四种类型。

> 财政政策可具体分为平衡财政政策、紧缩财政政策、扩张财政政策、赤字财政政策四种类型。

平衡财政政策是财政支出应根据财政收入的多少来安排，既不要有大量结余，又不要留有较大赤字，保持财政收支基本平衡，从而对总需求不产生扩张或紧缩的影响。

紧缩财政政策是通过增加税收而增加财政收入或通过压缩财政支出来减少或消灭财政赤字，以至出现或增加财政盈余，达到抑制或减少社会总需求，乃至消除需求膨胀的效应。紧缩财政政策一般用于经济过于高涨时。

扩张财政政策则是通过减税而减少财政收入，或通过扩大财政支出的规模，来扩大社会需求，增加社会投资，扩大就业等。扩张财政政策一般用于经济低迷时期。国际上，通常用两个指标来作为财政风险的临界值：一个是政府债务余额占 GDP 的 60%，一个是财政赤字占 GDP 的 3%。政府债务低于这两个指标，通常就被认为是安全的，超出指标则意味着风险上升。目前，我国的赤字率不到 3%，债务余额占 GDP 比例不到 60%，这在全世界的主要经济体中是最健康的。实际上，近年来我国在公共财政预算和实际执行中，对赤字控制还是相当严格的。2010～2012 年我国赤字率连续三年下降，从 2.8% 回落到 1.5% 左右。2012 年，在削减赤字的同时，中央财政从预算稳定调节基金中调用 2700 亿元，进一步加大公共财政支出力度。这样的调控安排，既降低了财政风险，又为积极财政政策的实施提供了财力保证。

稳定的财力保障是财政政策的基础，财税体制规定了政府与私人部门、中央与地方政府之间的分配关系，财政政策调控能力主要取决于中央政府的财力。但是，在总量规模一定的情况下，提高中央政府的收入势必会减弱地方政府或者私人部门的财力，因此，如何在三者之间建立稳定科学的分配关系就显得至关重要。

二、货币政策

我国货币政策的基本目标是稳定货币、发展经济。稳定货币是将货币供应量控制在流通中对货币客观需要量所容许的范围之内,确保持币值和物价水平的基本稳定,以促进经济的发展。稳定货币与发展经济两者应尽可能保持一致,既要实现货币的稳定,又要促进经济的发展,不能以破坏货币稳定来发展经济,也不能牺牲经济发展来实现货币稳定。

> 我国货币政策的基本目标是稳定货币、发展经济。

根据货币政策在调节总供给与总需求方面的各种功能,货币政策可分为均衡货币政策、扩张货币政策和紧缩货币政策。均衡货币政策是保持货币供应量与经济发展对货币的需求量的平衡,以实现总供给与总需求的基本平衡。

扩张货币政策是通过各种措施,如降低利息率等增加货币供应量,以刺激社会总需求的增长。扩张的货币政策一般用于经济低迷时,目的是激活市场、刺激经济复苏。

紧缩货币政策是通过各种措施如提高利息率等减少货币供应量,抑制社会总需求的扩张、消除物价上涨。紧缩货币政策一般用于经济高涨时。

在社会主义国家的宏观调控过程中,应根据社会总供给与总需求的实际对比状况,来选择和确定货币政策,以求达到总供给与总需求基本平衡的目的。

货币政策的效力取决于金融市场的深度与广度。深化金融体制改革,完善金融市场体系,是提高货币政策传导效率的基础。总体来看,货币政策和财政政策手段的机制化建设要紧密结合金融体系改革和财税体制改革,政策工具设计要以之为基础。以货币政策为例,随着金融市场化机制的逐步形成,数量型操作的调控效应将明显弱化,这决定了货币政策操作手段必须由过去的数量型工具为主,逐步转向数量型和价格型工具并重,并最终转向以价格型工具为主。在利率、汇率等价格操作手段逐渐成为货币政策核心工具之时,机制化建设就要更多地朝规则化方向探索。

三、收入政策

收入政策又称"工资与价格控制",是后凯恩斯主流学派提出的政策主张之一,指政府为了影响货币收入或物价水平而采取的措施,其目的通常是为了降低物价的上涨速度。它是国家为实现宏观调控总目标和总任务在分配方面制定的原则和方针,与财政政策、货币政策相比,收入政策具有更高一层次的调节功能,它制约着财政政策和货币政策的作用方向和作用力度,而且收入政策最终也要通过财政政策和货币政策来实现。

收入政策目标包括收入总量目标和收入结构目标。收入总量目标着眼于近期的宏观经济总量平衡，根据供求不平衡的两种状况分别选择分配政策和超分配政策。收入政策的结构目标则着眼于中长期的产业结构优化和经济与社会协调发展，着重处理积累与消费、公共消费与个人消费、各种收入的比例、个人收入差距等关系。

收入总量调控政策主要通过财政、货币机制来实施，还可以通过行政干预和法律调整等机制来实施。财政机制通过预算控制、税收控制、补贴调控和国债调控等手段贯彻收入政策。货币机制通过调控货币供应量、调控货币流通量、调控信贷方向和数量、调控利息率等贯彻收入政策。

我国个人收入分配实行以按劳分配为主体，多种分配方式并存的收入分配政策。在以劳动收入为主体的前提下，国家依法保护法人和居民的一切合法收入和财产，鼓励城乡居民储蓄和投资，允许属于个人的资本等生产要素参与分配。

四、产业政策

产业政策是政府为了实现一定的经济和社会目标而对产业的形成和发展进行干预的各种政策的总和。产业结构政策是产业政策的重要组成部分，指一国政府依据本国在一定时期内产业结构的现状，遵循产业结构演进的一般规律和一定时期内的变化趋势，制定并实施的有关产业部门之间资源配置方式、产业间及产业部门间的比例关系，通过影响与推动产业结构的调整和优化，以促进产业结构向协调化和高度化方向发展的一系列政策措施的综合，它旨在促进本国产业，进而推动经济增长的政策体系。制定和实施正确的产业政策，对保持经济总量平衡和促进经济结构优化，推动经济平稳、快速度发展具有重要作用。

> 我国社会主义产业政策有哪三方面的基本内容？

必须注意的是，应明确该支持什么产业发展、应该限制什么产业发展、应该取代什么产业。我国社会主义产业政策有三方面基本内容：一是产业支持政策，即支持、鼓励和发展的产业；二是产业抑制政策，即限制和紧缩的产业；三是产业替代政策，即以某种新兴的、效益和效率高的产业，取代原有的某种传统的、效益和效率低的产业。

应根据市场需求、产业关联、技术进步、创汇作用、经济效用等因素制定相关的产业政策，安排产业发展序列。明确重点产业、先导产业、支柱产业。妥善处理重点产业与一般产业的关系、生产要素存量调整与增量配置的关系、产业总体配置与发挥地区优势的关系。推进我国产业结构的优化升级，应以高新技术产业为先导，以基础产业和制造业为支撑，形成推动服务业全面发展的产业发展格局。

宏观经济调控政策除上述主要政策外，还有投资政策、分配政策、消费政策等共同构成宏观经济调控政策体系。各项宏观经济调控政策各有特点，各有其调控对象和作用，也各有其局限性。因此，应把各项政策综合运用以取得相互协调、相互配合的宏观调控效果。

第四节 宏观经济调控手段

宏观调控往往被视为政府"看得见的手"的典型代表,在市场化取向的改革进程中,转变政府职能的主要表现之一就是建立和完善与市场经济体系相适应的宏观调控体系。1993年,《中共中央关于建立社会主义市场经济体制若干问题的决定》将"转变政府职能,建立健全宏观经济调控体系"并列陈述;2002年,党的十六大报告则将高度进一步提升,指出"健全现代市场体系,加强和完善宏观调控",明确指向市场与政府之间的关系;2012年,党的十八大报告继续沿用这样的逻辑关系。由此可见,加强宏观调控目标和政策手段机制化建设的前提是清晰界定社会主义市场经济体系下政府与市场的边界。我国宏观经济调控主要运用经济手段,同时运用计划手段、法律手段以及必要的行政手段,以求得调控的整体效果。

> 我国宏观经济调控主要运用经济手段,同时运用计划手段、法律手段以及必要的行政手段。

一、计划手段

计划手段是我国社会主义宏观调控的重要手段之一。通过计划手段来协调再生产的各种比例关系,合理配置资源,优化产业结构,这是社会化大生产的要求,也是社会主义市场经济条件下,保证宏观调控任务和目标的实现,弥补市场调节缺陷的重要手段。计划调控又有指令性计划和指导性计划两种形式。指令性计划具有强制性,是有关部门、单位和企业必须执行的计划管理形式。指导性计划不具有强制性,它是国家通过经济杠杆和经济合同等方式,引导企业能动地实现国家计划任务的计划管理形式。

在社会主义市场经济中,实行指令性计划的范围是很小的,国家计划调控总体上是以市场为基础的指导性计划。包括合理确定国民经济和社会发展的战略、宏观调控目标和产业政策,规划重要的经济结构、生产力布局、国土整治、重点建设,制订长期计划、五年计划和年度计划,重点搞好中长期计划。通过国家的指导性计划,对经济增长和社会发展提出具体要求和行动方案,为各部门、各地区和所有企业的投资活动、生产经营活动指明方向,为运用其他各种手段调节经济提供依据。

我们应坚决改革和完善计划体制,避免高度集中、统得过死的弊端,才能更好是发挥计划调控在市场经济中的作用。

二、经济手段

经济手段也称经济杠杆,是对社会经济活动进行宏观调控的价值形式和价值工具。社会主义国家的宏观经济调控中所运用的经济杠杆主要有价格杠杆、税收杠杆、金融杠杆、工资和奖金杠杆等,它们形成经济杠杆体系。国家用来调节经济的经济手段不具有强制性,不是强制人们做什么和不做什么,而是通过影响人们的经济利益来引导人们的经济行为,因此它具有间接性的特点。

在社会主义市场经济条件下,为了有效发挥市场机制和价值规律对国民经济的调节作用,必须高度重视经济调控手段,自觉依据价值规律,运用与价值形式相关的各种经济杠杆调节、组织社会生产和流通,促进企业微观活动有序运行。在我国建立适应社会主义市场经济的宏观调控体系过程中,尤其需要完善和运用各种经济杠杆来调节经济运行,建立起有效的调控传递机制,使宏观间接调控达到预期的效果和目标。

1. 价格杠杆

在社会主义经济杠杆体系中,价格杠杆占有重要地位。价格杠杆在宏观经济调控中具有调节杠杆与核算工具两种作用。价格作为调节杠杆,其作用主要是通过价格变动,来调节生产与投资的方向,调节商品流通和消费结构,调节国民收入的再分配,以及促使企业加强经济核算,改进生产技术和经营管理,增强适应市场供需变化的竞争能力。价格作为核算工具,它是编制国民经济计划的工具,借助价格可以考核经济效益的高低,可以检验商品生产的劳动耗费,通过价格核算可以监督企业节约劳动时间的情况。价格作为调节杠杆与核算工具,要求价格与价值相符,能客观地反映市场供求关系,利用价格杠杆调节经济,保持价格基本稳定,就是实现宏观调节的目标。

2. 税收杠杆

税收是财政收入的主要形式,是调节经济的重要杠杆。国家通过规定税种、税率,通过征税、减税、免税行为调节国民经济运行,调节生产和流通、收入分配、消费。通过关税和出口退税,可以调节进出口商品的总量和结构,可调节外商来华投资,有利于实现国际收支平衡。税收是分配和再分配的工具,国家利用税收作为集中财政收入和调节企业及社会各阶层经济利益分配的手段,调节国家与企业、国家与个人分配关系,实现各方面的平衡。

3. 金融杠杆

国家用来调节货币供应量的金融工具,主要是存款准备金率、再贷款率和再贴现率、公开市场业务等。**存款准备金率,指中央银行规定商业银行必须保留存款总额中的一定比例作为存款准备金上存中央银行,其余部分才可作放款**。通过提高存款准备金率,可以减少商业银行放款的资金来源,缩小信贷规模,有利于抑制消费与投资,通过降低存款准备金率,则可增加商业银行放款的资金来源,扩大信贷规模。有利于刺激消费与投资,激活市场。

再贷款利率和再贴现率,是指商业银行向中央银行借款所支付的利率。通过提高再贷款利率和再贴现率,可以增加商业银行的资金成本,促使商业银行减少向中央银行借款或者提高放款利率,从而抑制贷款需求和投资;如果降低再贷款利率和再贴现率,则可降低商业银行的资金成本，鼓励商业银行向中央银行借款，并可降低放款利率，从而刺激贷款需求，刺激投资与消费。

公开市场业务，指中央银行在公开市场上买进或卖出有价证券。通过这种方式主要是影响商业银行的资金来源。中央银行卖出大量有价证券，则会吸走大量资金，便会减少商业银行存款，从而减少资金来源，抑制贷款需求和投资；中央银行买进大量有价证券，则会投放大量货币，增加商业银行存款，从而增加资金来源，从而刺激贷款需求，刺激投资与消费。

> 我国实行以市场为基础的有管理的浮动汇率制度。

4. 汇率杠杆

汇率也称汇价，是一国货币兑换另一国货币的比率，或者说是用一国货币表示另一国货币表示的价格。我国实行以市场为基础的有管理的浮动汇率制度，国家根据宏观经济调节的需要，运用手中掌握的外汇来调节汇率，通过汇率调节对外经济活动，调节进出口贸易。如果本国货币对外币贬值，能相对降低出口企业的换汇成本，从而可以起到扩大出口的作用。同时，本国货币贬值等于提高了进口商品在国内的销售价格，对进口起着限制的作用。国家利用汇率，还可以调节外商来华投资，调节侨汇收入和旅游收入等。如果本国货币对外币适当贬值，使同样多的外币能换到较多的本国货币在国内支付各种费用，就有利于吸引外商投资，有利于增加侨汇收入、旅游收入等非贸易外汇收入。

5. 工资和奖金杠杆

工资和奖金也是宏观经济调节的重要杠杆，在社会主义范围内，工资和奖金都是按劳分配的具体形式，它们对国民经济具有重要的调节作用。根据社会经济发展水平和社会劳动生产率的高低，确定合理的工资总水平，能够有效地调节国家、企业和个人的分配关系。按照企业生产经营规模和经济效益的高低，确定企业工资基金总额，有利于调节国家和企业的分配关系；切实体现按劳分配的工资、奖金制度，有利于调节企业与劳动者之间的分配关系，调动劳动者的生产积极性。确定最低工资标准，有利于保障劳动者的生活和企业的发展以及有利于社会的稳定。不同部门、地区、企业之间工资和奖金的合理差别，有利于调节劳动力的有序流动，从而对优化劳动力资源的配置有积极作用。

必须注意的是，既要根据各个经济杠杆的特点分别加以利用，又要使各种经济杠杆协调配合，以便对调节经济运行发挥最佳效果。应从经济杠杆体系的整体性、互补性、选择性等特性出发，加以综合利用。利用经济杠杆的整体性，就是使各种经济杠杆的作用相互促进、相互配合，否则会给予生产者以错乱的信号，使各种经济杠杆的作用互相抵消。利用经济杠杆的互补性，这是因为各种经济杠杆的调节功能都具有一定的局限性，需要利用各种经济杠杆的特殊功能、发挥其长处，互相加以补充，以达到总体调控的效果。利用经济杠杆的选择性，就是在利用经济杠杆调节国民经济的运行时，应根据各种经济杠杆的特殊功能，选择其

> 综合利用经济杠杆体系调节经济。

杠杆的长处和优势并加以灵活利用，使之起到最有效的作用。

同时，在考虑某种经济杠杆的正面效果时，必须考虑到这种经济杠杆的发挥作用时产生的负面效果，并能及时地采取有效有措施消除之。

三、法律手段

利用法律手段调节经济的法律主要是经济法。即国家通过经济立法和经济司法调节各方面的经济关系，维护社会经济秩序。

经济立法是指经济法规的起草、审核制订、颁布等工作，解决"有法可依"的问题。经济司法是指保证经济法规实行的执法活动，解决有法必依的问题。 法律手段具有权威性、规范性、强制性和相对稳定性等特点。运用法律手段调节经济包括以下3个方面。

其一，可以有效地维护各种经济形式、各个经济组织和社会成员个人的合法权益。

其二，调整各经济组织、经济主体的经济关系，保证经济运行的正常秩序。

其三，规范经济组织、经济主体的经济行为。

在社会主义市场经济条件下，市场经济中各个经济活动主体的权利、义务、地位和行为规则要依靠法律来规范、确认和保护，市场秩序也要依靠法律来规范和维系，国家对市场运行的调节也需要借助于法规和法律。法制是市场经济秩序的内在要求和有机组成部分，从一定意义上说，市场经济是法制经济。

四、行政手段

宏观经济调控的行政手段，是指国家依靠行政组织系统，通过发布命令、决议、规定、指示、下达指令性任务等行政方式来调节和直接干预经济活动，以实现宏观经济调控的目标。 行政手段具有强制性、纵向性、直接性、时效性的特点。

在我国社会化生产和市场经济的条件下，为了优化资源配置、防止恶性竞争，为了维护正当交易和市场秩序，为了保障社会公众权益和维护国家利益，国家有必要运用一定的行政手段调节经济。

国家运用行政手段调节经济应有合理的范围和限度，不能片面地强调或过多地运用行政调控手段，忽视其他的、特别是经济的调控手段，否则会不利于社会主义市场经济的发展，不利于企业按照市场供求的变化灵活地开展生产经营活动，造成宏观经济管理上的主观意愿和客观效果的分离，使经济发展失去活力。即使是采用行政调控手段，也要从实际出发，以客观经济规律为依据，不能带有主观随意性。在不是非常特殊的情况下，行政干预不应损害和替代市场机制的作用。同时，国家机构要努力提高运用行政手段的科学性，杜绝以权谋私的行为，保证行政手段的使用有利于经济和社会发展。

> 为什么市场经济就是法治经济？

> 法律手段具有权威性、规范性、强制性和相对稳定性等特点。

> 国家应如何运行政手段调控经济？

本章小结

◎宏观经济管理就是对全社会的经济活动从总体上进行控制和调节，促进整个国民经济持续、协调、平稳、健康的发展，为微观经济活动创造必要的条件。其管理的主体是社会主义国家与政府管理的客体是整个国民经济活动。

◎宏观经济与微观经济有着密切的联系，微观经济是宏观经济的基础，宏观经济的良好状况是微观经济活动得以顺利进行的必要条件。

◎宏观经济管理既是同生产社会化相联系的，又总是同一定的社会经济制度，同一定性质的国家相联系。由于同生产社会化相联系，决定了不同社会经济制度下的宏观经济管理从其内容到管理方法都具有其共性。由于社会经济制度不同，国家性质不同，决定了不同社会经济制度下的宏观经济管理具有不同的特殊性。

◎宏观经济管理科学化就是遵循客观规律，对国内外形势做出符合实际的分析和判断，抓住主要矛盾和主要问题，实施正确的有效的宏观经济管理，以促进国民经济持续快速健康发展和社会全面进步。

◎我国宏观经济调控的主要目标促进经济增长，增加就业，稳定物价，保持国际收支平衡。宏观经济调控的任务，就是通过各种政策手段，加强需求管理，将促进经济增长、增加就业、稳定物价、保持国际收支平衡这四个目标控制在一定范围内，保持经济总量平衡，使国民经济既不出现萧条，失业率和通货膨胀率又在可承受的程度和区域内。宏观调控目标所要实现的社会总供给与社会总需求的平衡，包括供需总量平衡和供需结构平衡两个方面。

◎财政政策是国家通过财政收入和财政支出，直接控制投资总量与消费总量，以实现预期的宏观调控目标的政策。财政政策一向是国家实行宏观调控的工具，并由财政收入、财政支出、预算平衡、国家债务等方面的政策构成财政政策调控体系，共同对宏观调控过程发挥作用。

◎我国货币政策的基本目标是：稳定货币、发展经济。稳定货币是将货币供应量控制在流通中对货币客观需要量所容许的范围之内，确保持币值和物价水平的基本稳定，以促进经济的发展。

◎产业政策是政府为了实现一定的经济和社会目标而对产业的形成和发展进行干预的各种政策的总和。制定和实施正确的产业政策，对保持经济总量平衡和促进经济结构优化，推动经济平稳、快速度发展具有重要作用。

◎与我社会主义市场经济体制相适应，我国宏观经济调控主要运用经济手段，同时运用计划手段、法律手段以及必要的行政手段，以求得调控的总体效果。

◎ 必须注意的是，要根据各个经济杠杆的特点分别加以利用，才能使各种经济杠杆协调配合，以便对调节经济运行发挥最佳效果。应从经济杠杆体系的整体性、互补性、选择性等特性出发，加以综合利用。

◎经济结构是指国民经济各部门、各地区、各企业、社会生产各个环节之间以及各种经济成分之间的构成及其相互关系。党的十八大报告再次重申了加快转变经济发展方式是关系我国发展全局的战略抉择，并重点指出要把推动发展的立足点转到提高质量和效益上来，关于速度的表述也被"持续健康"发展所取代，从这一点看，未来宏观调控的首要目标将逐步转向调结构。

综 合 练 习

一、基本概念

1. 宏观经济管理　　2. 宏观经济　　3. 微观经济　　4. 宏观经济调控
5. 社会总供给　　6. 社会总需求　　7. 财政政策　　8. 货币政策
9. 收入政策　　10. 产业政策

二、单项选择题

1. 宏观经济管理其管理的主体（　　）。
   A. 是社会主义国家与政府　　B. 是整个国民经济活动
   C. 是企业与政府　　D. 市场与企业
2. 宏观经济管理其管理的客体（　　）。
   A. 是社会主义国家与政府　　B. 是整个国民经济活动
   C. 是企业与政府　　D. 是市场与企业
3. 在计划经济体制下，国家对宏观经济的管理手段主要是（　　）。
   A. 行政手段和行政命令　　B. 经济手段
   C. 价格手段　　D. 战略手段
4. 财政政策的基础是（　　）。
   A. 稳定的财力保障　　B. 经济快速发展
   C. 经济效益提高　　D. 加大政府投资力度
5. 我国货币政策的基本目标是（　　）。
   A. 稳定货币、发展经济　　B. 提高金融市场管理水平
   C. 资本市场的优化配置　　D. 市场繁荣
6. 目前国家计划调控总体上是（　　）。
   A. 指令性计划　　B. 指导性计划
   C. 行政命令　　D. 以市场为基础的指导性计划
7. 在社会主义经济杠杆体系中，占有最重要地位的是（　　）。

A. 经济效益和增长速度　　　　B. 价格杠杆
C. 汇率杠杆　　　　　　　　　D. 税收杠杆

8. 利用法律手段调节经济的法律主要是（　　）。
A. 宪法　　B. 经济法　　C. 民法　　D. 商法

9. 国家用来调节经济的经济手段是通过影响人们的经济利益来引导人们的经济行为，因此它具有（　　）。
A. 直接性　　B. 强制性　　C. 间接性　　D. 主导性

10. 国家运用行政手段调节经济应有（　　）。
A. 强制性　　B. 直接性　　C. 合理的范围和限度　　D. 间接性

三、多项选择题

1. 宏观经济管理的两重性质是（　　）。
A. 作为同生产社会化相联系的宏观经济管理
B. 作为同社会经济制度相联系的宏观经济管理
C. 经济增长方式的转变管理
D. 经济结构的调整管理
E. 收入分配管理

2. 我国宏观经济调控的主要目标是（　　）。
A. 促进经济增长　　B. 增加就业　　C. 稳定物价
D. 保持国际收支平衡　　E. 控制人口增长

3. 财政政策可具体分为（　　）四种类型。
A. 平衡财政政策　　B. 紧缩财政政策
C. 扩张财政政策　　D. 赤字财政政策　　E. 平衡财政政策

4. 国际收支平衡主要包括（　　）。
A. 经常项目　　B. 商品项目　　C. 官方储备项目的平衡
D. 劳务出口　　E. 资本项目

5. 与社会主义市场经济体制相适应，我国宏观经济调控主要运用经济手段，同时运用（　　）。
A. 计划手段　　B. 法律手段　　C. 行政手段　　D. 金融手段　　E. 价格手段

6. 价格杠杆在宏观经济调控中具有（　　）两种作用。
A. 调节商品流通和　　B. 消费结构　　C. 调节杠杆
D. 核算工具　　E. 调节国民收入的再分配与

7. 行政手段具有（　　）的特点。
A. 强制性　　B. 纵向性　　C. 直接性　　D. 时效性　　E. 上述都正确

8. 国家用来调节货币供应量的金融工具，主要是（　　）。
A. 存款准备金率　　B. 再贷款率和再贴现率　　C. 公开市场业务
D. 利率　　E. 汇率

9. 党的十八大报告再次重申了加快转变经济发展方式（　　）。
A. 是关系我国发展全局的战略抉择
B. 重点指出要把推动发展的立足点转到提高质量和效益上

C. 是关系我国发展战略抉择
D. 是关系我国发展前进的方向
E. 重点指出要把推动发展的立足点转到经济发展方向

四、判断正误题

1. 微观经济是指个量经济活动或单个经济单位即企业或居民的经济活动。（   ）
2. 宏观经济是指总量经济活动，即国民经济的总体活动。（   ）
3. 微观经济是宏观经济的基础，良好的宏观经济状况是微观经济活动得以顺利进行的必要条件。（   ）
4. 我国宏观经济调控的主要目标提高经济效益。（   ）
5. 经常项目包括贸易收支、劳务收支、单方支付转移等。（   ）
6. 加强宏观经济管理是为了体现国家的权力。（   ）
7. 温和的通货膨胀有助于刺激经济增长。（   ）
8. 我国货币政策的基本目标是稳定货币、发展经济。（   ）
9. 在社会主义经济杠杆体系中，价格杠杆占有最重要地位。（   ）
10. 我国社会主义宏观经济管理不具有两重性质。（   ）
11. 关于速度的表述也被"持续健康"发展所取代，从这一点看，未来宏观调控的首要目标将逐步转向调结构。

五、问答与思考题

1. 在社会主义市场经济条件下，为什么需要宏观经济管理？
2. 简要说明宏观经济调控的主要目标是什么？
3. 社会主义市场经济条件下宏观经济调控的手段有哪些？
4. 社会主义市场经济条件下宏观经济调控的具体任务是什么？
5. 社会主义市场经济条件下宏观调控的政策是什么？
6. 如何理解党的十八大报告再次重申了加快转变经济发展方式是关系我国发展全局的战略抉择，并重点指出要把推动发展的立足点转到提高质量和效益上来，关于速度的表述也被"持续健康"发展所取代，从这一点看，未来宏观调控的首要目标将逐步转向调结构。

参 考 文 献

[1] 张淑云主编. 马克思主义政治经济学原理. 天津：天津人民出版社，2000.
[2] 李裕宜，陈恕祥编著. 政治经济学. 北京：中央广播电视大学出版社，2003.
[3] 王述英，张彤玉主编. 政治经济学教学大纲. 天津：南开大学出版社，2003.
[4] 杨干忠主编. 政治经济学. 北京：中国人民大学出版社，2004.
[5] 王雪野编著. 政治经济学发展新论. 北京：化学工业出版社，2004.
[6] 顾钰民著. 社会主义市场经济论. 上海：复旦大学出版社，2004.
[7] 王刚等编著. 党的十六大报告学习辅导百问. 北京：党建读物出版社，人民出版社，2002.
[8] 卫兴华，顾学荣主编. 政治经济学原理. 北京：经济科学出版社，2004.
[9] 徐滇庆，李瑞著. 政府在经济中的作用. 上海：上海人民出版社，1999.
[10] 刘力著. 经济全球化——中国的出路何在. 北京：中国社会出版社，1999.
[11] 卢少辉，蔡国栋主编. 外向型经济. 北京：中国计划出版社，2000.
[12] 十八大报告辅导读本. 北京：人民出版社，2012.
[13] 张淑云，蔡国栋主编. 政治经济学. 北京：化学工业出版社，2009.
[14] 张淑云. 西方经济学. 北京：化学工业出版社，2008.